Sven Frotscher

5000 Zeichen und Symbole der Welt

Sven Frotscher

5000 Zeichen und Symbole der Welt

umfassend erklärt
und
farbig illustriert

Illustrationen von
Birgit und Sven Frotscher

Haupt Verlag Bern · Stuttgart · Wien

Bibliografische Information der *Deutschen Bibliothek*
Die Deutsche Bibliothek verzeichnet diese Publikation
in der Deutschen Nationalbibliografie; detaillierte bibliografische
Angaben sind im Internet über http://dnb.ddb.de abrufbar

ISBN 10: 3-258-06802-X
ISBN 13: 978-3-258-06802-2

Alle Rechte vorbehalten
Copyright © 2006 by Haupt Berne
Alle Rechte vorbehalten
Jede Art der Vervielfältigung ohne Genehmigung des Verlages ist unzulässig.
Alle Informationen in diesem Buch wurden sorgfältig recherchiert und aufbereitet,dennoch kann keine Garantie übernommen werden.
Marken und andere registrierte Bezeichnungen gehören den Inhabern dieser
Marken und Bezeichnungen.

Umschlaggestaltung: IN PUNCTO BUCH GbR
Satz und Layout: FrotscherBuch
Aquarelle und Zeichnungen: Birgit Frotscher
Lektorat: Regine Balmer und Kristin Gogolok

Haben Sie Anregungen für unser Programm? Möchten Sie uns zu einem Buch
ein Feedback geben? Wünschen Sie regelmäßig Informationen zu unserem
Buchprogramm?

Dann besuchen Sie uns im Internet unter www.haupt.ch. Dort finden Sie aktuelle
Informationen zu unseren Neuerscheinungen und können unseren Newsletter
abonnieren.

www.haupt.ch

Vorwort

Die Welt ist voller Zeichen und Symbole. Der Begründer der Semiotik Charles S. Peirce meinte gar:

> »Das gesamte Universum ist mit Zeichen durchdrungen, wenn es nicht sogar ausschließlich aus Zeichen besteht.«

In der Tat haben die Evolutionsmechanismen die Lebewesen auf Zeichenerkennung konditioniert. Erkannten die Artgenossen die für ihr Überleben und ihre Fortpflanzung notwendigen Zeichen und fanden eine Überlebensnische, waren sie erfolgreich. Erkannten sie diese nicht, fielen sie dem rigorosen Selektionsmechanismus zum Opfer und starben aus. Im Inneren eines Menschenkörpers müssen täglich Millionen von Zellen und Molekülen Fremdkörper an bestimmten Zeichen erkennen, um diese Antigene zu vernichten. Ohne die beiden Immunsysteme, das angeborene und das adaptive, wäre der Mensch verloren.

In der Kultur-Welt der Menschen verneinen die meisten einen derartigen Sozialdarwinismus. Dennoch läuft man auch in der kulturellen Menschenwelt Gefahr, wenn man z. B. das Ampel-Rot nicht erkennt und überfahren wird. Auch die Falsch-Deutung der Gesten in einem anderen Land kann negative Folgen haben. So besuchte der frühere amerikanische Präsident George Bush sen. 1993 Australien und als er beim Abschied das Victory-Zeichen mit dem Handrücken zum Publikum machte, stand am nächsten Tag in der Zeitung, dass der amerikanische Präsident das australische Volk beleidigt hätte. Bush wusste nicht, dass in Australien nur das V-Zeichen mit der Handinnenseite zum Publikum »*Gemeinsam siegen wir!*« bedeutet. Die Kehrseite signalisiert: »*Leck mich am ... Kollege!*«. Da hätte Bush zuvor besser ein Zeichen- und Symbolebuch konsultiert.

Die Kunst- und Kulturgeschichte ist ebenso voll von Zeichen und Symbolen. Bosch, Dürer, Eyck und Runge sind nur eine kleine Auswahl der unerschöpflichen Welt der kulturgeschichtlichen Zeichen und Symbole. Als der Mensch zum ersten Mal die Sterne erblickte, diese im wahrsten Sinne des Wortes unbegreifbaren Zeichen, suchte er nach Deutung und Erkenntnis. Der »Lampenladen des großen Bewegers« wurde als Leuchtbotschaft analog der modernen Leuchtreklame betrachtet. In den Silhouetten sahen die Menschen ihnen vertraute Tiere und sie deuteten dies als Hinweise auf Wetterereignisse.

Die Bedeutung der Fähigkeit, Zeichen und Symbole erkennen und richtig deuten zu können, wird selbst in der modernen Arbeitswelt zunehmen. Bereits 1991 behauptete der amerikanische Ökonom Robert R. Reich, dass die traditionellen Berufsbilder in der zukünftigen Wissensgesellschaft nicht mehr brauchbar seien. Er schlug dagegen drei allgemeinere Kategorien vor, wobei die von ihm genannten Symbol-Analytiker die am besten bezahlten Jobs erhalten (Tabelle).

Kategorie	Beispiel	Bedeutung wird in Zukunft
Symbol-Analytiker	Juristen, Kreative, Unternehmer	zunehmen
Kunden-Dienstleister	Verkäufer, Stewardess	zunehmen
Produktions-Dienstleister	Fabrikarbeiter, Datenverarbeiter	abnehmen

Ein Buch wie dieses reicht nicht aus, das weite Feld der Zeichen und Symbole vollständig abzudecken. So werden die Leser und Leserinnen vieles, jedoch nicht alles finden, was sie sich vorgestellt hatten. Dennoch hoffen wir, dass eine Auswahl getroffen wurde, die eine Hilfe im Dschungel alltäglicher Zeichen- und Symbol-Erkennung sein möge.

Der Autor dankt dem Verlag und insbesondere der Lektorin Frau Regine Balmer für die vertrauensvolle Zusammenarbeit, ohne die dieses Buch nicht entstanden wäre.

Autor, Grafikerin und Verlag wünschen eine interessante Lektüre und sind für Vorschläge und Hinweise dankbar.

Birgit und Sven Frotscher   Halle, September 2006

Grabbild, Pompeij, 1. Jh. n. Chr.

Inhalt
Vorwort 9
Abkürzungen und Symbole 12

Einführung

Sinneswahrnehmungen 14
Definitionen des Begriffs Zeichen 16
Definitionen des Begriffs Symbol 18
Semiotik 20

Alltag & Verkehr

Kleiderordnung (Dresscodes) 22
Orden 24
Smileys, Emoticons und Akronyme 26
Speisen als Kulturcodes 28
Verkehrszeichen I 30
Verkehrszeichen II 32
Verkehrszeichen III 34
Verkehrszeichen IV 36
Verkehrszeichen V 38
Wäschesymbole 40

Gesten & Gebärden

Gesten & Gebärden (Einführung) 42
Gesten I 44
Gesten II: Ägypten – Chile 46
Gesten III: China – Ghana 48
Gesten IV: Griechenland – Israel 50
Gesten V: Italien – Malaysia 52
Gesten VI: Mali – Österreich 54
Gesten VII: Pakistan – Russland 56
Gesten VIII: Sambia – Südafrika 58
Gesten IX: Sudan – Venezuela 60
Gebärdensprachen I 62
Gebärdensprachen II 64
Gebärdensprachen III 66

Länder & Politik

Einführung Flaggen 68
Flaggen der Welt I 70
Flaggen der Welt II 72
Flaggen der Welt III 74
Flaggen der Welt IV 76
Flaggen der USA 78
Flaggen-Signale 80
Länderkennungen 82
Politik 84
Tartans I 86
Tartans II 88
Tartans III 90
Wappen I 92
Wappen II (Länderwappen BRD) 94

Marken & Wirtschaft

Börse 96
Druckerzeichen 98
Marken I (Einführung) 100
Marken II (Hörmarken) 102

Marken III (Keramikmarken) 104	Indien 174
Steinmetzzeichen 106	Japan 176
Währungssymbole 108	Keilschrift I 178
Zeichen der Kreditwürdigkeit 110	Keilschrift II 180
	Korea 182
	Lateinische Schriften I 184
	Lateinische Schriften II 186
	Maya-Schrift I 188
Religionen & Esoterik	Maya-Schrift II 190
	Telegraphen- und Morsezeichen 192

Religionen & Esoterik

Ägypten 112
Buddhismus I 114
Buddhismus II 116
Buddhismus III (Weltenrad) 118
Christentum I 120
Christentum II 122
Christentum III 124
Christentum IV 126
Esoterik I (Einführung) 128
Esoterik II (Astrologie I) 130
Esoterik III (Astrologie II) 132
Esoterik IV (Freimaurer) 134
Esoterik V (Handlesen) 136
Esoterik VI (I Ching) 138
Esoterik VII (Tarot) 140
Esoterik VIII (Tierkreiszeichen) 142
Griechenland und Rom 144
Hinduismus I 146
Hinduismus II 148
Islam 150
Judentum 152
Sikhismus 154

Wissenschaft & Kunst

Chemie 194
Farbsymbolik I 196
Farbsymbolik II 198
Korrekturzeichen (Deutsch) 200
Kreuzsymbolik I 202
Kreuzsymbolik II 204
Kunst I (Bosch I) 206
Kunst II (Bosch II) 208
Kunst III (Dürer) 210
Kunst IV (Eyck) 212
Kunst V (Holbein) 214
Kunst VI (Runge) 216
Meteorologie 218
Pflanzen I (Einführung) 220
Pflanzen II (Bäume & Sträucher) 222
Pflanzen III (Früchte) 224
Philosophie 226
Psychologie I (S. Freud) 228
Psychologie II (C. G. Jung) 230
Tiersymbolik I 232
Tiersymbolik II 234

Schriften & Sprachen

Einführung Schriftgeschichte 156
Arabisch 158
Blindenschrift 160
Chinesisch I 162
Chinesisch II 164
Diskos von Phaistos 166
Griechisch und Kyrillisch 168
Hieroglyphen I 170
Hieroglyphen II 172

Anhang

Glossar 238
Literatur 242
Internetadressen 246
Bildnachweis 247
Register 248

Abkürzungen und Symbole

Abb.	Abbildung	z. B.	zum Beispiel
ägypt.	ägyptisch	z. T.	zum Teil
allg.	allgemein	*	geboren
arab.	arabisch	†	gestorben
bes.	besonders		
best.	bestimmte	**Symbole**	
Bsp.	Beispiel	%	Teile pro 100 (Prozent)
bspw.	beispielsweise	‰	Teile pro 1000 (Promille)
buddh.	buddhistisch	g	Gramm
ca.	circa	h	Stunde
chem.	chemisch	m	Meter
chin.	chinesisch	cm	Zentimeter
dt.	deutsch	mm	Millimeter
Dyn.	Dynastie	µm	Mikrometer
engl.	englisch	m/s	Meter pro Sekunde
etym.	etymologisch	°C	Grad Celsius
f.	folgende (Seite)	°	Grad (Neigung)
ff.	fortfolgende (Seiten)	♈	Widder
frz.	französisch	♉	Stier
german.	germanisch	♊	Zwillinge
got.	gotisch	♋	Krebs
griech.	griechisch	♌	Löwe
H.	Hälfte	♍	Jungfrau
hist.	historisch	♎	Waage
ital.	italienisch	♏	Skorpion
jap.	japanisch	♐	Schütze
Jh.	Jahrhundert	♑	Steinbock
Jt.	Jahrtausend	♒	Wassermann
klass.	klassisch	♓	Fische
korean.	koreanisch		
lat.	lateinisch	α	Alpha
max.	maximal	β	Beta
mglw.	möglicherweise	γ	Gamma
n. Chr.	nach Christus	δ	Delta
o. Ä.	oder Ähnliches	ε	Epsilon
o. g.	oben genannt	ζ	Zeta
oxid.	oxidisch	η	Eta
p. a.	pro Jahr	ϑ	Theta
res.	vorbehalten (reserved)	ι	Jota
röm.	römisch	κ	Kappa
sog.	sogenannt	λ	Lambda
span.	spanisch	µ	My
türk.	türkisch	ν	Ny
typ.	typisch	ξ	Xi
u. a.	unter anderem; und anderes	ο	Omikron
unselbst.	unselbständig	π	Pi
urspr.	ursprünglich	ρ	Rho
USA	Vereinigte Staaten von Amerika	σ	Sigma
		τ	Tau
usw.	und so weiter	υ	Ypsilon
v. a.	vor allem	φ	Phi
v. Chr.	vor Christus	χ	Chi
wahrsch.	wahrscheinlich	ψ	Psi
wiss.	wissenschaftlich	ω	Omega

=	gleich	&	Et-Ligatur = und
≠	ungleich	$	Dollar-Zeichen
<	kleiner als	£	Pfund-Zeichen
>	größer als	¥	Yen-Zeichen
≤	kleiner oder gleich, höchstens gleich	¤	Euro-Zeichen
≥	größer oder gleich, mindestens gleich	(530–590)	Lebensdaten
		[530–590]	Herrschaftsdaten
+	Plus	»	Beginn eines Zitats
−	Minus	«	Ende eines Zitats
⌀	Durchschnitt	K ARL	Kapitälchen für Personennamen
¶	Pi, mathematisch	*sagte*	Kursivauszeichnung für Zitate
∞	unendlich	Helvetica	Bilderläuterungen in Helvetica
√	Wurzel	**Helvetica**	Bildtitel in Helvetica halbfett
∑	Summe	®	registrierte Handelsmarke
#	Raute	©	Kopierrechte vorbehalten
f	Funktion	™	Trade Mark (Handelsmarke)

Pythagoras (um 570 v. Chr.–um 510 v. Chr.), Kathedrale von Chartres, 12. Jh.

14 Einführung

Sinnesorgan bei Lebewesen	Sinnesreiz	Sinnesrezeptor	Reiz/Symbol für
Nase	Geruch	Chemorezeptor	Stroh/Kindheit
Zunge	Geschmack	Chemorezeptor	Pizza/Urlaub
Auge	Licht	Fotorezeptor	Frau/Sex
Haut	Temperaturänderung	Thermorezeptor	Wärme/gemütlich
Grubenorgan (Schlange)	Temperaturänderung	Thermorezeptor	
Ohr	Schall	Mechanorezeptor	Nationalhymne/Ehre
Bogengänge	Beschleunigung	Mechanorezeptor	Formel 1/Risiko
Vorhofsäckchen	Lage im Raum	Mechanorezeptor	
Muskelspindel	Muskeltonus	Mechanorezeptor	
Seitenlinien (Fische)	Wasserwellen	Mechanorezeptor	
Haut	Druck, Vibration	Mechanorezeptor	Streicheln/Liebe
Haut (einige Fische)	elektrische Felder	Elektrorezeptor	

Sinnesorgane, -reize und -rezeptoren sowie Symbole, die sich aus Reizen ergeben können

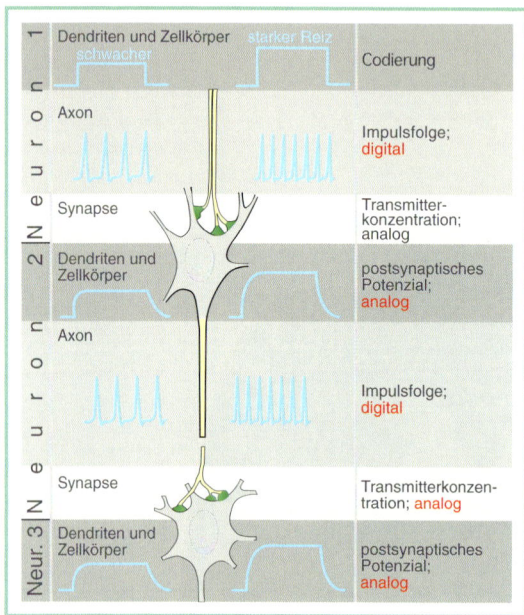

Analog-Digital-Codierung zwischen den Neuronen

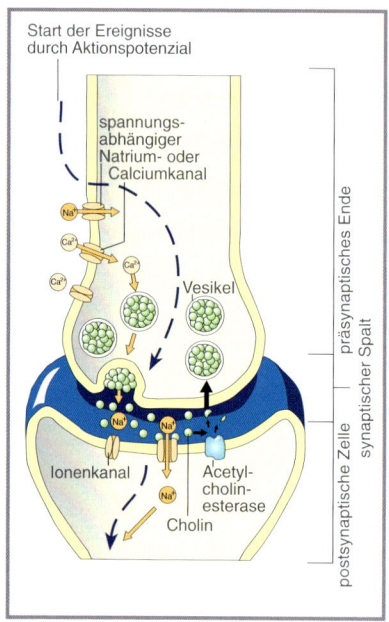

Signalübertragung an der Synapse

Informationsverarbeitung nach dem Eingabe-Verarbeitung-Ausgabe-Prinzip (EVA) im ZNS

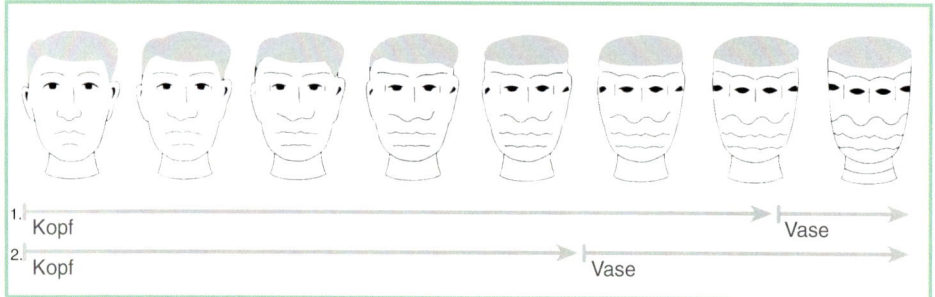

Zunehmend interpretierendes Sehen am Beispiel von zwei Kopf-Vase-Sehvorgängen

Sinnesorgane

Ohne Wahrnehmung könnten wir weder Zeichen noch Symbole erkennen. Diese sind jedoch eine evolutionäre Grundvoraussetzung. So entstammt unsere stereoskopische Sehfähigkeit der Notwendigkeit unserer Vorfahren, beim Hangeln durch die Bäume die zu ergreifenden Äste zu erkennen. Affen, die dies nicht erkannten, fielen der Selektion zum Opfer. Früher unterschied man die fünf Sinne Sehen, Hören, Riechen, Schmecken und Tasten. Dies sind jedoch nur jene Sinne, deren wir uns besonders bewusst sind. So können wir auch mit geschlossenen Augen gerade stehen, besitzen also einen Gleichgewichtssinn. Heute teilt man die Sinnesorgane der Lebewesen besser nach der Reizart, für die die Rezeptoren besonders empfindlich sind, ein. Gemeinsam ist allen Rezeptoren, dass sie selektiv vorgehen: Ein Ohr kann nicht sehen, ein Auge nicht hören. Gemeinsam ist ihnen auch, dass sie die Reize in elektrische Erregungen umwandeln. Dabei verstärken sie selbst schwache Reize zu deutlichen Signalen, z. B. ein rotes Lichtquant 170 000fach. In diesem Prozess, während dem die Informationsübertragung ans Gehirn und die Verarbeitung und Ausgabe geschehen, erfolgen die Zeichensemiose und die individuelle Symbolbildung.

Informationsübertragung ans Gehirn

Sinneszellen und Nervenzellen sind durch Synapsen miteinander verbunden. Darin werden die Informationen in Veränderungen des Membranpotenzials analog codiert: Je länger der Reiz dauert, umso länger bleibt auch die Potenzialverschiebung; je höher der Reiz, umso größer die Amplitude der Veränderung. So weit die Codierung in Dendriten und Zellkörpern. Im Axon dagegen erfolgt die Codierung digital: Hier beeinflusst die Stärke der Erregung die Frequenz, schwache Erregungen induzieren wenige, starke viele Impulse pro Zeit. Bestimmte Hirnareale besitzen Dechiffriercodes dafür. Zeichenerkennung ist so selbst Teil des Kognitionsvorgangs.

Das EVA-Prinzip

Die komplexen Vorgänge bei der Informationsverarbeitung kann man in die Prozesse Eingabe, Verarbeitung und Ausgabe (EVA) vereinfacht gliedern (Abb.). Die EVA-Prozesse sind unterschiedlich komplex: Bei einfachen Reflexen (z. B. das schnelle Zurücknehmen der Hand aus der Hitze) ist ein sensorisches Neuron direkt mit einem motorischen Neuron verknüpft. Eine solche Anordnung, die bei Reflexen hilfreich ist, wäre für zahlreiche andere Reizreaktionen völlig unflexibel. So kann man nicht bei einem Hungergefühl sofort das nächste Essbare ergreifen, und sei es die Bratwurst eines Passanten. Man würde sofort in andere Konfliktreize geraten. Deshalb entstanden in der Evolution und entstehen auch in der heutigen Entwicklung eines jeden Menschenlebens komplexe neuronale Schaltkreise mit erregenden oder hemmenden Einflüssen an den sogenannten synaptischen Integratoren (Abb.). Diese ermöglichen uns ein situationsangepasstes Verhalten. Zeichen und Symbole sind Teil dieses kognitionsgesteuerten Handelns, da Wahrnehmung und Kognition ohne sie nicht vorstellbar sind. So ist z. B. ein mit geschwindigkeitsbegrenzenden Zahlenzeichen versehenes Verkehrsschild auf der Autobahn notwendig, um von uns wahrgenommen und in eine Bremshandlung umgesetzt zu werden. Andernfalls machen wir negative Erfahrung mit Kontrollinstanzen. Diese wirken beim nächsten Verkehrsschild als erregende Einflüsse, dieses Mal doch zu bremsen.

Bei Symbolen spielen Kultur und Erfahrungen eine größere Rolle als bei Zeichen. Ihre Konnotation ist abstrakter und mehrschichtiger. Ein Stern kann als Mercedesstern Statussymbol sein, als roter Fünfzack für den Sozialismus stehen oder mit sechs Zacken Symbol der Judentums oder als gelber Stern gar Symbol des Holocaust sein.

Wahrnehmung oder Wahrgebung?

Das Wort Wahrnehmung suggeriert eine passive 1:1-Aufnahme. Dies ist falsch. Die Wahrnehmung täuscht wegen der Grenzerweiterung. Unsere Augen ändern beim Aufnehmen einer Szene den Schärfeort drei- bis viermal pro Sekunde. Das Gehirn muss sich daran erinnern, was das vorige Teilbild zeigte, um ein ganzes Bild zu konstruieren. So interpretieren und ergänzen wir beim Sehen oft (Abb.). Wir erkennen oft nur das, was wir klar deuten können und wollen, z. B. ein weißes Dreieck. Dies belegt ein Experiment, bei dem man mehrmals Bilder (Kopf oder Vase, Abb.) ansieht und die Deutung beim zweiten Mal früher kippt.

weißes Dreieck

16 Einführung

Modell: triadisch
Zeichen: Name
Träger: Laut
Bedeutung: Idee
Referenz: Sache
Relevantes Werk: Kratylos

Platon (427–347 v. Chr.)

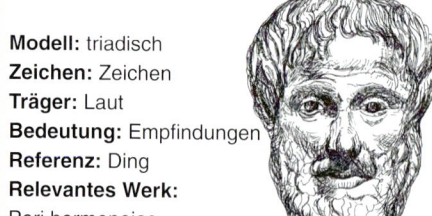

Modell: triadisch
Zeichen: Zeichen
Träger: Laut
Bedeutung: Empfindungen
Referenz: Ding
Relevantes Werk: Peri hermeneias

Aristoteles (384–322 v. Chr.)

Modell: dyadisch
Zeichen: Zeichen
Träger: ein Ding
Bedeutung: -
Referenz: ein anderes Ding
Relevantes Werk: De magistro

Augustinus (345–430)

Modell: dyadisch
Zeichen: signum
Träger: vox (Laut)
Bedeutung: -
Referenz: res (Sache)
Relevantes Werk: Paraphrasen

Albert der Große (1200–1280)

Modell: dyadisch
Zeichen: Zeichen
Träger: Bild, Spur, Spiegel Ding
Bedeutung: Dinge
Referenz: Ding
Relevantes Werk: Summa Theologica

Thomas von Aquin (1225–1274)

Modell: dyadisch
Zeichen: Idee
Träger: -
Bedeutung: Repräsentation
Referenz: res
Relevantes Werk: Œvres et Lettres

René Descartes (1596–1650)

Modell: triadisch
Zeichen: Wort
Träger: Wort
Bedeutung: Begriff (notio)
Referenz: Sache
Relevantes Werk: Novum Organum

Francis Bacon (1561–1626)

Modell: triadisch
Zeichen: Zeichen
Träger: Gegenstand
Bedeutung: Vorstellung
Referenz: Gegenstand
Relevantes Werk: Characteristica universalis

Gottfried Wilhelm Leibniz (1646–1716)

Modell: dyadisch
Zeichen: Zeichen
Träger: -
Bedeutung: -
Referenz: Reales
Relevantes Werk: Anthropologie in pragmatischer Hinsicht

Immanuel Kant (1724–1804)

Modell: triadisch
Zeichen: Zeichen
Träger: Gegenstand
Bedeutung: Vorstellung
Referenz: Gegenstand
Relevantes Werk: Allgemeine Zeichenlehre

Bernard Bolzano (1781–1844)

Definitionen des Begriffs Zeichen

Einführung

Es gibt viele Definitionen des Begriffs Zeichen. Auch die Klassifizierungen unterscheiden sich: Im Alltag verwendet man eine andere Einteilung als in der Wissenschaft. In der Gegenwart haben sich in der Wissenschaft der Semiotik zwei dominierende Lager herauskristallisiert, die den Begriff Zeichen entweder **dyadisch** oder **triadisch** definieren (Tabelle der vier Möglichkeiten).

Bezeichnung	Bildner (Konstituenten)
monadisch	1 (semiotische Einheit)
dyadisch	2 (Träger/Bezeichnetes)
triadisch	3 (Träger/Bedeutung/ Bezeichnung)
tetradisch	4 (doppelte Dyade)

Dyadische Definitionen

Dyadisch bedeutet, dass die Zeichendefinition von einer Zweiheit ausgeht: und zwar »aliquid stat pro aliquo«, 'etwas steht für etwas anderes' wie es ALBERTUS MAGNUS (1200–1280) ausdrückte. Das Sprachzeichen ist demnach eine Wort-Sache-Dyade. Die synonym verwendeten Begriffe Laut/Ausdruck/Name/Wort/Bild stehen als Zeichenträger dem Referenzobjekt in Form einer Idee/Bedeutung oder aber der Sache (Ding) selbst gegenüber.

Triadische Definitionen

Die triadische Definition besteht aus einer Dreiheit von Zeichenträger (1), Referenzobjekt (2) und Bedeutung (3). Dabei ist der Zeichenträger z. B. das Wort Verkehrsschild, das Referenzobjekt ist das metallene Verkehrsschild selbst und die Bedeutung ist das, was das Schild regelt. Diese Triade wird oft als Dreieck dargestellt (Abb.).

Der eigentliche Verständnisschlüssel für die Triade ist die Mediation zwischen den beiden Zeichenkorrelaten durch einen dritten Mediationspartner.

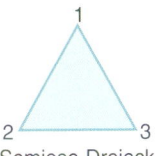
Semiose-Dreieck

Abbildungen

Platon äußerte sich v. a. über sprachliche Zeichen. Sprachliche Zeichen waren für ihn Rudimente der eigentlichen Objekte. Ideen und Bedeutungen waren bei ihm in der Realität und nicht nur Erkenntnisprodukte einzelner Menschen.

Aristoteles Für ihn waren die Zeichen gesprochene Laute der in der Seele produzierten Empfindungen und die Schrift wiederum waren Zeichen der Laute. Außerdem postulierte er, dass diese Empfindungen ebenso wie die Objekte für alle Menschen gleich seien.

Augustinus COSERIU sieht in ihm den »*größten Semiotiker der Antike und den eigentlichen Begründer der Semiotik*«. Augustinus sah im Zeichen einen Sinneseindruck, hervorgerufen von etwas, was gegenwärtig nicht real wahrgenommen werden kann:

> »*Signum est enim res, praeter speciem quam ingerit sensibus, aliud aliquid ex se faciens in cogitationem venire.*«

Albert der Große beschäftigte sich in seinen Paraphrasen mit der Zeichentheorie und ging davon aus, dass der Zeichenträger (vox) dem Referenzobjekt (res) gegenübersteht.

Thomas von Aquin hat sich besonders mit den akustischen Zeichen auseinandergesetzt. Für ihn konnten sie von menschlichen, animalischen (Tieren) oder sonstigen Quellen (Geräusche) stammen. Ein Zeichen war für ihn jenes Teil, wodurch etwas zur Erkenntnis eines anderen wird.

René Descartes beschäftigte sich nur am Rande mit semiotischen Fragen. Seine Grundannahmen handelten von universell angeborenen Ideen. Sein strikter Gegensatz von einer »res extensa« ('äußeren Sache') und einer inneren »res cogitans« ('erkennende Sache') ordnet ihn den dyadischen Modellen zu.

Francis Bacon äußerte sich skeptisch gegenüber den Zeichen der Alltagssprache:

> »*Wörter sind nur die geläufigen Merkzeichen von volkstümlichen Begriffen für Dinge ... die uns den Eindruck eines falschen Scheins geben.*«

Sein Interesse für die Kryptographie führte ihn zur Entwicklung eines binär codierten Alphabets, das dem modernen Binärcode (Digitalcode) in seiner Struktur ähnelt.

Gottfried Wilhelm Leibniz beschäftigte sich direkt mit Zeichendefinitionen, deren einfachste lautet:

> »*Das Zeichen ist ein Wahrgenommenes, aus welchem man die Existenz eines Nicht-Wahrgenommenen schließen kann.*«

Immanuel Kant entwickelte eine Typologie der Zeichen, nach der es willkürliche (arbiträre), natürliche Zeichen und Wunderzeichen gibt. Natürliche Zeichen können demonstrativ, rememorativ oder prognostisch sein.

Bernard Bolzano sah in Zeichen Bezeichnungen unserer Vorstellungen und entwickelte eine Pragmatik eines »*tauglichen Gebrauchs*« von Zeichen.

18 Einführung

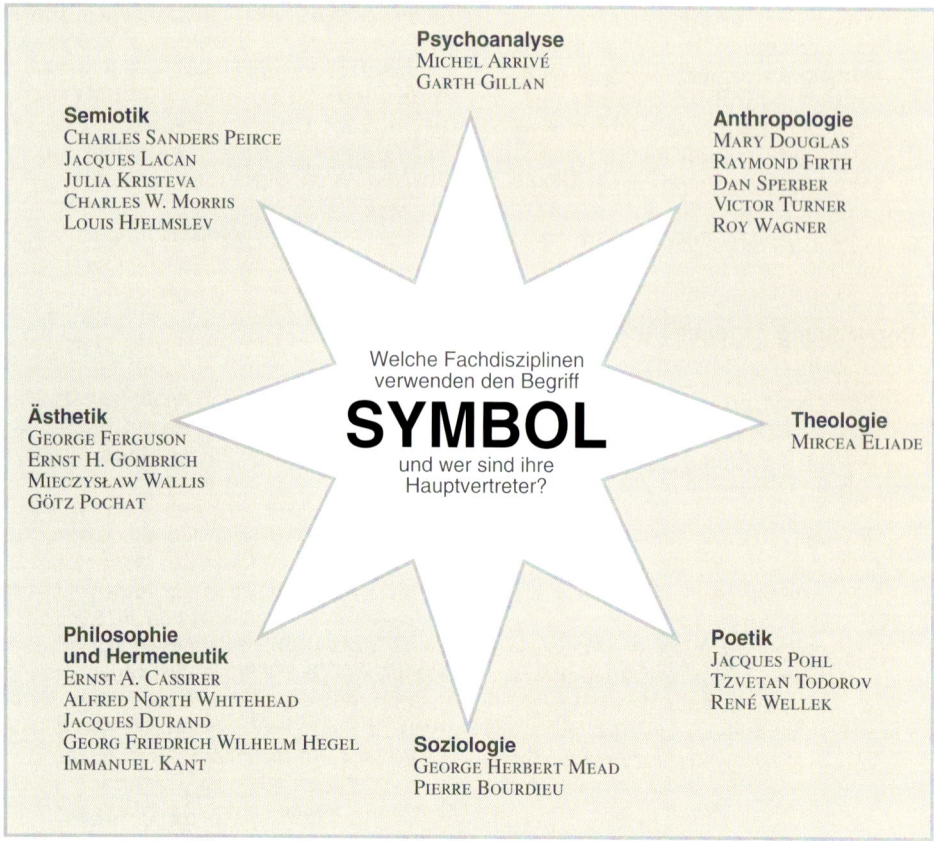

Definitionen des Begriffs Symbol anhand der Fachdisziplinen und ausgewählter Vertreter

Symbol als Synonym von Zeichen
Vertreter: ALFRED NORTH WHITEHEAD
CHARLES D. LAUGHLIN
CHRISTOPHER D. STEPHENS
CHARLES KAY OGDEN
IVOR ARMSTRONG RICHARDS
NORTHROP FRYE
JACQUES POHL
DIN 44 300
Beispiel: Symbol ist ein »Zeichen oder Wort mit Bedeutung« (DIN 44 300)

Symbol als konventionelles Zeichen
Vertreter: CHARLES SANDERS PEIRCE
KARL BÜHLER
ERNST A. CASSIRER
JEAN PIAGET
CHARLES W. MORRIS
LOUIS HJELMSLEV
SUSANNE K. LANGER
Beispiel: Symbol bezeichnet »aufgrund von ... Konventionen oder Regeln etwas anderes...« (LANGER)

Symbol als ikonisches Zeichen
Vertreter: IMMANUEL KANT
GEORG WILHELM FRIEDRICH HEGEL
RENÉ WELLEK
TZVETAN TODOROV
UMBERTO ECO
FERDINAND DE SAUSSURE
JACQUES MARITAIN
Beispiel: ein Symbol ist »ein Zeichenbild (sowohl ›Bild‹ als auch ›Bedeutung‹)« (MARTAIN)

Symbol als konnotatives Zeichen
Vertreter: CARL GUSTAV JUNG
PAUL RICŒR
JOHANN WOLFGANG VON GOETHE
JOHN R. FIRTH
SIGMUND FREUD
GILBERT DURAND
DAN SPERBER
Beispiel: »Das ist die wahre Symbolik, wo das Besondere das Allgemeine repräsentiert« (GOETHE)

Die vier Hauptrichtungen der Symboldefinitionen

Einführung

Es gibt ein enormes Interesse an dem Begriff Symbol in verschiedenen Fachdisziplinen (Abb.). In gleichem Maße gibt es Versuche, diesen Begriff zu definieren. Entsprechend der Verwendungshäufigkeit haben wir es mit einem vieldeutigen Begriff zu tun, der sich einer eineindeutigen Definition entzieht. Gleichwohl zeigt die Anwendungshäufigkeit an, dass jedermann etwas mit dem Begriff anzufangen weiß, sobald er in den Medien oder in der Öffentlichkeit erscheint.

Während Zeichendefinitionen einigermaßen klar klassifizierbar sind, fällt eine Gliederung hinsichtlich der Symbole viel schwerer (Abb.). Die folgende Übersicht stellt eine Auswahl dar.

Bühler grenzt das Symbol vom Anzeichen und Signal ab. Letztere haben Ausdrucks- und Appellationsfunktionen, während das Symbol etwas darstellt.

Burke sieht im Symbolbegriff das Zentrum der Humansemiose. Der Mensch ist das einzige »symbolgebrauchende Wesen«.

Cassirer sieht Symbole im Gegensatz zu Signalen, Symptomen und natürlichen Anzeichen.

Chouinard sieht im Symbol das Allomorph eines Archetyps und bringt die Auffassung Jungs auf einen Punkt.

Creuzer erkennt im »Fehlen an Harmonie zwischen Form und Bedeutung und durch den Überschuß an Inhalt im Vergleich zum Ausdruck« ein Symbol.

Eco grenzt das Symbol von der Metapher ab: Während für die Metapher nur die übertragene Bedeutung gilt, behält das Symbol seine primäre Bedeutung. Achilles ist zwar wie ein Löwe, aber er ist es nicht selbst. Dagegen ist der Judenstern ein Stern.

Firth definiert das Symbol als »Zeichen mit einer komplexen Assoziationsfolge, die oft emotionaler Art ist«.

Freud sieht das Symbol als indirekte Darstellung, die auf einem Vergleich beruht. Das Gemeinsame zwischen dem Symbol und dem Eigentlichen ist jedoch nicht immer offenbar.

Hegel erkennt im Symbol ein Zeichen, das in seiner »Äußerlichkeit zugleich den Inhalt der Vorstellung in sich selbst befaßt«. Zusätzlich setzt er einen allgemeinen Bedeutungsinhalt voraus.

Hjelmslev sieht im Symbol ein elementares arbiträres Zeichen, das nicht weiter zerlegbar ist, bspw. sind einstellige Zahlen oder Signale der Verkehrsampeln Symbole.

Jung sieht als Grundlage von Symbolen die unbewussten Archetypen, deren erscheinende Gestalten Symbole bilden.

Kant definiert Symbole als »indirekte Darstellungen des Begriffs durch das Mittel der Analogie«.

Lacan schreibt: »Deshalb spricht der Mensch, aber er spricht, weil ihn das Symbol zum Menschen gemacht hat«.

Langer verneint, dass Symbole Stellvertreter ihrer Objekte seien, sondern es seien vielmehr Vehikel zur Konzeptualisierung dieser.

Maritain schreibt: »Ein Symbol (ist) ein Zeichenbild (sowohl ›Bild‹ als auch ›Bedeutung‹), ein wahrnehmbares Etwas, das ein Objekt auf Grund einer vorausgesetzten Relation der Analogie bedeutet«.

Morris definiert Wörter oder Substitute, mit denen bspw. die Signale des Pulses als Zeichen des Herzzustandes verstanden werden.

Ogden und **Richards** sehen in Symbolen Zeichen menschlicher Kommunikation, die »Wörter, Bilder, Gesten, Zeichnungen oder nachahmende Laute« sein können.

Peirce definiert das Symbol als konventionelles, nichtmotiviertes Zeichen im Gegensatz zum abbildenden (ikonischen) und hinweisenden (indexikalischen) Zeichen.

Piaget sieht eine Zunahme von Arbitrarität und Konventionalität beginnend mit Signal, Anzeichen und ikonischem Symbol sowie endend mit dem arbiträren Zeichen.

Pohl definiert Symbole als »Schlüssel für das Wesen des Menschlichen«.

Ricœur sieht Symbole dort, »wo Sprache komplexe Zeichen erzeugt, deren Bedeutungen sich nicht damit begnügen, eine Sache zu bezeichnen, sondern eine andere Bedeutung beinhalten...«.

Saussure charakterisiert das Symbol dahingehend, dass es »nie völlig arbiträr ist. Es ist nicht leer ... Das Symbol der Gerechtigkeit, die Waage, könnte nicht durch irgendein anderes beliebiges Symbol, wie etwa durch einen Wagen ersetzt werden.«

Schaff setzt für das Symbol Folgendes voraus: Konventionalität, Abstraktheit des Inhalts sowie eine sinnliche Form des Zeichenträgers.

Todorov definiert sprachliche Symbolik als durch einen Bedeutungsüberschuss gekennzeichnet.

Whitehead sieht bei jeder nicht unmittelbaren Wahrnehmung eines Objektes den Betrachter mit einem Symbol konfrontiert.

Modell: triadisch
Zeichen: Zeichen
Träger: Representamen
Bedeutung: Interpretant
Referenz: Objekt
Relevantes Werk:
Collected Papers

Charles S. Peirce (1839–1914)

Modell: dyadisch
Zeichen: Sème
Träger: Empfindung
Bedeutung: Idee
Referenz: -
Relevantes Werk:
Cours de linguistique

Ferdinand de Saussure (1857–1913)

Modell: dyadisch
Zeichen: signum
Träger: signans
Bedeutung: signatum
Referenz: -
Relevantes Werk:
On Language

Roman Jakobson (1896–1982)

Modell: dyadisch
Zeichen: signum
Träger: Ausdruck
Bedeutung: Inhalt
Referenz: -
Relevantes Werk:
Resumé of a Theory
of Language

Louis Hjelmslev (1899–1965)

Modell: triadisch
Zeichen: Zeichen
Träger: Zeichenträger
Bedeutung: Signifikatum
Referenz: Denotatum
Relevantes Werk:
Signs, Language
and behavior

Charles W. Morris (1901–1979)

Modell: dyadisch
Zeichen: Zeichen
Träger: Ausdruck
Bedeutung: Inhalt
Referenz: -
Relevantes Werk:
Das Reich der
Zeichen

Roland Barthes (1915–1980)

Modell: tetradisch
Kleinste Einheit: Sem
Kategorie: Achse
Gesamtheit: Immanenz
Relevantes Werk:
Strukturale Semantik

Algirdas Julien Greimas (1917–1992)

Modell: dyadisch
Zeichen: Code
Entstehung: Konvention
1. System: Inhalt
2. System: Ausdruck
Relevantes Werk:
Semiotics and the
Philosophy of Language

Umberto Eco (*1932)

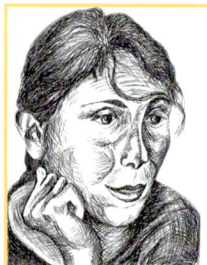

Modell: dyadisch
1. Ebene: Genotyp
2. Ebene: Phänotyp
Verfahren:
semanalytisch
Relevantes Werk:
Semiologie

Julia Kristeva (*1941)

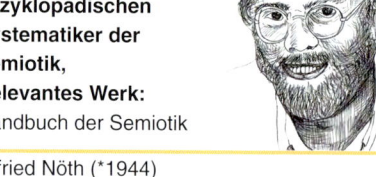

**Winfried Nöth ist
gegenwärtig einer der
bedeutendsten
enzyklopädischen
Systematiker der
Semiotik,
Relevantes Werk:**
Handbuch der Semiotik

Winfried Nöth (*1944)

Semiotik

Einführung

Semiotik - die Wissenschaft von den Zeichen, war lange Zeit nicht als Wissenschaft anerkannt. Ab dem 16. Jh. war Semiotik eine medizinische Methode, anhand von Symptomen Krankheiten zu erkennen. FERDINAND SAUSSURE (1857–1913) schrieb noch 1916 von der Semiotik als der
»*noch nicht existierenden Wissenschaft*«.
Bereits 1938 war jedoch die Zeichenkunde von so vielen Wissenschaftsgebieten zum Leitthema gemacht worden, dass CHARLES W. MORRIS (1901–1979) erörterte:
»*Es ist zweifelhaft, ob Zeichen jemals zuvor von so vielen Menschen aus so vielen Perspektiven untersucht worden sind. Zum Heer der Forscher gehören Linguisten, Logiker, Philosophen, Psychologen, Biologen, Anthropologen, Psychopathologen, Ästhetiker und Soziologen.*«

Semiotik als Leitwissenschaft

Die Semiotik hat sich als Struktur- oder Leitwissenschaft erwiesen, die nach NÖTH insgesamt zehn Dimensionen besitzt:
1. Semiose (Zeichenbildung),
2. Kognition (Zeichenerkennung),
3. Kommunikation (Zeichenübermittlung),
4. Physiosemiotik (materielle Welt),
5. Ökosemiotik (Zeichen in der Umwelt),
6. Biosemiotik (Zeichen der Lebewesen),
7. Zoosemiotik (Tiere und Zeichen),
8. Evolution der Semiose,
9. Raum und
10. Zeit.

Die Wissenschaft der Semiotik kann nicht als eine einheitliche Geschichte beschrieben werden. Vielmehr gab es einen großen Pluralismus der Theorien. Deren Schöpfer bedienten sich als professionelle Zeichenverwender außerdem eigener Wortschöpfungen, die es schwer machen, diese in ein übersichtliches leicht verständliches Gebilde zu packen. Zur tieferen Lektüre sei auf das umfangreiche »Handbuch der Semiotik« von WINFRIED NÖTH verwiesen.

Abbildungen

Charles S. Peirce gilt als der größte Philosoph der USA. Er postulierte den Grundsatz:
»*Wir haben kein Vermögen, ohne Zeichen zu denken.*«
Ferdinand de Saussure gilt als Begründer des Strukturalismus. Er verwendete einen synthetischen, also zusammenfassenden Zeichenbegriff, den er »Sème« nannte und mit einem Aposème (lautliche Hülle) und Parasème (mentale Hülle) ergänzte. Gedanken und Laute sind für Saussure zwei Seiten eines Blattes Papier: Zerschneidet man es, teilt man Gedanken und Laute. Er führte den Begriff der »Arbitrarität« für 'Willkürlichkeit' der Zeichen ein. So könnte man einen »Baum« auch »Klicks« nennen, wenn alle Sprachträger sich darauf einigten (Konventionalität).

Roman Jakobson war der erste Semiotiker, der sowohl an der Harvard-Universität als auch am benachbarten M.I.T. lehrte. Er bestritt die völlige Willkürlichkeit der Sprache im Gegensatz zu Saussure. Er entwickelte ein Modell, nach dem bei jeder sprachlichen Mitteilung sechs Faktoren und Funktionen beteiligt sind: 1. Kontext, 2. Botschaft, 3. Sender, 4. Empfänger, 5. Kontakt, 6. Code.

Louis Hjelmslev entwickelte die Theorie der Glossematik. Die universelle »amorphe Gedankenmasse« wird in den Einzelsprachen verschieden geformt. So gibt es z. B. bei den Inuit zahlreiche Abstufungen für »Weiß«, was die Deutschen nicht kennen.

Charles W. Morris systematisierte die Semiotik und unterteilte sie in drei Kategorien: 1. Syntaktik, 2. Semantik, 3. Pragmatik.

Roland Barthes beschäftigte sich vor allem mit Zusatzbedeutungen von Zeichen, z. B. bei den Mythen der Völker. Er sieht in einer bewussten Konnotation ein Ideologieinstrument zur Behauptung von Naturgegebenheit und Ewigkeit der herrschenden Klasse.

Algirdas Julien Greimas begründete die Pariser Schule der Semiotik. Er unterscheidet drei Textstrukturen: 1. semio-narrative, 2. diskursive, 3. textuelle.

Umberto Eco ist durch seine postmodernen Romane wie z. B. »Der Name der Rose« als Autor berühmt geworden. Er geht von einer ausschließlichen Kulturgebundenheit aus und verneint semiotische Strukturen in der lebenden und nichtlebenden Natur außerhalb des Menschen. Eco entwickelte eine Theorie des Codes.

Julia Kristeva begründete die Theorie von einem die Tiefeninformation beinhaltenden Genotext und einem oberflächlich wahrnehmbaren Phänotext, die wie eine Maske zu verstehen ist. Außerdem arbeitete sie zur Semiotik des Weiblichen.

Winfried Nöth ist der Pluralist und Systematiker unter den Semiotikern. Sein Handbuch der Semiotik ist ein enzyklopädisch angelegtes Standardwerk der Semiotik.

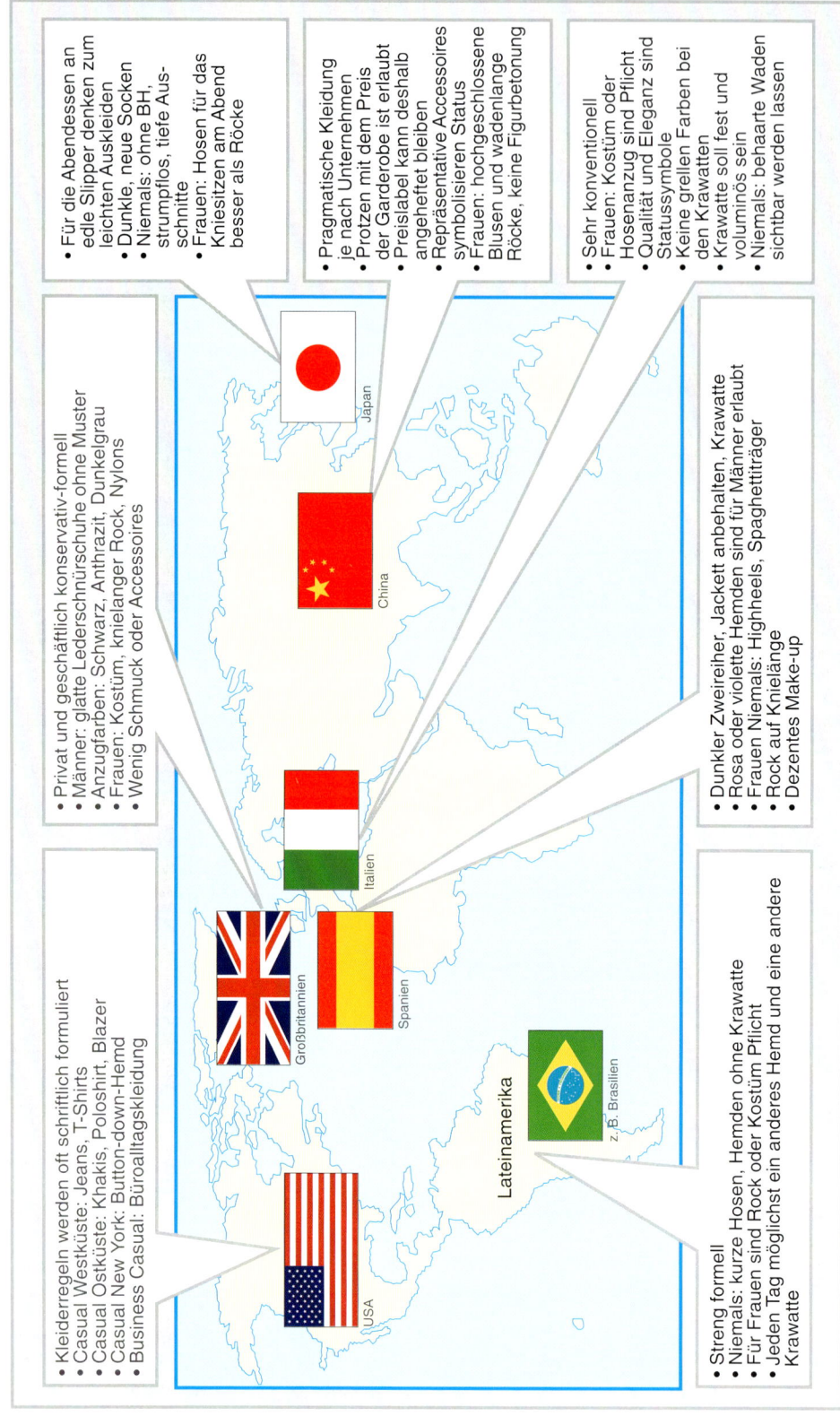

Kleiderordnung (Dresscode)

Einführung

Kleiderordnungen (Dresscodes) gibt es in vielen sozialen Gruppen. Sie kennzeichnen die Zugehörigkeit zu einer Gruppe bzw. machen die Grenze zwischen Insidern und Outsidern deutlich. Fast alle Kulturen und soziale Gruppen kennen Dresscodes (Tabelle).

Gruppe	Beispiel
Juden	Kippa
Köche	Kochmütze
Soldaten	Uniform
Manager	Anzug/Kostüm

Am deutlichsten spiegelt sich diese Tatsache in folgendem Sprichwort wider:
»*Kleider machen Leute*«
Die Einhaltung der Kleiderordnung belegt die eigene Kompetenz. Sie zeigt auch die Toleranz und Achtung gegenüber der Gruppe. Auch kann ein Dresscode ein Statusanzeiger einer Rangordnung sein wie z. B. Uniform, Talar oder Kirchenornat (Abb. Mitte). Zum Schutz der Mitarbeiter gibt es noch technisch bedingte Kleiderordnungen in den Fabriken (Tabelle).

Arbeitsort	Sinn des Dresscodes
Atomfabrik	Gesundheitsschutz
Bergwerk	Gesundheitsschutz
Chemiefabrik	Gesundheitsschutz
Lebensmittelfabrik	Konsumentenschutz
Halbleiterfabrik	Staubschutz

Die wichtigsten Kleidungsstücke im Dresscode des Büroalltags der industrialisierten Welt sind der Herrenanzug und das Damenkostüm.

Der Herren-Anzug

Ein Anzug besteht aus einer Kombination von Oberteil (Jackett) und Unterteil (Hose). Der in London erfundene Anzug hat sich als klassische Stiletikette für Männer entwickelt. Es gibt verschiedene Arten (Tabelle).

Anzugsart	geschlossene Knöpfe
Zweireiher	immer alle
2-Knopf-Sakko	1 Knopf
3-Knopf-Sakko	2 oder nur Mittelknopf
4-Knopf-Sakko	2 Mittel- oder 3 Oberknöpfe
5-Knopf-Sakko	alle bis auf untersten
Frack	keine

Damenkostüm

Das Kostüm und der Hosenanzug sind die »Uniformen« der Geschäftsfrau. Die klassischen Farben sind Blau, Braun, Grau und Schwarz. Frauen sind freier in der Auswahl als Männer, was Chance und Risiko zugleich sein kann (Tabelle).

Anonymus, Kardinal Wolsey in Kardinalskleidung

Stil	Wirkung
Hosenanzug	härter
Rosa	weiblich
figurbetont	wenig Autorität

Abbildungen

China: In China geht es praktisch zu: Schwitzt man, legt man Kleidung ab. Friert man dagegen, kann man einen Pullover unterziehen. Dicke Uhren, silberne Krawattennadeln und Preislabel am Jackett sind erlaubt.

Großbritannien: Das Wichtigste im Ursprungsland des Anzugs sind Qualität und Stil. Sandalen oder Schuhe mit sichtbaren Zehen sollte man vermeiden. Gestreifte Krawatten sind ein Zeichen für Club-Mitglieder. Nichtmitglieder sollten sie vermeiden.

Italien: In Italien geht es sehr konventionell zu. Qualität und Eleganz sind wichtig. Auffallende Krawattenfarben und kurze Socken sind tabu.

Japan: Besondere Beachtung für Gäste aus Europa sollten praktische Sachen haben. Man zieht die Schuhe oft aus, also sollte das schnell gehen (Slipper). Außerdem tragen Kimono-Damen die Schuhe weg, deshalb lieber neue Schuhe nehmen. Bunte Socken wirken lächerlich. Mit einem Schlauchrock kniet es sich ebenso schlecht wie mit einem Minirock.

Lateinamerika: Es gilt eine strenge Konvention. Kurze Hosen, kurze Hemden, Hemden ohne Krawatte oder Sandalen sind tabu. Für Frauen sind Hosenanzüge verpönt. Besser sind Rock oder Kostüm.

Spanien: Die Kleidung ist konventionell und gilt als Visitenkarte des Gastes. Dunkle Anzüge mit Krawatten in kräftigen Farben sind der Standard.

USA: In den USA gibt es einen stark gestaffelten Dresscode. In der Freizeit ein »dressing down« und im Büroalltag unterschiedliche Dresscodes (Abb.).

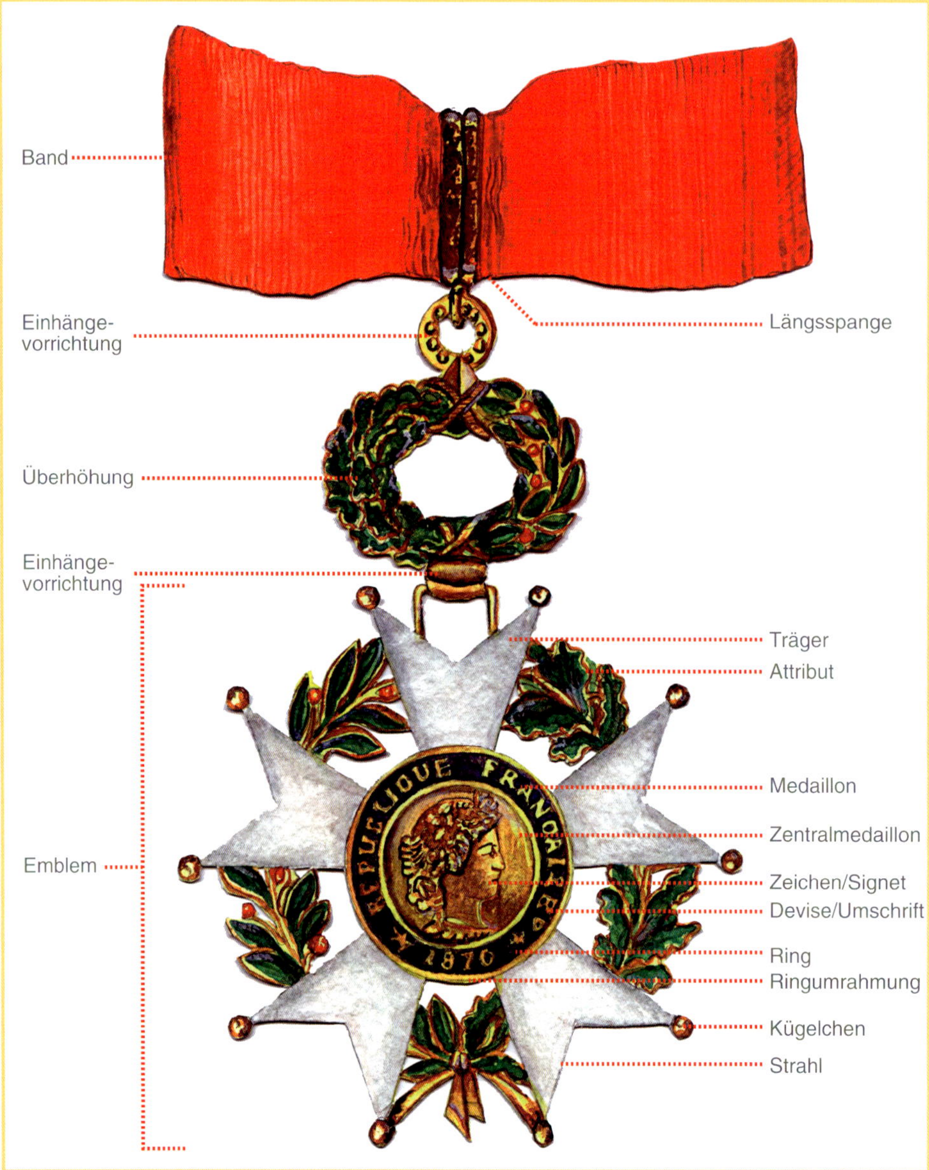
Band
Einhänge-
vorrichtung
Längsspange
Überhöhung
Einhänge-
vorrichtung
Träger
Attribut
Medaillon
Zentralmedaillon
Emblem
Zeichen/Signet
Devise/Umschrift
Ring
Ringumrahmung
Kügelchen
Strahl
REPUBLIQUE FRANÇAISE
1870

Orden der Ehrenlegion (Schema)

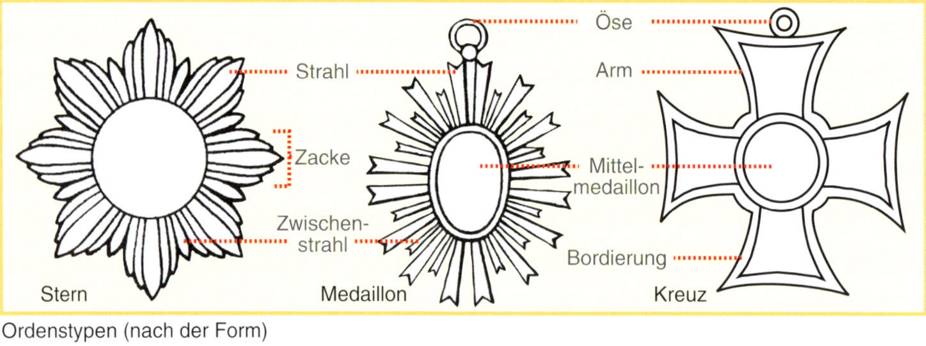
Öse
Strahl
Arm
Zacke
Mittel-
medaillon
Zwischen-
strahl
Bordierung
Stern
Medaillon
Kreuz

Ordenstypen (nach der Form)

Geschichte

Das Wort Orden taucht um 1000 auf und bedeutet so viel wie 'nach bestimmten Regeln lebende, religiöse oder weltliche, Gemeinschaft, Ehrenzeichen, Auszeichnung'. Es leitet sich von lateinisch »ordo« für 'Ordnung' ab. Im antiken Rom gab es z. B. den Ordo senatorius, den Senatorenstand. Im Mittelalter wurden damit sowohl klösterliche Gemeinschaften (z. B. Benediktinerorden) als auch geistliche und weltliche Ritterorden bezeichnet. Im 17. Jh. entstanden Damenorden (z. B. der Orden der Sklavinnen der Tugend). Die Mitgliedschaft erkannte man an bestimmten Zeichen (Abb. Mitte), auf die später der Begriff Orden überging. Der Begriff »Verdienstorden« entwickelte sich aus der barocken Tradition, das Militär an den Herrscher zu binden. LUDWIG XIV. (1643–1715) stiftete z. B. 1693 den »Militärorden des heiligen Ludwig«, für dessen Zugehörigkeit ein zehnjähriger Dienst in der Armee Voraussetzung war.

Gottfried von Bouillon (um 1060–1100) zog in den 1. Kreuzzug mit einem Heer von 20 000 Mann und eroberte 1099 Jerusalem. Zahlreiche Kreuz-Zeichen auf seiner Kleidung machen ihn als Mitglied des Ritterordens kenntlich.

Geistliche Ritterorden

Die geistlichen Ritterorden entstammen der Kreuzzugstradition. Papst URBAN II. forderte dazu auf, ins Heilige Land zu pilgern. Die Heiden, die Jerusalem besetzt hielten, müssten vertrieben werden. Er berief sich dabei auf die Bibel (Matthäus 10, 38):

> »Wer sein Kreuz nicht nimmt
> und mir nachfolgt,
> ist meiner nicht wert«.

Mit dieser sog. »Kreuzzugspredigt« machte der Papst das Kreuz zu einem allgemeinen Symbol und Zeichen, das die Hauptform des Ordens blieb. Für Ritterorden war es das Erkennungszeichen (Tabelle).

Orden	Tracht und Gründungsjahr
Johanniter	1113
Templer	1120
Deutscher Orden	1190

Die *Johanniter* sind aus der Bruderschaft des Spitals in Jerusalem hervorgegangen und übten sich in Krankenpflege sowie im Waffendienst. Die *Templer* leiteten ihren Namen vom Salomontempel in Jerusalem ab. HUGO VON PAYENS gründete ihn zum Schutz des Heiligen Landes. Der *Deutsche Orden* wurde als Bruderschaft zur Krankenpflege gestiftet. Wie sehr ein Erkennungszeichen im Kampf notwendig war, zeigt die untere Abb., in der man erst durch die Standarten erkennen kann, wer zu wem gehört.

Standarten als Zeichen

Weltliche Ritterorden

Die große Anziehungskraft geistlicher Orden auf die Herrscher führte zur Gründung weltlicher Orden mit einfacher Organisationsstruktur. Herrscher sammelten so Adelige um sich, die bereit waren, ihre Macht- und Herrschaftspolitik zu unterstützen. Der älteste ist der Hosenbandorden, der 1348 vom englischen König EDWARD III. (1327–77) gegründet wurde. Ab dem 17. Jh. wurden auch Orden für Damen gestiftet (Tabelle).

Orden	Land
Sternkreuzorden	Österreich
St. Katharinenorden	Russland
Isabellenorden	Portugal

Devisen oder Wahlsprüche finden sich oft auf Orden. Sie vermittelten verbal die Botschaft des Ordens, wie z. B. der spanische Orden vom heiligen Jakob vom Schwert:

> »Rubet ensis sanguine arabum«
> 'Das Schwert ist von Araberblut gerötet'.

Abbildungen

Orden der Ehrenlegion: Einer der berühmtesten Orden. Es gibt verschiedene Klassen und Typen. Abgebildet ist das Großkreuz des französischen Nationalen Ordens.

Ordenstypen: Man unterscheidet Sterne, Kreuze und Medaillons. Die einzelnen Elemente werden unterschiedlich bezeichnet.

Alltag & Verkehr

Fröhliche Smileys und ihre Bedeutung		Verstimmte Smileys und ihre Bedeutung	
:-) oder :)	einfaches Lächeln	:-I	weiß nicht (indifferent)
:-))	besonders fröhlich	:'-(	weinen
:-)=)	fettes Grinsen	:-@	brüllen
:-D	Lächeln	:-V	laut reden oder schreien
:D	Lachen	:-/	das ist wirklich nicht lustig
:'-)	zum Weinen glücklich	>:-<	verärgert, ungehalten
(-:	theatralisch	(:<)	Schwatzdrossel
:*)	blödeln	:-t	bitteres Lächeln
%-)	So ein Blödsinn!	:-(	traurig
:-x	Kuss	:-c	ganz, ganz traurig
:-X	dicker Kuss	:-e	enttäuscht sein
II*(	Versöhnung angeboten!	:-')	bin erkältet
II*)	Versöhnung akzeptiert!	:-o	oh nein, so ein Schock
[]	Umarmung	8-o	ich bin entsetzt
@>--->---	Rose	:-w	du bist doppelzüngig

Fröhliche und traurige Smileys mit ihren Bedeutungen

Ironische Smileys und ihre Bedeutung		Emoticons und ihre Bedeutung	
;-) oder ,-)	mit Augenzwinkern	.c c.	
:-f	Grinsen	(.)	
:-P	Grinsen mit Zunge raus	(Y)	3 Zeilen: jung, ledig, gut gebaut sucht ...
:-1	abfälliges Grinsen		
:-"	Schmollen	(°:-I	Du hast wohl 'nen Schuss?
;-r	Bääh!	;+)	Kriegst gleich eins auf die Nase
:-J	an der Nase herum führen	:VT	Volltrottel
:-<	sarkastisch sein (spitz)	):-o	Blöder Ochse!
:-7	ironisch gemeint	3:-o	Dumme Kuh!
:-#	zensierte Aussage	":()	Quatsch nicht so dumm!
:-8	Brille auf der Nase	IIII-(	Hatte Bildausfall!
:-=	So ein langer Bart!	≈ß	Die Kacke ist voll am dampfen!
:-+	Ups!	C8L	Echt cool!
:-&	Sprich mal deutsch!	(6-)	Hast du nur Sex im Kopf?
:-§	Du hast Recht, aber ...	U	Mach es nicht ohne!

Ironische Smileys und Emoticons sowie deren Bedeutungen

Kürzel	Volltext	deutsch
afaik	as far as I know	soweit ich weiß
asap	as soon as possible	so bald wie möglich
bion	believe it or not	Glaub es oder nicht!
btw	by the way	übrigens
cu	see you later	wir sehen uns später
DBDDHKP		Dumm bleibt dumm, da helfen keine Pillen!
foaf	friend of a friend	der Freund eines Freundes
faq	frequently asked questions	häufig gestellte Fragen
fyi	for your information	zu Ihrer Information
gigo	garbage in, garbage out	Wie man in den Wald ruft ...
HDK		Halt die Klappe!
HDL		Hab Dich lieb!
ILD		Ich liebe Dich!
MFG		Mit freundlichen Grüßen
rofl	rolling on the floor	totlachen
lol	loud of laugh	Gelächter (ha...ha)
ppl	people	Leute
ptmm	please tell me more	Erzähl mir mehr davon
RTFM	read the f* manual	Lies zuerst das verf* Handbuch
thx	thanks	Danke!
TIA	Thanks in advance!	Danke im Voraus!
whph	work hard party hard	Arbeite hart, feiere gut!

Kürzel (Akronyme) und ihre Botschaften

Smileys

Mit der weltweiten Verbreitung des Internets gingen Veränderungen der Kommunikationskultur einher. Der Mensch neigt dazu, komplizierte Dinge zu vereinfachen, und sucht nach der kürzesten Lösung. Bereits 1963 hatte der Amerikaner HARVEY BALL einen 'grinsenden Kreis', also den heute jedermann geläufigen »Smiley«, für eine Versicherung entworfen. Bereits am 12. April 1979 wurden Smileys im Message-Board von KEVIN MACKENZIE vorgeschlagen, um die Körpersprache mit Hilfe von Satzzeichen im Text transportieren zu können. Die Kommunikation von nonverbalen Inhalten ist bei reiner Wortkommunikation z. B. im Internet nämlich nicht möglich.

Die Geburtsstunde der davon abgeleiteten Internetkommunikationskultur mit Smileys, Akronymen und Emoticons lässt sich mithilfe der Computerarchäologie auf den 19. September 1982 zurückverfolgen. SCOTT E. FAHLMAN von der Carnegie Mellon University in Pittsburgh schlug damals in einer elektronischen Mitteilung in dem Bulletin Board der Universität vor, Scherze und nicht als Scherz gedachte elektronische Informationen an den Empfänger zu kennzeichnen:

> »*19-Sep-82 11:44 Scott E Fahlman :-)*
> *From: Scott E Fahlman <Fahlman at Cmu-20c>*
> *I propose that the following character sequence for joke markers: :-)*
> *Read it sideways. Actually, it is probably more economical to mark things that are NOT jokes, given current trends. For this use: :-(«*

> 'Ich schlage die folgenden Charakterzeichen als Scherz-Kennzeichner vor: :-)
> Lies es seitwärts. Es ist möglicherweise kürzer, die Dinge, die keine Scherze sind, kurz zu bezeichnen. Dafür kann man das nutzen: :-('

Die Smileys setzten sich in rasender Schnelligkeit durch. Akronyme, also Wortabkürzungen wie z. B. »faq« für 'häufig gefragte Fragen' oder »asap« für 'so bald wie möglich' ergänzten sie ebenso wie Emoticons. Die immer mehr erweiterten Tastaturen und Fontmöglichkeiten steigerten die Anzahl enorm. Es ist unmöglich, auf einer Doppelseite auch nur annähernd eine Übersicht darzustellen. Dem Erfindungsreichtum sind keine Grenzen gesetzt. Am besten werden die Smileys mit nichtproportionalen Schriften (z. B. Courier) geschrieben, da in diesem Fall jedes Zeichen die gleiche »Dikte«, also den 'gleichen Raum' erhält. Die heute üblichen Proportionalschriften sind nicht so gut geeignet:

Nichtproportionalschrift: :-) bzw. :-(
Proportionalschrift: :-) bzw. :-(

Die Smiley-Manie steigerte sich bis hin zu einem sog. »World Smile Day«, einem 'Weltlächeltag', der jährlich am 4. Oktober stattfindet.

Abbildungen

Fröhliche Smileys bedienen sich zumeist der Endklammer als 'lächelnden Munds'. Alle runden Buchstaben wie z. B. das D oder das P werden in irgendeiner Weise dafür verwendet. Letztlich geht es um die vereinfachte Darstellung menschlicher Gesten und Körpersprachen, die zeitgemäß (in den 80er Jahren z. B. das Zeichen @ für Botschaften, die mit dem Atomkrieg verbunden waren) oder zeitlos (wie z. B. das Zeichen ~= als Symbol für eine flackernde Kerze, die für eine 'flammende Botschaft' steht) sind. Fröhliche Smileys werden häufiger als andere Smileys verwendet. Das Wort »Smiley« selbst bedeutet schließlich nichts anderes als der 'Lächler'.

Verstimmte Smileys stellen traurige oder wenigstens indifferente Botschaften verkürzt dar. Sie enden oft mit einer Anfangsklammer: :-(. Außerdem sind runde, rechts geöffnete Zeichen wie z. B. das c und das e sowie die einen offenen Mund symbolisierenden O oder die Zahl 0 geeignet, um die Urbotschaft des Staunens, Erschreckens, Ablehnens, also des 'Oh' darzustellen.

Ironische Smileys nutzen vor allem die Augenzwinkern mittels Zeichen, die ein einzelnes geschlossenes Auge darstellen, wie z. B. das ;-). Auch Zeichen, die einen Mundwinkel verzerren, sind geeignet.

Emoticons sind erweiterte Gefühlsausdrücke mit bis zu dreizeiligen Zeichenkombinationen (Abb. jung, ledig, gut gebaut sucht ...).

Akronyme sind Abkürzungen von Phrasen, die allgemein bekannt sind. Im Englischen wäre das z. B. das »as soon as possible« ('so bald wie möglich'), das als »asap« abgekürzt wird. Im Deutschen ist vor allem das Akronym »MfG« für 'Mit freundlichen Grüßen' bekannt.

28 Alltag & Verkehr

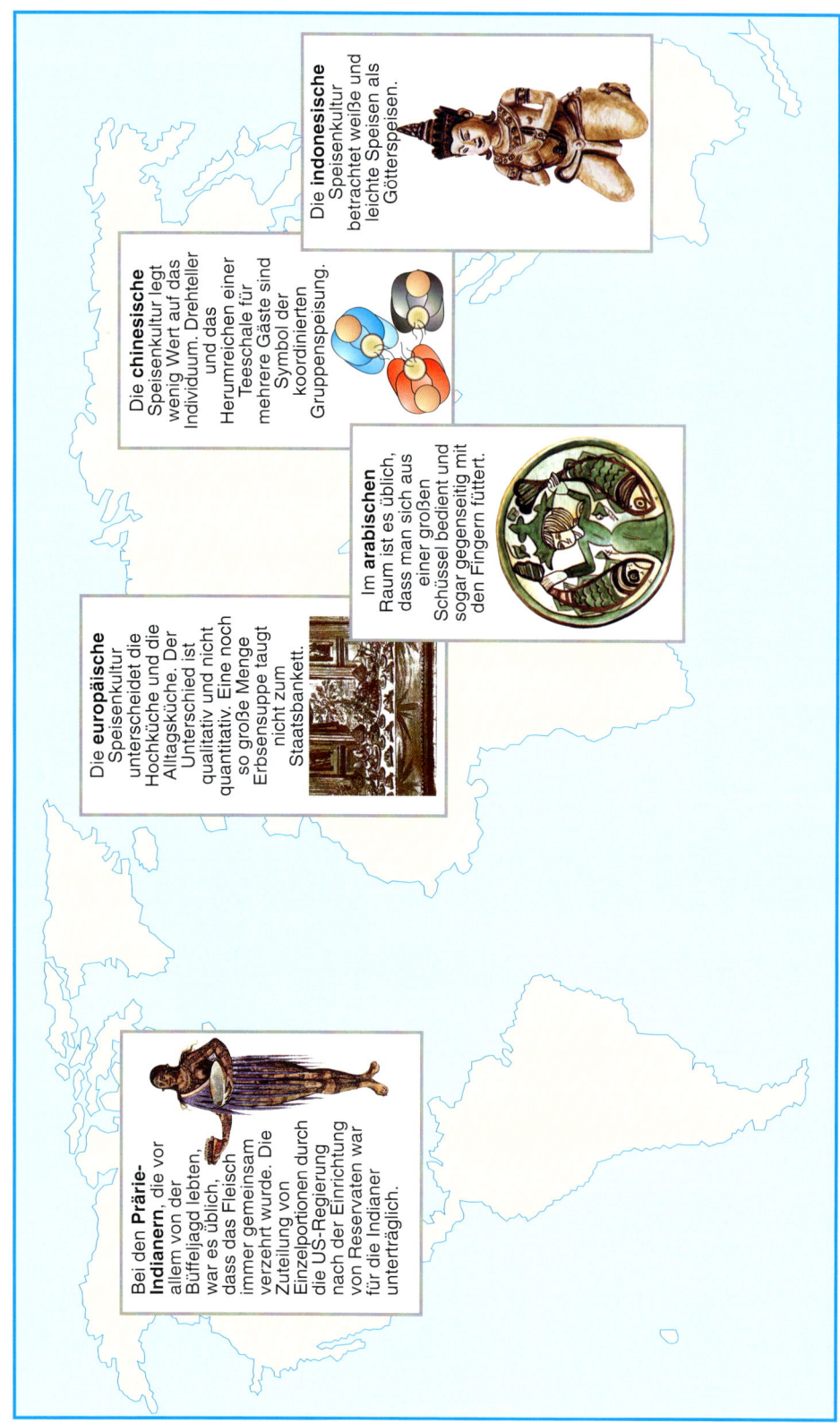

Die **indonesische** Speisenkultur betrachtet weiße und leichte Speisen als Götterspeisen.

Die **chinesische** Speisenkultur legt wenig Wert auf das Individuum. Drehteller und das Herumreichen einer Teeschale für mehrere Gäste sind Symbol der koordinierten Gruppenspeisung.

Im **arabischen** Raum ist es üblich, dass man sich aus einer großen Schüssel bedient und sogar gegenseitig mit den Fingern füttert.

Die **europäische** Speisenkultur unterscheidet die Hochküche und die Alltagsküche. Der Unterschied ist qualitativ und nicht quantitativ. Eine noch so große Menge Erbsensuppe taugt nicht zum Staatsbankett.

Bei den **Prärie-Indianern**, die vor allem von der Büffeljagd lebten, war es üblich, dass das Fleisch immer gemeinsam verzehrt wurde. Die Zuteilung von Einzelportionen durch die US-Regierung nach der Einrichtung von Reservaten war für die Indianer unerträglich.

Einführung

Speisen sind ein lebenswichtiger Teil des menschlichen Lebens, sowohl des Individuums als auch der Gruppe. Ihre Erforschung als Kulturcode ist eine junge Forschungsrichtung. H. KARMASIN hat mit ihren Arbeiten über die geheimen Botschaften unserer Speisen die ersten systematischen Forschungen in Europa betrieben.

Nationalküchen

Am bekanntesten sind die Codes der Nationalküchen, die sich vor allem über Gewürze unterscheiden (Tabelle).

Nation	Würz-Zeichen
Frankreich	Senf, Sahne, Wein
Griechenland	Limone, Oregano, Zimt
Indien	Curry, Kumin, Safran
Japan	Soja, Saki, Ingwer
Mexiko	Chili, Pepperoni, Kumin

Außerdem gibt es unterschiedliche Rituale und Tabus bei den verschiedenen Völkern. So gibt es entsprechend dem eher kollektiven oder eher individuellen Lebensstil der Gesellschaft auch Speisecodes (Abb. links), deren Nichtbeachtung zu sozialer Ächtung führen kann. So trennen die arabischen Länder klar zwischen den Gegensätzen Natur/Unreinheit/linker Hand und Kultur/Reinheit/rechter Hand. Demzufolge dürfen Speisen nur mit der reinen, rechten Hand berührt werden. MARTIN LUTHER rief noch aus:

»Warum rülpset und furzet ihr nicht?
Hat es euch nicht geschmacket?«

Heute würden diese beiden natürlichen Körperäußerungen als kulturlos gebrandmarkt.

Das richtige Essen

Kalorien allein werden in den westlichen Gesellschaften nicht als richtiges Essen verstanden. Es gibt Zeichen bzw. Symbole, die uns z. B. bei Schokoriegeln, Pudding oder dünnen Suppen nicht an ein sog. richtiges Essen denken lassen. Dagegen bewerten viele Menschen ein Fleischgericht mit Gemüse und Soße, also ein sog. Hauptgericht, als richtiges Essen. Diese These wird von der Statistik der Staatsbankette gestützt. Diese Staatsbankette sollen als Speisen-Botschaft folgendes symbolisieren: angemessen, offiziell, formell, stilvoll, eher nationaltypisch als exotisch. Der Hauptgang beinhaltet immer Fleisch. Bevorzugt Filet, Nüsschen oder Brust.

Restaurants als Vermittler von Sozialkapital

Restaurants bieten ihren Gästen unterschiedliche Milieus an Einrichtung, Personal und Speisen. Die Gäste wählen dabei nicht nur die Art des Essens, sondern auch die Ebene des Sozialkapitals (Tabelle).

Restaurant-Typ	Botschaft nach außen
Luxus	Elite-Zugehörigkeit
Bürgerlich	Mittelstands-Zugehörigkeit
Kneipe	Lokale Zugehörigkeit
Postmoderne	freie Individualität

Bio-Produkte als Zeichen

Der bekannteste Speise-Kulturcode sind die Bio-Produkte. Sie sind ein klassisches Beispiel für das Bestreben von Menschen, zu den Guten zu gehören. Zahlreiche Lebensmittelskandale kennzeichneten die Lebensmittelindustrie als riskante Branche. Bücher wie »Die Suppe lügt« von HANS-ULRICH GRIMM sind Bestseller. Grimm entlarvte die Aroma-Zeichen zahlreicher Lebensmittel als Lügner gegenüber den Rezeptoren in unserem Körper. Der Körper würde dadurch angeregt, bestimmte Verarbeitungsmechanismen anzustoßen, obwohl die angezeigte Substanz gar nicht vorhanden war. Klassisches Beispiel dafür sind die Zuckerersatzstoffe. Die Skandale um BSE, Weinpanscherei, Gammelfleisch oder Pestizid-Gemüse führten zu einer Negativ-Stigmatisierung und einem Trend hin zu Bio-Produkten. Dabei gab es das alte Erkennungsproblem: der Begriff Bio war lange nicht geschützt und mit Phantasie-Labeling und Produkt-Lyrik versuchte mancher Hersteller die positive Symbolik des Begriffs Bio für sich zu nutzen. Dem Etikettenschwindel wurde durch die Kennzeichnungspflicht und das sogenannte Bio-Siegel, das beantragt werden muss, entgegengewirkt (Abb. unten).

Bio-Siegel nach EG-Öko-Verordnung Nr. 2092/91

Prähistorische Geschichte

Tiere orientieren sich in ihrem Verkehrsverhalten an Zeichen durch die pflanzliche Natur oder durch eigene Raum-Markierungen mittels Duftstoffen (Urin) oder sichtbarer Zeichen (zerbrochene Äste oder Ähnliches). Diese Spuren nutzten die prähistorischen menschlichen Jäger, um ihre Nahrung zu jagen. Im eigenen weiträumigen Verkehr nutzten sie später Zeichen, die sich an ihr Verhalten anlehnten. So fordert ein mit ausgestreckten Armen stehender Mensch genauso zum Halten auf wie ein Bogenschütze, der einen Pfeil auf mich richtet. Die Abb. in der Mitte rechts belegt diese Entwicklung eindrücklich. Ausgebreitete Arme und der Pfeil waren prägend. Noch heute sind Pfeile Wegweiser. Sie waren in der Wahrnehmungsgeschichte eines der ersten bewegten Bilder eines aktiven Jagdverhaltens des Menschen.

Antike

Die ersten durch Zeugnisse belegten Straßen stammen von den Babyloniern in Vorderasien (2000 v. Chr.). Später waren die Römer die ganz großen Straßenbauer: Einbahnstraßen oder auch Parkplätze sind römische Erfindungen! Die ersten Verkehrsstaus gab es zu Zeiten Cäsars (100–44 v. Chr.), der zu bestimmten Zeiten die Einfahrt in die Stadt untersagte. Steinerne Säulen waren die ersten Verkehrszeichen im modernen Straßenverkehrszeichensinne.

Mittelalter und Neuzeit

Im Mittelalter gab es keine Straßenverkehrszeichen. Erst im 15. Jh. wurde die Kutsche in Ungarn erfunden. Ihr Name leitet sich von dem ungarischen Ort Kocz ab. Erste Wegweiser stammen aus dem 16. Jh. aus Frankreich.

Stop-Signal London, 1868

Stop-Schild, Italien, nach 1896

Stop-Schild, Deutschland, 1939

Stop-Schild, DDR, 1956

Stop-Schild, Deutschland, 1971

Entwicklung des Stop-Schilds

In einem englischen Reiseführer von 1635 heißt es dazu: »*Es ist eine übliche Art in vielen Gegenden, dass der Reisende dort, wo er nicht weiß, wlchen Weg er einschlagen soll, einen Pfosten aufgerichtet findet, der die Leute mit einer Hand auf den richtigen Weg weist.*«

Neuzeit

Die Entwicklung moderner Verkehrszeichen beginnt in Großbritannien, wo 1868 ein erstes Stop-Signal aufgestellt wurde (Abb. Mitte). Eine zentrale Rolle bei den Verkehrszeichen spielt der Pfeil. Dies mag der prähistorischen Prägung durch die Jäger der Urzeit mit ihren Pfeil-und-Bogen-Waffen geschuldet sein. Aus der Pfeilspitze entwickelte sich das auf die Spitze gestellte Dreieck als Stop-Zeichen (Abb. Mitte). Im Zuge der wachsenden Nutzung von Kraftfahrzeugen gab es mehrere internationale Abkommen zu Verkehrsschildern (Tabelle).

Ort	Jahr
Paris	1909
Paris	1926
Genf	1931
Genf	1949
Wien	1968

Die Zahl der Zeichen hat sich immer weiter erhöht (Chart).

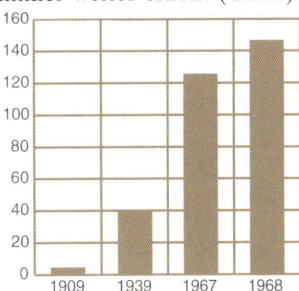

In Deutschland gibt es mehr als 500 Verkehrszeichen, die 20 Millionen Mal auf deutschen Straßen stehen.

32 Alltag & Verkehr

Verkehrszeichen II (Gefahrenzeichen)

Einführung
Gefahrenzeichen sind in § 40 der Straßenverkehrsordnung geregelt. Sie mahnen, sich auf die angekündigte Gefahr einzurichten. Außerhalb geschlossener Ortschaften stehen sie meist 150–250 m vor der Gefahrenstelle. Ein Zusatzschild kann Abstand oder Länge der Gefahrenstelle anzeigen. Befindet sich die Gefahrenstelle nach einer Biegung, weist ein schwarzer Zusatzpfeil auf die Richtung hin. Das rote, auf der Kante stehende Dreieck ist international ein Gefahrenzeichen (Abb. Mitte).

Abbildungen
101: Achtung, es folgt eine allgemeine Gefahrenstelle.
102: Achtung, es kommt eine gleichberechtigte Kreuzung oder eine Einmündung mit Vorfahrt.
103: Achtung, es wird demnächst eine Rechtskurve folgen.

Gefahrenzeichen in Santa Lucia

104: Achtung, eine Linkskurve im Straßenverlauf.
105: Achtung, es kommt eine Doppelkurve (Zickzackkurve), die links beginnt.
108: Achtung, es folgt ein Gefälle mit 4 %.
110: Achtung, eine Steigung mit 4 % bestimmt den folgenden Straßenverlauf.
112: Achtung, es kommt ein Straßenabschnitt mit unebener Fahrbahn (Löcher und Erhebungen).
113: Achtung, es herrscht Schnee- und Eisglätte.
114: Achtung, es kommt ein Straßenabschnitt, bei dem man im Fall von Nässe und Schmutz ins Schleudern geraten kann.
115-10: Achtung, es kann Steinschlag von rechts geben.
115-20: Achtung, es kann Steinschlag von links geben.
116: Achtung, es kann zu Splitt- und Schotterschlag kommen.
117: Achtung, es kann zu starkem Seitenwind von links kommen.
120: Achtung, eine beidseitige Verengung der Fahrbahn behindert den Verkehr.
121-10: Achtung, eine Verengung der Fahrbahn auf der rechten Seite schränkt den Verkehrsfluss ein.
121-20: Achtung, eine Verengung der Fahrbahn auf der rechten Seite beschränkt den Verkehrsfluss.
123: Achtung, eine Baustelle behindert den Verkehr.
124: Achtung, es besteht die Gefahr von Staubildungen.
125: Achtung, es ist mit Gegenverkehr zu rechnen.
128: Achtung, es kommt eine bewegliche Brücke, z. B. eine Hubbrücke.
129: Achtung Uferabschnitt!
131: Achtung, eine Lichtzeichenanlage (Ampel) regelt den Verkehr.
133-10: Achtung, Fußgänger könnten sich von rechts auf die Fahrbahn bewegen.
133-20: Achtung, Fußgänger könnten sich von links auf die Fahrbahn bewegen.
134: Achtung, es kommt ein Fußgängerüberweg, bei dem die Fußgänger Vorrang haben.
136-10: Achtung, spielende Kinder könnten sich unberechenbar verhalten.
138-20: Achtung, Fahrradfahrer kreuzen die Fahrbahn.
140-10: Achtung, Viehtrieb von rechts könnte den Verkehr behindern.
140-20: Achtung, Viehtrieb von links könnte den Verkehr behindern.
142-10: Achtung, Wildwechsel von rechts könnte den Verkehr behindern.
144-10: Achtung, Flugverkehr könnte den Verkehr oder die Aufmerksamkeit behindern.
145: Achtung, ein Bus könnte die Sicht oder den Verkehr behindern.
150: Achtung, es kommt ein Bahnübergang mit Schranken oder Halbschranken.
151: Achtung, es kommt ein unbeschrankter Bahnübergang.
157-10: Achtung, eine dreistreifige Bake rechts weist auf einen kommenden Bahnübergang hin. Meterangaben können den Abstand konkretisieren.
157-20: Achtung, eine dreistreifige Bake links weist auf einen kommenden Bahnübergang hin. Meterangaben können den Abstand konkretisieren, 240 m.
159-10: Achtung, eine zweistreifige Bake rechts weist auf einen kommenden Bahnübergang hin (meist in 160 m).
159-20: Achtung, eine zweistreifige Bake links weist auf einen kommenden Bahnübergang hin (meist in 160 m).
162-10: Achtung, eine einstreifige Bake rechts weist auf einen kommenden Bahnübergang hin (meist in 80 m).
162-20: Achtung, eine einstreifige Bake rechts weist auf einen kommenden Bahnübergang hin (meist in 80 m).

Verkehrszeichen III (Vorschriftszeichen)

Einführung
Vorschriftszeichen sind in § 41 der Straßenverkehrsordnung geregelt. Ihre Botschaften vermitteln Gebote und Verbote. Es sind Anordnungen, die befolgt werden müssen. Die Schilder stehen regelmäßig rechts. Zusatzschilder können die Wirkung einschränken oder erweitern. Die Form der Vorschriftszeichen ist meistens rund.

Abbildungen
201-50: Andreaskreuz: Dem Schienenverkehr ist Vorfahrt zu gewähren.
201-51: Das Andreaskreuz gebietet es, Schienenfahrzeugen die Vorfahrt zu gewähren. Zusätzlich ist angezeigt, dass die Fahrstrecke eine elektrische Fahrleitung hat.
205: Achtung, Vorfahrt gewähren!
206: Das Stop-Schild verlangt den unbedingten Halt und die Gewährung der Vorfahrt.
208: Bei verengter Fahrbahn: Dem Gegenverkehr ist Vorfahrt zu gewähren.
209-10: Vorgeschriebene Fahrtrichtung: nach links.
211-10: Vorgeschriebene Fahrtrichtung: nach rechts.
214-10: Das Schild gebietet, dass man nur geradeaus oder nach links fahren darf.
215: Achtung, es kommt ein Kreisverkehr, die Vorfahrt ist den im Kreisverkehr fahrenden Fahrzeugen zu gewähren.
220: Das Schild gebietet es, die Fahrbahn mit einem Fahrzeug nur in der angegebenen Richtung zu nutzen.
222-10: Das Schild schreibt die Vorbeifahrt links an einem Hindernis vor.
222-20: Das Schild schreibt die Vorbeifahrt rechts an einem Hindernis vor.
224-50: Das Schild kennzeichnet Haltestellen von Straßenbahnen und Linienbussen.
229: Das Schild weist einen Taxenstand aus, an dem andere Fahrzeuge nicht halten dürfen.
237: Das Schild schreibt Radfahrern die Benutzung dieses Radweges vor.
238: Reiter sollen den Reitweg benutzen.
239: Fußgänger sollen den ausgewiesenen Fußweg benutzen.
240: Achtung, Fußgänger und Radfahrer sollen den gemeinsamen Weg benutzen.
241-30: Achtung, Fußgänger und Radfahrer sollen die für sie getrennt eingerichteten Wege benutzen.
242: Das Schild kennzeichnet den Beginn einer Fußgängerzone.
243-50: Das Schild kennzeichnet das Ende einer Fußgängerzone.
245: Linienbusse sollen den Sonderfahrstreifen benutzen, andere dürfen ihn nicht nutzen.
250: Durchfahrt verboten!
251: Verbot für PKW.
253: Verbot für Kraftfahrzeuge mit einem zulässigen Gesamtgewicht über 3,5 t (außer PKW und Busse).
254: Verbot für Fahrräder.
255: Verbot für Krafträder.
256: Verbot für Mofas.
258: Verbot für Pferde.
259: Verbot für Fußgänger.
260: Verbot für Krafträder und PKW.
261: Verbot für kennzeichnungspflichtige Kraftfahrzeuge mit gefährlichen Gütern.
262: Verbot für Fahrzeuge mit diesem und höherem Gewicht.
263: Verbot für Fahrzeuge dieser Achslast.
264: Verbot für Fahrzeuge ab dieser Breite.
265: Verbot für Fahrzeuge ab dieser Höhe.
266: Verbot für Fahrzeuge dieser Länge.
267: Verbot der Einfahrt. Das Schild steht als Gegenanzeige zur Einbahnstraße (220).
268: Schneeketten nutzen!
269: Verbot von Fahrzeugen mit wassergefährdender Ladung.
270: Verbot des Fahrens bei Smog.
272: Verbot zu wenden an dieser Stelle.
273: Mindestabstand einhalten!
274-1-50: Beginn der Zone mit Höchstgeschwindigkeit.
274-1-51: Ende der Zone mit Höchstgeschwindigkeit.
274-55: Zulässige Höchstgeschwindigkeit.
275: Geforderte Mindestgeschwindigkeit.
276: Dieses Schild verbietet es, andere Fahrzeuge zu überholen.
280: Ende des Überholverbots.
277: Überholverbot für Fahrzeuge mit einem Gesamtgewicht über 3,5 t (außer PKW und Busse).
283-50: Halteverbot.
286-50: Halteverbot über 3 Min.
291: Das Schild gebietet die Verwendung einer Parkscheibe mit tatsächlicher Angabe der Ankunftszeit.

Unverständlichstes deutsches Verkehrsschild: Halteverbot an geraden Tagen

Verkehrszeichen IV (Richtzeichen)

Einführung
Richtzeichen sind in § 42 der Straßenverkehrsordnung geregelt. Ihre Botschaften vermitteln besondere Hinweise zur Erleichterung des Verkehrs. Sie können auch Anordnungen enthalten wie z. B. das Parkgebot auf Gehwegen (Abb. 315–50).

Abbildungen
301: Sie befinden sich auf einer Straße mit Vorfahrt. Die kreuzende Straße ist untergeordnet.
306: Das Schild zeigt die Vorfahrt an.
307: Dieses Schild zeigt das Ende einer Straße mit Vorfahrt an.
308: Diese Schilder stehen an engen einspurigen Straßen und regeln die Vorrang. Sie haben Vorrang, das gegenüber fahrende Fahrzeug muss warten.
310: Beginn einer geschlossenen Ortschaft (Höchstgeschwindigkeit 50 km/h).
311-50: Ende einer geschlossenen Ortschaft und Angabe der Entfernung zum nächsten Ort.
314-50: Allgemeines Parkplatz-Schild. Davon gibt es zahlreiche Varianten mit Pfeilen oder anderen Hinweisen, die die Parkmöglichkeiten einschränken oder erweitern.
315-50: Das Parken ist längs auf halbem Gehweg erlaubt.
316: Das Schild empfiehlt vor allem in größeren Städten, hier zu parken und mit öffentlichen Verkehrsmitteln zu reisen (P = parken, R = reisen).
325: Das Schild weist auf den Beginn eines verkehrsberuhigten Bereichs hin. Hier gilt:
1. Fußgänger dürfen die ganze Straße benutzen. Kinderspiele auf der Straße sind erlaubt.
2. Schrittgeschwindigkeit fahren.
3. Fußgänger haben Vorrang. Fahrzeuge dürfen sie weder gefährden noch behindern; sie müssen notfalls warten.
4. Fußgänger dürfen den Fahrverkehr jedoch auch nicht unnötig behindern.
5. Parken ist nur zum Ein- und Ausladen erlaubt.
330: Beginn einer Autobahn. Diese darf nur mit Fahrzeugen befahren werden, die mehr als 60 km/h fahren können.
350-10: Fußgängerüberweg. Das Schild allein gewährt noch keinen Vorrang, es gibt nur einen Hinweis auf die Straßenmarkierung, die den Vorrang signalisiert.
357: Das Schild weist auf eine Sackgasse hin.
358: Das Schild weist auf eine Erste-Hilfe-Station hin.
359: Das Schild weist auf eine Pannenhilfe hin.
361-50: Das Schild weist auf eine Tankstelle hin.
363: Das Schild weist auf eine Polizeistation hin.
366: Das Schild weist auf einen Campingplatz hin.
367: Das Schild weist auf eine Auskunftsstelle für den Tourismus hin.
375: Das Schild weist auf eine Herberge hin.
376: Das Schild weist auf eine Gaststätte hin.
377: Das Schild weist auf einen Imbiss hin.
380-52: Das Schild weist auf eine Mindestfahrgeschwindigkeit hin.
385-50: Das Schild weist auf einen Ort hin (vor allem, wenn keine Ortseingangsschilder vorhanden sind).
386-10: Touristischer Hinweis.
388: Vorsicht, der Seitenstreifen ist nicht befestigt.
392: Das Schild weist auf eine Zollstelle hin.
393: Informationstafel an deutschen Grenzen.
401: Nummernschild für Bundesstraßen.
405: Nummernschild für Autobahnen.
406: Nummernschild für Knotenpunkte an Autobahnen, z. B. Ausfahrten.
410: Nummernschild für Europastraßen.
418: Wegweiser auf sonstigen Straßen mit größerer Verkehrsbedeutung.
430: Wegweiser zur Autobahn.
432: Innerörtlicher Wegweiser.
438: Vorwegweiser auf Straßen mit größerer Verkehrsbedeutung.
440: Vorwegweiser zur Autobahn.
453: Entfernungstafel auf der Autobahn.
458: Planskizze für eine Umleitung.
454: Umleitungswegweiser.
455-22: Nummerierte Umleitung.
460-20: Bedarfsumleitung auf Autobahnen.
466: Bedarfsumleitungstafel.
459: Ende einer Umleitung.
467: Umlenkungspfeil als Hinweis auf das bessere Erreichen besonderer Ziele, z. B. Messen.
468-10: Planskizze einer schwierigen Verkehrsführung als Vorwegweisung.

Emanzipation auf italienisch: Während in den meisten Ländern ein Mann auf dem Schild für den Fußgängerüberweg erscheint, ist es in Italien eine Frau.

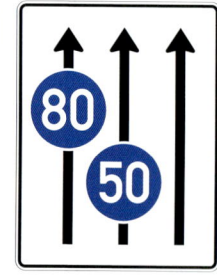
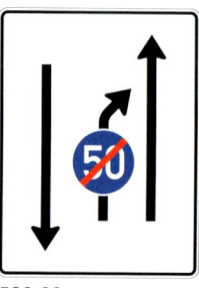
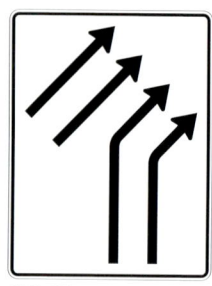

505-21 525-31 536-20 551-22

Verkehrslenktafeln

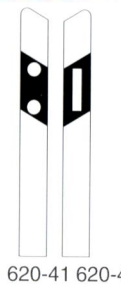

605-10 605-20 605-13 610-40 620-41 620-40 625-20

Verkehrseinrichtungen

1001-31 1002-10 1006-37 1006-36 1040-33

1048-15 1048-17 1049-12 1050-30 1060-11

Zusatzzeichen

Ausgang 1 Ausgang 2 Erste Hilfe 1 Erste Hilfe 2 Erste Hilfe 3 Sammelstelle

Schutzbrille Schutzhelm Lärmschutz Gasmaske Schutzmaske Schürze

 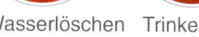   

Rauchen Feuer Wasserlöschen Trinken Hund Fotografieren

Arbeitswelt

Verkehrszeichen V

Einführung
Auf dieser Tafel-Text-Seite sind Verkehrslenktafeln (505–551, § 42), Verkehrseinrichtungen (605–625, § 43), Zusatzschilder (1001–1060) und Zeichen aus der Arbeitswelt dargestellt und erläutert. Sie lenken den Verkehr, ergänzen Schilder oder geben Hinweise auf notwendigen Arbeitsschutz.

Abbildungen
505-21: Verkehrslenktafel mit einer Überleitung auf die rechte Fahrbahn bei verengtem (2 m) linken Fahrstreifen.
525-31: Verkehrslenktafel für eine Fahrbahn mit drei Fahrstreifen. Das Fahren auf dem mittleren Streifen verlangt eine Mindestgeschwindigkeit von 50 km/h; das Fahren auf dem linken Streifen verlangt eine Mindestgeschwindigkeit von 80 km/h.
536-20: Diese Verkehrslenkungstafel zeigt die Einengung einer zweistreifigen Fahrbahn auf eine einstreifige Fahrbahn.
551-22: Dies ist eine Fahrstreifentafel mit der Zusammenführung von je zwei Fahrstreifen zu einer vierstreifigen Fahrbahn.
605-10: Dieses Schild ist eine Leitbake auf der rechten Fahrbahnseite.
605-20: Dieses Schild ist eine Leitbake auf der linken Fahrbahnseite.
605-13: Dies ist eine beleuchtete Leitbake mit dem Verkehrszeichen 222.
610-40: Dies ist das Zeichen für einen Leitkegel von 50 cm Höhe. Zwei weitere Höhen sind verfügbar.
620-41: Dies ist ein Leitpfosten auf der linken Seite der Fahrbahn. Er besitzt zwei runde Reflektoren.
620-40: Dies ist ein Leitpfosten auf der rechten Seite der Fahrbahn. Er besitzt einen rechteckigen Reflektor.
625-20: Dies ist eine Richtungstafel in Kurven.
1001-31: Dieses Zusatzschild weist auf die Gültigkeit des Hauptschildes für die folgenden 3 km hin.
1002-10: Dieses Schild gibt einen Hinweis auf den Verlauf der Vorfahrtsstraße (dicke Linie) und der Nebenstraßen (dünne Linien).
1006-37: Dieses Schild verweist auf den Grund des Hinweises des Hauptschildes, z. B. Achtung Krötenwanderweg.
1006-36: Dieses Zusatzschild weist auf den Grund für z. B. eine allgemeine Gefahrenstelle (Auffahrgefahr) hin.
1040-33: Das Zusatzschild für ein Parkschild weist auf die Parkmöglichkeit in gekennzeichneten Flächen hin. Eine Parkscheibe ist zu benutzen.
1048-15: Dieses Zusatzschild weist darauf hin, dass das Hauptschild nur für Sattelkraftfahrzeuge und Züge gilt.
1048-17: Dieses Zusatzschild weist auf die Gültigkeit des Hauptschildes für Campingfahrzeuge (Wohnmobile) hin.
1049-12: Dieses Zusatzschild weist auf die Gültigkeit des Hauptschildes nur für militärische Kettenfahrzeuge hin.
1050-30: Dieses Zusatzschild ist eine verbale Bezeichnung von Fahrzeugen, für die das Hauptschild gilt.
1060-30: Dieses Zusatzschild weist auf die Gültigkeit des Hauptschildes auch für Fahrräder und Mofas hin.
Ausgang 1: Das Schild weist auf einen Notausgang, wenn man nach rechts läuft.
Ausgang 2: Das Schild weist auf einen Ausgang, wenn man nach rechts unten läuft.
Erste Hilfe 1: Das Schild weist auf einen Ort mit Erster Hilfe und Liege hin.
Erste Hilfe 2: Das Schild weist auf einen Ort mit Erster Hilfe und Dusche hin.
Erste Hilfe 3: Das Schild weist auf einen Ort mit Erster Hilfe und Augendusche hin.
Sammelstelle: Dieses Schild weist auf eine Sammelstelle im Gefahrenfall hin.
Schutzbrille: Dieses Schild gebietet das Tragen einer Schutzbrille.
Schutzhelm: Dieses Schild gebietet das Tragen eines Schutzhelmes.
Lärmschutz: Dieses Schild gebietet das Tragen von Lärmschutz-Kopfhörern.
Gasmaske: Dieses Schild gebietet das Tragen einer Gasmaske.
Schutzmaske: Dieses Schild gebietet das Tragen einer Schutzmaske.
Schürze: Dieses Schild gebietet das Tragen einer Schürze.
Rauchen: Dieses Schild verbietet Rauchen.
Feuer: Dieses Schild verbietet es, Feuer anzuzünden.
Wasserlöschen: Wasser-Lösch-Verbot.
Trinken: Wasser-Trink-Verbot.
Hund: Verbot von Hunden an diesem Ort.
Fotografieren: Fotografier-Verbot.

In Australien ist alles anders: In der Nähe dieses Schildes ist das Fluchen und Verwenden von Schimpfwörtern verboten.

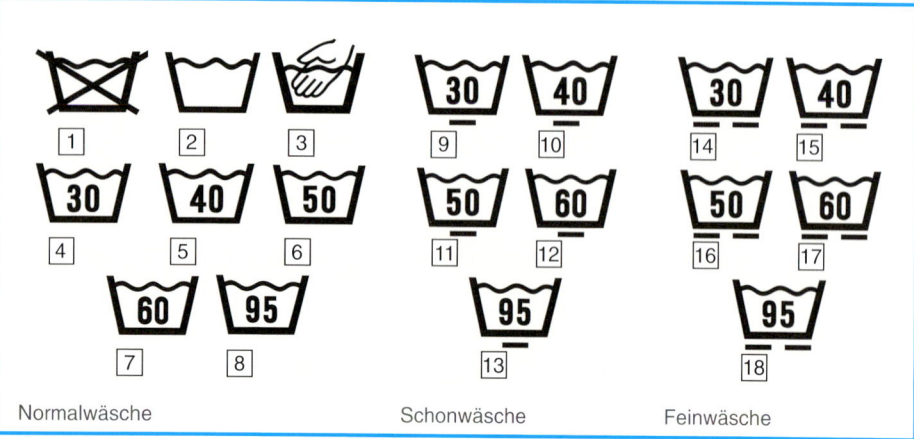

Wäschesymbole

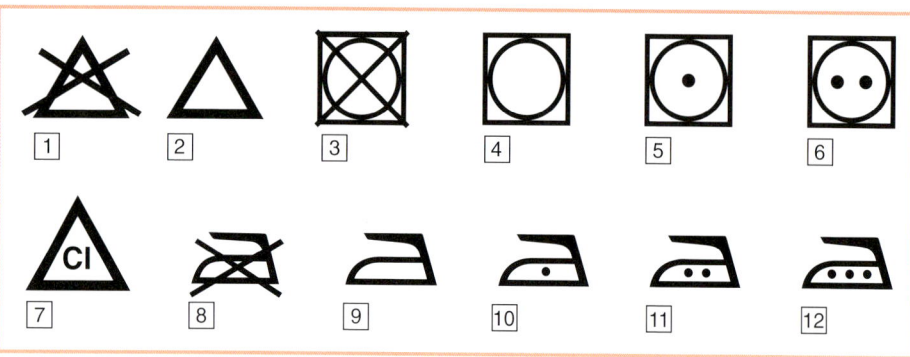

Bleichen, Trocknen und Bügeln

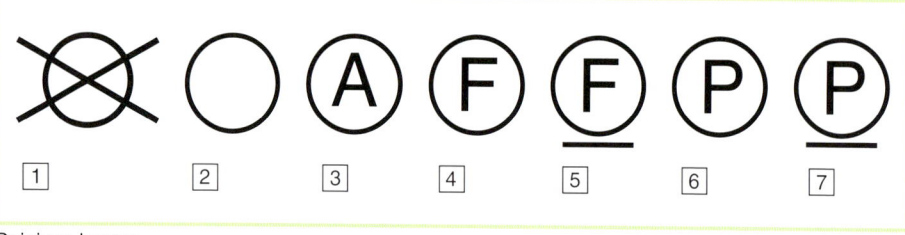

Reinigen lassen

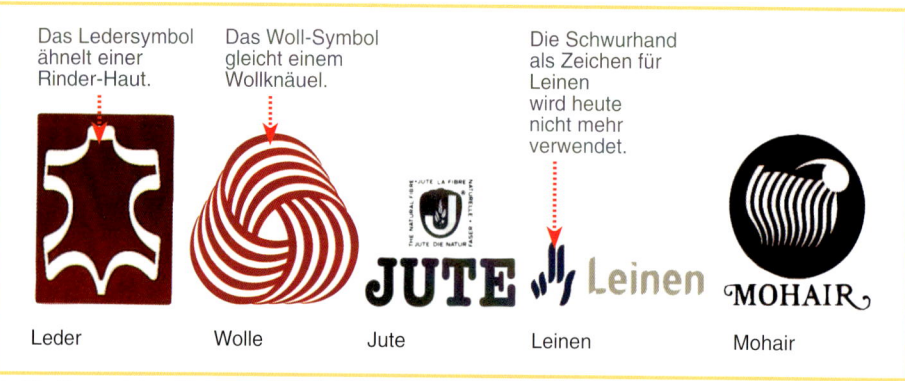

Textile Kennzeichen für Leder, Wolle, Jute, Leinen und Mohair (Auswahl)

Wäschesymbole

Einführung
Mit der Differenzierung der Textilien und der zunehmenden Maschinisierung der Wasch- und Trockenvorgänge wurde es notwendig, Zeichen und Symbole zu erfinden, die die richtige Behandlung der Textilien mit Maschinen kommunizieren. Typisch ist der Waschbottich mit Zahl für die Waschmaschine oder der Kreis im Quadrat als Symbol für den Trockner.

Abbildungen
Wäschesymbole
1: Durchgestrichener Waschbottich = nicht waschen (also reinigen, wenn es erlaubt ist).
2: Waschen ist grundsätzlich erlaubt.
3: Hand im Bottich mit Wasser = nur Handwäsche ist erlaubt, also keine mechanische oder thermische Belastung wie in der Waschmaschine.
4, 5, 6, 7, 8: Wasserbottich mit Zahlen = Waschen bis Maximaltemperatur, bspw. 30°C.
9, 10, 11, 12, 13: Wasserbottich mit Zahlen und einem Unterstrich = Waschen im Schonwaschgang, also mit waschtechnisch milderer Behandlung, z. B. pflegeleicht und bis zu einer Maximaltemperatur, z. B. 95°C.
14, 15, 16, 17, 18: Wasserbottich mit Zahlen und zwei Unterstrichen = Waschen im Feinwaschgang, also mit erhöhtem Wasserstand, z. B. Programm »pflegeleicht fein« und bis zu einer Maximaltemperatur, z. B. 40°C.

Bleichen, Trocknen und Bügeln
1, 2, 7: Dreiecke deuten auf den Bleichvorgang, der bei hellen Textilien strahlendere Farben hervorrufen kann. Ein durchgestrichenes Dreieck bedeutet, dass das Bleichen verboten ist, ein Dreieck allein erlaubt das Bleichen. Ein Dreieck mit einem »Cl« im Zentrum erlaubt die Chlorbleiche.
3: Kreis im Quadrat mit Kreuz durchgestrichen = nicht im Trockner trocknen.
4: Trocknersymbol = Trocknen im Trockner erlaubt.
5: Trocknersymbol mit einem Punkt = Trocknen im Trockner nur mit ermäßigter Temperatur erlaubt. Es könnte sonst zum Zusammenziehen der Fäden und damit zum Kleinerwerden der Kleidung kommen.
6: Trocknersymbol mit zwei Punkten = Trocknen mit Normaltemperatur erlaubt.
8: Bügeleisen mit Kreuz = Nicht bügeln!
9: Bügeleisen = Bügeln erlaubt.
10: Bügeleisen mit einem Punkt = nicht heiß bügeln, z. B. für Chemiefasern wie Polyacryl, Plyamid oder Acetat.
11: Bügeleisen mit zwei Punkten = mäßig heiß, also bei mittlerer Einstellung bügeln, z. B. für Wolle, Seide, Polyester und Viskose.
12: Bügeleisen mit drei Punkten = heißes Bügeln (höchste Einstellung) erlaubt, z. B. für Baumwolle und Leinen.

Reinigen lassen
Reinigungssymbole sind Kreise mit eingeschriebenen Buchstaben oder Unterstrichen.
1: Reinigungssymbol mit Kreuz = nicht reinigen lassen!
2: Reinigungssymbol = Reinigung erlaubt.
3: Reinigungssymbol mit eingeschriebenem A = chemische Reinigung mit allen allgemein üblichen Reinigungsmitteln erlaubt.
4: Reinigungssymbol mit eingeschriebenem F = chemische Reinigung mit fluoriertem Chlorkohlenwasserstoff oder Benzinkohlenwasserstoffen erlaubt.
5: Reinigungssymbol mit eingeschriebenem F und Unterstrich = chemische Reinigung mit fluoriertem Chlorkohlenwasserstoff oder Benzinkohlenwasserstoff möglich, jedoch reinigungstechnische Empfindlichkeit der Kleidung beachten.
6: Reinigungssymbol mit eingeschriebenem P = außer dem fluorierten Chlorkohlenwasserstoff und Benzinkohlenwasserstoff kann auch Perchlorethylen verwendet werden.
7: Reinigungssymbol mit eingeschriebenem P und Unterstrich = es kann Perchlorethylen verwendet werden, jedoch muss die reinigungstechnische Empfindlichkeit der Kleidung beachtet werden.

Textilkennzeichen
Man unterscheidet Tierfasern (Tabelle)

Fein	Grob	Seide	Wolle
Alpaka	Rind	Maulbeerseide	Schafwolle
Angora	Ross	Tussahseide	
Kamel	Ziege		
Kaschmir			
Lama			
Mohair			
Cashgora			
Vikunja			

von Pflanzenfasern (Tabelle).

Samenfasern	Bastfasern	Hartfasern
Baumwolle	Flachs	Kokos
Kapok	Hanf	Manila
	Jute	Sisal
	Ramie	

Qualitätssiegel oder Textilkennzeichen wurden durch internationale Organisationen der Hersteller geschützt, um sie von den Kunstfasern abzuheben.

42 Gesten & Gebärden

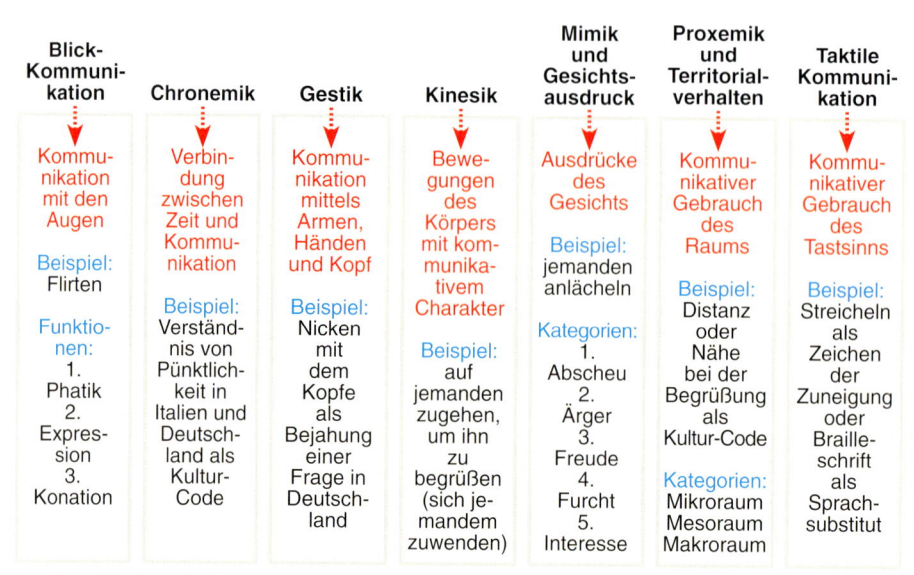

Einordnung der Gestik und Gebärdensprache in das System der aktiven, nonverbalen Kommunikation

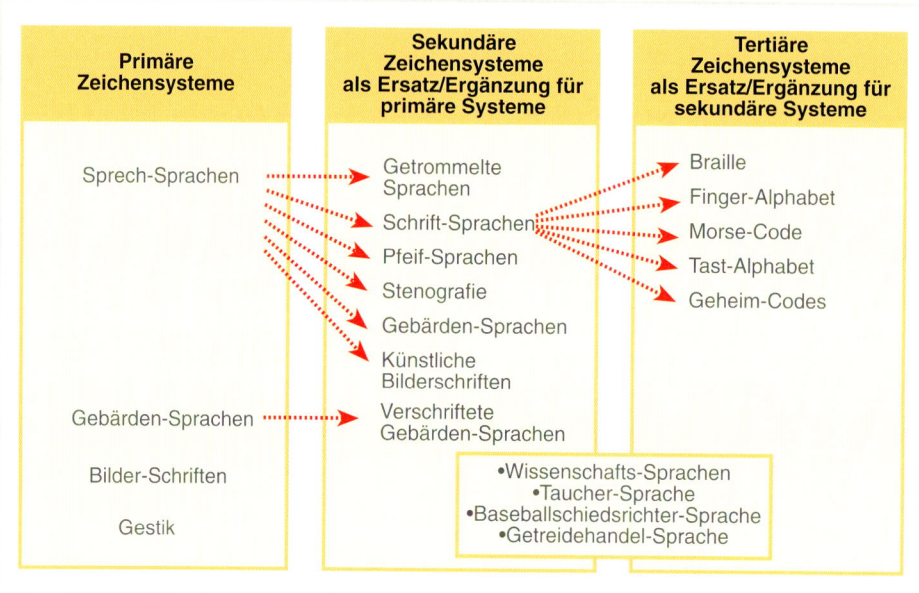

Systematik der Gesten und Gebärden im dreistufigen Modell

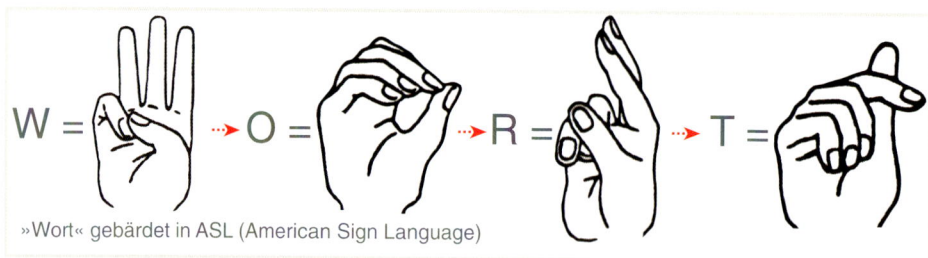

»Wort« gebärdet in ASL (American Sign Language)

Die American Sign Language ist nach Englisch und Spanisch die drittwichtigste Sprache in den USA.

Gesten & Gebärden (Einführung)

Einführung
Gesten und Gebärden gehören zum Bereich der nonverbalen Kommunikation. Es handelt sich also um eine ohne Worte ausgetragene Verständigung zwischen Menschen. Es gibt bewusste Nonverbalik, z. B. der erhobene Zeigefinger als Drohgeste. Außerdem kann Nonverbalik teilbewusst sein wie z. B. Mimik über einen längeren Zeitraum. Schließlich gibt es noch die unbewusste Art der Kommunikation, z. B. die Pheromonkommunikation. Oft wirken mehrere Kommunikationswege gleichzeitig, weshalb man eine mit Worten vorgetragene Lüge oft an der Differenz des Inhalts zum nonverbalen Verhalten erkennt. L. A. SENECA (um 4. v. Chr.–65 n. Chr.) bemerkte dazu:
»*Vultus loquitur quodcumque tegis*«
'Deine Mimik spricht aus, was auch immer du verheimlichst'
Etwa 60 % aller Kommunikation erfolgt nonverbal. Die Bedeutung der Mimik wird z. B. an der weiten Verbreitung der Smileys und Emoticons deutlich. Die Anzahl der möglichen Zeichen pro Körperteil ist gewaltig (Tabelle).

Körperteil	Anzahl der Zeichen
Gesicht	250 000
Hand	5000
Körperposen	1000

Zwischen 0,5 % und 2 % der Menschen leiden unter der »Prosopagnosie«, der 'nonverbalen Lernschwäche'.

Systematische Einordnung
Es gibt in der Makroebene, die das menschliche Auge wahrnehmen kann, sieben Kategorien dieser aktiven, nonverbalen Kommunikation (Abb.). Außerdem werden Gesten und Gebärden im dreistufigen System zu den primären Zeichensystemen gezählt (Abb.). Auf der Mikroebene gibt es eine weitere Ebene, zu der z. B. die Signalsprache der »Pheromone« für 'Duftstoffhormone' gehört.

Geschichte
Gesten entwickelten sich wohl aus beobachtetem Instinktverhalten der Menschen. So sah C. DARWIN (1809–1882) den Ursprung des Kopfnickens als Bejahungsgeste bzw. des Kopfschüttelns als Verneinungsgeste im Verhalten des Babys an der Mutterbrust: Es neigt sich mit dem Kopf nach vorn, um zu trinken, und hat, von den Armen der Mutter gehalten, zur Verneinung nur die Abwendung des Kopfes als Geste zur Verfügung. Man nimmt an, dass Gesten und Gebärden sich verstärkt entwickelten, als der Mensch aufrecht gehen konnte (Tabelle).

Kommunikationsmittel	Entstehung vor
Gestik	500 000 Jahren
Sprache	50 000 Jahren

Universalität und Regionalität
Es gibt universelle Gesten, wie z. B. das Lächeln und regionale Unterscheidungen, wie z. B. bei der Distanzdifferenz der Begrüßungsgesten (Abb. Beispiel für Proxemik). Regionale Unterschiede entstammen häufig einer kulturellen Konvention. Ein Beispiel der Kulturkonvention ist die Schamgeste. Dies ist der Körperteil einer Frau, den sie bei plötzlichem Eindringen eines Fremden zuerst bedeckt (Tabelle).

Kultur	Welcher Körperteil?
China	Füße
Islamische Welt	Gesicht
Laos	Brüste
Samoa	Nabel
Sumatra	Knie
Westliche Welt	Brüste und Scham

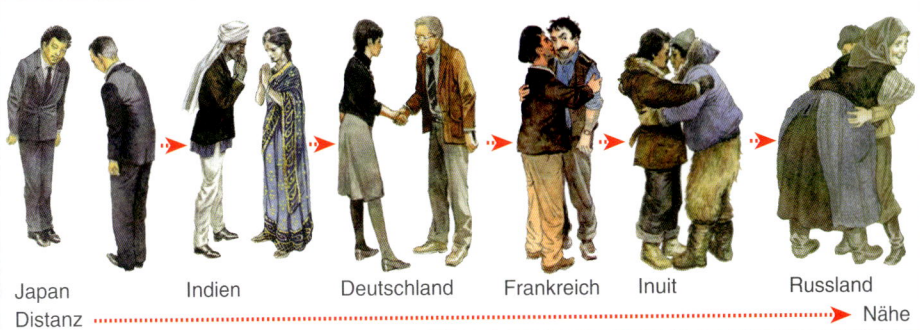

Japan — Indien — Deutschland — Frankreich — Inuit — Russland
Distanz ....➤ Nähe

Beispiel für die Proxemik: Distanz und Nähe in der Begrüßung als Kultur-Code

44 Gesten & Gebärden

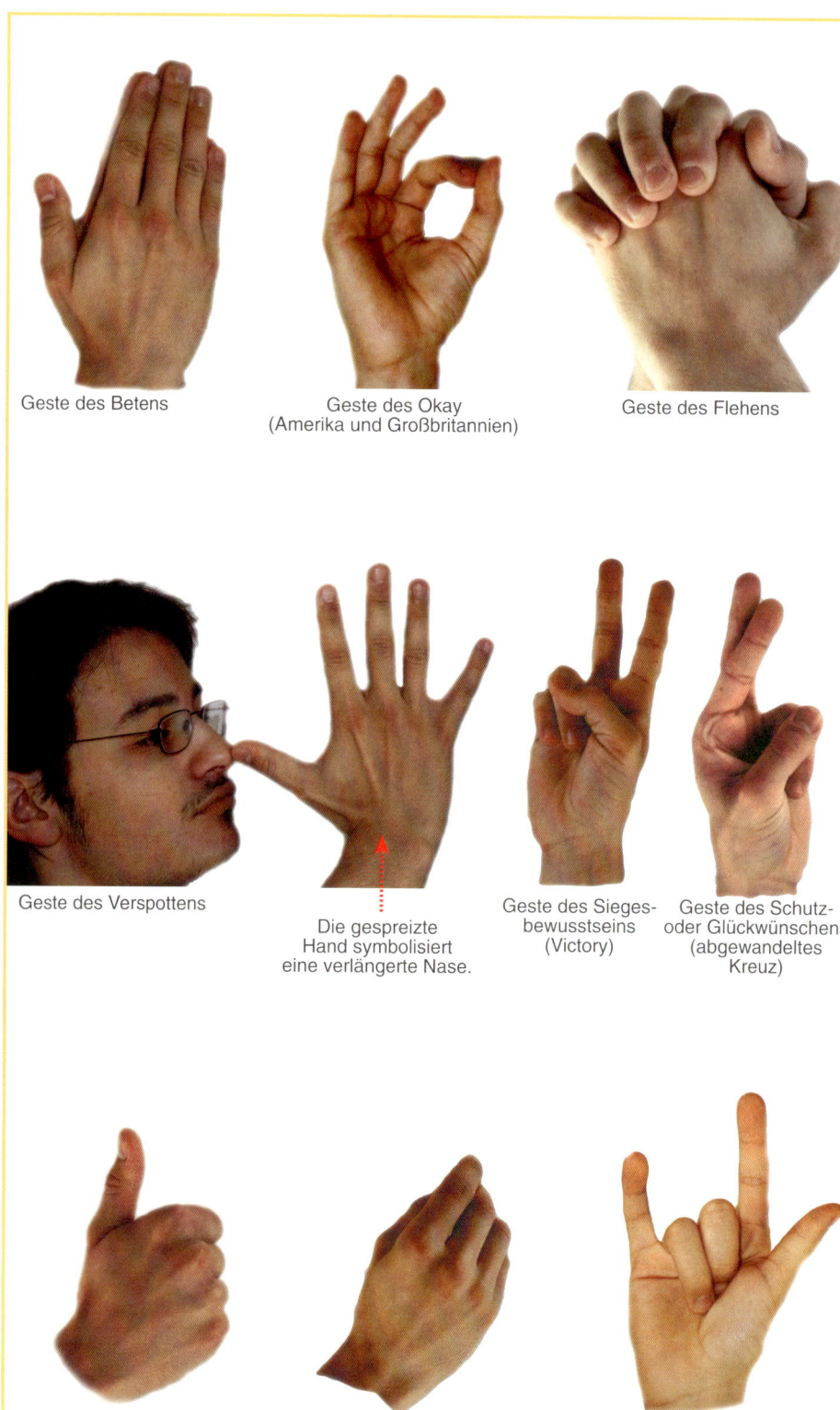

Geste des Betens

Geste des Okay (Amerika und Großbritannien)

Geste des Flehens

Geste des Verspottens

Die gespreizte Hand symbolisiert eine verlängerte Nase.

Geste des Siegesbewusstseins (Victory)

Geste des Schutz- oder Glückwünschens (abgewandeltes Kreuz)

Geste des bejahenden Okay

Geste des Fragens (Italien)

Geste gegen Pech (Brasilien)

Gesten

Das Wort »Geste« für 'Körperbewegung mit Botschaft' stammt vom lateinischen Verb »gerere« für 'ausführen' ab und wurde im 15. Jh. als »Gesten machen« für 'ausdrucksvolle Körperbewegungen' der Gaukler und Schausteller verwendet. In der Wissenschaft gehört die Gestik zu den Methoden der aktiven, nonverbalen Kommunikation. In der Politik und den Medien spricht man heute oft von »zu Symbolen verdichteten Bildern«, zu denen Gesten wurden wie z. B. im Krisenherd Naher Osten: Am Ende von Treffen verfeindeter politischer Führer und amerikanischer Moderatoren wurden derartige symbolische Bilder oft veröffentlicht (Abb. Mitte). Bei vielen Gesten-Codes gibt es international unterschiedliche Deutungen. So vergestikulierte sich G. BUSH (*1924) 1993 in Australien, als er das »V-Zeichen« mit dem Handrücken zum Publikum verwendete. Eigentlich wollte er ausdrücken:

»*Gemeinsam siegen wir!*«

Die gemachte Geste bedeutet in Australien jedoch:

»*Leck mich am ... Kollege!*«

Aus diesem Grunde ist die Kenntnis internationaler Gesten-Codes für Reisende besonders wichtig. Mitunter besitzt die gleiche Geste in einem anderen Land eine völlig andere Bedeutung. Dies ist z. B. in Deutschland bei der Geste des Verspottens bzw. des »Lange-Nase-Drehens« (Abb.) der Fall (Tabelle).

Land/Kultur	Deutung
Deutschland	»Ätsch, ich hab dich ausgetrickst!«
Frankreich	»Du sprichst so lang, dass es langweilig wird!«
Unter Juden	»Es wird Gras darüber wachsen, bevor es wahr wird, was ich jetzt höre!«
Syrien	»Geh zur Hölle!«
USA	»Er redet Mist!«

Abbildungen

Geste des Betens: Im christlichen Abendland gilt dies als Gebetsgeste. Sie drückt ursprünglich symbolisch die Bereitschaft zum Opfer der eigenen Person aus. In Indien und in weiten Teilen Südostasiens ist dies die Geste der Begrüßung.

Geste des Okay: Diese Geste bedeutet in Lateinamerika:

»*Du Arschloch!*«,

in Frankreich dagegen:

»*Null, wertlos!*«

In Japan markiert man damit Geld (Umriss einer Münze). In der American Sign Language ist es das Zeichen für den Buchstaben O.

Geste des Flehens: Sie drückt eine dringende Bitte aus.

Geste des Verspottens: siehe Tabelle links unten

Geste des Siegesbewusstseins: Häufig von W. Churchill (1874–1965) als Zeichen für den kommenden Sieg über die Nazis im zweiten Weltkrieg benutzt. Die rückseitige Verwendung gilt in Australien als rüde (siehe linker Text).

Geste des Schutzes oder Glückwünschens: In Nordamerika und Europa wünscht man anderen mit diesem Zeichen Glück, z. B. beim Lottospielen.

Geste des bejahenden Okay: Dieses Zeichen geht auf die Römer zurück, deren Imperatoren diese Geste machten, wenn sie einen Gladiatoren am Leben lassen wollten. In Australien bedeutet es:

»*Leck mich am ... !*«.

In Deutschland bedeutet es:

»*Gut gemacht, du bist der Beste!*«

In Japan:

»*Du bist der Fünfte!*«

In Spanien bedeutet die Geste Unterstützung für die baskische Separatistenbewegung.

Geste des Fragens: In Italien bedeutet dies:

»*Was willst du?*«

Geste gegen Pech: In Brasilien und Venezuela ist es eine Geste gegen Pech; in Italien bedeutet es:

»*Deine Frau hat dich betrogen!*«.

Menachim Begin, Jimmy Carter und Anwar El Sadat bei einer Versöhnungsgeste 1979

Yitzhak Rabin, Bill Clinton und Yassir Arafat bei einer Versöhnungsgeste 1993

Gesten sind besonders in Krisengebieten wie dem Nahen Osten eine wichtige symbolische Botschaft an die Bevölkerung.

46 Gesten & Gebärden

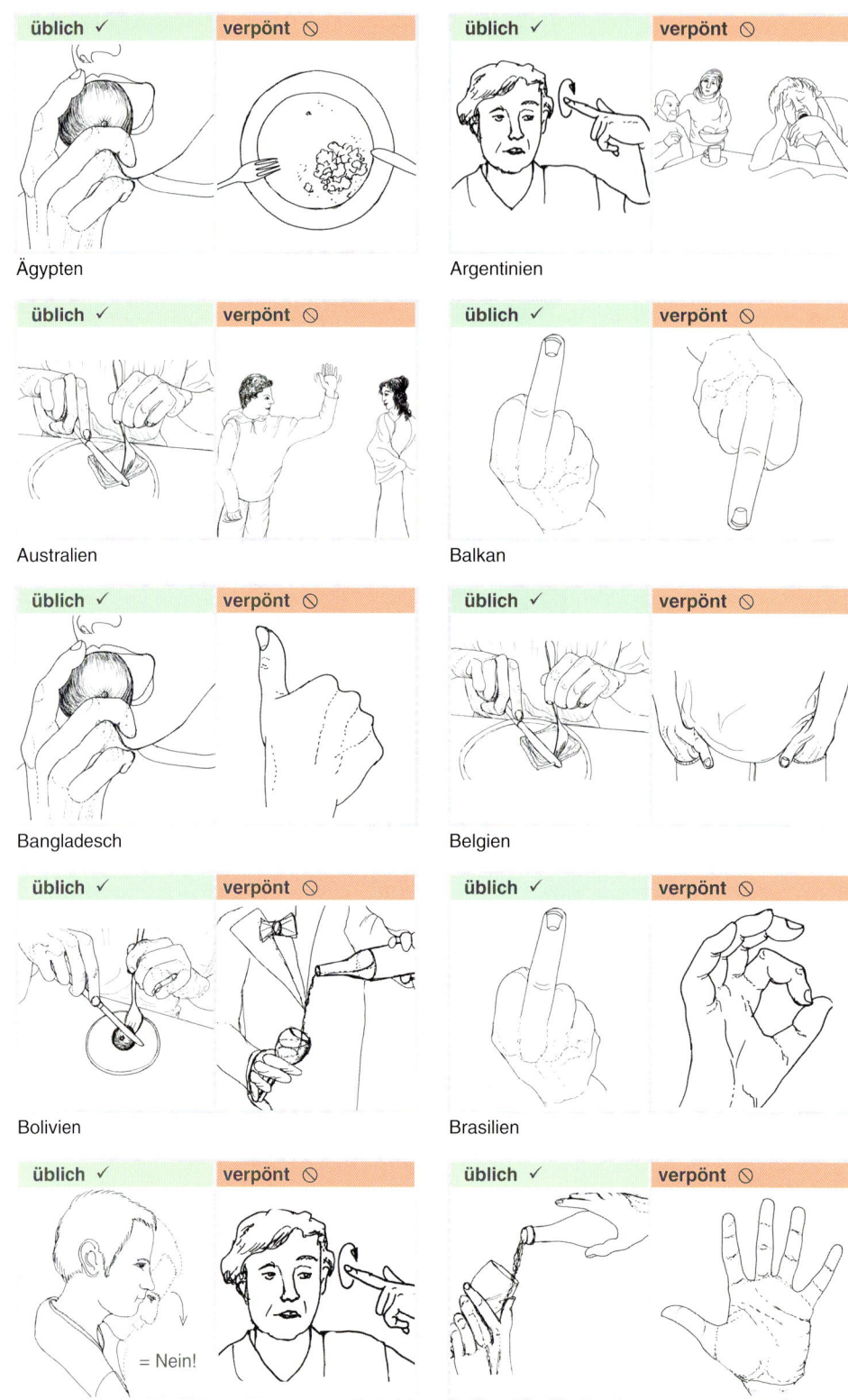

Einführung
Der folgende Katalog zeigt den Lesern typische, übliche und verpönte Gesten. Sie sind entsprechend den Landesnamen alphabetisch geordnet.

Ägypten: Leichter Händedruck, jedoch herzliche Worte. **Üblich:** Zum Essen nur die rechte Hand verwenden (links wird für Hygiene benutzt); beide Zeigefinger nebeneinander klopfen bedeutet »Lass uns zusammen sein!«. **Verpönt:** Beine übereinander schlagen; Schuhsohle zeigen gilt als Beleidigung; beim Essen Rest übrig lassen.
Argentinien: Herzliches Händeschütteln; viel Körper- und Blickkontakt unter Freunden. **Üblich:** Zeigefinger neben Kopf kreisen deutet Telefonanruf an; mehr Körpernähe als Europäer oder Amerikaner; nur Männer schlagen Knie übereinander (gilt als unweiblich). **Verpönt:** Arme in Hüften impliziert Wut oder Herausforderung; gähnen in der Öffentlichkeit; Innenseite der Oberschenkel klopfen; **Achtung:** niemals Wein am Flaschenhals oder mit der linken Hand einschenken.
Australien: Weniger körperbetont; Emotionalität gilt als unmännlich; Frauen geben zuerst die Hand; Blickkontakt ist wichtig. **Üblich:** Mund zum Suppenlöffel führen, nicht Löffel zum Mund; Gabel immer in der linken Hand; sportliche Fairness. **Verpönt:** Daumen hoch gilt als rüde; Frauen zuwinken, auch wenn man sie kennt; gähnen ohne Hand vor dem Mund und »Entschuldigung« zu sagen; Warteschlangen missachten.
Balkan-Länder: Häufiges und festes Händeschütteln; Frauen geben zuerst die Hand. **Üblich:** Konservative Kleidung, vor allem bei Frauen; Gabel immer in der linken Hand behalten; Messer und Gabel kreuzweise auf Teller, um zu zeigen, dass man fertig mit Essen ist; Handgreif-Geste (wie das Pflücken einer Frucht mit Fingern nach oben!) um etwas zu loben; Okay-Kreis mit Daumen und Zeigefinger bedeutet »Perfekt!«; Ficker-Geste bedeutet »null« oder »nichts«; Faust in Kopfhöhe mit Fingern nach außen bedeutet »Sieg!« **Verpönt:** Ausgestreckte Hand mit Mittelfinger nach unten; Faust in Kopfhöhe mit Handrücken nach außen bedeutet genauso wie »Hörner-Faust« (mit ausgestrecktem Zeigefinger und kleinem Finger) »Leck mich am … !«.
Bangladesch: Begrüßung hauptsächlich »Salaam!«, da 85 % der Bevölkerung Moslems sind. Bengalen schütteln die Hände von westlichen Männern, bei Frauen jedoch nur ein Nicken. 12 % der Bevölkerung sind Hindu: Begrüßung »Namaste!«. **Üblich:** Nur rechte Hand zum Essen verwenden; Frauen und Männer essen getrennt; niemals während des Essens zur Toilette gehen; wegen hoher Bevölkerungsdichte ist schubsen nicht unhöflich; Schuhe ablegen vor dem Betreten einer Moschee; notfalls vorher waschen. **Verpönt:** Daumen hoch gilt als obszön.
Belgien: Leichtes Händeschütteln bei Abschied und Begrüßung; Frauen das Händeschütteln eröffnen lassen. **Üblich:** Gabel immer links halten. **Verpönt:** Hände in den Hosentaschen; auf den Rücken klopfen; mit Zeigefinger zeigen; beim Essen Hände in den Schoß legen
Bolivien: Herzliches Händeschütteln; geringer Abstand zum Gesprächspartner; viele Umarmungen. **Üblich:** Sehr viel Augenkontakt; Hand vor dem Mund beim Gähnen; niemals mit den Fingern essen, selbst für Früchte gibt es Besteck. **Verpönt:** Hände auf dem Schoß beim Essen; Wein mit linker Hand eingießen.
Brasilien: Warmes Händeschütteln; viel Körperkontakt, jedoch kein Augenkontakt zwischen Menschen unterschiedlichen Alters oder Standes. **Üblich:** Die Ficker-Geste bedeutet »Viel Glück!«; Frauen begrüßen sich mit zwei leichten Küssen auf die Wange; ist mindestens eine unverheiratet, gibt es einen dritten Kuss, um »Viel Glück!« zu wünschen; beim Händeschütteln wird oft der Ellenbogen berührt oder auf den Rücken geklopft, jedoch nur unter gleichrangigen Freunden; Hand unter dem Kinn streichen bedeutet »Ich weiß nicht.«; Verkehrsregeln werden oft missachtet; immer mit dem Messer schneiden, niemals mit der Gabel. **Verpönt:** Das Okay-Zeichen gilt als rüde; von Weitem rufen zur Begrüßung; auf der Straße Kaugummi kauen.
Bulgarien: Körperkontakt und angedeuteter Kuss nur zwischen guten Freunden. **Üblich:** Kopfschütteln bedeutet »Ja«; Kopfnicken »Nein«. **Verpönt:** Zeigefinger am Kopf drehen bedeutet »Du bist verrückt!«.
Chile: Händeschütteln als Begrüßung; Frauen geben zuerst die Hand; viel Blick- und Körperkontakt. **Üblich:** Wein mit der rechten Hand einschenken; Hand vor den Mund beim Gähnen. **Verpönt:** Handfläche nach oben halten deutet an, dass jemand »bescheuert« ist; Faust in die Handfläche schlagen; Autofahrer machen eine obszöne Geste, indem sie die Hand formen, als ob sie einen runden Gegenstand halten würden.

48 Gesten & Gebärden

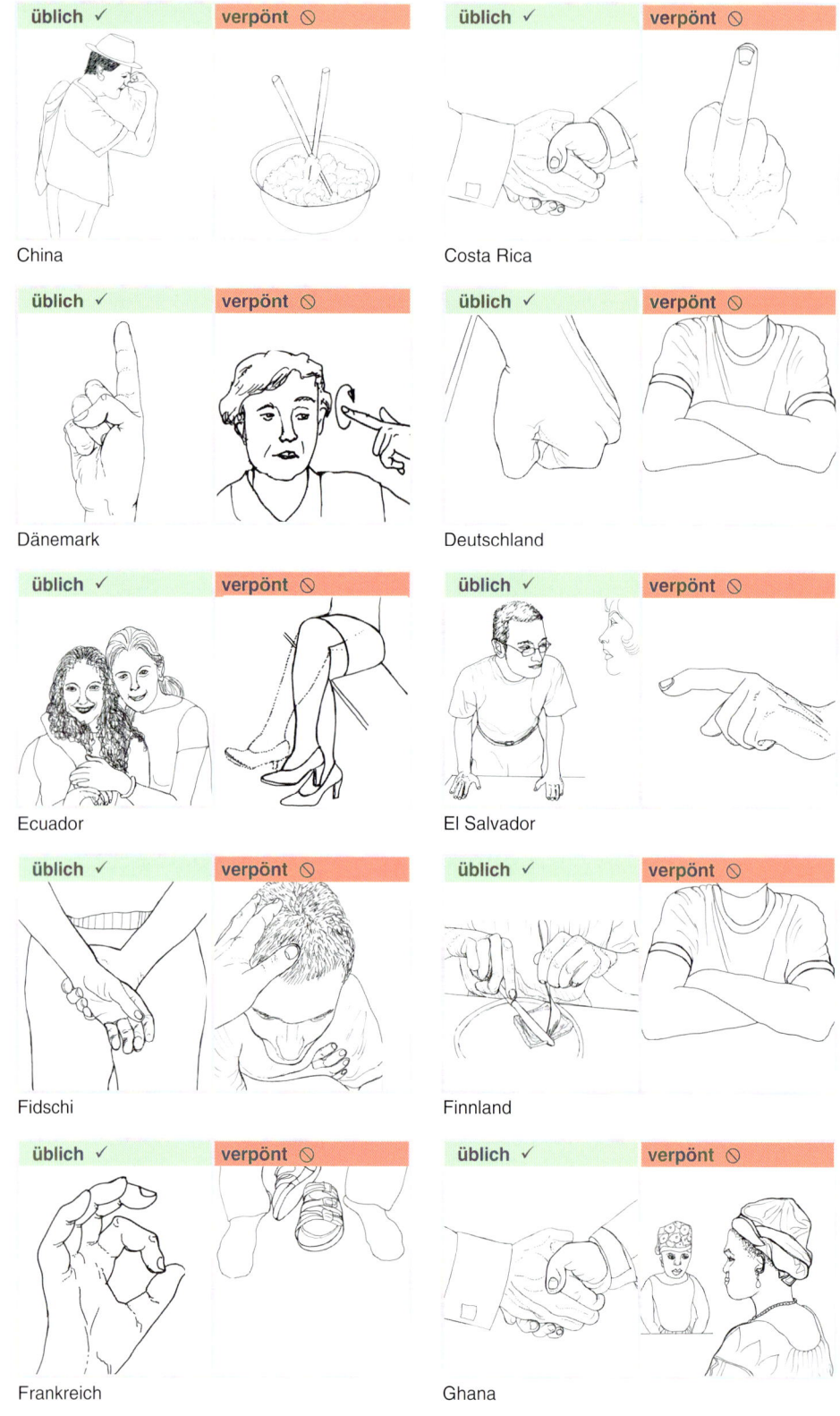

China: Wenig Körperkontakt; Händeschütteln nimmt zu, leichtes Verbeugen oder Nicken reicht aus; weniger Lächeln - Gefühle für sich behalten; ältere Menschen; Visitenkarte beidsprachig bedrucken. **Üblich:** Visitenkarte mit beiden Händen überreichen; nur wenig Augenkontakt; Stille beim Essen ist höflich; Geschenke mehrmals ablehnen, bevor man sie annimmt; Sitzplan wichtig: bei Meetings sitzt der Hauptgast mit Gesicht zur Tür (Abb. Mitte). Beim Essen sitzt der Gastgeber mit Gesicht zur Tür, neben ihm sitzen die restlichen Leute geordnet nacht Wichtigkeit; auf der Straße wird oft gespuckt und die Nase ohne Taschentuch gesäubert. **Verpönt:** Vor dem Gastgeber anfangen zu essen; Stäbchen senkrecht in den Reis stecken, bringt Unglück; Essen ablehnen, wenn man es nicht essen will, einfach so tun, als ob, und zur Seite legen.

Costa Rica: Händeschütteln unter Herren; Damen klopfen auf linke Schulter. **Üblich:** In ländlichen Gegenden leichte Verbeugung und Hut heben; Visitenkarte in Englisch und Spanisch; Warteschlangen werden eingehalten. **Verpönt:** Ficker-Geste; halbnacktes Sonnen; mit dem Essen im Mund reden.

Dänemark: Kurzes, festes Händeschütteln; zuerst die Damen begrüßen. **Üblich:** Damen zuerst eintreten lassen. Treppe hoch Herren, Treppe herunter Damen zuerst. Kinder grüßen oft durch Händeschütteln, Blickkontakt und leichte Verbeugung; Kellner werden durch Heben von Hand und Zeigefinger gerufen. **Verpönt:** Tisch vor dem Gastgeber verlassen; im Straßenverkehr Zeigefinger nahe der Schläfe rotieren.

Deutschland: Relativ festes Händeschütteln; Hände nicht in den Hosentaschen lassen. Jeden Einzelnen grüßen. **Üblich:** Bei Begrüßung mehrerer Leute auf Tisch klopfen; vor dem Eintreten immer an die Tür klopfen; bei Konzerten stets ruhig verhalten; Herren betreten das Restaurant zuerst; Gabel immer in der linken Hand; Herren laufen links neben der Dame, da das Herz auf der linken Seite schlägt. **Verpönt:** Kaugummi kauen während der Unterhaltung; Kartoffeln und Kuchen niemals mit dem Messer, sondern immer mit der Gabel zerteilen, sonst suggeriert schneiden, Kartoffeln oder Kuchen sei hart; Barfuß in ein geschäftliches Meeting gehen.

Ecuador: Händeschütteln zu Begrüßung und Abschied. **Üblich:** Körpernähe. **Verpönt:** Mit den Füßen oder Händen zappeln.

El Salvador: Körperbetont, langes Händeschütteln. **Üblich:** Aufstehen, wenn eine Dame den Raum betritt; Blickkontakt ist wichtig. **Verpönt:** Gähnen; mit Fingern auf Leute zeigen.

Fidschi: Begrüßung durch Nicken und »bula« (willkommen). **Üblich:** Arme hinter dem Rücken, wenn jemand redet; Schuhe ablegen, bevor man ein Haus betritt. **Verpönt:** Im Haus stehen bleiben, sobald man es betreten hat; jemanden an den Kopf fassen; langes Starren; Geschenke ablehnen

Finnland: Händeschütteln und Hut heben. **Üblich:** Beine kreuzen statt Knöchel auf Knie; Gabel immer in den linken Hand. **Verpönt:** Arme verschränken; auf der Straße oder mit Fingern essen.

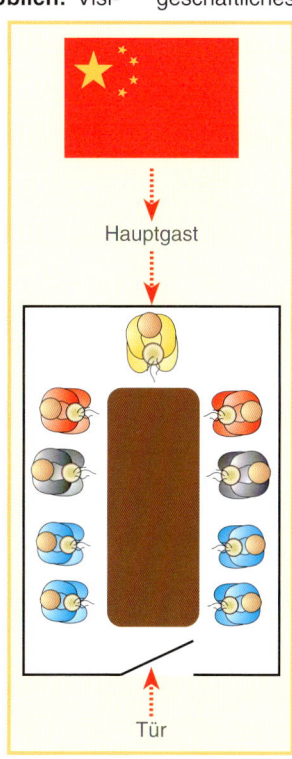

In China soll der Hauptgast mit dem Gesicht zur Tür sitzen.

Frankreich: Leichter Händedruck; jedem die Hand geben; Damen oder Personen mit höherem Status grüßen zuerst; Freunde grüßen sich durch Wangenkuss. **Üblich:** Okay-Zeichen mit Zeigefinger und Daumen bedeutet null oder nichts; bei Meetings Jacke erst ausziehen, wenn es der Älteste getan hat; Fremde nicht anlächeln; das Victory-Zeichen (vorwärts und rückwärts) bedeutet »Sieg« oder »Frieden«; öffentliches Naseputzen vermeiden; Schulterzucken bedeutet »Ist mir egal«, Schulterzucken mit angezogenen Armen bedeutet »Was soll ich machen?«. **Verpönt:** Bei Meetings oder Essen die Schuhe ausziehen; Zahnstocher oder Nagelclipper in der Öffentlichkeit benutzen; Kaugummi in der Öffentlichkeit; Gähnen; laute Unterhaltungen.

Ghana: Westliches Händeschütteln üblich, jedoch verschiedene Gesten je nach ethnischer Gruppe. **Üblich:** Westliche Essgewohnheiten. **Verpönt:** Kinder schauen Erwachsenen in die Augen.

50 Gesten & Gebärden

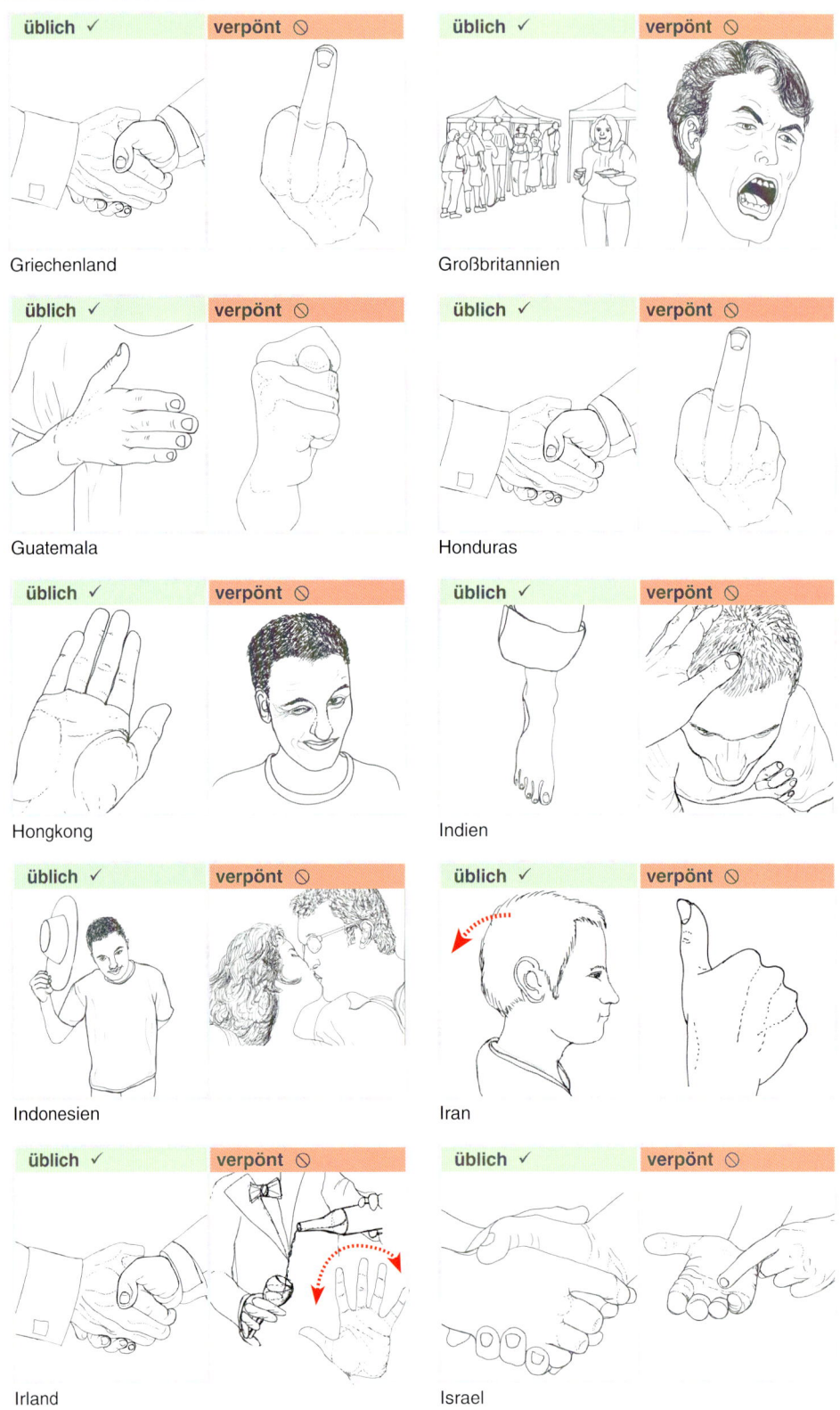

Gesten IV: Griechenland–Israel

Griechenland: Typisch ist der Handschlag und körperbetonte Gestik. **Üblich:** Hochwärts nicken heißt »nein«; auch lächeln, wenn man wütend oder zornig ist; bei Warteschlangen gibt es keine besondere Ordnung; der erhobene Daumen bedeutet: »Es ist alles in Ordnung!«. **Verpönt:** Ficker-Geste.

Großbritannien: Weniger Händeschütteln, dagegen typisch: die Hand leicht heben und »Hello!« rufen. **Üblich:** Strikte Einhaltung der Schlange beim Anstellen; den Kellner durch Hand heben rufen. **Verpönt:** Laute Unterhaltungen.

Guatemala: herzliches Händeschütteln. **Üblich:** Abschied aus der Nähe mit Handfläche zum Körper, Finger und vor und zurück; aus der Ferne umgedreht; nähere Bekannte umarmen sich; ständige Augenkontakte wichtig. **Verpönt:** Ficker-Geste mit dem Daumen zwischen der Faust.

Honduras: Leichtes Händeschütteln. **Üblich:** Zeigefinger in Kinnhöhe: vor und zurück bedeutet »nein«; Zeigefinger vom Auge weg streichen bedeutet »Vorsicht!«, manchmal auch zum Flirten verwendet. **Verpönt:** Ficker-Geste.

Hong Kong: Ähnlich dem britischem Händeschütteln, nur leichter und mehr Körpernähe. **Üblich:** immer mit der ganzen Hand auf etwas zeigen; Hände beim Sitzen in den Schoß legen; im Restaurant ruft man den Kellner mit einer Geste, die wie Schreiben in der Luft aussieht. **Verpönt:** Übertriebenes Augenzwinkern; viel Körperkontakt; mit dem Essen beginnen, bevor der Gastgeber damit begonnen hat.

Indien: »namaste« für 'Gebetsgeste' als Begrüßung und Abschied (Abb. Mitte). **Üblich:** Volle Hand, um auf etwas zu zeigen; barfuß in Tempel; linke Hand nur selten benutzen; fragen, bevor man beginnt zu rauchen. **Verpönt:** Kopf gilt als heilig: niemals andere an den Kopf fassen; Füße gelten als minderwertigstes Körperteil: niemals jemandes Füße berühren; Männer sollen Frauen in der Öffentlichkeit nicht berühren.

Indonesien: Die typischen Gesten sind eher regional auf die Ethnien verteilt als landestypisch. Beim Begrüßen ist Händeschütteln mit leichtem Kopfnicken typisch. **Üblich:** Bei Gesprächen Hut und Sonnenbrille absetzen; rechte Hand zum Übergeben von Dingen bevorzugt; beim Ansprechen anderer Personen in der Öffentlichkeit immer »Herr« oder »Frau« voransetzen; aufstehen, wenn der Gastgeber oder die Gastgeberin den Raum betritt. **Verpönt:** Sich in der Öffentlichkeit küssen; Männer sollten Frauen in der Öffentlichkeit nicht berühren.

Iran: Leichtes Händeschütteln bei der Begrüßung typisch. **Üblich:** Kopf nach hinten bewegen bedeutet: »nein«, kurzes Nicken: »ja«; Kindern die Hand geben: zollt den Eltern Respekt; Personen gleichen Geschlechts stehen näher beieinander im Gespräch; um jemanden heran zu winken: mit der Hand eine Schaufelgeste von oben nach unten machen und die Finger dabei eindrehen. **Verpönt:** Den Daumen in die Luft strecken: gilt als vulgär; emotionale Ausbrüche in der Öffentlichkeit; die Nase in der Öffentlichkeit putzen.

Irland: Festes Händeschütteln, aber weniger Körperkontakt, sind typisch; obwohl Iren als freundlich gelten, halten sie sich mit übermäßiger Gestik zurück. **Üblich:** Striktes Einhalten von Warteschlangen; Frauen dürfen sich immer zuerst setzen. **Verpönt:** keine Runde Getränke bezahlen, wenn man an der Reihe ist; angebotene Getränke ablehnen.

Israel: Warmes Händeschütteln, jedoch wenig Körperkontakt. **Üblich:** Frauen sollten sparsam mit Gesten umgehen, Islam und Judentum verbieten z. T. die direkte Berührung von Frauen; direkter Augenkontakt ist wichtig; Männer fassen sich im Gespräch oft an die Arme, was ein Zeichen für Zustimmung oder gar Freundschaft ist; ein Wedeln mit der Hand von oben nach unten bedeutet »Langsam, langsam mein Freund!« **Verpönt:** Zeigefinger auf Handfläche bedeutet: »Erst muss Gras auf meiner Hand wachsen, bevor das wahr ist und ich dir glaube!«; mit kurzen Shorts religiöse Stätten besuchen; Frauen sollten an religiösen Orten andere Personen nicht anlächeln.

»namaste« - die typische Begrüßungsgeste in Indien

52 Gesten & Gebärden

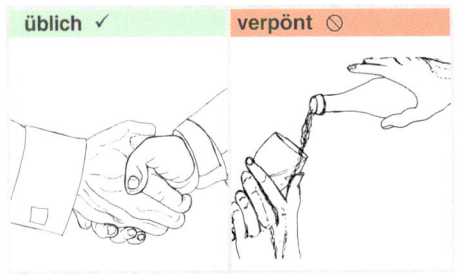
Italien

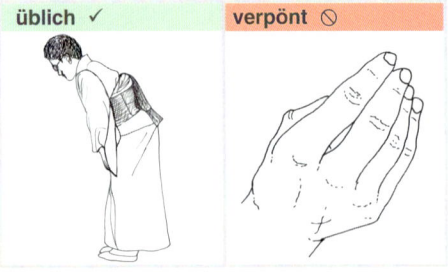
Japan

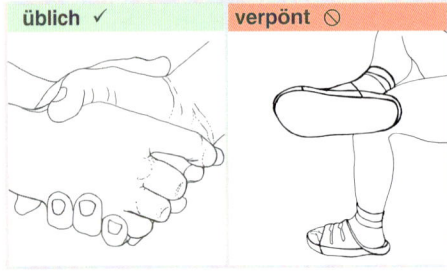
Jordanien

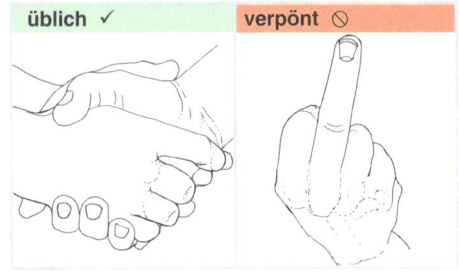
Kanada

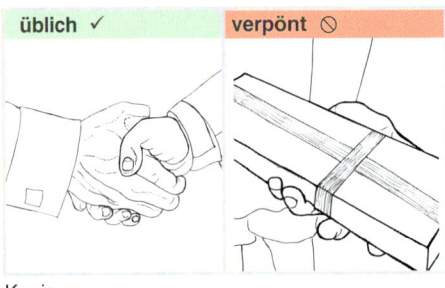
Kenia

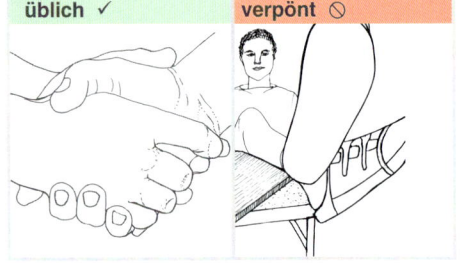
Kolumbien

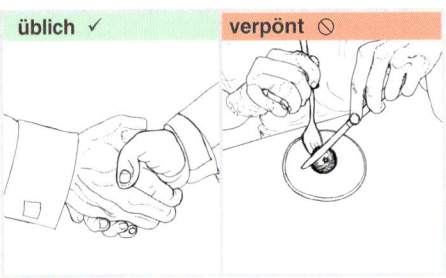
Kongo

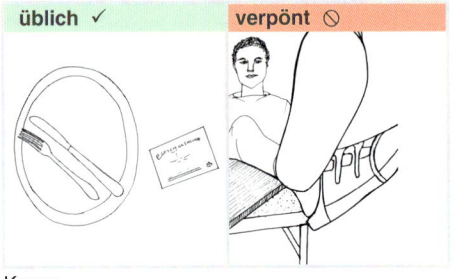
Korea

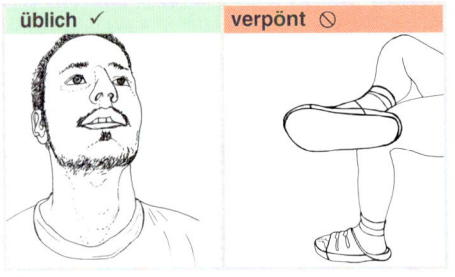
Libanon

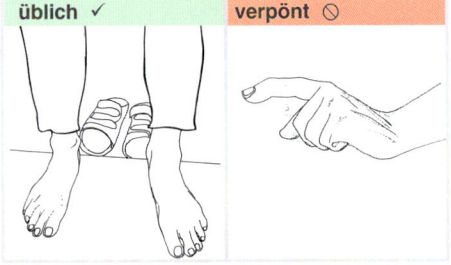
Malaysia

Italien: Händeschütteln bei Begrüßung und Abschied; viele Gesten und Körperkontakte. **Üblich:** Warteschlangen werden gerne übersehen; Frauen sollten keinen Wein einschenken: Dies gilt als unweiblich. **Verpönt:** Frauen sollten in Kirchen keine Haut zeigen.

Japan: Verbeugung, aber auch leichtes Händeschütteln ohne Augenkontakt. **Üblich:** Ständiges Lächeln; hinterm Kopf kratzen bei Verlegenheit; händeschüttelnde Geste, wenn man jemanden führt. **Verpönt:** Auf jemanden mit vier Fingern ohne Daumen zeigen.

Jordanien: Warmes Händeschütteln; »Salaam!« unter älteren oder traditionelleren Leuten. **Üblich:** Nachschlag zweimal ablehnen und dann annehmen; kleine Reste auf dem Teller lassen. **Verpönt:** Schuhsohle zeigen.

Kanada: Festes Händeschütteln und Augenkontakt; großer Abstand und wenig Körperkontakt. **Üblich:** Viel Augenkontakt; Knöchel auf Knie beim Sitzen akzeptabel. **Verpönt:** Ficker-Geste mit ausgestrecktem Mittelfinger gegen andere Person.

Kenia: Westliches Händeschütteln üblich; unter einigen Stämmen gegenseitiges Händeklatschen und greifen der Fingerspitzen. **Üblich:** Vor dem Fotografieren um Erlaubnis fragen. **Verpönt:** Geschenke mit der linken Hand annehmen.

Kolumbien: Typische Begrüßung erfolgt durch einen warmen, herzlichen Handschlag, teilweise mit dem Ergreifen oder kurzen Anfassen des Ellenbogens des Begrüßten. **Üblich:** Beim Heranwinken wird die Kratzgeste verwendet (Hand wie beim Schaufeln von oben nach unten senken); Gabel beim Essen in der linken Hand. **Verpönt:** Füße auf Stuhl oder Tisch legen; Länge von etwas mit den zwei Zeigefingern andeuten (besser Länge am ausgestreckten Arm zeigen); das Platzieren des Okay-Zeichens über der Nase deutet an: »Du bist ein Homosexueller!«

Kongo: Afrikanische Gesten sind eher stammesgebunden als landestypisch. **Üblich:** Handschlag bei Begrüßung. **Verpönt:** Enge Kontakte zwischen unverheirateten Männern und Frauen; linke Hand zum Essen verwenden, da sie als unrein gilt.

Korea: Verbeugungen sind die traditionelle Art der Begrüßung und der Verabschiedung; dabei leitet immer die ältere Person die Grußhandlung ein. **Üblich:** Visitenkarten ehrenvoll auf dem Tisch liegen lassen, wenn man sie beim Geschäftsessen überreicht bekommt. **Verpönt:** Augenkontakte gelten besonders von jüngeren zu älteren Personen als respektlos; Füße auf den Stuhl oder den Tisch legen; sich selbst keinen Wein einschenken (dagegen selbst anderen das Einschenken anbieten, Abb. Mitte).

Koreanische Dienerin serviert Wein

Wenn man in Korea Wein serviert bekommt, soll man sich nicht selbst einschenken.

Libanon: Handschlag und Nicken sind die typischen Grußgesten. **Üblich:** Enger Abstand zwischen den Menschen; »Nein!« wird häufig durch das Zurückwerfen des Kopfes und empörtes Augenbrauenheben ausgedrückt. **Verpönt:** Anderen die Schuhsohlen entgegenstrecken.

Malaysia: In Malaysia leben 53 % Malayen, 32 % Chinesen und 11 % Inder. Deshalb unterscheiden sich auch die Gesten. Malayen nutzen oft die Verbeugung als Grußgeste, verbunden mit der »Salaam!«-Geste, also dem gegenseitigen Berühren der erhobenen Hände. In besonders engen Beziehungen erfolgt der Gruß durch Auflegen der Hände zum eigenen Herzen, was anzeigt: »Ich grüße dich von ganzem Herzen!«. Chinesen begrüßen sich mit Handschlag. Inder grüßen mit der »Namaste!«-Geste, einer gebetsartigen Geste, die mit einer leichten Verbeugung verbunden ist. **Üblich:** Respekt vor älteren Menschen; den Mund beim Gähnen bedecken; beim Essen die rechte Hand verwenden (Malayen und Inder); Schuhe ausziehen beim Eintritt in ein malayisches Haus. **Verpönt:** Auslachen; Berühren des Kopfes bei Malayen und Indern; Zeigen der Sohlen der eigenen Schuhe dem Gegenüber; Zeigen mit dem Zeigefinger bei den Malayen auf andere Personen oder Objekte (besser mit dem Daumen zeigen).

54 Gesten & Gebärden

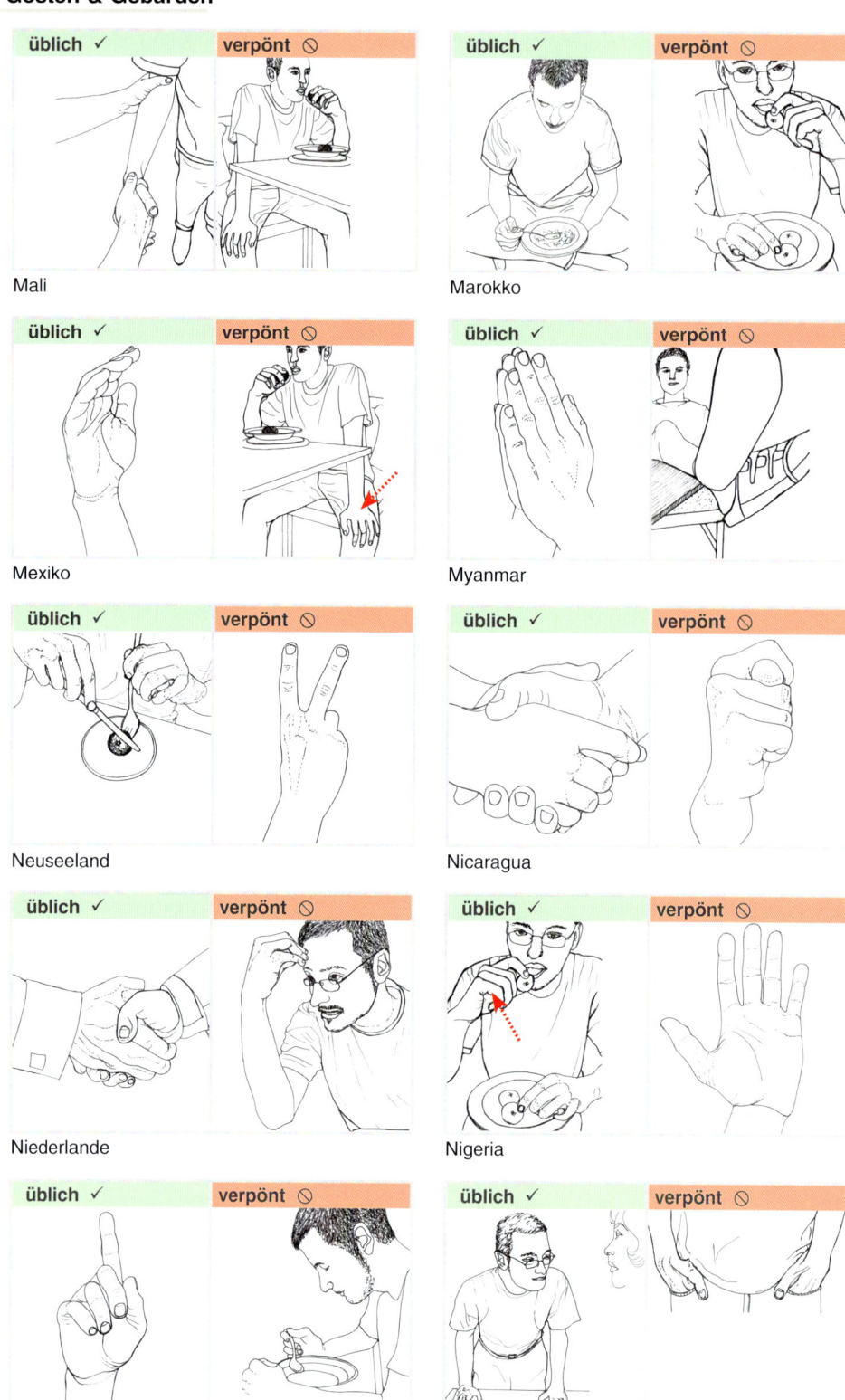

Mali

Marokko

Mexiko

Myanmar

Neuseeland

Nicaragua

Niederlande

Nigeria

Norwegen

Österreich

Gesten VI: Mali–Österreich

Mali: Händeschütteln mit Berührung des Ellenbogens des Gegenübers bei Begrüßung und Abschied (allerdings zwischen Männern und Frauen nur, wenn die Frau es anbietet). **Üblich:** Essen anfassen mit der rechten Hand. **Verpönt:** Essen anfassen mit der linken Hand.

Marokko: Die Begrüßung ist in Marokko sehr wichtig. In großen Städten küsst oder drückt man sich; Mehrfachküsse auf beiden Wangen zeigen besonders enge Verbindungen an. **Üblich:** Mit gekreuzten Beinen auf dem Boden sitzen beim Essen. **Verpönt:** Schuhe beim Essen anbehalten; linke Hand zum Essen fassen verwenden.

Mexiko: Besonders enge Körperkontakte sind bei den Mexikanern typisch (Abb. Mitte). **Üblich:** Zum Heranwinken schaufelt man mit der rechten Hand von oben nach unten; im Restaurant ruft man den Kellner mit »pssst!«. **Verpönt:** Hände in den Taschen bei Männern; während dem Essen die Hände unter dem Tisch auf den Schenkeln lassen; Kirchen oder andere religiöse Stätten mit kurzen Shorts besichtigen; V-Geste aus Zeige- und Mittelfinger mit der Innenseite auf die Nase schieben; Ungeduld zeigen.

Myanmar: Typisch ist eine Gebetsgeste als Begrüßung. **Üblich:** Schuhe vor dem Betreten eines Hauses ausziehen. **Verpönt:** Starke emotionale Gesten und Ausdrücke; Berührung des Kopfes von Buddhabildnissen; Füße auf Stuhl oder Tisch legen.

Neuseeland: Typisch sind ein fester Handschlag und der Blick in die Augen des Gegenübers beim Begrüßen. **Üblich:** Gabel in der linken und Messer in der rechten Hand beim Essen. **Verpönt:** Lautes Sprechen und demonstrative Gesten; Kaugummikauen in der Öffentlichkeit; Gähnen ohne Hand vor dem Mund; Verwendung von Zahnstochern in der Öffentlichkeit, Victory-Zeichen mit der Handfläche nach innen (Beleidigung).

Nicaragua: Typisch ist der herzliche Handschlag, bei engeren Freunden verbunden mit einer Umarmung. **Üblich:** Lächeln ist wichtiger als anderswo und signalisiert Respekt; aufstehen, wenn Ältere den Raum betreten; Augenkontakt immer halten. **Verpönt:** Daumen zwischen Zeige- und Mittelfinger einem anderen entgegenstrecken (gilt als obszöne Ficker-Geste).

Niederlande: Der Handschlag als Begrüßungsgeste ist typisch. **Üblich:** Gabel in der linken und Messer in der rechten Hand halten beim Essen; über einen imaginären Bart streichen und damit signalisieren: »Die Geschichte ist uralt«; direkter Augenkontakt ist wichtig. **Verpönt:** Kaugummikauen in der Öffentlichkeit; während des Essens aufstehen und zur Toilette gehen; das Essen vor dem Gastgeber zu essen beginnen; mit der Hand an die Stirn tippen in Gegenwart von Menschen (Zeichen für Verrücktheit).

Nigeria: In Nigeria ist die Gestik stammesgebunden und nicht landesgebunden. **Üblich:** Bei den Yorubas begrüßt man einen Gast mit Applaus; mit der rechten Hand essen. **Verpönt:** Schuhsohlen dem Gegenüber zeigen; gespreizte Hand mit der Handfläche nach außen dem Gegenüber zeigen.

Norwegen: Typisch ist das Vermeiden von häufigen Körperkontakten. **Üblich:** Aufstehen, wenn man einer anderen Person vorgestellt wird; im Restaurant wird der Kellner mit dem Heben des Zeigefingers gerufen; die Gabel in der linken Hand und das Messer in der rechten Hand halten beim Essen. **Verpönt:** Das Essen beginnen, bevor der Gastgeber anfängt zu speisen;

Österreich: Typisch ist der herzliche Handschlag bei der Begrüßung. **Üblich:** Sind weibliche und männliche Personen zu begrüßen, gibt man den Damen zuerst die Hand; ein Mann sollte aufstehen, wenn eine Dame den Raum betritt; die Gabel wird beim Essen in der linken Hand gehalten und das Messer in der rechten; mit dem Messer schiebt man das Essen auf die Gabel; im Restaurant wird der Kellner durch Heben des Zeigefingers gerufen; eine Faust mit nach oben gestrecktem Daumen signalisiert: »Du bist Sieger!«. **Verpönt:** Zu enge Körperkontakte; Kaugummikauen in der Öffentlichkeit; die Hände in die Hosentaschen stecken während eines Gesprächs; die Hände während des Essens unter den Tisch auf die Schenkel legen.

Mexikaner pflegen engen Körperkontakt.

56 Gesten & Gebärden

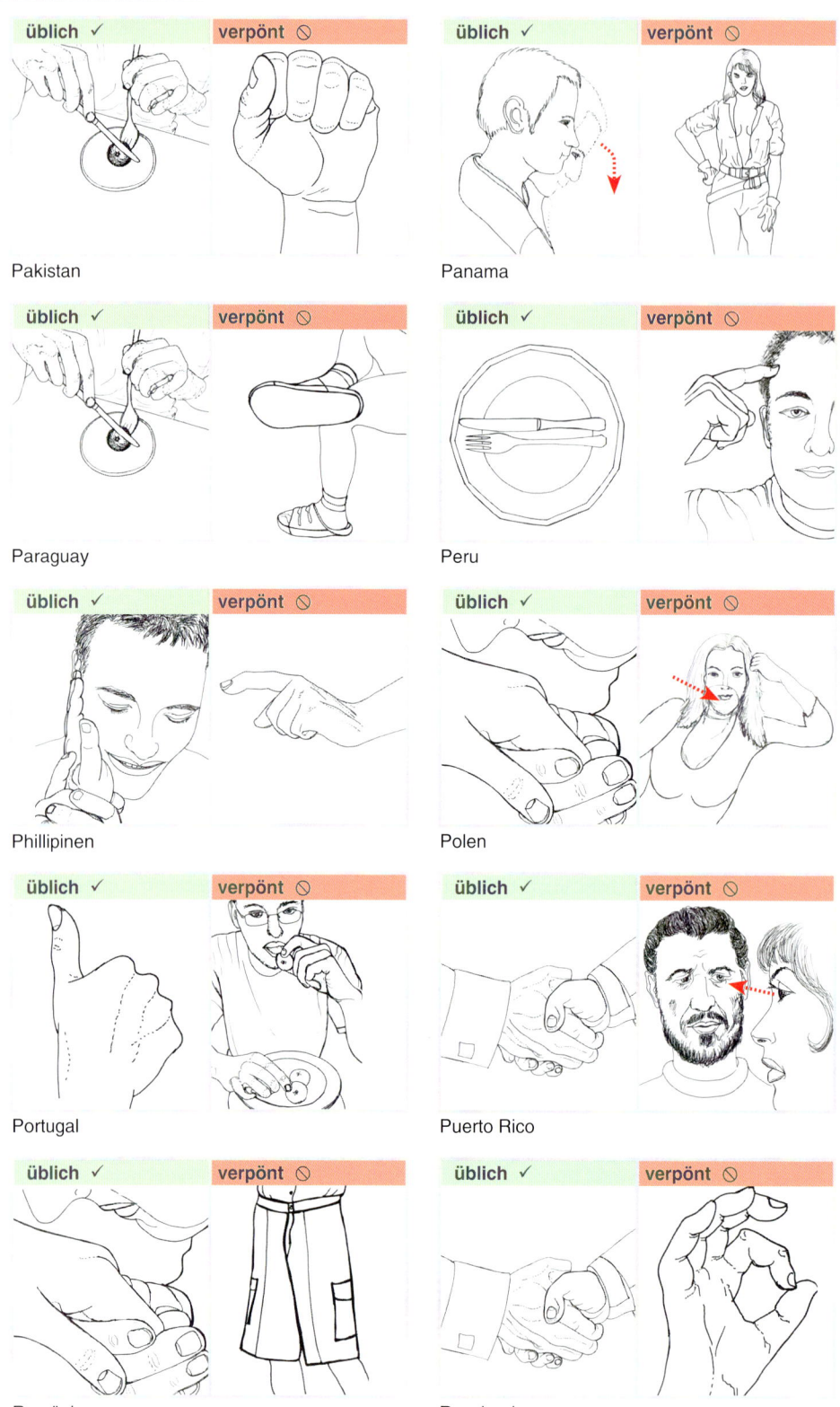

Pakistan

Panama

Paraguay

Peru

Phillipinen

Polen

Portugal

Puerto Rico

Rumänien

Russland

Pakistan: Typisch ist ein weicher Handschlag bei der Begrüßung. **Üblich:** Umarmungen gleichgeschlechtlicher Personen bei der Begrüßung; Frauen nur mit Handschlag begrüßen, wenn sie dies als erste anbieten; Essen mit der rechten Hand. **Verpönt:** Ablehnung von angebotenen Getränken; Fotografieren von Personen ohne deren ausdrückliche Einwilligung; die Schuhsohlen anderen Personen entgegenstrecken oder zeigen; die Faust zeigen gilt als kulturlos.

Panama: Nicken, Handschlag und bei näher Bekannten eine leichte Umarmung sind typisch für die Begrüßung. **Üblich:** bei einer Mahlzeit sitzt der Gastgeber an der einen Schmalseite des Tisches und der Hauptgast an der anderen (Abb. Mitte). **Verpönt:** Frauen mit aufreizender, freizügiger Kleidung.

Paraguay: Typisch ist der Begrüßungshandschlag zwischen Männern und auch zwischen Männern und Frauen. Frauen geben sich meist einen Wangenkuss dazu. **Üblich:** Enge Körpernähe beim Gespräch; ein Streichen des imaginären Bartes vom Hals nach außen bedeutet »Ich weiß es nicht!«; Gabel in der linken Hand und Messer in der rechten Hand halten beim Essen; Geduld zeigen in jeder Hinsicht gilt als höflich. **Verpönt:** Beim Beine übereinander schlagen einen Fuß über das Knie legen (besser Knie über Knie schlagen)

Peru: Typisch ist der Handschlag bei der Begrüßung. Dies gilt für beide Geschlechter. **Üblich:** Enger Körperkontakt, z. B. Arm-in-Arm-Spazierengehen; ständiger Augenkontakt bei Konversationen; das untere Augenlid mit dem Zeigefinger herunterziehen bedeutet: »Sei vorsichtig!«; Hände beim Essen auf dem Tisch behalten; das Beenden des Essens wird durch das parallel oberhalb des Tellers gelegte Besteck angezeigt. **Verpönt:** Fotografieren von Personen ohne deren Erlaubnis; Zeigefinger an die Schläfe halten, weil es bedeutet: »Du bist wohl verrückt!«.

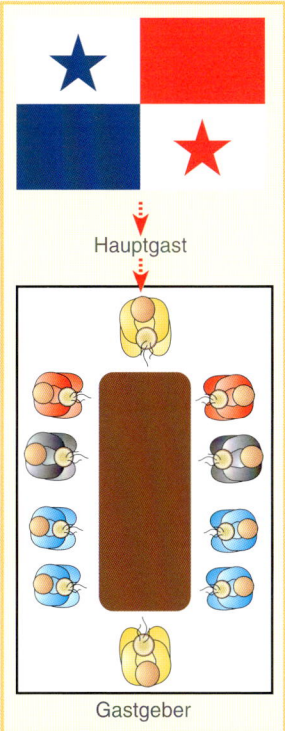

In Panama sollen Hauptgast und Gastgeber bei einer Mahlzeit gegenüber an den Schmalseiten sitzen.

Philippinen: Typisch ist der Handschlag als Begrüßung; Kinder pressen die Hand des Erwachsenen gegen ihren Kopf als Zeichen des Respekts. **Üblich:** Augenbrauen heben als Gruß; **Verpönt:** Auf jemanden starren; laut sprechen bei einer Konversation; mit dem Zeigefinger auf eine Sache zeigen (besser mit den Augen zeigen).

Polen: Typisch ist der Handschlag; Frauen gibt man erst die Hand, wenn sie einem gereicht wird. **Üblich:** Handkuss für Frauen bei der Begrüßung; **Verpönt:** Kaugummi kauen bei einem Gespräch.

Portugal: Ein warmherziger und fester Handschlag gehört zur Begrüßung. **Üblich:** Den Daumen einer ansonsten geschlossenen Faust nach oben strecken, bedeutet: »Es geht mir gut!«; nach dem Essen den Zeigefinger küssen und mit Daumen und Zeigefinger das Ohrläppchen anfassen: »gutes Essen!« **Verpönt:** Mit Fingern essen.

Puerto Rico: Typisch ist der Handschlag bei der Begrüßung. **Üblich:** Ältere Freunde und Frauen umarmen sich bei der Begrüßung; Männer dürfen Frauen ansehen, Gesprächspartner reden schnell und unterbrechen sich oft; im Restaurant ruft man Kellner mit »Pssst!«. **Verpönt:** Frauen sollen nicht Männer anstarren.

Rumänien: Häufiger Handschlag gehört zur Begrüßung, auch öfters an einem Tag. **Üblich:** Männer stehen auf, wenn Frauen den Raum betreten; Frauen werden nicht selten mit einem Handkuss begrüßt. **Verpönt:** Kurzärmlige Oberbekleidung oder kurze Shorts beim Besuchen von religiösen Stätten.

Russland: Typisch ist der Handschlag und noch sehr oft auch die »Russische Bären-Presse«, also eine sehr enge Umarmung, die fast wie eine Umklammerung aussieht. Üblich: wenn man seinen Platz im Theater einnimmt, sollte man immer mit dem Gesicht zu den bereits Sitzenden durch die Reihe laufen. **Verpönt:** Die Okay-Geste gilt als vulgär.

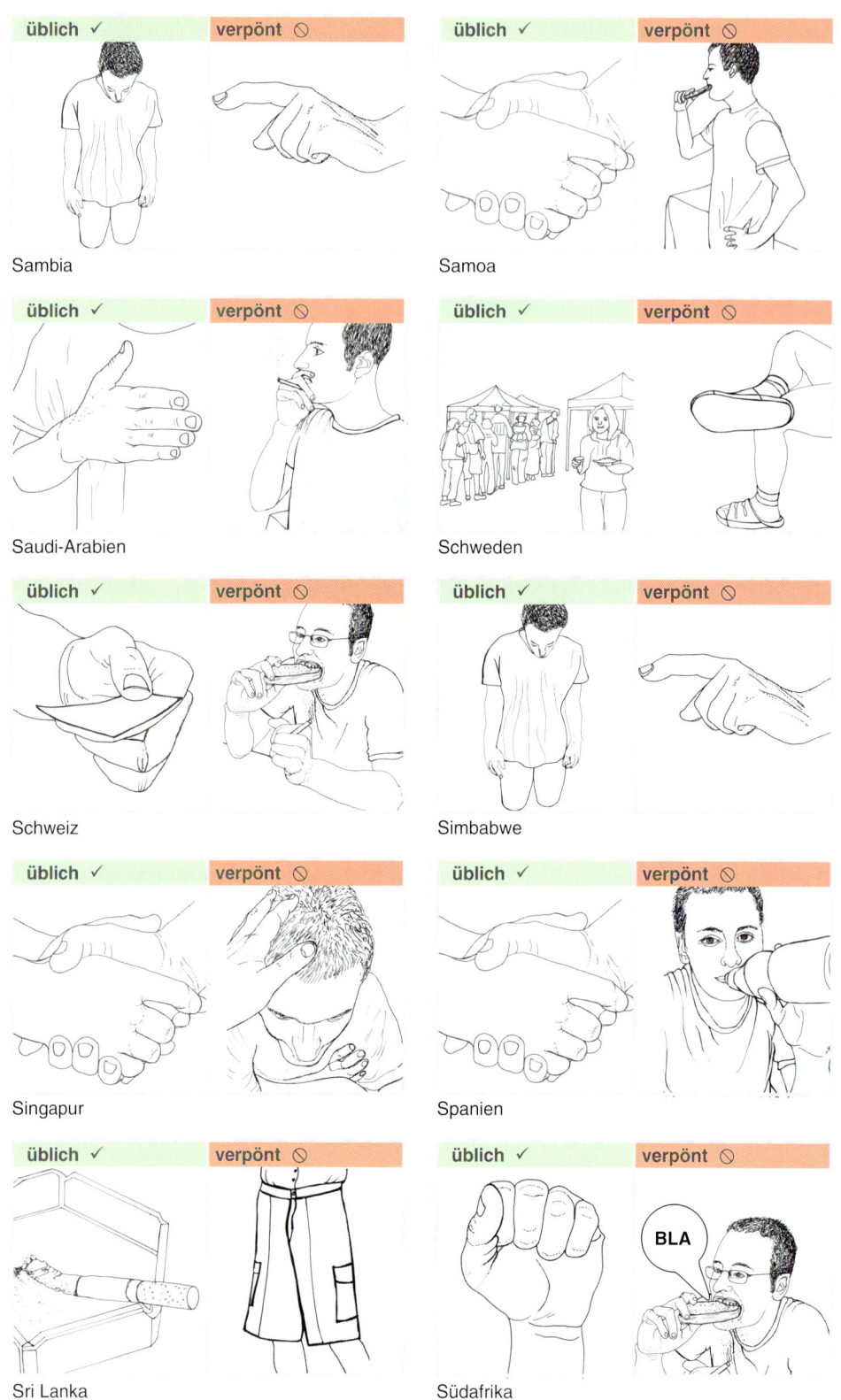

Gesten VIII: Sambia–Südafrika

Sambia: Typisch ist der Handschlag mit kombiniertem Fassen der Hand des Gegenübers mit der anderen Hand. **Üblich:** Die Einwohner knien sich vor Älteren und Personen höheren Status' hin; Hände waschen vor und nach dem Essen; rechte Hand für das Essen fassen verwenden. **Verpönt:** Berührungen zwischen den Geschlechtern; das andere Geschlecht anstarren; direkter Augenkontakt während des Gesprächs; mit dem Finger auf jemanden zeigen (man darf nur auf Objekte zeigen).

Samoa: Die Begrüßung ist flüchtig und auf ein Handzeichen beschränkt. **Üblich:** Blumige Reden; wenn man ein Gespräch führt, sollte man sitzen. **Verpönt:** Konversation im Stehen; die Beine in Gegenwart einer anderen Person ausstrecken oder seine Fußsohlen zeigen; essen währenddessen man läuft oder steht.

Saudi-Arabien: Männer begrüßen sich mit einem Handschlag. **Üblich:** Männer stellen im Gespräch mit anderen Männern meist ihre Frau nicht vor; bei dem Begrüßungswort »Salaam!« für 'Frieden sei mit dir!' hält man die Hand an das Herz zum Zeichen der Wahrhaftigkeit der Botschaft. **Verpönt:** Aggressive Gesten mit Händen oder Armen; laute Gespräche; Rauchen in der Öffentlichkeit; gekreuzte Beine; Zeigen der Fußsohlen.

Schweden: Typisch ist der Handschlag. Dieser sollte fest erfolgen und kann mehrmals geschüttelt werden. **Üblich:** Direkter Augenkontakt während der Konversation ist notwendig; Warteschlangen werden eingehalten. **Verpönt:** Berührungen in der Öffentlichkeit, wenn man sich nicht kennt; Wegdrehen vom Konversationspartner; Fuß auf das andere Knie legen.

Schweiz: Französisch-italienisch-deutsches Gestengemisch ist typisch. Der Handschlag gehört zur Begrüßung. In französisch-italienischer Schweiz-Umgebung kann eine leichte Umarmung oder bei Frauen ein höflicher Wangenkuss hinzukommen. **Üblich:** Visitenkarten sind sehr verbreitet; Älteren und Frauen wird in öffentlichen Verkehrsmitteln ein Platz angeboten. **Verpönt:** Ausstrecken der Beine in Gegenwart einer anderen Person; Müll in der Öffentlichkeit achtlos in die Landschaft werfen; Rauchen am Essenstisch; Erwachsene unterbrechen.

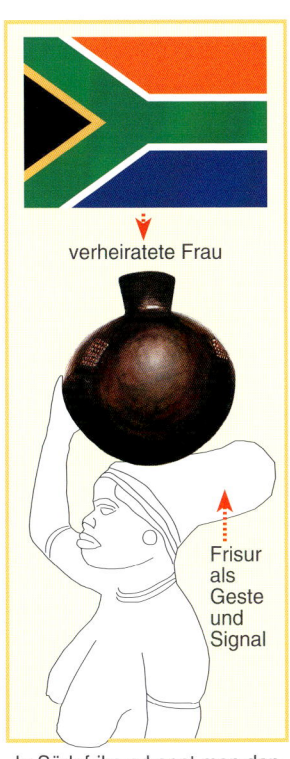
verheiratete Frau
Frisur als Geste und Signal
In Südafrika erkennt man den Status »verheiratet« an der Frisur.

Simbabwe: Typisch ist der Handschlag als Begrüßungsgeste. Die Unterstützung durch das Umfassen der Hand des Begrüßten mit der zweiten Hand signalisiert besonderen Respekt. **Üblich:** Sambier knien oft vor Respektspersonen nieder; unter manchen Stämmen in Sambia ist das Daumendrücken eine übliche Geste. **Verpönt:** Direkter Augenkontakt zwischen den Geschlechtern; mit dem Finger auf andere Leute zeigen.

Singapur: Handschlag und leichte Verbeugung sind typisch für die Begrüßung. **Üblich:** Respekt gegenüber älteren Personen. **Verpönt:** Kopf einer anderen Person anfassen; Schuhsohle anderen zeigen.

Spanien: Warmherziger Handschlag mit leichtem Klaps auf den Rücken ist typisch für die Begrüßung. **Üblich:** Männer warten, bevor sich alle Frauen gesetzt haben; Reiben von Daumen, Zeige- und Mittelfinger bedeutet: »Wie viel kostet das?« **Verpönt:** Aus einer Flasche trinken; Hände in der Tasche behalten beim Gespräch.

Sri Lanka: Typisch ist der Handschlag zur Begrüßung. **Üblich:** »Ayubowan!« ähnlich der »Namaste-Geste« (Hände zum Beten gepresst und verbeugt): dies zeugt von großer Achtung vor der Kultur; Zigarette löschen vor einem Gespräch. **Verpönt:** Linke Hand zum essen verwenden; kurze Shorts in religiösen Stätten.

Südafrika: Typisch ist der Handschlag zur Begrüßung. **Üblich:** Erhobene rechte Faust als Symbol der »Black Power«; zwei zusammengepresste, offene Hände bei Trägern am Flughafen: »Das Geld, das mich zum Tragen anregt, muss in zwei Hände passen!« **Verpönt:** Mit Essen im Mund sprechen.

60 Gesten & Gebärden

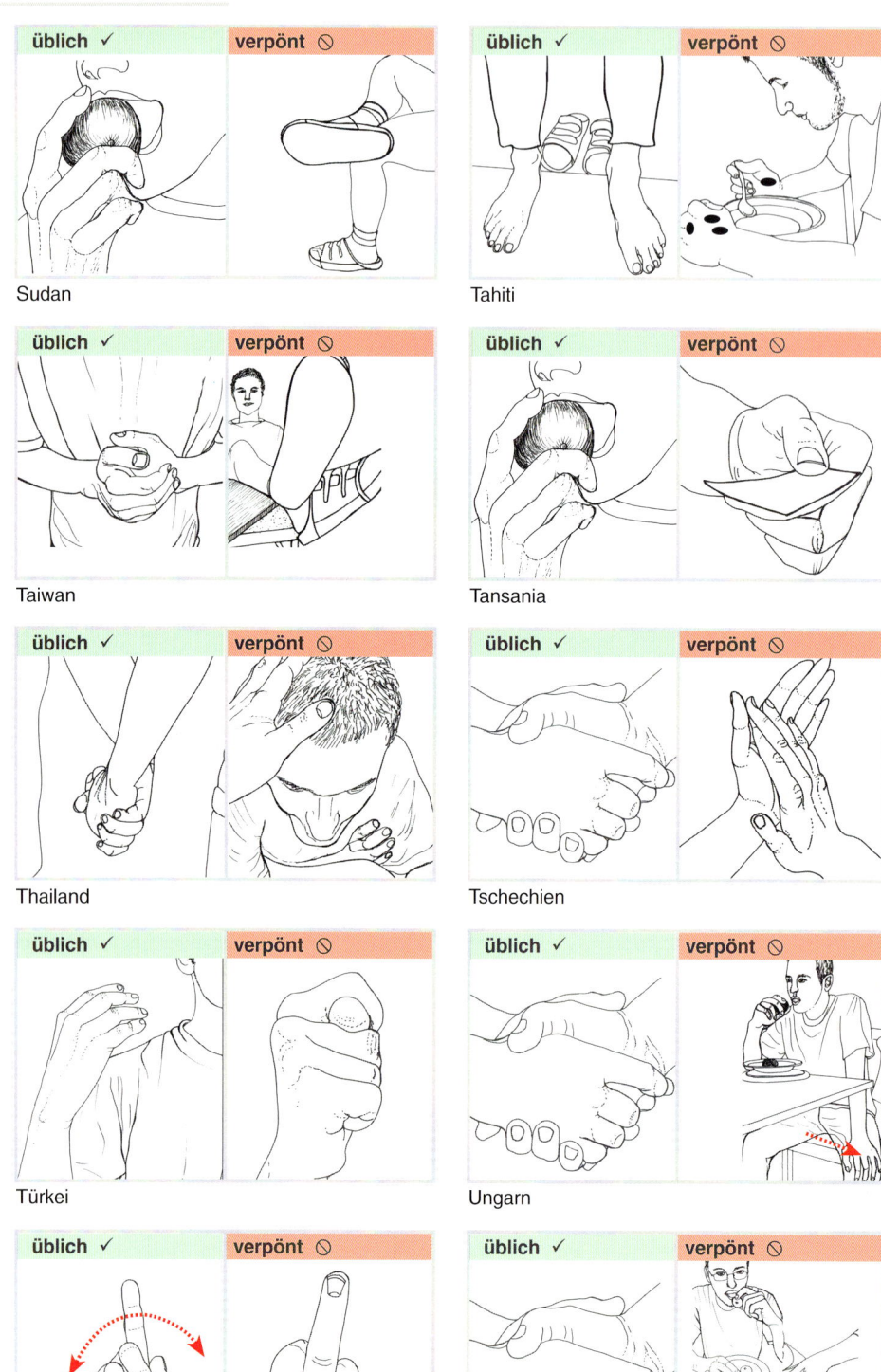

Sudan: Typisch ist der Handschlag zwischen Männern. Nur, wenn ein Handschlag von Frauen angeboten wird, sollten Männer darauf eingehen. **Üblich:** Mit der rechten Hand das Essen fassen; die linke Hand ist für die Hygiene zuständig. **Verpönt:** Schuhsohlen dem Gegenüber zeigen; auf eine andere Person mit dem Finger zeigen.

Tahiti: Der Handschlag ist seltener, aber dennoch für nähere Bekannte üblich; dann folgt oft ein Wangenkuss. **Üblich:** Schuhe ausziehen, bevor man ein Haus betritt. **Verpönt:** Essen mit ungewaschenen Händen.

Taiwan: Typisch ist der Handschlag, es reicht jedoch auch ein kurzes Nicken. **Üblich:** Visitenkarten werden oft ausgetauscht. Eine sorgfältige Lektüre signalisiert Respekt; Schuhe ausziehen, bevor man ein Haus betritt; Älteren und Personen von höherem Status signalisiert man Respekt durch bedecken der linken Faust mit der rechten Hand vor der Brust und gleichzeitiger Verbeugung. **Verpönt:** Lautes, rüdes Verhalten; den Arm um die Schulter der Geliebten legen in der Öffentlichkeit; den Fuß auf den Stuhl oder Tisch legen.

Tansania: Der Handschlag ist nur unter der swahelistämmigen Bevölkerung typisch, ansonsten wird das Händeschütteln mit Frauen vermieden. **Üblich:** essen mit der rechten Hand. **Verpönt:** Visitenkarten mit der linken Hand entgegen nehmen.

Thailand: Thailand ist reich an Gesten und Gebärden. Die traditionelle Begrüßungsgeste ist der »wai«, eine dem »namaste« ähnliche Gebetshaltung, bei der beide Hände zusammengepresst werden und mit dem Kopf genickt wird. **Üblich:** Schuhe ausziehen, bevor man ein Haus betritt; Männer gehen Hand-in-Hand spazieren (Zeichen der Freundschaft). **Verpönt:** Angebotene Begrüßungsgetränke ablehnen; den Kopf einer Person anfassen; auf Personen mit dem Finger zeigen; Hände in den Hosentaschen halten während des Gesprächs.

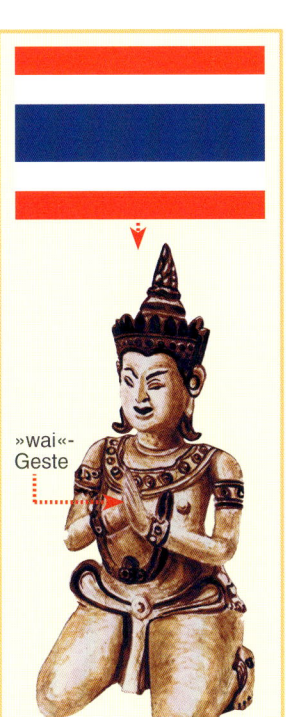

»wai«-Geste

In Thailand begrüßt man sich mit der »wai«-Geste und nickt dazu.

Tschechien: Der Handschlag ist typisch und sogar für größere Gruppen ist es nicht selten, dass man jedes Gruppenmitglied einzeln mit Handschlag begrüßt oder sich verabschiedet. **Üblich:** Autostopp mit nach oben gerecktem Daumen; Finger an der Seitenstirn drehen bedeutet: »Du bist verrückt!«. **Verpönt:** In der Kirche Beifall klatschen.

Türkei: Für Fremde ist der Handschlag typisch; nahe Bekannte oder Verwandte umarmen sich oder geben sich Wangenküsse. **Üblich:** Mit der Hand imaginär etwas über die Schulter werfen bedeutet: »Vergiss es!«. **Verpönt:** Die Schuhsohle einer anderen Person entgegenstrecken (Beleidigung); rauchen und essen zugleich; Daumen zwischen Zeige- und Mittelfinger einer Faust zeigen (türkische Ficker-Geste).

Ungarn: Typisch ist der Handschlag, wobei Männer auf das Angebot einer Frau warten sollten. **Üblich:** Links von der Frau oder der Person höheren Status laufen. **Verpönt:** Hände auf die Schenkel legen beim Essen.

USA: Typisch ist der Handschlag mit direktem Augenkontakt. **Üblich:** Augenkontakt während Gesprächen (weg schauen signalisiert Desinteresse); den Kellner ruft man im Restaurant durch einfaches Heben der Hand; Zeigefinger schütteln ist eine Drohgeste von Müttern gegenüber ihren kleinen Kindern; mit der Handfläche nach außen wedeln signalisiert »Nein!«. **Verpönt:** Ficker-Geste mit gestrecktem Mittelfinger; im Gespräch lange Stille einkehren lassen; Zahnstocher in Gegenwart anderer Personen benutzen.

Venezuela: Ein leichter, aber herzlicher Handschlag ist typisch für die Begrüßung. **Üblich:** Direkter Augenkontakt während der Gespräche; in der Wirtschaft ist es besser, persönliche Kontakte zu suchen, als nur zu telefonieren. **Verpönt:** Mit dem Essen beginnen, bevor allen Gästen serviert wurde; die Beine ausstrecken oder anderweitig stellen, dass es unhöflich wirken könnte.

62 Gesten & Gebärden

Gebärdensprache für Zahlen, aus: H. Maurus (780–856), Codex Alcobacense, Lissabon, 9. Jh.

Gebärdensprache im Recht, »Setzung eines Verfesteten«, Sachsenspiegel, 13. Jh.

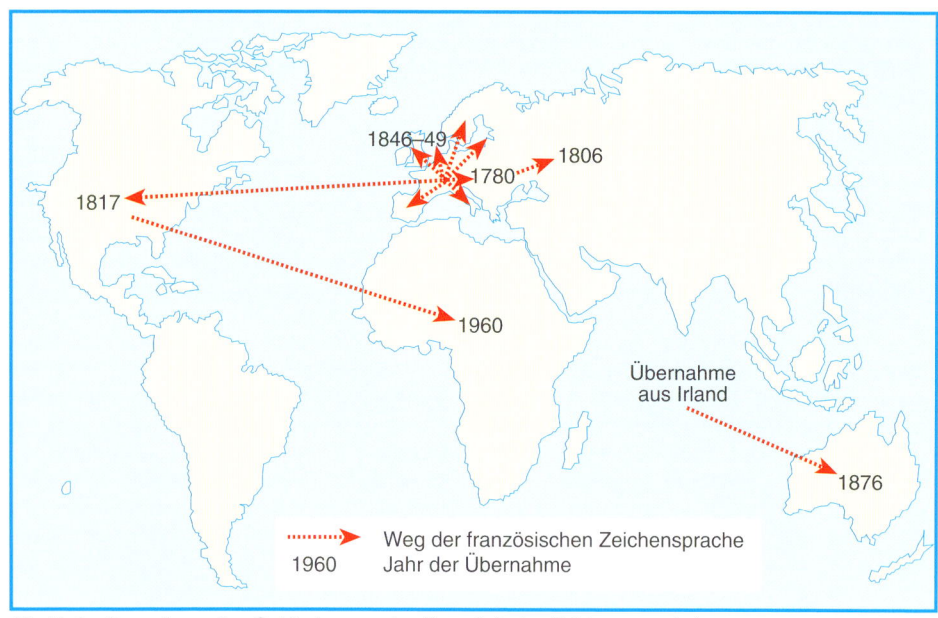
Die Verbreitung der ersten Gebärdensprache (französische Zeichensprache)

Gebärdensprachen I

Einführung
Gebärdensprachen sind Kommunikationsmethoden, die Gestik und Mimik nutzen. Sie haben eine eigene Grammatik und einen unterschiedlich großen Wortschatz (Tabelle).

Sprecher	Zeichen-Anzahl
Zisterzienser	500
Prärie-Indianer	3000
Amerikaner	4000

Geschichte
Im 9. Jh. wurden zuerst nur Zahlen mit Gebärden ausgedrückt (Abb. Gebärdensprache für Zahlen). Die Benediktiner führten im Mittelalter eine Schweigegebot ein. Da Gesten jedoch erlaubt waren, entwickelte sich eine Kloster-Gebärdensprache. Heute gibt es diese noch bei den Orden der Cluniazenser, der Trappisten und der Zisterzienser. Eine Gebärdenfachsprache wurde im 13. Jh. für das mittelalterliche Recht entwickelt (Abb. Gebärdensprache im Recht). Der französische Abt CHARLES MICHEL DE L'EPEÉ (Abb.) ent-

Charles Michel Epée
(1712–1789)

wickelte die erste umfassende Gebärdensprache aus der Beobachtung von taubstummen Zwillingsschwestern, in deren Haus er eines Tages vor einem Gewitter flüchtete. Viele Gebärdensprachen der Welt leiten sich davon ab (Abb. Die Verbreitung der ersten Gebärdensprache). Indianer Amerikas nutzten Gebärden, um sich zwischen den Stämmen zu verständigen (Abb. Beispiele der Gebärdensprache der Indianer). Ähnliches gilt für die Gebärdensprache der Aborigines in Australien.

»Biber!«

»Freund!«

»Hirsch!«

Beispiele der Gebärdensprache der Indianer

Hand-Alphabete
Handalphabete bilden mit Gesten das lateinische Alphabet nach. Besonders bekannt sind das britische und das amerikanische Handalphabet. Das britische wird mit zwei Händen gebildet, wobei die Finger einer Hand die Vokale bilden. Das amerikanische Handalphabet stammt von dem Spanier J. P. BONET (1579–1633) ab und beschränkt sich auf eine Hand pro Buchstabe.

Nationalsprachen
Es gibt zahlreiche nationale Gebärdensprachen, z. B. die American Sign Language (ASL), die Australische Gebärdensprache (Auslan), die Belgische Gebärdensprache (LSB), die British Sign Language (BSL), die Deutsche Gebärdensprache (DGS), die Deutschschweizer Gebärdensprache (DSGS), die Finish Sign Language (FinSL), die Französische Gebärdensprache (LSF), die Österreichische Gebärdensprache (ÖGS), die Portugiesische Gebärdensprache (LGP) und die Schwedische Gebärdensprache (TS).

Fachsprachen
Fach-Sprachen sind gestische Zeichensysteme, die sich zur Kommunikation in bestimmten Bereichen entwickelt haben. So kommuniziert ein Dirigent eines Orchesters z. B. durch Zeigezeichen. Weitere Fachsprachen (Auswahl): Getreidehandel-Sprache, Pantomime, Rangier-Sprachen, Schiedsrichter-Sprachen, Tanz-Sprache, Taucher-Sprache.

Minimalsprachen
Sprachen sind dynamische Konzepte. Mit jeder Generation bilden sich neue Minimalgebärden, die sich meist auf Jugendthemen beziehen (Abb. rechts).

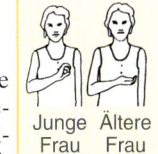

Junge Frau   Ältere Frau

Jugendsprache als Beispiel der Minimalsprache

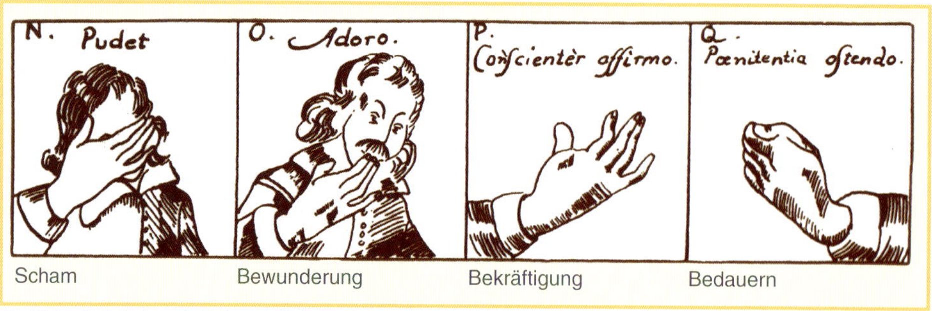

| Scham | Bewunderung | Bekräftigung | Bedauern |

Gefühls-Gebärden, J. Bulwer: Chirologia, 1644

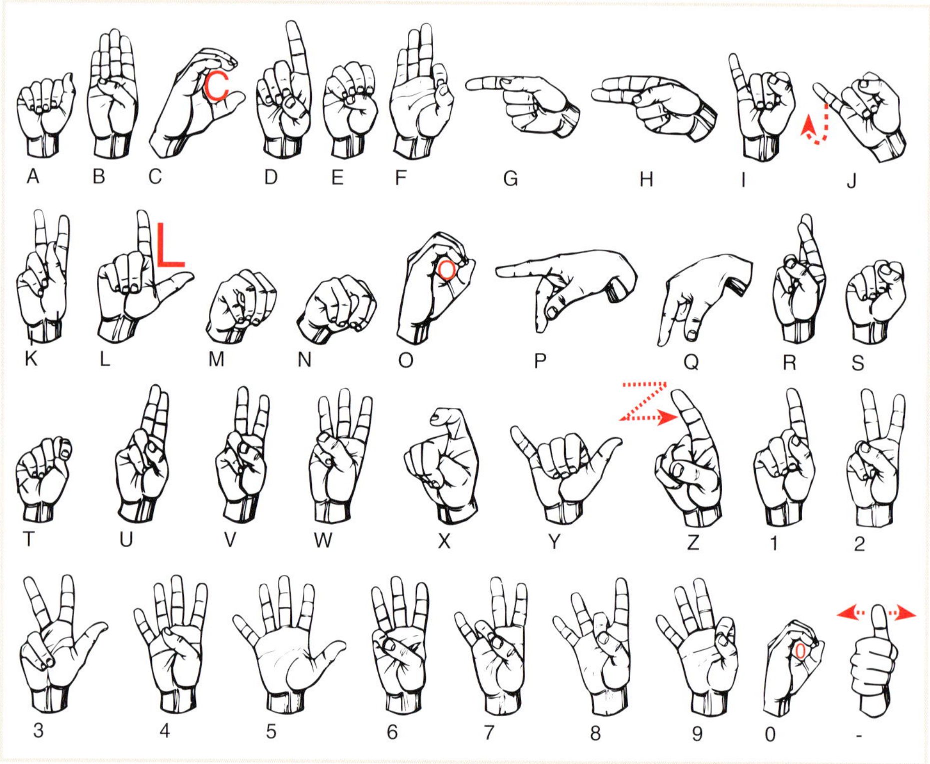

A	B	C	D	E	F	G	H	I	J
K	L	M	N	O	P	Q	R	S
T	U	V	W	X	Y	Z	1	2
3	4	5	6	7	8	9	0	-

Internationales Finger-Alphabet, veröffentlicht von J. P. Bonet, Spanien, 1620

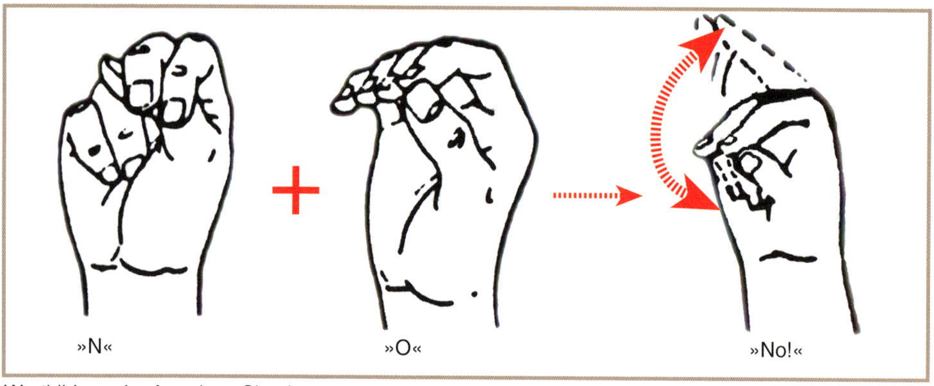

»N« + »O« → »No!«

Wortbildung der American Sign Language aus dem Fingeralphabet

Gebärdensprachen II

Sprache ist Kindersache

1977 öffnete die erste Gehörlosenschule in Managua (Nikaragua). Seit dieser Zeit entwickelten die Schüler ohne die Lehrer eine Gebärdensprache, die Nicaragua Sign Language (NSL). Junge Menschen haben also eine natürliche Veranlagung, die Umgebungsreize zu zerlegen, zu analysieren und später wieder in eine Sprache zu synthetisieren. Eine Studie über die Entwicklung dieser Sprache zeigte, dass sie in den letzten 30 Jahren komplexer, schneller und differenzierter geworden war.

Geschichte

Die Geschichte der Gebärdensprachen ist deshalb eher eine Geschichte der Beobachter und Wissenschaftler als die von Einzel-Erfindern. Zu den ältesten gehören die Beobachtungen von JOHN BULWER über die natürlichen Gebärden bei Scham, Bewunderung, Bekräftigung und Bedauern (Abb. links). Spätere Forschungen zeigten, dass diese Gebärden universell sind.
Die am weitesten verbreiteten Gebärdensprachen sind die American Sign Language (ASL) und die Deutsche Gebärdensprache (DGS, Tabelle).

Sprache	Anzahl der Sprecher
DGS	200 000
ASL	etwa 2 000 000

Sie basieren auf einem alten spanischen Handalphabet, das JUAN PABLO BONET (1579–1633) an von ihm betreuten Kindern eines Adligen beobachtet hatte (Abb. links). Daraus entstand mittels verschiedenen Methoden eine bewegte Sprache (Tabelle).

Methode
1. Initiieren durch das Fingeralphabet
2. Lehnübersetzungen aus der Lautsprache
3. Kombinationen von Gebärden (Abb. links)
4. Modifikation von vorhandenen Gebärden
5. Bildung von Symbolen oder Metaphern

Dadurch können Gebärdensprachen mit bis zu 5000 Wörtern (Morphemen) entstehen.

Wichtigster Satz der Deutschen Gebärden-Sprache (nur eine Gebärde):
»Ich liebe Dich!«

Initiierung durch Fingeralphabet

Häufig kommt es vor, dass die Buchstabenfolge so miteinander verknüpft wird, dass eine Kombinationsgebärde entsteht wie z. B. bei »N« + »O« = »NO« (Abb. links unten).

Lehnübersetzung

Dabei werden Kombinationen der gesprochenen Sprache übernommen, z. B. »Fest« + »Platte« = »Festplatte«.

Kombination

Dabei werden Gebärden mit einer zusätzlichen Bewegung zu einem neuen Wort kombiniert, z. B. »eat« + »sleep« = »home« (ASL).

Modifikation

Die Gebärden für »stehen« (zwei Finger ruhig gehalten« und »gehen« (zwei Finger mit Spazierbewegung) können durch leichte Modifikationen auch ausdrücken:
1. »mit dem Rücken zur Wand stehen« (Finger an die Wand halten)
2. »ich stehe fest oder unsicher« (still halten oder Wackelbewegung)
3. »ich gehe in diese oder jene Richtung« (Richtung mit den Fingern andeuten)
4. »ich gehe schnell oder langsam« (schnelle oder langsame Bewegung).

Symbol- und Metaphernbildung

Ähnlich wie bei der gesprochenen Sprache sind auch bei den Gebärdensprachen die Symbol- und Metaphernbildungen für den größten Teil der Worschatzerweiterungen verantwortlich. So wird der abstrakte Begriff »gestern« mit der konkreten Geste des über die Schulter Zurückwerfens dargestellt. Auch das Verb »informieren« wird mittels einem symbolischen Bild dargestellt: der »Kopfinhalt« des einen Menschen wird angedeutet und dann der Transport dieses Pakets zu einem Anderen visualisiert.

Gebärdensprachen für Hörende

Auch Hörende verwenden Gestenkürzel, z. B. Untergebene ein heimliches 👔 + 👃. Es bedeutet: »*Der Chef ist aber heute stinkig!*«

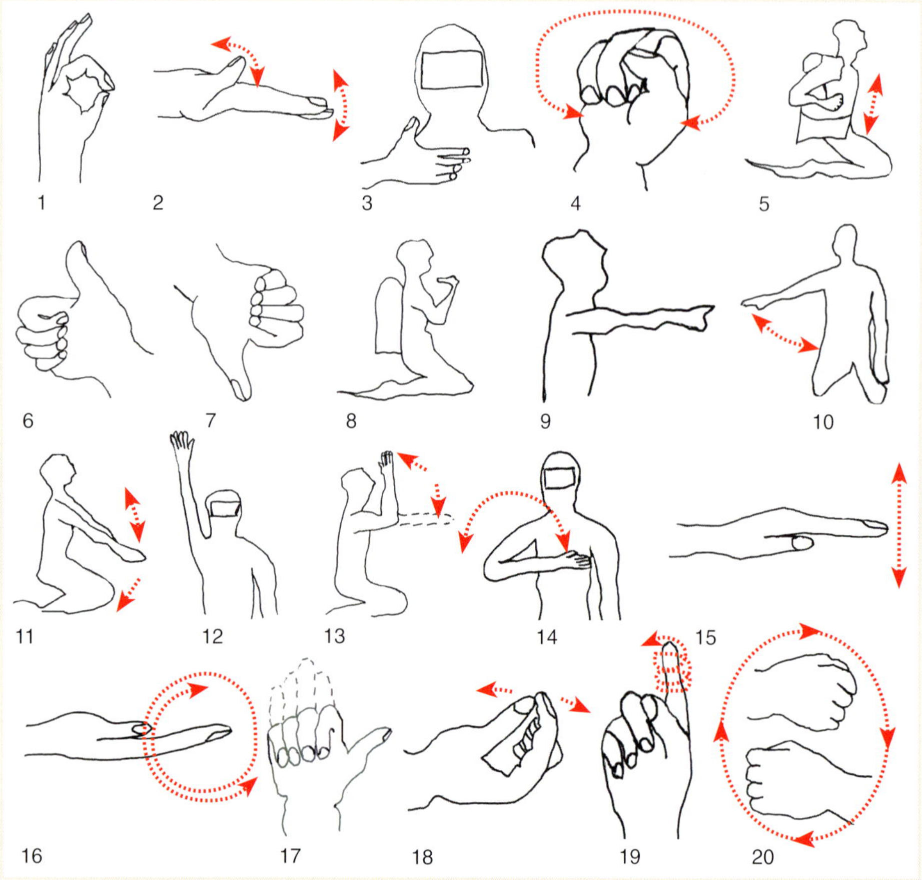

Gesten & Gebärden

Taucher-Sprache - die wichtigsten Gesten unter Wasser

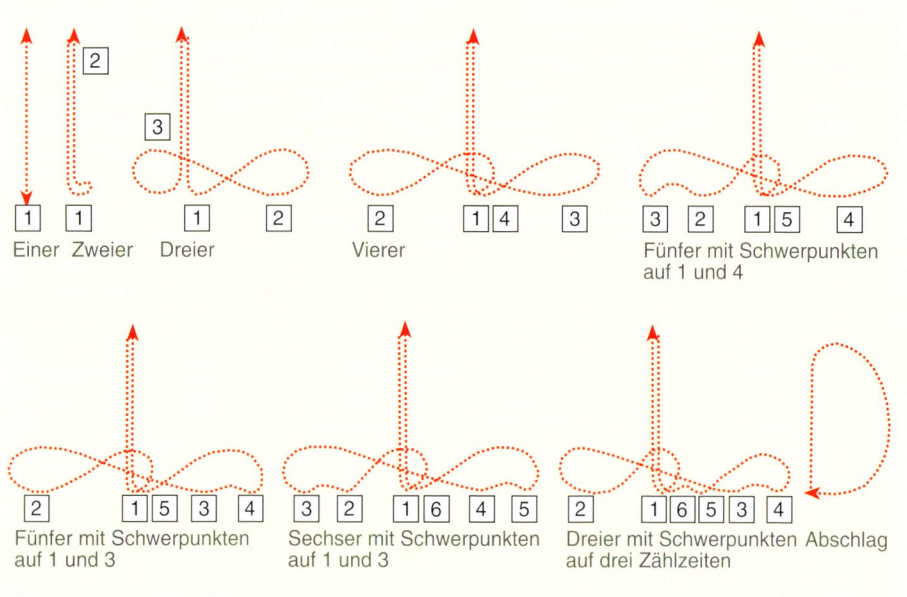

Dirigenten-Sprache - die wichtigsten Schlagfiguren

Gebärdensprachen III

Fachsprachen mit Gebärden

Es gibt für Hörende Situationen, in denen Laut-Kommunikation notwendig oder wünschenswert ist, die Umstände es jedoch nicht erlauben. Eine natürliche Ursache kann z. B. für Taucher unter Wasser bestehen. Eine Kultur-Konvention ist z. B. bei einem Konzert mit Dirigenten gegeben. Unter Wasser ist kein Lautgespräch möglich und während des Konzertes ist es nicht wünschenswert, dass laut der Takt gesagt wird. Aus diesem Grund gibt es Fach-Sprachen oder -Codes, die mit Gesten und Gebärden arbeiten (Tabelle).

Gebiet	Bereich
Archäologie	Höhlentauchen
Handel	Getreidehandel
Musik	Dirigieren
Sport	Baseball
Sport	Tauchen

Gesten als Patent

2006 reichte die Firma Apple beim US-Patentamt ein Patent ein, bei dem die Geste des Anzeigens der Entfernung zwischen zwei Punkten mittels Daumen und Zeigefinger auf einer berührungsempfindlichen Oberfläche geschützt werden soll (Abb. Mitte). Ähnlich wie bei dem 1-Klick-Kauf-Patent von Amazon gab es auch hier Streit um die Frage der Erfindungshöhe, also was an dieser Geste wirklich neu und schützenswert wäre. Der Antrag zielt auf Geräte, z. B. für die Navigation, die mittels Berührung Anweisungen oder Fragen erkennen sollen. So könnte man z. B. eine Karte gezeigt bekommen mit der Frage: »Wo möchten Sie hin?« und als Antwort drückt man auf das Haus-Symbol auf der Karte.

Sprachlicher Gesten-Ersatz

In einigen Fach-Sprachen ersetzen und verstärken gestische Ausdrücke die Aussagekraft. So steht der juristische Satz:
   »Hiermit bestätige ich die Echtheit
   der Kopie ...«
für 'die Kopie ist echt'. Ähnliche Ergänzungen von Laut-Sprache und Gestik/Gebärde finden sich im Bereich der Rhetorik, z. B. bei politischen Reden.

Abbildungen

1: Alles in Ordnung; Ich habe verstanden; Führe Auftrag aus; Bejahung.
2: Es ist etwas nicht in Ordnung, jedoch keine unmittelbare Gefahr; Ich komme nicht klar.
3: Ich bekomme keine Luft; Notaufstieg; Ich brauche sofort Luft; Ich brauche Sofort-Hilfe.
4: Ich öffne; Ich habe die Reserve geöffnet.
5: Ich kann meine Reserve nicht öffnen, Hilfe!
6: Auftauchen.
7: Abtauchen.
8: Ich.
9: Du oder ein Objekt.
10: Gruppe von Personen oder Objekten.
11: Alle sammeln!
12: Halt!; Achtung!
13: Richtungs-Hinweis.
14: Verneinung.
15: Langsamer!
16: Schneller!
17: Notwendigkeit des Druckausgleichs; Füllen der Rettungsweste.
18: Habe nicht verstanden; Was ist das?
19: Schwindelgefühl.
20: Knoten; Anschlagen; Belegen.

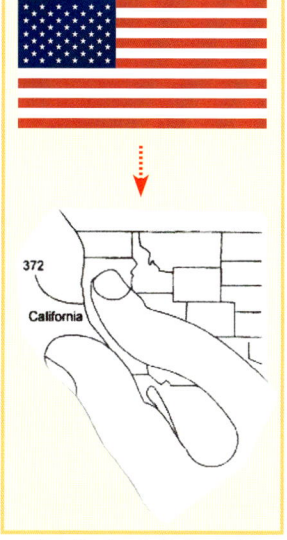

Eine Geste als Patent: das »Gestures for touch sensitive input devices« von Apple, Illustration des Antrags beim US-Patentamt

Dirigenten-Sprache: Die gestrichelte Linie stellt immer die mit der rechten Hand in die Luft zu schlagende Figur dar.
Einer: Ein Schlag pro Takt (ganztaktig).
Zweier: Zwei Schläge pro Takt (zweiertaktig).
Dreier: Drei Schläge pro Takt (dreiertaktig).
Vierer: Vier Schläge pro Takt (vierertaktig).
Fünfer 1/4: Fünf Schläge pro Takt (fünfertaktig). Die Betonung liegt auf dem ersten und dem vierten Schlag des Takts.
Fünfer 1/3: Fünf Schläge pro Takt. Die Betonung liegt auf dem ersten und dem dritten Schlag.
Sechser 1/3: Sechs Schläge pro Takt (sechsertaktig). Die Betonung liegt auf dem ersten und dem dritten Schlag.
Sechser 1/3/5: Sechs Schläge pro Takt. Die Betonung liegt auf dem ersten, dem dritten und dem fünften Schlag. Der Sechser ist auch in zwei Dreiern teil- und betonbar.
Abschlag: Am Ende eines Satzes oder eines Stückes bringt der Dirigent mit einer abwinkenden Geste das Orchester zum Schweigen.

68 Länder & Politik

Pharao Narmer mit Standartenträgern | Dschingis Khan mit Flagge | Tudorflaggschiff Heinrichs VIII.

Beispiele für Standarten, Flagge und Bannersegel, v. l. n. r.: 3200 v. Chr., 12./13. Jh., 16. Jh.

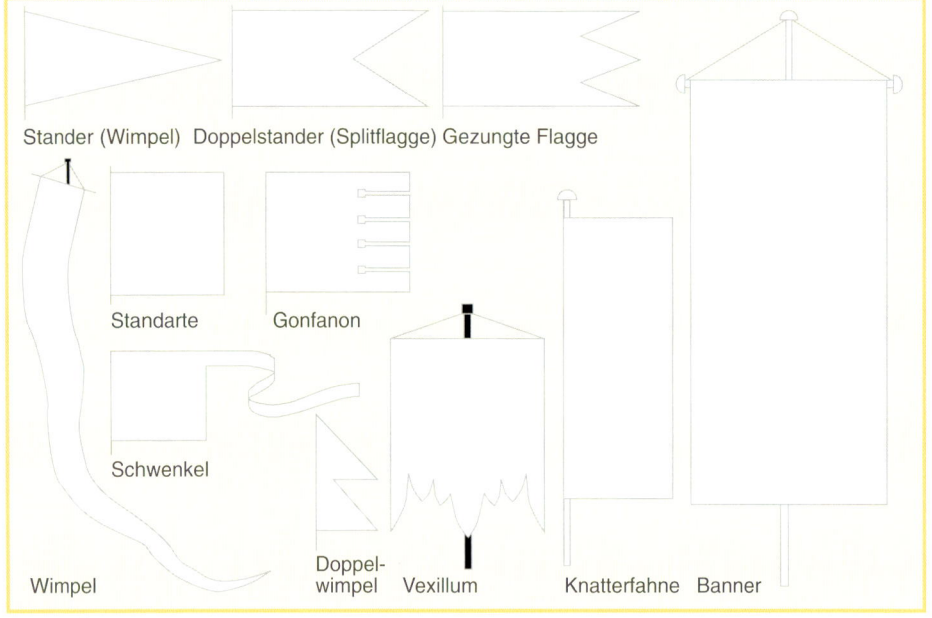

Zepter = Zepterlehen

Bischof mit Bischofsmütze (Tiara)

Äbtissin, erkennbar an Kopfbedeckung und Kleidung

Königskrone (König)

3 Fahnen = 3 Lehen

3 weltliche Herrscher, erkennbar an den typischen Reifkronen und den Kleidern; die Dreiviertelansicht war weniger bedeutsam als die Frontalansicht

Fahnenlehen als Investitursymbole, Sachsenspiegel, Heidelberger Handschrift, um 1300

Stander (Wimpel)   Doppelstander (Splitflagge)   Gezungte Flagge

Wimpel   Standarte   Gonfanon   Schwenkel   Doppelwimpel   Vexillum   Knatterfahne   Banner

Flaggenformen

Flaggen

Flaggen unterscheiden sich von Fahnen dadurch, dass sie vervielfältigbare Zeichen sind, während die Fahne nur einmal existiert, also an der Fahnenstange befestigt ist und nicht eingeholt werden kann. Man teilt eine Flagge in Viertel (Abb. unten).

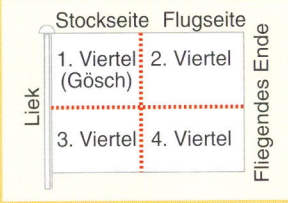

Teile einer Flagge

Die Proportionen sind gewöhnlich 1 : 2 bzw. 2 : 3, können jedoch je nach Land variieren (Tabelle).

Land	Proportionen
Belgien	13 : 15
Dänemark	28 : 37
Deutschland	3 : 5
Finnland	11 : 18
Griechenland	7 : 12
Island	18 : 25
Japan	7 : 10
Norwegen	8 : 11
Schweden	5 : 8
USA	10 : 19

Rechtlich sind Nationalflaggen in Präsidialanordnungen (z. B. Frankreich) bzw. der Verfassung (z. B. BRD) geregelt (Grundgesetz):

»*Art. 22. [Bundesflagge] Die Bundesflagge ist schwarz-rot-gold.*«

Geschichte

Früheste Fahnendarstellungen finden sich in Ägypten (Abb.). Die Hieroglyphe » ⌐ «, der 'Fahnenmast am Tempel' ist ein Determinativ für Gott/Göttin/göttlich. Flaggen dienen fast immer als Zeichen, z. B. für den Ersten auf dem Mond oder beim Flaggschiff (Abb.) für das Admiralsschiff. Nationalflaggen sind Hoheitszeichen eines Staates, unter denen z. B. der Fahneneid geleistet werden muss. Ihre Gestaltung änderte sich entsprechend der politischen Wetterlage (Abb.).

1988　　　　1999　　　　2004
Die Entwicklung der afghanischen Nationalflagge

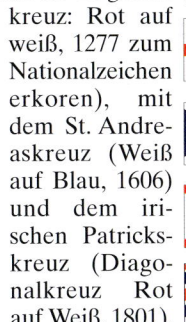

Kreuzfahrer, 12. Jh.

Länge der Lanze = Rang

Das bedeutendste Beispiel für die Erweiterung einer Flagge ist der »Union Jack« (Abb. unten), die Nationalflagge Großbritanniens. Keine Flagge hat über so vielen Teilen der Erde geweht und ist in so viele Nationalflaggen integriert. Die Flagge vereint die Symbole Englands (St. Georgskreuz: Rot auf weiß, 1277 zum Nationalzeichen erkoren), mit dem St. Andreaskreuz (Weiß auf Blau, 1606) und dem irischen Patrickskreuz (Diagonalkreuz Rot auf Weiß, 1801).

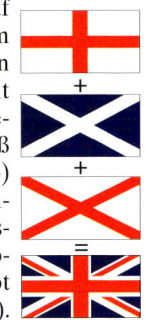

Abbildungen

Standarten des Narmer: Interessant ist die Größe der Standarten, die die Länge der bedeutendsten Person (Pharao) erreichen (Bedeutungsperspektive). Sie sind Feldzeichen ägyptischer Provinzen.

Dschingis Khan: Die 9 Fransen stehen für 9 Pferdefüße und hängen unter 4 Pferdeschwänzen. Im Zentrum fliegt der mongolische Falke.

Flaggschiff der Tudors: Flaggschiffe sind die Schiffe einer Kriegsflotte, von denen aus der Befehl erteilt wird. Sie sind an reicher Beflaggung erkennbar.

König vergibt Fahnenlehen: Der König sitzt auf einem einstufigen Kastenthron und vergibt nach rechts ein Zepter (Zepterlehen) an Bischof und Äbtissin sowie nach links drei Fahnen (Fahnenlehen) an weltliche Herren (durch die Reifkrone symbolisiert). Die Investitursymbole stammen aus dem Wormser Konkordat von 1122.

Flaggenformen: Die Formen sind historisch entstanden, so ist z. B. das Vexillum (von »vexillatio« für 'Sonderabteilung') ein Zeichen römischer Feldherrn. Gonfanon ist ein Banner, das bspw. von den »Gonfaloniere della chiesa« ('Bannerträger der Kirche') getragen wurde. Standarten waren in die Erde »stand-hart« eingerammte Fahnen als Zeichen der Heere. Wimpel nannte man die »wippenden« Schleier der Frauen (daher das verwandte Wort »Weib«).

Flaggen der Welt I

Abbildungen

Afghanistan: Schwarz = Abu Muslim (gest. 755), der den Abbasiden zum Thron verhalf; Rot = Banner Mahmud Ghasnavids (998 – 1030), des Begründers der Ghasnaviden; Grün = Islam, Fruchtbarkeit, Glück.

Ägypten: Rot, Weiß und Schwarz = arabische Farben; Schwarz = Zeit vor der Revolution; Rot = Revolution; Weiß = friedliche Zukunft.

Albanien: Rot und Doppeladler = Symbolfarbe und Wappen G. Kastriotas, genannt »Skanderbeg« ('Alexander', um 1405–1468), der eine Zeit lang die Türkenfeldzüge abwehrte.

Algerien: Grün = Islam, Heimat; Rot = Revolution und Weiß = Reinheit, Moral der Gesinnung; Halbmond und Stern = Islam.

Andorra: Rot und Gelb = Gärten der Grafen von Foix; Blau + Rot = Frankreich sowie Gelb + Rot = Spanien (Länder mit Herrschaftsansprüchen in Andorra).

Angola: Rot + Schwarz = Opferblut + Afrika; Zahnkranz = Arbeiter; Buschmesser = Befreiungskämpfer; Stern = Sozialismus.

Antigua und Barbuda: Schwarz = Afrika; Weiß auf Blau = Inseln im Meer; Rot = Tatkraft der Menschen. Die Sonne strahlt für die Zukunft in Freiheit.

Argentinien: Weiß und Blau = vereinigte Provinzen am Rio de la Plata. Die Maiensonne entstammt der Inkatradition.

Äthiopien: Grün = Fruchtbarkeit, Geduld, Frieden, Sieg, Erfolg; Gelb = Hoffnung, Gerechtigkeit, Gleichheit, Aufklärung; Rot = Arbeit, Opferbereitschaft und Heldentum. Andere Deutungen: drei Farben = Dreifaltigkeit = Glaube, Hoffnung, Barmherzigkeit.

Australien: Union Jack im Gösch, auf blauem Tuch siebenstrahliger Stern = australische Föderation; fünf Sterne des Kreuzes des Südens = geographische Lage.

Bahamas: Gelb = Sandstrand; Blau = Meer; Schwarz = afroamerikanische Bevölkerung.

Bahrein: Rot = typisch für Scheichtümer am persischen Golf; weißer Streifen = Vermeidung der Verwechslung mit den damals roten Piratenflaggen.

Bangladesch: Roter Punkt = Sonne der Unabhängigkeit; Grün = Jugend, Landschaft.

Barbados: Gelb = Sandstrand; Blau = Meer. Der Dreizack ist Sinnbild der Meereslage.

Belgien: Mehrere Deutungen: 1. Brabanter Farben; 2. Kombination (Rot + Gelb = Hennegau; Gelb + Schwarz = Brabant; Schwarz + Gelb = Flandern)

Belize: Blau = Meer; Wappen = Edelholzreichtum: »Sub umbra floreo« ('Unter [deiner Bäume] Schatten gedeihe ich').

Bhutan: Gelb = Macht des Königs; Rot = Buddhismus als geistige Macht; Drache = Redlichkeit des »Landes der Drachen«.

Bolivien: Gelb = Inkas, Bodenschätze; Rot = Nationalstolz, Opferblut; Grün = Hoffnung.

Botswana: Blau = Himmel, Wasser, Regen; Schwarz = Bevölkerungsmehrheit und Weiß = friedliches Zusammenleben mit den Weißen.

Brasilien: Grün = Regenwald, Fruchtbarkeit; Gelb = Bodenschätze; 23 Sterne = ehemalige Verwaltungsdistrikte; Spruch: »Ordem e progresso« ('Ordnung und Fortschritt'); Stern oberhalb des Bandes = Hauptstadt.

Brunei: Flagge und Sonnenschirm = Königssymbole; Flügel = Ordnung, Ruhe, Gerechtigkeit, Frieden; Halbmond = Islam; Inschrift: 'Mit Gottes Führung immer im Dienst'.

Bulgarien: Rot, Weiß, Grün = G. S. Rakovskis Flagge in der Schlacht von Belgrad. Weiß = Frieden, Slawen; Grün = Freiheit; Rot = Kampf.

Burkina Faso: Stern = Revolution.

Burundi: Rot = Unabhängigkeitskampf; Grün = Hoffnung; Weiß = Frieden; 3 Sterne = 3 Volksstämme.

Chile: Stern = ehemaliges Stammeskennzeichen der Indianer; Weiß = schneebedeckte Anden; Blau = Himmel, Meer; Rot = Freiheitskampf ('vergossenes Blut').

China: Rot + Gelb = kaiserliche Farben; großer Stern = Einheit des Volkes; 4 Sterne = Arbeiter, Bauern, Kleinbürgertum, progressive Bourgeoisie.

Dänemark: »Danebrog« = 'rotes Tuch'.

Djibouti: Blau und Grün = Afar und Issa.

Deutschland: Farben der Flagge der Burschenschaften der antinapoleonischen Kämpfe 1813/14. Schwarz = Reaktion Napoleons; Rot = Blut; Gold = Sonne der Freiheit.

Dominica: 10 Sterne = 10 Distrikte; Gelb-Schwarz-Weiß = Afrikaner, Mulatten, Weiße; Grün = Flora des Landes; Sisseronpapagei (psittacus imperialis) = Landesvogel.

Dominikanische Republik: Rot = Kampf ('Opferblut'); Blau = Freiheit; Weiß = Glauben; Bibel = Glauben an Gott.

Ecuador: Gelb = Reichtum, Freiheit, Brot; Blau = Himmel, Meer, Flüsse; Rot = Blut.

Elfenbeinküste: Orange = Savannen im Norden; Grün = Wald im Süden; Weiß = Einheit.

El Salvador: Zwei Mal Blau = Pazifik, Karibik; Weiß = mittelamerikanische Landbrücke.

Fidschi: Hellblau = Himmel, Meer; Wappen = Insel im weiten Meer.

Finnland: Blau = Seen; Weiß = Schnee; Kreuz = skandinavisches Kreuz ('Glaube').

Abbildungen

Frankreich: »Die Trikolore« = 'Dreifarbige'; Blau + Rot = Paris; Weiß = Königsfarbe; das wechselnde Wappen der Präsidentenflagge bestimmt der jeweils amtierende Präsident.
Gambia: Rot = Sonne; Blau = Fluss Gambia; Grün = Landwirtschaft; Weiß = Einheit.
Ghana: Rot = Unabängigkeitskämpfer ('Opferblut'); Gelb/Gold = Reichtum des Landes.
Grenada: Roter Rand = Einheit des Landes; sechs Sterne = sechs Distrikte; gelbe Dreiecke = Sonne und Strände; grüne Dreiecke = Fruchtbarkeit und Natur; Muskatnuss = $1/3$ der Weltproduktion stammt aus Grenada.
Griechenland: Weißes Kreuz auf blauem Grund = Widerstandskampf gegen türkische Herrschaft; neun Streifen = neun Silben des griechischen Mottos 'Freiheit oder Tod'.
Großbritannien: »Union Flag« oder »Union Jack« genannt. Blau = St.-Andreas-Flagge (Schottland); Rot = Kreuz der St.-Georgs-Flagge; Rotes Diagonalkreuz = Irische St.-Patricks-Flagge. Obwohl seit 1921 kein Bund mit Irland besteht, wurde die Flagge so belassen.
Grönland: Rot = Sonne; Weiß = Schnee.
Guatemala: Blau = Karibik; Weiß = mittelamerikanische Landbrücke; Blau = Pazifik.
Guinea: Rot = Kampf für Unabhängigkeit ('Opferblut'); Gelb = Gerechtigkeit und Gold (ehemals bedeutsam); Grün = Natur.
Guyana: Grün = Landwirtschaft und Wälder; gelbes Dreieck = Bodenschätze; weißer Saum = Flüsse und Wasservorräte; Schwarz = Standhaftigkeit; Rot = Nationbildung.
Haiti: Blau und Rot = Pariser Farben.
Honduras: fünf Sterne = fünf vereinigte Provinzen; zweimal Blau = Karibik und Pazifik; Weiß = mittelamerikanische Landbrücke.
Indien: Rad der Lehre = Chakra; Safrangelb = Opfermut, Ergebenheit, Selbstlosigkeit; Weiß = Licht, Wahrheit, Einfachheit; Grün = Verbindung von Boden und Natur.
Indonesien: Rot über Weiß wird »Sang Saka Merah Putih« genannt; Weiß = Baumwollfarbe; Rot = Urfarbe (leicht herstellbar).
Irak: Rot/Weiß/Schwarz = arabische Farben; drei Sterne = geplante Staatenbildung zwischen Ägypten, Irak, Syrien. »Allahu Akbar« = 'Allah ist groß'.
Iran: Grün = Fruchtbarkeit des Landes; Weiß = Frieden; Rot = Stärke und Macht; Wappen = kalligraphisch »Allah« und aufgeschlagenes Buch; Saum = 11 Mal »Allahu Akbar«.
Irland: Grün = Land und katholische Bevölkerungsmehrheit; Weiß = Frieden, Eintracht; Orange = protestantischer Bevölkerungsteil.
Island: Farben = norwegische Farben; Kreuz = skandinavisches Kreuz; Blau = Meer, hohe Gipfel der Berge; Rot = Feuer der Vulkane; Weiß = Fontänen der Geysire.
Israel: Streifenform = Symbol des Gebetsschals »Talith«; Hexagramm = Davidstern, Vereinigung von Feuer und Wasser.
Italien: Pate der Dreifarbigkeit ist die »Trikolore«. Grün/Rot/Weiß bereits in der Lombardei Traditionsfarben.
Jamaika: Schwarz = überwundene Härten; Gelb/Gold = Reichtum des Landes und Schönheit des Sonnenlichts; Grün = Hoffnung und Landwirtschaft.
Japan: Weiß = Frieden, Ruhe, Sicherheit; Rot = »Hinomaru« ('Sonnenscheibe').
Jemen: Rot = Revolution; Weiß = Prinzipien der Revolution; Schwarz = Volksleiden.
Jordanien: Farben = arabische Farben; sieben Strahlen des Sterns = sieben Lesarten des Korans; Schwarz = Kalif Othman; Weiß = Kalif Abu Bakr; Grün = Kalif Ali; Rot = Kalif Omar und Symbol der Haschemiten.
Kambodscha: Gelber Tempel = Buddhismus und Angkor Vat (bedeutendste Tempelanlage des Landes); Rot/Blau = Traditionsfarben.
Kamerun: Grün = Naturreichtümer; Rot = Staatssouveränität; Gelb = Erde und Sonne. Stern = Einheit Ost- und Westkameruns.
Kanada: Ahorn = Symbol Kanadas seit dem 18. Jh. Rot/Weiß = Traditionsfarben.
Kenia: Schwarz = freiheitsliebendes Volk; Rot = Freiheitskampf ('Opferblut'); Grün = Fruchtbarkeit und Natur; Weiß = freie, friedliche Entwicklung und Einheit des Volkes.
Kiribati: Wellen = Weite des Pazifiks; Vogel = Fregattvogel; Sonne = sonnige Inseln.
Kolumbien: Gelb/Blau/Rot = »Das goldene Südamerika wird durch das Meer vom blutigen Spanien getrennt«; andere Deutung: Gelb = Souveränität, Gerechtigkeit; Blau = Mut und Treue; Rot = Opferblut.
Korea (Nord): Blau/Rot/Blau = Sozialismus zwischen den Meeren.
Korea (Süd): Weiß = Land; »Thäguk« = Volk (Jin-Jang, S. 123), Trigramme = Himmel, Erde, Feuer, Wasser.
Kuba: Blau = Weisheit, Tugend, Schönheit; Weiß = Friedensliebe, Sauberkeit, Gesinnung; Rot + Gleichschenkligkeit = Gleichheit. Stern = Unabhängigkeit.
Kuwait: Grün = Vergangenheit, Islam; Weiß = Tugend, Lauterkeit, Tatkraft; Rot = Tapferkeit, Kühnheit; Schwarz = Standhaftigkeit.
Laos: Farben = »Pathet Lao«- Bewegung.
Lesotho: Weiß = Frieden; Blau = Wasser; Grün = Natur und Landwirtschaft.

Flaggen der Welt III

Abbildungen

Libanon: Zeder = Stärke, Unsterblichkeit; Rot = Opferbereitschaft; Weiß = Frieden zwischen den Bevölkerungsgruppen.

Liberia: 11 Streifen = 11 Männer, die die Unabhängigkeitserklärung unterschrieben; Blau = Afrika; Stern = einziges 1847 unabhängiges Land Afrikas; Rot = Tapferkeit, Kühnheit; Weiß = Reinheit.

Libyen: Grün = Islam; Libyen besitzt die einzige einfarbige Flagge der Welt.

Liechtenstein: Blau/Rot = »Livreefarben« ('Bedienstetenfarben') des Fürstenhauses; Krone = Fürstenkrone.

Luxemburg: Gleiche Fahne wie Niederlande (ehemals Union), aber helleres Blau.

Madagaskar: Weiß = Frieden und Freiheit; Rot = Opferbereitschaft; Grün = Hoffnung.

Malawi: Schwarz = Afrikaner; rote Sonne = Hoffnung und Freiheit für Afrika; Rot = Opferblut; Grün = reiche Vegetation.

Malaysia: 11 Streifen und 11 Strahlen = 11 ehemalige Bundesstaaten; Blau = Einheit des malayischen Volkes; Halbmond und Stern = Islam; Gelb = Herrscherhaus; Rot/Weiß = Traditionsfarben der Region.

Malediven: Halbmond und Grün = Islam; Rot = Erinnerung an frühere einfarbig rote Flagge.

Mali: Grün = Natur; Gelb = Bodenschätze; Rot = Mut und Opferbereitschaft.

Malta: Rot/Weiß = Farben Rogers I. von Sizilien (1031–1101), der den Maltesern wegen Gastfreundschaft die Farbwahl erlaubte.

Marokko: Rot = Zeichen des Scherifen von Mekka (15. Jh.); Grün = Islam.

Mauretanien: Halbmond und Stern = Islam; Grün = Islam, Wohlstand, Hoffnung; Gelb = Sahara.

Mauritius: Rot = Opferblut; Blau = Indik; Grün = Natur; Gelb = Freiheit, Selbständigkeit.

Mexiko: Weiß = Reinheit des Katholizismus; Grün = Hoffnung; Rot = Einheit der Bewohner.

Monaco: Rot/Weiß = Genueser Farben (Rot/Silber, Herkunftsgebiet der Grimaldis).

Mongolei: Rot = Sieg der Revolution; Blau = Himmel; »Sojombo«-Symbol (Kombination): drei Flammenzungen = Vergangenheit, Gegenwart und Zukunft; Sonne/Mond = ewige Jugend; zwei Balken = Gleichheit; Pfeilspitzen = Tod den Feinden; Fische = Mann/Frau, Wachsamkeit, zahlreiche Vermehrung wie die Fische; goldene Pfähle = Festung, Schutz.

Mosambik: Schwarz = Volk; Weiß = Frieden; Grün = Landwirtschaft; Gelb = Bodenschätze; Rot = Opferblut; Buch, Waffe, Hacke = Bildung, Verteidigung/Wachsamkeit, Landwirtschaft.

Nauru: Blau = Himmel, Ozean; gelbes Band = Äquator; zwölfstrahliger Stern = Nähe zum Äquator, Phosphatreichtum.

Nepal: Sonne/Mond = Beständigkeit des Weltalls; einzige Wimpelform der Welt.

Neuseeland: »Union Jack« = Zugehörigkeit zum Commonwealth; vier Sterne = Kreuz des Südens.

Nicaragua: zweimal Blau = Karibik, Pazifik; Weiß = Landbrücke; Dreieck = Gleichheit; fünf Vulkane = fünf Teilstaaten; Jakobinermütze = Freiheit.

Niederlande: Weiß/Blau = Livreefarben Oraniens; Rot (früher Orange) = Wilhelm von Oranien (1533–1584). Erste Trikolore der Welt.

Niger: Orange = Sahara/Savannen; Grün = Nigerebenen; Weiß = Frieden, Pflichterfüllung, Scheibe = Sonne.

Nigeria: Grün = Landwirtschaft; Weiß = Frieden und Einigkeit.

Norwegen: Rot/Weiß = »Danebrog« (ehemals zu Dänemark gehörig); Kreuz = Skandinavienkreuz; Blau = Freiheit.

Oman: Grün = »Jabal al-Achdar« 'Grüner Berg' und Mekkapilger; Weiß = Frieden, Autorität des Imams; Rot = Tradition am Golf.

Österreich: Rot/Weiß/Rot = Herzog Leopold VI. (1176–1230) habe (Legende) nach blutigem Kampf festgestellt, dass nur der vom Gurt bedeckte Teil seines Körpers weiß geblieben war, woraus er die Flagge entwickelte.

Pakistan: Weiß = nichtmuslimischer Bevölkerungsteil; Grün und Halbmond und Stern = Islam und Aufblühen des Landes.

Panama: Rot = Liberale Partei, Opferblut; Blau = Konservative Partei, Meer; Weiß = Frieden, Blauer Stern = Reinheit der Gesinnung; Roter Stern = Autorität, Gesetz.

Papua-Neuguinea: Rot/Schwarz = Traditionsfarben; Sterne = Kreuz des Südens; Vogel = Paradiesvogel (Nationaltier).

Paraguay: Rot = Patriotismus, Mut, Tapferkeit, Gleichheit, Gerechtigkeit; Weiß = Reinheit der Ideale, Standhaftigkeit, Einigkeit, Frieden; Blau = Sanftmut, Liebe, Scharfblick, Realitätssinn, Freiheit.

Peru: Vikunja (höckerloses Kamel) = Nationaltier; Chimarindenbaum = Flora Perus; Füllhorn = Bodenschätze;

Philippinen: Blau = Ziele, Ideale; Rot = Mut; Weiß = Frieden, Stille; Sonne = Freiheit.

Polen: Weiß/Rot = frühere Uniformfarben.

Portugal: fünf weiße Kreise = fünf Wundmale Christi; Gelbe »Armillarsphäre« ('Himmelskreisgerät') = Seefahrernation; Grün = Gedenken an Heinrich den Seefahrer (1394–1460); Rot = Revolution.

Abbildungen

Ruanda: Rot = Opferblut; Gelb = Frieden, Freiheit; Grün = Hoffnung; R + Schwarz = Ruanda, Schwarzafrika.

Saint Kitts und Nevis: zwei Sterne = Zwei Hauptinseln; Grün = Vegetation; Rot = Unabhängigkeit; Schwarz = Bevölkerung; Gelb = Sonnenschein; Weiß = Frieden.

Saint Lucia: Blau = Meer; Dreieck = bergige Insel; Gelb = helle Strände.

Saint Vincent und die Grenadinen: Blau = Atlantik/Karibik; Grün = Vegetation; Gelb = sonniges Klima; Rhomben = Inseln.

Salomonen: fünf Sterne = Fünf Salomoninseln; Blau = Meer; Gelb = Strand; Grün = Vegetation.

Sambia: Rot = Freiheitskampf; Schwarz = Volk; Orange = Bodenschätze (v. a. Kupfer); Grün = Felder und Wälder; Adler = Freiheit.

São Tomé und Príncipe: zwei Sterne = Zwei Hauptinseln; Grün = Natur.

Saudi-Arabien: Grün = Islam; Inschrift = Schahada; Schwert = Kampfesmut.

Schweden: Blau = Himmel und Meer; Gelb = Sonne.

Schweiz: Flagge und Wappen = Feldzeichen der Schwyzer aus dem 13. Jh.

Senegal: Maliflagge + Stern, da ursprünglich Föderation; Grün = Hoffnung; Gelb = blühende Landschaft; Rot = Kampf; Stern = Unabhängigkeit.

Sierra Leone: Grün = Landwirtschaft; Weiß = Frieden, Gerechtigkeit; Blau = Ozean.

Simbabwe: Simbabwevogel = Nationaltier; Grün = Vegetation; Rot = Opferblut; Gelb = Bodenschätze; Weiß = Frieden; Stern = Unabhängigkeit.

Singapur: Rot = Brüderlichkeit, Gleichheit; Weiß = Reinheit, Tugend; Halbmond = aufstrebendes Land; fünf Sterne = Demokratie, Frieden, Fortschritt, Gerechtigkeit, Gleichheit.

Somalia: Stern = Freiheit; fünf Strahlen des Sterns = Britisch-Somaliland, Italienisch-Somaliland, Französisch-Somaliland, Äthiopien, Kenia (Gebiete, in denen Somali lebten).

Spanien: Rot und Gelb = Farben Aragóns und Kataloniens.

Sri Lanka: Goldlöwe = singhalesisches Volk; Grün = Muslime; Orange = Tamilen; Bo-Blätter in den Ecken = regionale Feigenart.

Südafrika: Orange = Oranier (ersten Siedler waren Niederländer); Schwarz = Bevölkerung; Grün = Natur; Weiß = friedliches Zusammenleben; Gelb = Bodenschätze; Blau = Meer.

Sudan: Rot = Revolution; Weiß = Frieden, Zukunft; Schwarz = »bilad as-Sudan« ('Land der Schwarzen'); Grün = Islam.

Suriname: Grün = Landwirtschaft; Stern = Unabhängigkeit;

Swasiland: Speer, Kampfstock, Schild = traditionelle Waffen; Gelb = natürlicher Reichtum; Blau = Frieden.

Syrien: Schwarz = Zeit der kolonialen Unterdrückung; Rot = Revolution; Weiß = Frieden, Zukunft; grüne Sterne = Islam.

Tansania: Schwarz = Bevölkerung; Gelb = Bodenschätze; Grün = Fruchtbarkeit des Bodens und Landwirtschaft; Blau = große Seen und Meer (ehemalige Flagge Sansibars).

Thailand: »Trairong« = 'Dreifarbenflagge, Trikolore'; Rot = Volk der Thai; Weiß = Buddhismus; Blau = Monarchie.

Trinidad und Tobago: Weiß = das die Inseln verbindende Meer, Hoffnung, Gleichheit; Rot = Feuer, Mut, Lebenskraft des Staates, Wärme und Kraft der Sonne; Schwarz = Land, Stärke.

Tschad: Blau = Himmel, Hoffnung, Leben, entwickelter Süden; Gelb = Sonne, unterentwickelter Norden; Rot = Fortschritt, Einheit.

Tunesien: Halbmond und Stern = Islam, ehemals Teilgebiet des Osmanischen Reichs.

Türkei: Halbmond und Stern = Islam (mehrere Entstehungslegenden: 1. Banner des Seldschukensultans Alaedin; 2. Aufgang des Mondes bei der Schlacht gegen die Makedoner; 3. Zeichen der Einnahme Konstantinopels in der Nacht der Schlacht (1453).

Uganda: Schwarz = Bevölkerung; Gelb = Sonne; Rot = Brüderlichkeit; Kronenkranich = Nationaltier.

Ungarn: Rot/Weiß/Grün = Farben des Bullenbandes András' II. [1205–35] von 1222 = Glaube, Hoffnung, Liebe. Andere Deutung: Rot = Opferblut, Weiß = Reinheit, Grün = Hoffnung.

USA: 13 Streifen = 13 Gründerstaaten; 50 Sterne (ursprünglich befand sich in der Gösch der »Union Jack«) = Bundesstaaten (Änderung der Sternezahl kann nur vom Präsidenten zugelassen werden, zuletzt erfolgte dies am 4. 7. 1960, als Hawai 50. Bundesstaat wurde); Blau/Weiß/Rot = Farben der Kolonien von Neuengland; Blau = Standhaftigkeit; Weiß = Reinheit; Rot = Mut.

Vatikanstadt: Gelb (Gold)/Weiß (Silber) = Gold und Silber der Schlüssel Petris; Schlüssel = Attribut Petrus; Tiara = päpstliche Krone.

Vietnam: Rot = Revolution, Opferblut, Kampf um Unabhängigkeit; gelber Stern = Sozialismussymbol (China).

Zypern: Weiß = Frieden; Kupfersilhouette einer Kartendarstellung Zyperns = früherer Kupferreichtum; zwei Olivenzweige = Frieden.

Alabama: Kreuz = St.-Andreas-Kreuz. **Alaska:** Gelb = Gold; großer Stern = Nordpolarstern; Sternbild = Wagen. **Arizona:** Stern = Kupfer; 13 Strahlen = 13 Gründer; Rot/Gelb = Spanien. **Arkansas:** Raute = Diamanten; 25 Sterne = 25. Beitrittsland; drei Sterne = drei Mächte (Frankreich, Spanien, USA); Ein Stern = Konföderation. **Colorado:** C = Colorado; Rot/Gelb = Spanien; Gelb = Gold; Blau + Weiß = Himmel + Schnee. **Connecticut:** Weinblätter = verpflanzte Kolonie; »Qui transtulit sustinet« = 'Der, der verpflanzte, sich immer noch aufrecht hält'. **Delaware:** Weizen, Mais, Ochse = Landwirtschaft; Datum = Verfassungsratifizierung; »Liberty and Independence« = 'Freiheit und Unabhängigkeit'. **Florida:** »In God We Trust« = 'Wir vertrauen auf Gott'; Kreuz = St.-Andreas-Kreuz; Seminolin = Ureinwohnerin; Sonne = Sonnenstaat; Sabalbaum = Nationalpflanze. **Georgia:** Sternenkreuz = Konföderiertenflagge; »Wisdom, Justice and Moderation« = 'Weisheit, Gerechtigkeit, Mäßigung'; dreisäuliger Bogen = Verfassung ruht auf Legislative, Executive und Judikative. **Hawaii:** acht Streifen = acht Hauptinseln; »Union Jack« = G. Vancouver (1758–98) schenkte Flagge dem König Kamehameha I. (1758–1819). **Idaho:** Bergarbeiter = Bergbau; Frau = Freiheit und Gerechtigkeit; Weymouthskiefer + Weizengarben + Füllhörner = Forst- und Landwirtschaft; »Esto perpetua« = 'Es ist für die Ewigkeit'. **Illinois:** 13 Sterne/13 Streifen = 13 Gründungsstaaten; 1818 = Beitrittsjahr. **Indiana:** 19 Sterne = 19. Beitrittsland; Fackel = Freiheit und Aufklärung. **Iowa:** Weißkopfseeadler = Nationaltier; Blau/Weiß/Rot = französische Farben; »Our liberties we prize and our rights we will maintain« = 'Wir schätzen unsere Freiheiten und unsere Rechte werden wir hüten'. **Kalifornien:** Grislibär = Nationaltier; Stern (der texanischen Flagge entlehnt) = Freiheit. **Kansas:** Felder = Symbol des Ostens; 34 Sterne = 34. Beitrittsland; »Ad astra per aspera« = 'Der Weg zum Himmel ist schwer'. **Kentucky:** Zwei Männer + »United we stand, divided we fall« = 'Vereint stehen wir, geteilt fallen wir'. **Louisiana:** Pelikan = Opferstock Christi; »Union, Justice & Confidence« = 'Einheit, Gerechtigkeit & Vertrauen'. **Maine:** Weymouthskiefer + Elch = Naturlandschaft; Stern = Polarstern; Matrose = Handel/Fischerei; Bauer = Landwirtschaft; »Dirigo« = 'Ich führe'. **Maryland:** Gelb/Schwarz = Familie Calvert (erster Baron Baltimore); Rot/Weiß = Familie Crossland (mütterliche Abstammung Calverts). **Massachusetts:** Stern = Union; Arm mit Schwert = »Ense Petit Placidam sub Libertate Quietem« = 'Mit dem Schwert suchen wir Frieden, aber Frieden nur unter Freiheit'. **Michigan:** Sonne = Freiheit; Hirsch = Natur; »Tuebor« = 'Ich werde verteidigen'; »Si Quaeris Peninsulam Amoenam Circumspice« = 'Wenn du eine liebenswerte Halbinsel suchst, schau auf dich'. **Minnesota:** 19 Sterne = 19. Beitrittsland, Bauer = Landwirtschaft; Baum = Forst. **Mississippi:** Kreuz = Konföderierte. **Missouri:** 24 Sterne = 24. Beitrittsland; Trikolore = Frankreich; »Salus Populi Suprema Lex Esto« = 'Das Gemeinwohl soll oberstes Gesetz sein'. **Montana:** Schaufel = Bergbau; Pflug = Landwirtschaft; »Oro y Plata« = 'Gold und Silber'. **Nebraska:** Schmied = Industrie; Weizen/Mais/Siedler = Landwirtschaft; »Equality before law« = 'Gleichheit vor dem Gesetz'. **Nevada:** »Battle Born« = 'Im Kampf geboren'. **New Hampshire:** Fregatte Raleigh = erstes Navy-Schiff; neun Sterne = neuntes Beitrittsland. **New Jersey:** Pflüge/Ceres = Ackerbau; Liberty = Freiheit. **New Mexiko:** Sonnenkreuz = Harmonie (Zia Pueblos); Gelb/Rot = spanische Farben. **New York:** Figuren = Gerechtigkeit/Freiheit; »Excelsior« = 'Immer aufwärts'. **North Carolina:** Rot/Weiß/Blau = Konföderierte; NC = North Carolina. **North Dakota:** Weißkopfadler = Nationaltier. **Ohio:** Weiß/Rot/Blau = Konföderiertenflagge; 13 Sterne = 13 Urkolonien; 17 Sterne = 17. Beitrittsland. **Oklahoma:** Pfeife/Ölzweig = Frieden. **Oregon:** 33 Sterne = 33. Beitrittsland. **Pennsylvania:** Mais = Landwirtschaft; Ölzweig = Friedenswille. **Rhode Island:** 13 Sterne = 13. Beitrittsland; Anker = Hoffnung. **South Carolina:** Baum = Unbesiegbarkeit; Mond = Emblem der Soldatenmützen; Blau = Uniformfarbe. **South Dakota:** Bauer = Landwirtschaft; »Under god people rule« = 'Unter Gott der Mensch herrsche'. **Tennessee:** drei Sterne = drei Divisionen; Blau = Liebe; Weiß = Reinheit; Rot = Bürger als Patrioten. **Texas:** Rot = Tapferkeit; Weiß = Reinheit; Blau = Loyalität. **Utah:** Bienenstock = Ausdauer, Sparsamkeit, Stabilität, Selbständigkeit; »Industry« = 'Fleiß'. **Vermont:** Kuh = Landwirtschaft; Kiefer = Forst. **Virginia:** Frau = Tugend; Leiche = Tyrann; »Sic semper tyrannis« = 'So immer den Tyrannen'. **Washington:** Grün = Wälder; Bild = G. Washington. **West Virginia:** »Montani semper liberi« = 'Bergsteiger immer freie Männer'. **Wisconsin:** Bergmann + Matrose = Bergbau + Schifffahrt; Dachs = Nationaltier; »Foreward« = 'Vorwärts'. **Wyoming:** Bison = Nationaltier; Rot = Indianer/Blut; Blau = Treue.

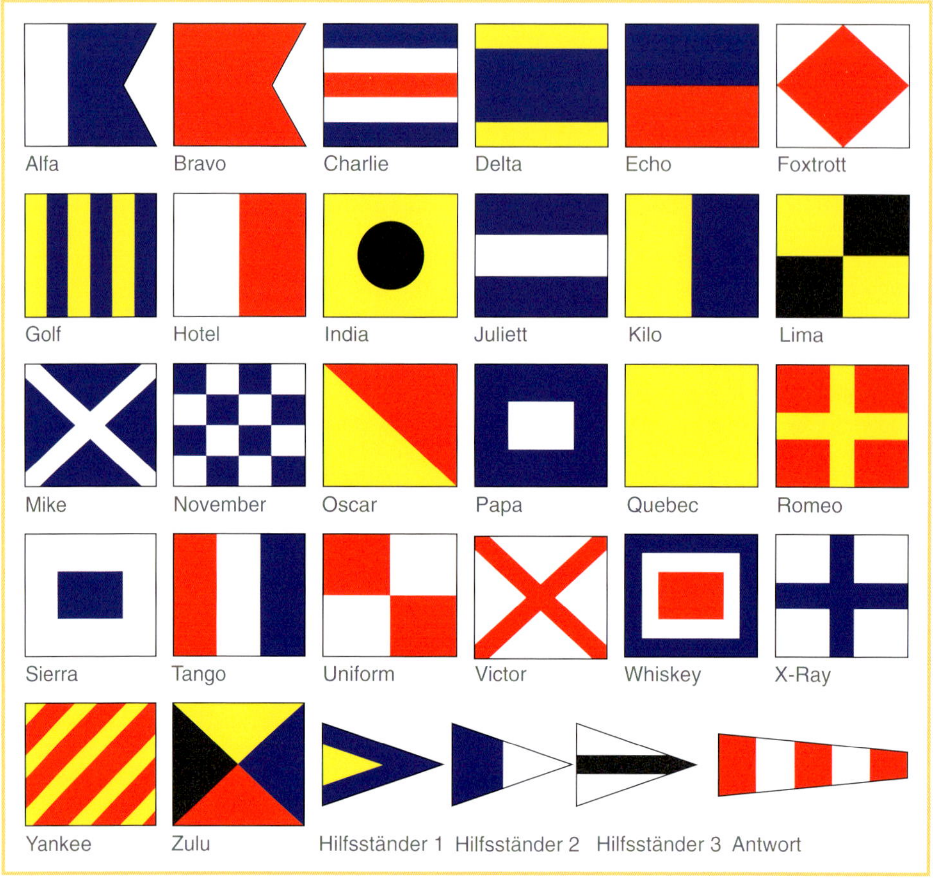

Länder & Politik

Internationales Signalflaggenalphabet der Seefahrt und Hilfszeichen

Alfa, Bravo, Charlie, Delta, Echo, Foxtrott, Golf, Hotel, India, Juliett, Kilo, Lima, Mike, November, Oscar, Papa, Quebec, Romeo, Sierra, Tango, Uniform, Victor, Whiskey, X-Ray, Yankee, Zulu, Hilfsständer 1, Hilfsständer 2, Hilfsständer 3, Antwort

Internationale Signalflaggenzahlen der Seefahrt

0 (Null), 1 (Eins), 2 (Zwei), 3 (Drei), 4 (Vier), 5 (Fünf), 6 (Sechs), 7 (Sieben), 8 (Acht), 9 (Neun)

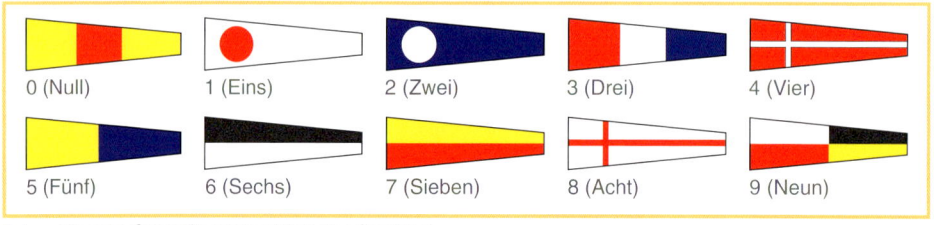

Antwort + N + E + 2 = Fahren Sie sehr vorsichtig; U-Boote üben in diesem Gebiet!

Flaggensignal eines Kriegsschiffes

Antwort + 1 = Startverschiebung um eine Stunde | Hilfsständer 1: Gesamtrückruf | Zielflagge

Signalbeispiele für die Veranstaltung von Regatten

Flaggen-Signale

Die Flaggen-Signale

Das Wort Flagge kommt aus dem Englischen und stammt wohl von »flackern« für 'im Wind hin und her schlagen' ab. Flaggen unterscheiden sich von Fahnen. Während eine Fahne am Fahnenstock befestigt ist, stellt eine Flagge nur das Tuch dar, das gehisst oder eingeholt werden kann. Bereits in den antiken Seekriegen zwischen den Persern und Griechen wurden »Vexilloide«, also 'Flaggenartige' als Militärzeichen genutzt. Im Mittelalter nutzten die Genueser und Venezianer Flaggen in ähnlicher Weise. Die ersten Signalflaggen über nicht hörbare Entfernungen stammen aus England und datieren von 1369 (Tabelle mit Periodisierung).

Zeit	Einführung
14. Jh.	erster Flaggen-Code
18. Jh.	Zahlenflaggen
1812	Buchstabenflaggen
1900	internationaler Signalcode

Signalflaggen gibt es für die See und auf Land (Tabelle mit Landflaggen).

Gebiet	Funktion/Art
Autorennen	Start: Nationalflagge
	Ziel: Schachbrettflagge
Cricket	Markierung
Orientierungslauf	Postenflagge

Eine Besonderheit sind Piratenflaggen, da es sich hier meist um Kriminelle handelte. Auch sie suchten eigene Kennzeichnungen (Abb. Mitte). Der Rufname »Jolly Roger« leitet sich wohl von »joli rouge« für 'hübsches Rot' ab, da die Flaggen ursprünglich blutrot waren.

Das internationale Signalbuch

Seeflaggen sind im internationalen Signalbuch eingetragen. Jedes Schiff des Schiffsregisters muss die Flagge des eigenen Landes tragen. Die Beflaggung ist international geregelt (Abb. unten).

Abbildungen

Flaggenbuchstaben haben sowohl die Buchstabenbedeutung als auch eine Signalbedeutung. Das Breite-Länge-Verhältnis von Signalflaggen beträgt üblicherweise 5 : 6. Eine weitere Möglichkeit, sich mit Flaggen zu verständigen, ist das Winkeralphabet bzw. Semaphorsystem.

JACK RACKHAM (16?? – 1720)

HENRY EVERY (1653? – 1696?)

EMMANUEL WYNNE (um 1700)

RICHARD WORLEY (16?? – 1719)

THOMAS TEW (16?? – 1695?)

Piratenflaggen

Alpha: A; Taucher unten, Abstand halten.
Bravo: B; Lade, lösche oder befördere gefährliche Ladung, tiefgangbehindert.
Charlie: C; Ja.
Delta: D; Schwieriges Manöver! Halten Sie Abstand!
Echo: E; Ändere Kurs auf Steuerbord.
Foxtrott: F; Bin manövrierunfähig, treten Sie mit mir in Verbindung.
Golf: G; Benötige einen Lotsen. Fischerboote: Hole Netze ein.
Hotel: H; Habe Lotsen an Bord.
India: I; Ändere Kurs auf Backbord.
Juliett: J; Feuer an Bord!
Kilo: K; Verbindung erwünscht.
Lima: L; Sofort stoppen.
Mike: M; Fahrzeug gestoppt.
November: N; Nein.
Oscar: O; Mann über Bord.
Papa: P; Schiff läuft aus. Alle Mann an Bord!; »Blauer Peter« (Ausreise).
Quebec: Q; An Bord alles gesund, bitte um freie Verkehrserlaubnis.
Romeo: R; Kurs ist klar.
Sierra: S; Meine Maschine geht rückwärts.
Tango: T; Abstand halten, Netze ausgelegt.
Uniform: U; Sie begeben sich in Gefahr.
Victor: V; Benötige Hilfe.
Whiskey: W; Benötige ärztliche Hilfe.
X-Ray: X; Stopp! Signale abwarten.
Yankee: Y; Treibe vor Anker, Post an Bord.
Zulu: Z; Benötige Schlepper. Fischerboote: Setze Netze aus.

Zahlwörter der Schifffahrt (Tabelle).

Zahl	Wort	Sprachzeichen
0	null	Nada-zero
1	eins	Una-one
2	zwei	Bisso-two
3	drei	Terra-three
4	vier	Karte-four
5	fünf	Penta-five
6	sechs	Soxi-six
7	sieben	Sette-seven
8	acht	Okto-eight
9	neun	Nove-nine

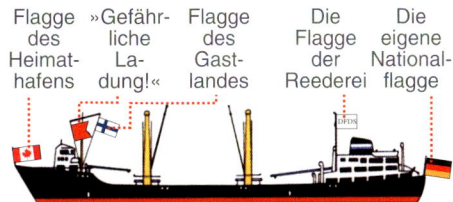

Flagge des Heimathafens | »Gefährliche Ladung!« | Flagge des Gastlandes | Die Flagge der Reederei | Die eigene Nationalflagge

Hochseeschiff mit Beflaggung

Einführung

Länderkennungen sind für alle länderübergreifenden Objekte und Orte erforderlich. Die International Organization for Standardization (ISO) ist dafür zuständig. Sie wurde am 23. Februar 1946 in Genf gegründet und besteht heute aus 150 Mitgliedsländern. Eine ihrer Aufgaben besteht in der klassifikatorischen Kennung von Ländern für Währungszwecke (Geld), Nationalitätenkennzeichen (Kfz) oder internationalen Netzwerken (Internet). Für die Kennung geographischer Einheiten gibt es drei Klassen (Tabelle).

ISO-Nr.	Klasse	Beispiel
3166-1	Staaten	Deutschland = DE
3166-2	Regionen	Bayern = BY
3166-3	Ehemalige	DDR = DDDE

Die sprachliche ISO-Klassifikation verwendet Kleinbuchstaben (Tabelle).

Sprache	ISO-639
Deutsch	de
Französisch	fr

Probleme bereiten homographische, also gleichbuchstabige Kennungen als Abkürzungen für verschiedene Klassen (Tabelle).

ISO-3166 Klasse	ISO-639 Sprache
BE ·······▶ Belgien ≠ be ·······▶ weißrussisch	

Die ISO-4217 klassifiziert die internationalen Währungen in einem System aus drei Buchstaben. Meist bilden die beiden ersten Buchstaben das Länderkürzel, z. B. US für die USA. Der dritte Buchstabe bildet den Anfangsbuchstaben der Währung, z. B. D für Dollar beim US-amerikanischen Währungskürzel USD. Zur besseren Lesbarkeit kann man auch einen anderen dritten Buchstaben wählen, z. B. R statt E bei EUR (= leichtere Assoziation zu Euro). Auch bei Währungsumstellungen wird oft der dritte Buchstabe geändert, wie z. B. bei der russischen Währung Rubel:
alter Rubel = RUR,
neuer Rubel = RUB.
Handelt es sich bei dem Währungsgebiet um einen Staatenbund, ist der erste Buchstabe ein X und die anderen beiden bilden das Staatenbundkürzel, wie z. B. bei XAF = Afrikanischer Franc.
Die Internet-Endungen werden auch Top-Level-Domains genannt. Dies bedeutet, dass sie Internetbereiche der höchsten Ebene sind. Im sogenannten Domain Name Server werden diese Kennungen dechiffriert und eindeutigen Internet-Lieferanten-Nummern (IP-Adressen) zugeordnet. Es gibt drei Hauptgruppen von Top Level Domains (Tabelle).

Hauptgruppe	Beispiel
Allgemein	Organisation = .org
Länder	Deutschland = .de
Gebiete	Europa = .eu

Die wichtigsten Währungs- (Geld), Nationalitäten- (Kfz) und Internet-Kennungen sind im Folgenden aufgelistet:

Land	Geld	Kfz	Internet
Afghanistan	AFN	AFG	.af
Ägypten	EGP	ET	.eg
Albanien	ALL	AL	.al
Algerien	DZD	DZ	.dz
Andorra	EUR	AND	.ad
Angola	AOA	ANG	.ao
Argentinien	ARS	RA	.ar
Armenien	AMD	ARM	.am
Aruba	AWG	ARU	.aw
Aserbaidschan	AZM	AZ	.az
Äthiopien	ETB	ETH	.et
Australien	AUD	AUS	.au
Bahamas	BSD	BS	.bs
Bahrain	BHD	BRN	.bh
Bangladesch	BDT	BD	.bd
Belgien	EUR	B	.be
Bhutan	BTN	BTN	.bt
Bolivien	BOB	BOL	.bo
Botswana	BWP	RB	.bw
Brasilien	BRL	BR	.br
Brunei	BND	BRU	.bn
Bulgarien	BGN	BG	.bg
Chile	CLP	RCH	.cl
China	CNY	VCR	.cn
Costa Rica	CRC	CR	.cr
Dänemark	DKK	DK	.dk
Deutschland	EUR	D	.de
Dominikanische Republik	DOP	DOM	.do
Dschibuti	DJF	DJI	.dj
El Salvador	SVC	ES	.sv
Eritrea	NFA	ER	.er
Estland	EST	EEK	.ee
Frankreich	EUR	F	.fr
Fidschi	FJD	FJI	.fj
Finnland	EUR	FIN	.fi
Gabun	XAF	G	.ga
Gambia	GMD	WAG	.gm
Georgien	GE	GEL	.ge
Ghana	GH	GHC	.gh
Gibraltar	GIB	GBZ	.gi
Griechenland	EUR	GR	.gr

Länderkennungen

Land	Geld	Kfz	Internet	Land	Geld	Kfz	Internet
Großbritannien	GBP	GB	.uk	Nepal	NPR	NEP	.np
Guatemala	GTQ	GCA	.gt	Neuseeland	NZD	NZ	.nz
Guinea	GNF	RG	.gn	Nicaragua	NIO	NIC	.ni
Guayana	GYD	GUY	.gy	Niederlande	EUR	NL	.nl
Haiti	HTG	RH	.ht	Niger	XAF	RN	.ne
Honduras	HNL	HD	.hn	Nigeria	NGN	WAN	.ng
Hong Kong	HKD	HK	.hk	Norwegen	NOK	N	.no
Indien	INR	IND	.in	Oman	OMR	OM	.om
Indonesien	IDR	RI	.id	Österreich	EUR	A	.at
Irak	IQD	IRQ	.iq	Pakistan	PKR	PK	.pk
Iran	IRR	IR	.ir	Panama	PAB	PA	.pa
Irland	EUR	IRL	.ie	Papua-Neuguinea	PGK	PNG	.pg
Island	ISK	IS	.is	Paraguay	PYG	PY	.py
Israel	ILS	IL	.il	Peru	PEN	PE	.pe
Italien	EUR	I	.it	Phillippinen	PHP	RP	.ph
Jamaika	JMD	JA	.jm	Polen	PLN	PL	.pl
Japan	JPY	J	.jp	Portugal	EUR	P	.pt
Jemen	YER	YAR	.ye	Ruanda	RWF	RWA	.rw
Jordanien	JOD	HKJ	.jo	Rumänien	RON	RO	.ro
Kambodscha	KHR	K	.kh	Russland	RUB	RUS	.ru
Kamerun	XAF	CAM	.cm	Saudi-Arabien	SAR	SA	.sa
Kanada	CAD	CDN	.ca	Schweden	SEK	S	.se
Kasachstan	AWG	ARU	.aw	Schweiz	CHF	CH	.ch
Katar	QAR	QA	.qa	Senegal	XAF	SN	.sn
Kenia	KES	EAK	.ke	Singapur	SGD	SGP	.sg
Kirgistan	KGS	KS	.kg	Slowakei	SKK	SK	.sk
Kolumbien	COP	CO	.co	Slowenien	EUR	SLO	.si
Kongo	CDF	RCB	.cg	Somalia	SOS	SO	.so
Korea (Nord)	PRK	KPW	.kp	Spanien	EUR	E	.es
Korea (Süd)	KRW	ROK	.kr	Sri Lanka	LKR	CL	.lk
Kroatien	HRK	HR	.hr	Südafrika	ZAR	ZA	.za
Kuba	CUP	C	.cu	Sudan	SDD	SUD	.sd
Kuwait	KWD	KWT	.kw	Surinam	SRD	SME	.sr
Laos	LAK	LAO	.la	Swaziland	SZL	SD	.sz
Lesotho	LSL	LS	.ls	Syrien	SYP	SYR	.sy
Lettland	LVL	LV	.lv	Tadschikistan	TJS	TJ	.tj
Libanon	LBP	RL	.lb	Taiwan	TWD	RC	.tw
Liberia	LRD	LB	.lr	Tansania	TZS	EAT	.tz
Libyen	LYD	LAR	.ly	Thailand	THB	T	.th
Liechtenstein	CHF	FL	.li	Togo	XAF	TG	.tg
Litauen	LTL	LT	.lt	Tschad	XAF	TD	.td
Luxemburg	EUR	L	.lu	Tschechien	CZK	CZ	.cz
Madagaskar	MGA	RM	.mg	Tunesien	TND	TN	.tn
Malaysia	MYR	MAL	.my	Türkei	TRY	TR	.tr
Mali	XAF	RMM	.ml	Turkmenistan	TMM	TM	.tm
Malta	MTL	EUR	.mt	Uganda	UGX	EAU	.ug
Marokko	MAD	MA	.ma	Ukraine	UAH	UA	.ua
Mauretanien	MRO	RIM	.mr	Ungarn	HUF	H	.hu
Mazedonien	MKD	MK	.mk	Uruguay	UYU	ROU	.uy
Mexiko	MXN	MEX	.mx	USA	USD	USA	.us
Moldawien	MDL	MD	.md	Usbekistan	UZS	UZ	.uz
Monaco	EUR	MC	.mc	Vatikanstadt	EUR	V	.va
Mongolei	MNT	MGL	.mn	Venezuela	VEB	YV	.ve
Mosambik	MZM	MOZ	.mz	VAE	AED	UAE	.ae
Myanmar	MMK	MYA	.mm	Vietnam	VND	VN	.vn
Namibia	NAD	NAM	.na	Zypern	CYP	CY	.cy

84 Länder & Politik

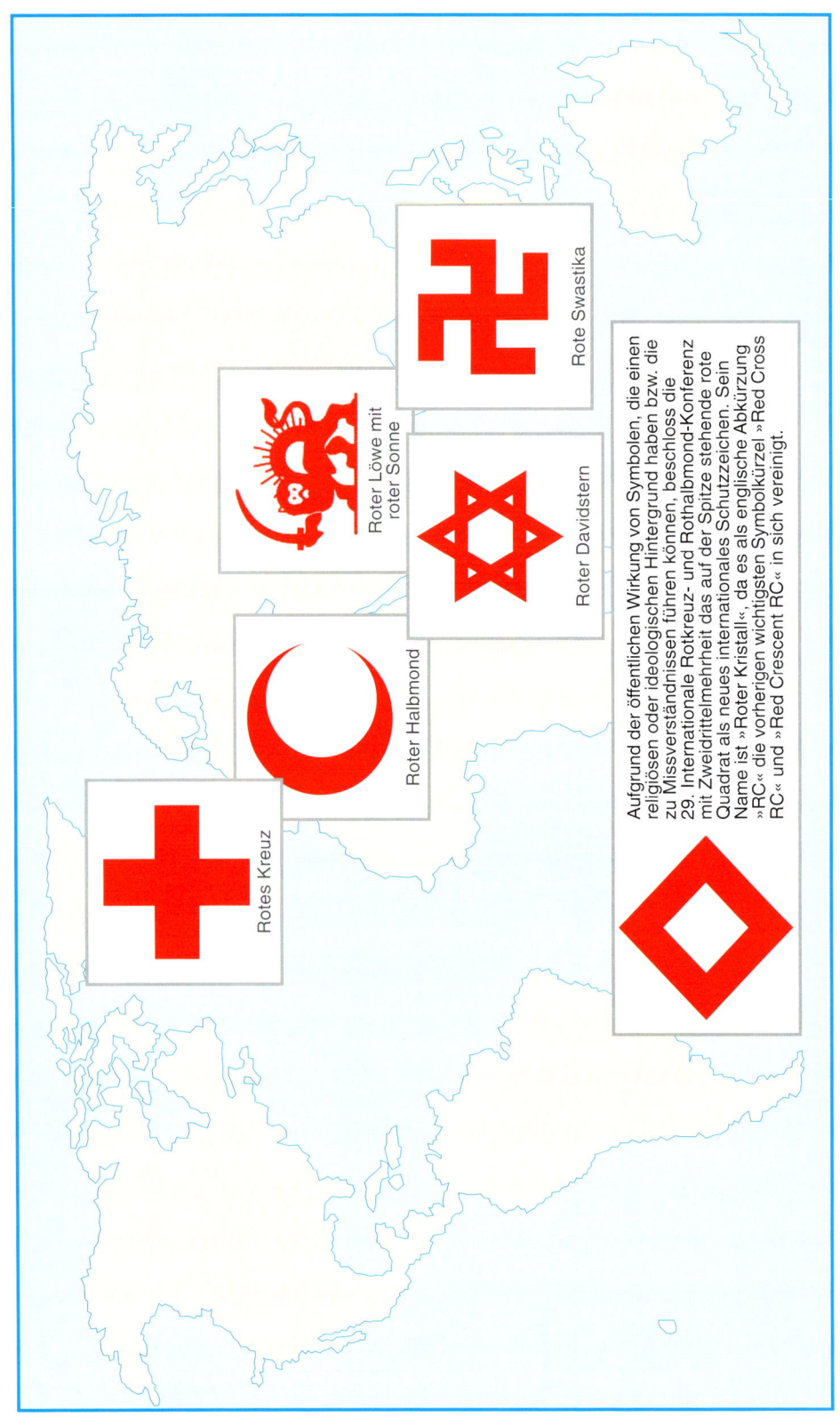

Politik

Einführung

Politik ist immer mit Symbolen verbunden. Erst Symbole vermitteln abstrakte politische Handlungen den Massen. Als negativstes Beispiel für den Missbrauch von Symbolen gilt ADOLF HITLER. Er schrieb in seinem Buch »Mein Kampf« über die Suche nach einem politischen Symbol:

»*Es sollte nicht nur ein Symbol für unseren Kampf sein, sondern auch auf Plakaten eine besondere Wirkung erzielen ... wer Erfahrung mit den Massen hat, weiß, wie wichtig ein scheinbar so trivialer Punkt ist. Ein funktionierendes Zeichen kann in Hunderten von Einzelfällen darüber entscheiden, ob Interesse geweckt wird.*«

Gegenwart

Auch in der Gegenwart lebt die politische Arbeit von Symbolen. Dies können u. a. verknüpfte Wortzeichen sein wie das Symbol der Gegner der Atomkraft (»Nuclear Disarmement« für 'Nukleare Abrüstung', Abb. unten) oder einfache Kürzel wie CDU für 'Christlich-Demokratische Union' (Abb.).

Politische Kennzeichnung von Gegnern

Besonders in totalitären Systemen, aber auch in demokratischen Gesellschaften ist zu beobachten, dass Gegner durch Zeichen wie Wortmarkierungen leicht erkennbar gemacht werden, z. B. »Judensau« im Nazideutschland oder »Nigger« in den USA. Negativer Höhepunkt dieser Kennzeichnung waren der gelbe Judenstern und die Stigmatisierung der Gefangenen in den KZs der Nazis (Abb. Mitte).

Symbolhoheit über die Nächstenliebe

Die Symbole der internationalen Rotkreuz- und Rothalbmond-Bewegung sind gekennzeichnet von der Diskussion um die religiösen Hintergründe und Sendungsabsichten. So wird bis heute der rote Davidstern von 54 Mitgliedern der Internationalen Konferenz nicht anerkannt, wohl wegen seiner Bedeutung als Kernsymbol des Judentums. Aus diesem Grund wurde 2006 mit dem Roten Kristall ein unverfängliches und nicht vereinnahmbares Symbol gefunden, das die Arbeit der Beschützer des Lebens, der Gesundheit und der Würde der Notleidenden der Welt frei von politischer Beeinflussung ermöglicht.

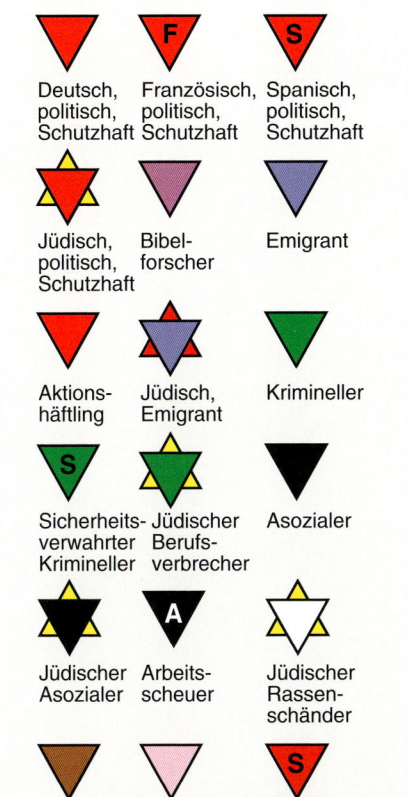

Höhepunkt negativer politischer Kennzeichnung mit Symbolen: die Winkel in den KZs der Nazis

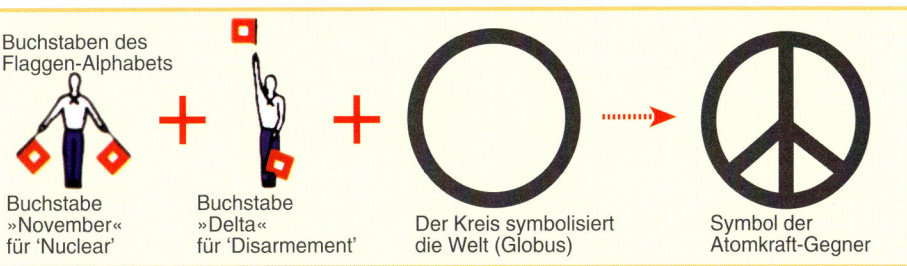

Nuclear Disarmement im Weltenkreis: das Symbol der Atomkraft-Gegner

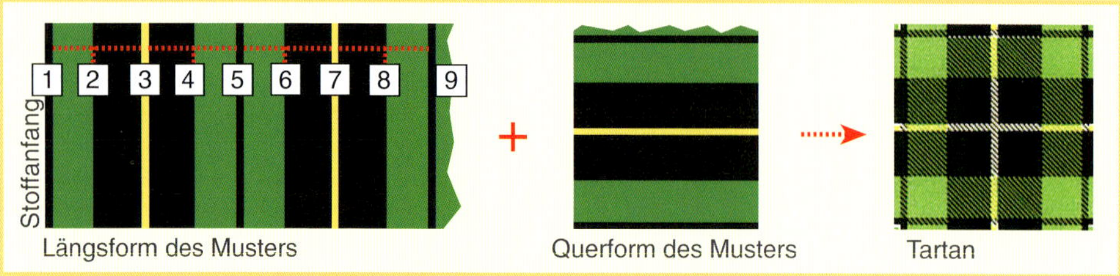

86 Länder & Politik

Die Konstruktion eines Tartans als verwobene Längs- und Quermuster von Streifen

- Längsform des Musters
- Querform des Musters
- Tartan

Der Kilt mit Zubehör als Zeichen der Clanzugehörigkeit, Schottland, 2001

- Brosche hält das Tartankleid zusammen
- Langes Schulterkleid
- Dolch
- Über dem Schottenrock getragene Felltasche (Sporran)
- Kniestrümpfe als Tageskleidung
- Flache Schuhe mit Schnalle
- Kampfanzugshemd
- Lederweste als Schutzmaterial beim Kampf
- Breitschwert mit Korbgriff
- Der Schottenrock, der auch Kilt genannt wird
- Tartan des Clans der Macleod, bestehend aus den Farben Rot, Gelb, Grün, Blau und Schwarz
- Detail des Tartans: Gelb Rot Grün Blau / Schwarz

Anlegephasen des »Feileadh mor«, des 'Großen Kilt', Schottland, 20. Jh.

- Gürtel
- Umgürtung im Liegen
- Aufstehen
- Anlegen der Weste
- Überschlagen des Mantels

Tartans

Ursprünge der Tartans

»Tartans« werden 'Karostoffe' genannt, aus denen die sogenannten »Kilts«, also die 'Schottenröcke', gefertigt werden. Man unterscheidet zwei Arten von Kilts (Tabelle).

Name	Bedeutung
feilidh-beg	kleiner Kilt (Alltag)
feilidh-mor	großer Kilt (Vorläufer)

Der älteste Tartan ist der sogenannte »Falkirk tartan«, er stammt von 235 n. Chr. und ist mit einem »dog-tooth«, dem Hundszahnornament aus kleinen Pyramiden und Blattformen, verziert. Es gibt dann bis zum 16. Jh. keine Beweise für die Existenz des Tartans, wie wir ihn kennen. Erst im 16. bzw. Anfang des 17. Jh. publizierte J. SPEED ein Bild eines frühen Kilts aus einem mit Karos gemusterten Stoff (Abb. links).

J. Speed, Highlander, 16./17. Jh.

Die Regionen Schottlands. Früher erkannte man die Herkunft an der Kleidung (Tartan).

Der Kilt und die Clans

Das Wort »Clan« stammt aus dem Gälischen und bedeutet 'Kinder'. Es bezeichnet Stammesteile in dem später Schottland genannten Gebiet. Das Clan-Wesen hängt mit dem Einsatz von lokalen Kriegsherren für den schottischen König für die Landgewinnung im 12./13. Jh. zusammen (Uniformcharakter). Obwohl heute jeder Clan bestimmte Tartans als Identifikationszeichen führt, war dies nicht immer so. Die Funktion der Identitätserkennung übten Zweige und Pflanzensymbole aus, die an der Mütze getragen wurden. Dagegen gab es frühzeitig eine regionale Vorliebe für bestimmte Tartans (Karte). So wurde der MACLEAN-Clan 1618 von Sir ROBERT GORDON angewiesen, die Farbe Rot aus dem Tartan zu entfernen, damit die Tartanfarben besser mit den anderen Farben der regionalen Clans harmonieren. Heute haben die meisten Clans zwei oder mehr Tartans sowie ein Emblem und ein Motto als Erkennungszeichen. Die STEWARTs haben z. B. 59 eigene Tartanmuster sowie die Distel und die Eiche als Pflanzensymbole.

Wie ein neuer Tartan entsteht

Die University of St. Andrews entschied sich 2004 für einen eigenen Tartan. Die Künstlerin DEIRDRE KINLOCH ANDERSON nutzte dafür verschiedene Symbole und Musterzeichen für das am Ende einfach erscheinende Tartanmuster: Teile des Tartans des Kennedy-Clans wurden verwendet, da ein Vorfahre der Kennedys, Bischof JAMES KENNEDY, 1450 das berühmte St. Salvators College gründete; Teile des Tartans des Earl of St. Andrews verwendete man ebenfalls. Für diese Musterkombination wurden Farben gefunden, die die Region symbolisieren: Grün für die berühmten Golfplätze, Goldgelb für die Sandstrände und Blau für das Meer (Abb. unten).

Tartan als Stoffmusterzeichen der University of St. Andrews, 2004

Abbildungen

1: Anfangsstreifen

2: Die Grundsequenz des Musters wird »sett« genannt und umfasst zwei breite Streifen (hier grün und schwarz).

3: Es folgt ein im Kontrast stehender schmaler Streifen, der »pivot« genannt wird.

4: Die nächsten Streifen wiederholen das Muster in umgekehrter Weise, was »reverse« ('Umkehr') genannt wird.

5: Es folgt, wie am Anfang des Stoffs, ein schmaler Streifen, ebenfalls »pivot« genannt.

6: Die nächsten breiten Streifen werden »repeat« ('Wiederholung') genannt.

7: Pivot

8: Reverse

9: Der »warp« = 'Muster' beginnt nun von vorn. Nach der Längsform wird der sog. »weft« = 'Schussfaden' von der rechten Ecke angefangen, eingewebt.

Kilt: Darstellung eines vollständigen Kilt-Trägers mit Detail des Tartans der Macleod. Man erkennt die Kriegssymbolik der Tracht.

Anlegephasen: Die Schrittfolge beginnt im Liegen mit dem Anlegen des Gürtels, in den das Tartantuch eingebunden ist. Die Schrittfolge ist beim »feilidh-beg« einfacher.

88 Länder & Politik

Barclay	Bruce	Farquharson	Gordon	Macduff
Gunn of Kilernan	Mackay	Mackenzie	Ross	Sinclair
Sutherland	Macdonald	Macdonald of Clanranald	Maclean of Duart	Macleod
Macmillan	Macneil	Cairngorms und Ostküste	Nordschottland	Inseln und Westküste

Erklärung der Farb-Rahmen

Muster des Tartans / Motto und Symbol — Cairngorms und Ostküste

Muster des Tartans / Motto und Symbol — Nordschottland

Muster des Tartans / Motto und Symbol — Inseln und Westküste

Abbildungen

Barclay: Die Barclays kamen nach England mit William dem Eroberer (1027–1087) aus Frankreich. Ihr erster Name war »de Berchelai«, eine Kombination von »beau« = 'schön' und »lee« = 'Feld', also etwa 'Schönfeld'. Land in Kincardineshire und Aberdeenshire.
Motto: »Aut agere aut mori« = 'Entweder tun oder sterben'.
Symbol: Hand mit Dolch über Kappe.

Bruce: Der Name stammt nach der Legende aus der Normandie, wo ein Adam de Brus im 11. Jh. das Château de Brix gebaut haben soll. Es ist der Vorfahre des schottischen Königs Robert the Bruce (1274–1329). Ihr Land liegt in Annandale, Clackmannan und Elgin.
Motto: »Fuimus« = 'Wir sind gewesen'.
Symbol: Schreitender Löwe.
Symbol-Pflanze: Rosmarin.

Farquharson: Der Name geht auf »Farquhar« zurück: 'vierter Sohn' von Alexander Cier of Rothiemurcus. Ihr Land liegt in Aberdeenshire und Invercauld.
Motto: »Fide et fortitudine« = 'Durch Treue und Stärke'.
Symbol: halber Löwe, Schwert und Kappe.

Gordon: Bedeutende Familie im Nordosten von Schottland mit verschiedenen Namensherleitungen. Ihr Land liegt in Strathbogie, Deeside und um Aberdeen.
Motto: »Bydand« = 'Bleibend'.
Symbol: Krone und Hirschkopf (Zehnender).
Symbol-Pflanze: Fels-Efeu.
Musik-Marke: The Gordons march.

Macduff: Der Name stammt aus dem gälischen »Mac-Dubbh« und meint 'Sohn des Dunklen'. Die Ländereien befinden sich in Fife, Lothian, Strathbran und Strathbogie.
Motto: »Deus juvat« = 'Gott hilft'.

Gunn of Kilernan: Der Name stammt aus dem Altnordischen: »gunn-arr«. Gunni war ein Sohn des nordischen Königs Olaf der Schwarze. Sie besitzen Ländereien in Caithness und Sunderland.
Motto: »Aut pax aut bellum« = 'Entweder Frieden oder Krieg'.
Symbol: Eine Hand hält ein Schwert.

Mackay: Der Name stammt vom gälischen »MacAdoidh« für 'Sohn des Aodh' ab. Ihre Ländereien liegen in Ross, Sutherland u. a.
Motto: »Manu forti« = 'Mit kräftiger Hand'.
Symbol: hochgestreckter Unterarm mit einem Dolch in der Hand.
Symbol-Pflanze: großes Schilfrohr
Musik-Marke: Mackay's March.

Mackenzie: Vom gälischen »MacCoinnich« für 'Sohn des Jahrmarkts'. Ländereien in Ross, Cromarty und Isle of Lewis.
Motto: »Luceo non uro«. = 'Ich leuchte und brenne nicht!'.
Symbol: brennender (leuchtender) Berg.
Musik-Marke: Caber Féidh.

Ross: Von gälisch »ros« für 'Hauptland'. Land in Rosshire, Ayrshire und Renfrewshire.
Motto: »Spem successus alit« = 'Erfolg nährt die Hoffnung'.
Symbol: Hand hält Wacholderkranz.
Symbol-Pflanze: Wacholder.
Musik-Marke: The Earl of Ross's March.

Sinclair: Von der Gemeinde »Saint Clair sur Elle« in der Normandie. Das Land liegt in Midlothian, Orkney und Caithness.
Motto: »Commit thy work to god« = 'Verpflichtung für die Arbeit für Gott'.
Symbol: Hahn.
Symbol-Pflanze: Ginster.
Musik-Marke: The Sinclair's March.

Sutherland: Ländereien in Sutherland.
Motto: »Sans peur« = 'Ohne Angst!'.
Musik-Marke: The Earl of Sutherland's March.

Macdonald: Vom gälischen »Dommhnull«, also Sohn des 'Wasserbeherrschers'. Land v. a. auf den westlichen Inseln.
Motto: »Per mare per terras« = 'Auf der See und auf dem Land'.
Symbol: goldene Krone und Dreifachkreuz.
Musik-Marke: March of the MacDonald's.

Macdonald of Clanranald: Name von Macdonald und Ranald, erster Sohn von John, dem ersten Fürsten der Inseln. Ländereien auf den Nord-Inseln und in Nordwest-Argyll.
Motto: »My hope is constant in thee« = 'Meine Hoffnung ist immer bei Euch!'.
Symbol: dreiturmige Burg, Helm und Schwert.
Musik-Marke: Clanranald's March.

Maclean of Duart: Name bedeutet 'Sohn des Gillean'. Ländereien in Morven, Mull und Coll.
Motto: »Virtue mine honour«.
Symbol: Turm.
Symbol-Pflanzen: Krähenbeere, Stechpalme.

Macleod: von »Leod«, Sohn des Olaf des Dunklen. Lander in Skye, Lewis und Harris.
Motto: »Hold fast« = 'Halte fest!'

Macmillan: Aus dem gälischen »MacMhaolain« = 'Sohn dessen, der die Weihe erhielt.
Motto: »Miseris succerrere disco« = 'Ich lerne, den Unglücklichen beizustehen'

Macneil: = 'Sohn des Naill', Länder in Barra, Gigha, Knapdale und Colonsay.
Motto: »Vincere vel mori« = 'siegen oder sterben'

90 Länder & Politik

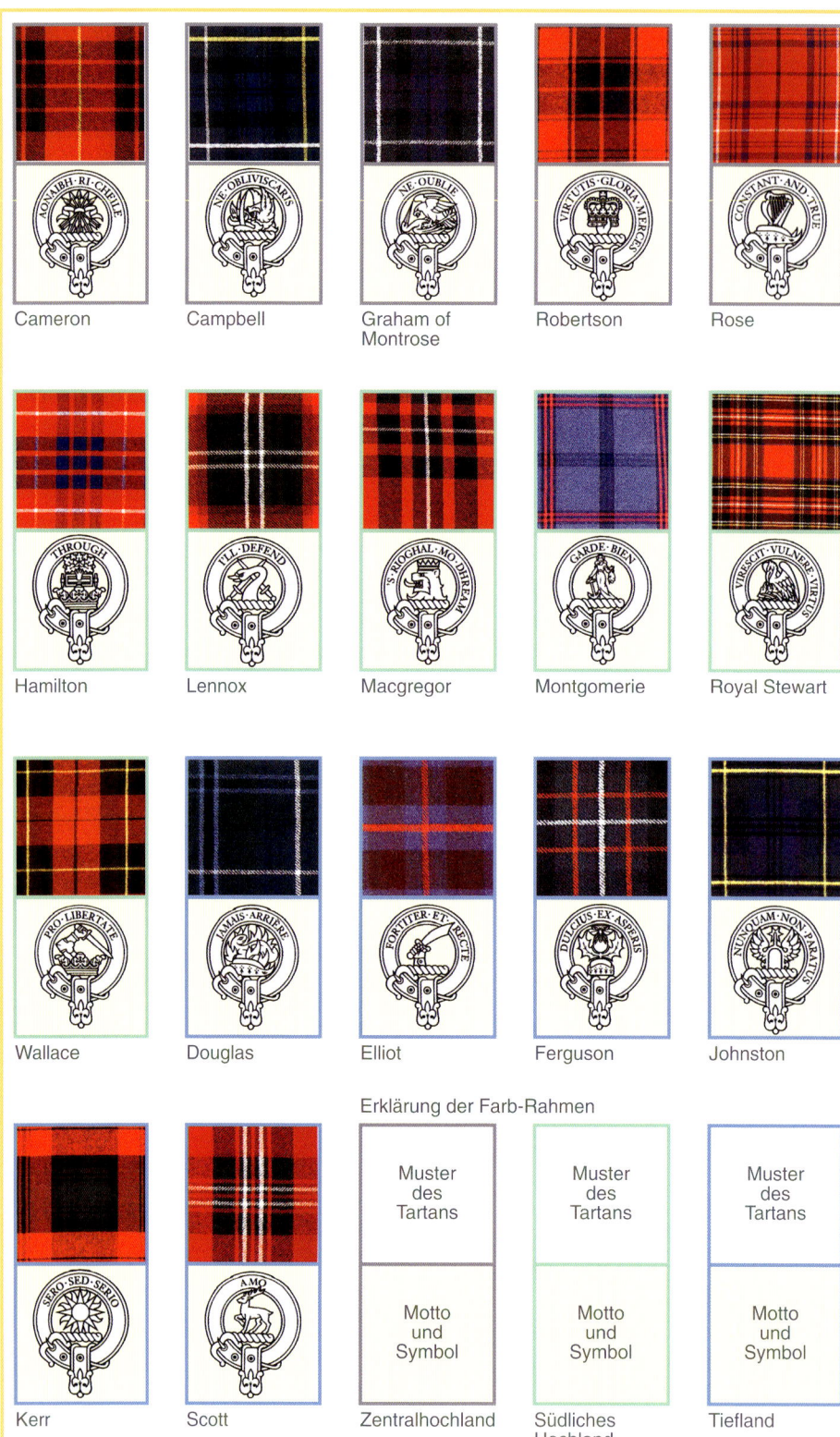

Abbildungen

Cameron: Gälisch »Cam-shron« für 'Haken-Nase'. Ihre Ländereien liegen in Lochiel und Nord-Argyll.
Motto: »Aonaibh ri chéile« = 'Vereint'.
Symbol: Pfeilbündel über rotem Band.
Musik-Marke: Piobaireachd Dhonuill Duibh.

Campbell: Gälisch »cam-beul« für 'schiefer Mund'. Ihre Ländereien liegen in Argyll, Cawdor, Loudon und Breadalbane.
Motto: »Ne obliviscaris« = 'Vergiss nicht'.
Symbol: Eberkopf in Rot, Silber und Gold eingebettet.
Symbol-Pflanze: Sumpfmyrte.
Musik-Marke: The Campbells are coming.

Graham of Montrose: Altenglisch »graeham« für 'Greyhome' bzw. 'graues Haus'. Ländereien der Graham of Montrose bestehen in Barony of Mugdock, Nordglasgow, Loch Katrine sowie um Perthshire, Dundee und Montrose.
Motto: »Ne oublie« = 'Vergiss nicht'.
Symbol: Ein Adler tötet einen Storch, eingebettet in Gold, Silber und Rot.
Symbol-Pflanze: Lorbeer-Seidelbast.
Musik-Marke: Killiecrankie.

Robertson: Der Name leitet sich von Robert Riabbhach für 'grauhaariger Robert' ab. Die Gebiete des Robertson-Clans liegen in Struan.
Motto: »Virtutis gloria merces« = 'Ruhm ist der Lohn der Tapferkeit'.
Symbol: Hand hält Herrscherkrone.
Symbol-Pflanze: Adlerfarn.
Musik-Marke: The Clan Donnachie have arrived.

Rose: Normannische Familie »de Rose«. Ländereien in Strathnairn und Rosshire.
Motto: »Constant and true« = 'Ewig und wahr'.
Symbol: blaue Harfe über rot-goldener Kappe.

Hamilton: Der Name stammt von der nordenglischen Stadt »Hameldone« ab. Die Gebiete lagen in Renfrewshire und Arran.
Motto: »Through« = 'sic' = 'ganz'.
Symbol: über einer Herzogskrone ein Eichenbaum, dazwischen eine Rahmensäge.

Lennox: Der Name ist einer der ältesten bekannten Namen. Deutung ungeklärt.
Motto: »I'll defend« = 'Ich werde verteidigen'.
Symbol: zwei Breitschwerter zum Andreaskreuz gekreuzt, davor ein Schwan.
Symbol-Pflanze: Rose.

Macgregor: Gälisch »MacGrioghair« für 'Sohn des Gregor'. Die Macgregors besitzen Land in Argyll.
Motto: »Srioghal mo dhrean« = 'Königlich ist meine Abstammung'.
Symbol: bekrönter Löwenkopf.
Symbol-Pflanze: schottische Kiefer.
Musik-Marke: Chase of Glen Fruin.

Montgomerie: Der Name stammt von der normannischen Familie von Sainte Foy de Montgomery bei Lisieux ab. Ihre Ländereien lagen in Eglinton, Ardrossan und Kintyre.
Motto: »Gardez bien« = 'Passt gut auf!'
Symbol: Frau hält Anker und Bestienkopf.

Royal Stewart: Königliche Familie, direkt bis zu Königin Anne (1714) nachweisbar.
Motto: »Virescit vulnere virtus« = 'Mut wächst stark aus einer Wunde'.
Symbol: fütternder Pelikan.

Wallace: Der Name stammt vom Begriff »Wallensis« ab, der die Britons von Strathclyde bezeichnet, die dieselben Urahnen haben wie die Waliser (Wales). Die Ländereien liegen in Ayrshire und Renfrewshire.
Motto: »Pro libertate« = 'Für die Freiheit'.
Symbol: Schwerttragender Arm, Ritterhelm, Krone.

Douglas: Gälisch »Dubh-glas« für 'schwarzer Strom'. Ländereien gibt es in Lanarkshire, Galloway, Dumfriesshire und Angus.
Motto: »Jamais arrière« = 'Niemals hinten!'
Symbol: rote Kappe mit Hermelin, grüner Salamander (von Flammen umgeben).

Elliot: Der Name stammt wahrscheinlich von dem Ort Eliot in Forfarshire ab.
Motto: »Fortiter et recte« = 'Mit Kraft und Recht'.
Symbol: Entermesser in der Hand über Band.
Symbol-Pflanze: Weißdorn.

Ferguson: Der Name stammt von König Fergus ab, dem Gründer jenes schottischen Königreiches, das jetzt Argyll heißt.
Motto: »Dulcius ex asperis« = 'Süßer nach Schwierigkeiten'.
Symbol: Hermelinkappe, Biene auf Distel.
Symbol-Pflanze: Pappelsämling.

Johnston: Der Name stammt vom altenglischen »Johns tun« für 'Johns Farm' ab. Die Johnstens hielten Länder in Aberdeenshire.
Motto: »Nunquam no paratus« = 'Niemals unvorbereitet!'.

Kerr: Gälisch »cearr« für 'Ort der Kraft'. Länder in Roxburghshire.
Motto: »Sero sed serio« = 'Spät, aber aufrichtig'.

Scott: Der Name stammt von dem irischen Stamm L. Scoti ab, der Schottland den Namen gab. Ländereien im Fife.
Motto: »Amo« = 'Ich liebe'.
Symbol: Hirsch auf Band.

Länder & Politik

Wappen der Königin Elisabeth II., Großbritannien

Redendes Wappen: Schaffhausen

Geteiltes Wappen: Altdorf

Krücken-Kreuz: Baden

Gekreuzte Äxte: Biel

Balken-Wappen: Zofingen

Wappengestaltungen aus der Schweiz

Erster Sohn

Zweiter Sohn

Dritter Sohn

Vierter Sohn

Fünfter Sohn

Rangzeichen der Söhne auf englischen Wappen

Wappen I

Geschichte
Das Wort »Wappen« ähnelt dem Wort »Waffen« und stammt von diesem ab. Bereits im 12. Jh. gilt es als Zeichen auf Waffen und Schilden. Die Schildform hat sich bis heute erhalten. Allgemeiner gesehen, gibt es früheste Kriegerzeichen bereits seit prähistorischer Zeit. So ließ der ägyptische Pharao NARMER (um 3250 v. Chr.) Standarten mit Schildern vor sich hertragen. Die höchste Entfaltung erlebten die Wappen seit der Zeit der Kreuzzüge. Waren sie dort noch Erkennungszeichen im unübersichtlichen Kampffeld, wurden sie zunehmend zum Statussymbol. So heißt es in einem Vertrag zwischen einem spanischen Stifter und den Dominikanermönchen von St. Telmo nach ausführlicher Beschreibung von Art, Form, Materialien und Orten der Wappenanbringung:

»*dass keinerlei andere Wappen irgendeiner anderen Person welchen Standes auch immer bis in alle Ewigkeit jemals angebracht werden.*«

Das älteste mittelalterliche Wappen ist das Emailschild vom Grabmal des GEOFROY V. LE BEL BLANTAGENET (Abb. rechts).

Der König der Schotten als Ritter des Ordens vom Goldenen Vlies, 15. Jh. Das Bild ist eine der emotionalsten und bewegtesten Wappendarstellungen der Welt.

Geoffroy V. le Bel Plantagenet, 1151–1160

Wappenarten
Aus den mittelalterlichen Kriegswappen haben sich verschiedene Wappenarten herausgebildet (Tabelle).

Wappenart	Beispiel
Adelswappen	Otto von Bismarck
Allianzwappen	Baden-Württemberg
Bürgerliche Wappen	Martin Luther
Stadtwappen	Halle an der Saale
Staatswappen	Bundesadler

Aufbau
Ein einfaches Wappen kann ein einfarbiger Schild sein. Vollwappen besitzen noch einen Helm (Abb.) und und eine Helmzier. Die Ausgestaltung kann sich beim Hochadel mit Wappenträgern und bei einem regierenden Monarchen mit einem Wappenzelt steigern.

Die heutigen Landeswappen der BRD gibt es meist in drei Aufbauten: mit dem großen, dem mittleren und dem kleinen Wappen. Die Flächenfüllungen aus Farben, Streifen und Bildern nennt man Heroldsbilder. Der Begriff des Herolds leitet sich von den Worten »Heer« und »Verwalter« ab, als einem höheren Beamten in der Heeresverwaltung. Heraldik heißt die Wissenschaft von den Wappen.

Schildfarben
Die Farben und ihre Bezeichnungen änderten sich im Laufe der Geschichte. So schreibt C. F. MENESTRIER 1661 über Purpur: »*Maler und Illuminatoren wissen nicht, welche Farbe sie für den sog. Purpur verwenden sollen: manche nehmen für ihn Malvenfarbe, andere Weinrot ...*«

Die Farben wurden deshalb »Tinkturen« genannt und es entstand ein Farbnamenkanon (Tabelle).

Farbname (Tinktur)	Farbe
or	Gold
argent	Silber
azure	Blau
gules	Rot
vert	Grün
sable	Schwarz ('Zobel')

Abbildungen
Wappen der Königin Elisabeth II.: Das Königswappen ist zugleich Staatswappen von Großbritannien. **1:** 3 Löwen = England **2:** Löwe mit Lilien = Schottland **3:** Harfe = Irland **4:** Hosenband »Honi Soit Qui Mal Y Pense« = 'Ein Schelm, der Böses dabei denkt' **5:** Löwe = Großbritannien **6:** Krone = St. Edwards-Krone **7:** Helm = königlicher Spangenhelm **8:** Wappenträger = britischer Löwe **9:** Wappenträger = halsbekröntes Einhorn für Schottland **10:** Rasen = Standfläche **11:** Wahlspruch »Dieu Et Mon Droit« = 'Gott und mein Recht'.

Wappengestaltungen aus der Schweiz: Die Schweiz ist eines der wappenfreudigsten Länder auf der Welt. Ihre Gestaltungen sind beispielhaft und wurden oft kopiert.

Rangzeichen: Da Söhne in England die Wappen des Vaters übernehmen, benötigen sie Rangzeichen zur Identitätskennzeichnung.

Baden-Württemberg
(kleines Wappen)

Bayern
(kleines Wappen)

Berlin
(kleines Wappen)

Brandenburg
(kleines Wappen)

Bremen
(mittleres Wappen)

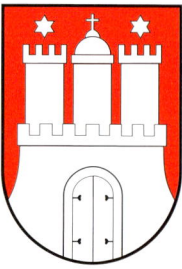
Hamburg
(kleines Wappen)

Hessen
(mittleres Wappen)

Mecklenburg-Vorpommern
(kleines Wappen)

Niedersachsen
(kleines Wappen)

Nordrhein-Westfalen
(kleines Wappen)

Rheinland-Pfalz
(mittleres Wappen)

Saarland
(kleines Wappen)

Sachsen-Anhalt
(kleines Wappen)

Sachsen
(kleines Wappen)

Schleswig-Holstein
(kleines Wappen)

Thüringen
(kleines Wappen)

Wappen II (Länderwappen BRD)

Einführung
Bei den Bundesländerwappen dominieren zwei Motive: Herrschaftstiere (Adler, Bär, Löwe u. a.) und Mauerwerke (Türme, Stadtmauern, Toranlagen). Landeswappen gibt es in Form von großen, mittleren und kleinen Wappen. Diese Unterscheidung leitet sich von unterschiedlichen Nutzungen, z. B. für den alltäglichen oder für den repräsentativen Gebrauch, ab. Auch wird der Gebrauch der großen Wappen mitunter nur den oberen Landeseinrichtungen (Landtag, Ministerpräsident etc.), die Nutzung der kleinen jedoch auch den unteren Behörden (Schulbehörde etc.) erlaubt. Juristisch ist nur dem Hoheitsinhaber das Führen eines Wappens gestattet. Eine Ausnahme bildet das wissenschaftliche Zitat wie in diesem Buch.

Abbildungen
Baden-Württemberg
Drei schwarze Löwen mit roten Zungen = Wappen der Hohenstaufer (im Mittelalter Kaiser des Heiligen Römischen Reiches Deutscher Nation und Herzöge von Schwaben). Krone = Volkskrone = Volkssouveränität.
Bayern
Blauweißes Rautenmuster = Farben der Wittelsbacher (Geschlecht, das lange in Bayern herrschte). Rauten = seit 1204 aus der Heraldik der Grafen von Bogen bekannt; später übergehend auf die Wittelsbacher. Krone = Volkskrone = Volkssouveränität.
Berlin
Schwarzer Bär mit roter Zunge und roten Krallen = Deutung unbekannt. Motiv schon im 13. Jh. belegt. Stirnring als Mauer mit Tor = aus der französischen Kommunalheraldik kommendes Symbol der Stadtmauer. Laubkrone = Staatshoheit.
Brandenburg
Roter märkischer Adler = Zeichen der Markgrafen von Brandenburg (ab 12. Jh.) = altes Symbol staatlicher Ordnung und Reichsgewalt. Kleestängel auf den Flügeln = Flügelmuskulatur oder Schildspangen.
Bremen
Schlüssel = Attribut des Petrus = Schutzpatron des Bremer Doms. Rot-Weiß (Silber) = Farben des alten Reichs. Fünfzinkige Fürstenkrone = Zeichen der Reichsfreiheit (seit 1646).
Hamburg
Mittlerer Turm mit Kreuz = Mittelalterlicher Dom. 1. Sterne = Mariensterne, 2. Sterne = Sterne der Schutzpatronin Hamburgs.
Hessen
Rot-Weiße Streifen = Mainzer Farben. Löwe = Löwe der Landgrafen von Thüringen (Hessen war ehemaliger Teil Thüringens).
Mecklenburg-Vorpommern
Addition zweier Länderwappen: Stierkopf = Mecklenburg. Greif = Pommern.
Niedersachsen
Pferd = Sachsenross = mögliches altes Wappen des Stammesherzogtums Sachsen.
Nordrhein-Westfalen
Dreiheit der Wappen von Rheinland, Westfalen und Lippe. Wellenband auf grünem Grund = Rheinland; springendes Pferd = Westfalenross; rote Rose = Lippe.
Rheinland-Pfalz
Dreiheit der Wappen = drei Kurfürstentümer. Rotes Kreuz = Erzbistum Trier; Rot-Weiß ursprünglich Farben der geistlichen Kreuzzugsaufgebote. Weißes Rad = Kurstaat Mainz. Laubkrone = Volkskrone mit Weinlaub als Symbol für den Weinanbau. Löwe = Pfalz.
Saarland
Silberner Löwe = Fürst von Nassau-Saarbrücken. Balkenkreuz = Kurfürstentum Trier. Drei Adler auf Balken = Herzog von Lothringen. Goldener Löwe = Herzogtum Pfalz-Zweibrücken.
Sachsen
Schwarz-gelbe Streifen = altes askanisches Wappenmuster. Grünes Rautenband = mglw. Symbol des Verzichts der um 1200 abgegebenen Stammländereien in Niedersachsen-Lauenburg.
Sachsen-Anhalt
Gelb-Schwarz = Farben des askanischen Ballenstedt-Wappens. Streifenteilung = Provinz Sachsen (s. dort), allerdings abweichend Gelb-Schwarz-Folge, da Schwarz-Gelb-Folge bereits die baden-württembergische Flagge ziert. Schwarzer Bär = ehemaliges Land Anhalt und Fürstenhaus zu Bernburg (= 'Bärenburg'), Mauer = Burganlage. Adler = schwarzer preußischer Adler. Grünes Rautenband = siehe Sachsen-Wappen.
Schleswig-Holstein
Allianzwappen für Schleswig und Holstein. Blaue Löwen = vermindertes Wappen der ehemals drei dänischen Löwen = Symbol der Abhängigkeit Schleswigs von Dänemark. Nesselblatt auf rotem Grund = Holstein (Nesselblatt = gezackter Schildbeschlag).
Thüringen
Löwe = Landgraf von Thüringen. Sieben Sterne = sieben 1920 zum Freistaat zusammengeschlossene Staaten. Achter Stern = Erfurt als Hauptstadt.

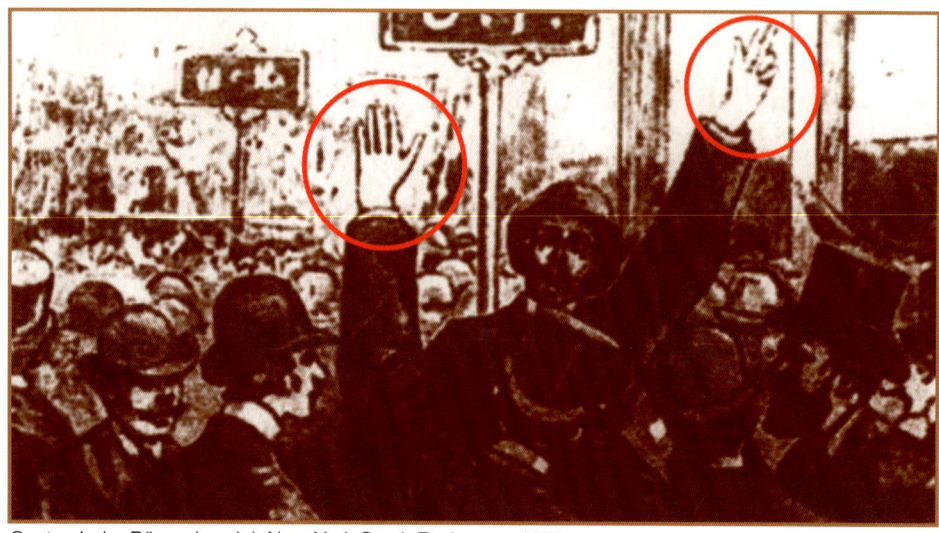
Gesten beim Börsenhandel, New York Stock Exchange, 1850

Bulle und Bär als Symbole für Hausse (Bulle = Steigen) und Baisse (Bär = Fallen)

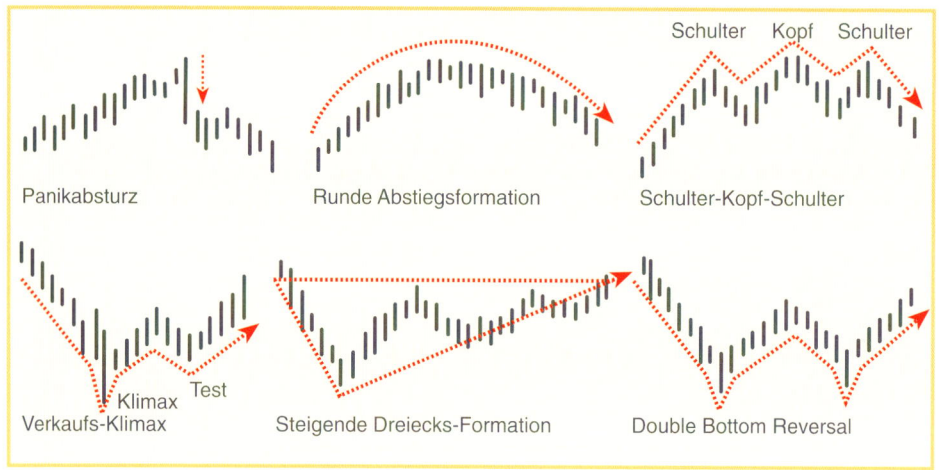
Ausgewählte Chart-Muster der Börse

Börse

Geschichte
Der Begriff Börse stammt vom griechischen Wort »βυρσα« für 'abgezogenes Fell' ab. Daraus fertigte man die Lederbeutel, die als Geldsäckchen dienten. Derartige Geldbeutel waren Teil des Wappens der Brügger Kaufmannsfamilie VAN DE BORSE. Aus den Kaufmannszusammenkünften im Hause und am Platz vor dem Haus der VAN DE BORSE leitete sich die Börse als Handelsplatz ab. Börsen im Sinne von Handelsplätzen für Anteilsscheine gibt es bereits seit 1234 (Staatsgläubigervereine). Sie entwickelten sich aus dem Bedürfnis an Risikoteilung. Unternehmungen mit hohem Investitionsbedarf (früher Bergwerke, heute Industrie) wurden durch Teilung des Risikos in Anteile (Aktie = Anteilsschein) möglich. Der Verkaufsort ist die Börse.

Die Walstreet als symbolischer »Kapital-Tempel«

Zeichen und Symbole
Die große Bedeutung materieller Ressourcen und ihrer Tauschmittel Gold bzw. später Geld für die Menschen wurde von J. W. v. GOETHE (1749–1832) im Faust I, Vers 2802, zusammengefasst:
> »Nach Golde drängt
> Am Golde hängt
> Doch alles.«

Die Börse besitzt zahlreiche Symbolbedeutungen (Tabelle).

Bereich	Assoziation mit Börse
Architektur	Tempel, Palast
Dresscode	feine Anzüge
Sprache	Gebärden, Fremdworte
Zeichen	viele Akronyme

Außerdem gibt es nationale Kennzeichen. Die Händler der Welt verbinden mit Händlern der jeweils anderen Nation ein Verhaltensmuster, das als Symbol für eine bestimmte Handlungsrichtung steht, auf die man sich einzustellen hat (Tabelle).

Nation	Ruf
Amerikaner	pragmatisch, logisch
Chinesen	unzuverlässig, vertragsbrüchig
Deutsche	vertragstreu, berechenbar
Engländer	unberechenbar
Franzosen	egozentrisch
Holländer	gut informiert, berechenbar
Italiener	spielen immer

Zeichen im Börsenhandel
Der Handel mit mehreren Menschen bedarf einer Kurzsprache, die weiter reicht als gesprochene Worte. Dafür entwickelten die Händler eine Gestensprache, die allerdings heute nicht mehr gebräuchlich ist (Abb. Gesten). Dafür gibt es bis heute z. B. in Deutschland die »Regeln für die Börsenpreisfeststellung im Präsenzhandel«. Dabei handelt es sich unter anderem um einen Sprachgebrauch, der Missverständnisse im Präsenzhandel auf dem Parkett vermeidet, z. B. wird das Wertpapier aufgerufen mit:
> »Nächstes Wertpapier VW«;

die Auftragserteilung mit:
> »500 VW 3 Geld für die 4«

oder auch:
> »3 Mio. billigst«.

Der Skontroführer ist die Anerkennungsstelle und nimmt an, z. B. mit:
> »3 Geld 500«

Der Einsatz von Informationstechnik, die wesentlich billiger ist, setzt sich immer mehr gegen den Präsenzhandel durch. Im Schriftverkehr gibt es Zeichen, die die Informationsbeschaffung über den Stand der Börse beschleunigen (Tabelle).

Kürzel	Bedeutung
eB	ex Bezugsrecht (Abschlag)
eD	ex Dividende (Abschlag)
G	G (Nachfrage ohne Angebot)
rG	repartiert Geld (Teilangebote)
rW	repartiert Ware (Teilnachfrage)
T	Taxe (Kurs geschätzt)
W	Ware (Angebot ohne Nachfrage)

Abbildungen
Gesten: Der Handel mit Gesten vermied ein Missverstehen der gerufenen Angebote.
Bulle und Bär: Symbole für das Auf und Ab der Börse. Sie entstammen Schaukämpfen, die die kalifornischen Goldgräber organisierten: Sie banden einen Bären an einen Pfahl und ließen einen Stier auf ihn los. Entweder warf der Bulle den Bären in die Luft oder der Bär rang den Bullen nieder. Bullenmarkt = steigende Kurse. Bärenmarkt = fallende Kurse.
Chart-Muster: Die immer wieder angestrebte Prognose durch Erkennen von Mustern in den Charts kann wissenschaftlich nicht bewiesen werden.

Delphin und Anker

Frau Gelegenheit

Schlangenstab

Knoten (Zerschneiden des cassiotischen Knotens)

Stolz und Selbsterkenntnis

Die nackte Wahrheit

Musizierender Schwan

Einführung

Druckerzeichen sind persönliche Waren- oder Markenzeichen der frühen Drucker und Verleger. Sie künden von ihrer Herkunft, ihrem Rechtebesitz und ihrem Bildungsstolz. Druckerzeichen können aus Bildern und sog. Motti (Textparolen) bestehen.

Geschichte

Mit der Erfindung des Buchdrucks durch JOHANNES GUTENBERG entstand der Berufsstand der Drucker und der Verleger (Finanzier) von Büchern. In Deutschland gab es zwischen 1500 und 1560 etwa 500 Druckerverleger. Sie versuchten, sich durch die Druckerzeichen (Marken) am Buchmarkt zu unterscheiden. Das Wachstum dieser Branche war gewaltig (Tabelle).

Johannes Gutenberg (um 1397–1468)

Zeit	gedruckte Titel	ø Auflage
15. Jh.	etwa 30 000	etwa 100–300
16. Jh.	etwa 150 000	maximal 1500

Zunächst wurde das Druckerzeichen in der Tradition der handschriftlichen Schreibersignatur ins »Kolophon«, also den 'Schlussteil' (Angabe von Ort, Zeit und Schreiber), gedruckt, später auf die Titelseite. Die unterschiedlichen Schriften der Texte sind Werbung für die Fähigkeit, mit ausländischen Lettern drucken zu können. Die »redenden Bilder« dienen der Vorstellung der Ziele und Werte. Mit der Reformation und damit einer höheren »sozialen Literalität«, also 'Massenlesefähigkeit', sank der Status des humanistischen Buchdrucks. Um 1560 endete die Blüte der Verwendung von Druckerzeichen.

Abbildungen

Delphin und Anker: Aldus Manutius: der Delphin, der sich um einen Anker windet. Es bedeutet wohl Ausdauer und Disziplin, aber auch »Eile mit Weile!« im Sinne von 'Gut Ding will Weile haben!'

Frau Gelegenheit: Andreas Cratander: Neanias, ein junger Mann, hat es verpasst, eine Gelegenheit beim Schopfe zu fassen. Messer = 'auf des Messers Schneide'; verdeckende Haare = die Zukunft ist unsichtbar; kahler Hinterkopf = die Vergangenheit ist nicht mehr veränderbar; Kugel = Welt; Motti: 'Die Gelegenheit zur Beratung ist kurz' (lat.), 'Ein jegliches hat seine Zeit, und alles Vorhaben unter dem Himmel hat seine Stunde' (hebr.), 'Schicksal, das Allbezwingende' (griech.), 'ich bin schärfer als jede Schneide' (gemeint ist das Schicksal, griech.).

Schlangenstab: Johann Froben: Attribut Merkurs (Frieden, Gerechtigkeit, Klugheit, Dialektik, Beredsamkeit, Handel u. a.). Motti: 'kluge Einfachheit, Liebe zum Recht-Tun' (lat.); 'Seid klug wie die Schlangen und ohne Falsch wie die Tauben' (griech.); 'Herr, tue wohl den Guten und denen, die frommen Herzens sind' (hebr.).

Knoten: Johann Faber Emmeus: **1:** 'Die Schrift (Heilige Schrift = Bibel) zerschneidet cassiotische Knoten' (lat.); **2:** 'die Sprache der Wahrheit ist von Natur aus einfach' (griech.); **3:** Kurzschwert zerschneidet einen Endlosknoten; **4:** Pfau auf Habsburger Wappen mit Kette des Ordens vom Goldenen Vlies; **5:** Freiburger Wappen; **6:** Endlosknoten; **7:** Wappen des Druckers JF; **8:** 'die Ägypter sind wirklich fähig darin, Ränke zu schmieden' (griech.); **9:** 'Das Kurzschwert zerschneidet den schönen Gordischen Knoten' (griech.).

Stolz und Selbsterkenntnis: Heinrich Wagner Mameranus: hochmütiger Pfau, der sein Rad bestaunt und sich über seine Krallen erschreckt. Motti: 'Erkenne dich selbst!' (hebr.); 'vom Himmel stieg es (das Sprichwort) herab' (lat.) und Kombinationsmotto im übertragenen Sinne 'man muss sein Maß erkennen und in den größten und den kleinsten Dingen berücksichtigen'.

Die nackte Wahrheit: Johann Knobloch: Knoblauch = Druckername; Nackte Dame, die aus Höhle steigt = nackte Wahrheit sieht das Licht. Motti: 'Wenn das Wahre lange genug im Dunkel verborgen war, bricht es hervor.' (lat.); 'Wahrheit wächst aus der Erde' (hebr.); 'Zeit' (griech.); 'Zeit bringt die Wahrheit ans Licht' (griech.).

Musizierender Schwan: Jacob Frölich: Schwan mit ausgebreiteten Schwingen über einer Viola da Gamba = Symboltier der Dichter und Musiker. Motto: 'Musen der libethrischen Berge, verehrte, gesteht mir ein Lied zu' (lat.). Die Dichterkunst wird auch dem Schwanengesang gleichgesetzt.

100 Marken & Wirtschaft

Die zehn wertvollsten Marken der Welt

Rang	Marke	Land	Wert in Milliarden US-Dollar
1	Microsoft	USA	62
2	GE (General Electric)	USA	56
3	Coca-Cola	USA	41
4	China Mobile	China	39
5	Marlboro	USA	38
6	Wal-Mart	USA	37
7	Google	USA	37
8	IBM	USA	36
9	Citi	USA	31
10	Toyota	Japan	30

Die zehn wertvollsten Marken der Welt, »Financial Times Deutschland«, 2006

Arten von Marken

- **McDonald's** – Wort-Bild-Marke
- **H&M** – Buchstaben-Marke
- **Electrolux** – Wort-Bild-Marke
- **SIEMENS** – Wort-Marke
- **HARIBO** – Wort-Bild-Marke
- **C&A** – Buchstaben-Bild-Marke
- **Farb-Marke** (Telekom-Magenta)
- **afri cola** – Wort-Bild-Marke
- **Mercedes-Stern** – Bild-Marke
- **Sinalco-Flasche** – Dreidimensionale Marke (Sinalco)
- **BONAQUA** – Wort-Bild-Marke
- **Bonaqua Münze**
- **7** – Zahlen-Bild-Marke
- **Microsoft®** – Wort-Marke mit ®-Zeichen als Schutz-Zeichen

Fünf sprachliche Flops bei der Übertragung von Markennamen ins Ausland

Marke	Zielsprache	dortige Bedeutung
Fiat Uno	Finnisch	Fiat Trottel
Hoechst	Chinesisch	Hitler; Ich will dich betrügen
Lada Nova	Spanisch (Spanien)	Geht nicht!
Mitsubishi Pajero	Spanisch (Argentinien)	Mitsubishi Wichser
Pfizer Viagra	Chinesisch	Gast, der 10 000 mal Liebe macht.

Welt der Marken: Beispiele für Arten von Marken, fünf sprachliche Flops und die zehn wertvollsten Marken der Welt

Marken I (Einführung)

Einführung
Das Wort Marke kommt von dem Wort »Mark« für 'mit Zeichen markierte Grenze, Grenz-Zeichen'. Im deutschen Markengesetz wurde der Begriff 1995 eingeführt und ersetzte das bis dahin gebräuchliche Wort »Warenzeichen«. International werden ähnliche Begriffe verwendet (Tabelle).

Land	Bezeichnung
England	Trade Mark
Frankreich	La Marque
Spanien	La Marca

Bedeutung der Marke
Eine eingetragene Marke, die durch das »®« für 'registered', also 'eingetragen' steht, ist geschützt. Sie bietet eine Namenssicherung, ein Unterscheidungs-Zeichen zu Produkten und Dienstleistungen anderer Unternehmen, einen Werbeträger und eine unbegrenzt verlängerbare Schutzdauer. Eine Marke wirkt im besten Falle wie ein Rufname, der durch Mund-zu-Mund-Propaganda verbreitet wird und durch Gruppenzwang zum Bestseller avanciert wie z. B. der Golf. Bei Nichtnutzung kann eine Marke gelöscht werden wie z. B. die Marke »Otto« für nichtversandbezogene Dinge (Abb. Mitte).

Arten von Marken
Das neue Markengesetz hat die Anzahl der Formen von Marken erweitert: Es können nun Wortmarken, Bildmarken, dreidimensionale Marken, Farbmarken, Hörmarken, Geruchsmarken und sonstige Marken geschützt werden (Abb. links).
Marken unterliegen dem historischen Wandel. So kann man an der Geschichte der Marke Pelikan eine Entwicklung von einer illustrativen hin zu einer schematischen Form erkennen (Abb. unten).

Stilisierungs-Entwicklung der Pelikan-Bildmarke

Otto-Versand verliert die Marke „Otto"
KARLSRUHE, 22. Juli (dpa). Der Otto-Versand hat die Marke „Otto" für sein Warenangebot eingebüßt. Nach einem am Freitag veröffentlichten Urteil des Bundesgerichtshofs (BGH) muß das Versandhandelsunternehmen in die Löschung zahlreicher Marken mit dem Bestandteil „Otto" einwilligen, die es für eine Vielzahl von Waren ins Markenregister hatte eintragen lassen. Dem Urteil zufolge hat der Versand zwar Kataloge und Versandtaschen, nicht aber die Waren selbst mit der Marke „Otto" gekennzeichnet. Nach Ablauf einer fünfjährigen Frist seien die Marken damit löschungsreif.
Damit gab der BGH der Klage eines Patentanwalts statt, der schon in der Vorinstanz beim Hanseatischen Oberlandesgericht gewonnen hatte (Aktenzeichen: I ZR 293/ 02 vom 21. Juli 2005). Nach den Worten des Karlsruher Gerichts müssen Marken – damit sie nicht erlöschen – im unmittelbaren Bezug zur jeweiligen Ware verwendet werden. Dies sei beim Otto-Versand nicht der Fall.
Aus Sicht der Verbraucher sei die Bezeichnung „Otto" auf den Katalogen ein Hinweis auf das Unternehmen selbst, nicht aber auf die darin angebotenen Waren, die teilweise von bekannten Markenherstellern stammten und vom Kunden nicht als „Otto-Ware" angesehen würden. Der Name des Unternehmens ist von dem Urteil nicht betroffen.

Eine Marke muss genutzt werden, sonst erlischt ihr Schutz.

Zeichen gegen Markenpiraterie
Markenpiraterie hat sich in der globalisierten Moderne zum Problem entwickelt. Allein 7 % der Medikamente sind nach einer Studie des Internationalen Pharmaverbandes gefälscht. Die TÜV Rheinland Group hat deshalb einen Markenschutz entwickelt, der aus einem Buchstaben- und Zahlencode besteht. Dieser wird auf die Packung gedruckt und kann beim Kunden (Verkäufer) mit einer Datenbank verglichen werden.

Charakter einer Wortmarke
Die Schrift der Wortmarke sollte dem Charakter des Unternehmens entsprechen, wie das ausgedachte Beispiel Deutsche Bank zeigt (Tabelle).

Schrift	Charakter
Deutsche Bank	korrekt
Deutsche Bank	unseriös
Deutsche Bank	altertümlich

Kosten des Schutzes
Die Kosten des Marken-Schutzes sind in jedem Land verschieden. In Deutschland werden sie nach dem »Gesetz über die Kosten des Deutschen Patent- und Markenamts«, kurz 'PatKostG' genannt, berechnet (Tabelle, Auszug, Stand 2004).

Titel	Gebühren
Eintragung	290 Euro
Klassengebühr	100 Euro
Verlängerungsgebühr	600 Euro
Widerspruch	120 Euro
Schriftzeichen	150 Euro

Wert einer Marke
Hirnforscher haben nachgewiesen, dass nur Lieblingsmarken Emotionen bis zur Kaufentscheidung ohne große rationale Überlegung wecken. Unser biologischer Stoffwechsel ist auf einen sparsamen Verbrauch von Entscheidungsenergie aus und vertraut gern Marken. Ein jährlich durchgeführtes Ranking misst den Wert von Marken anhand des Bekanntheitsgrades (Abb. links). Die Eintragungs-Schwämme mit 450 039 internationalen Marken belegt den Glauben an die Wirksamkeit von Marken.

102 Marken & Wirtschaft

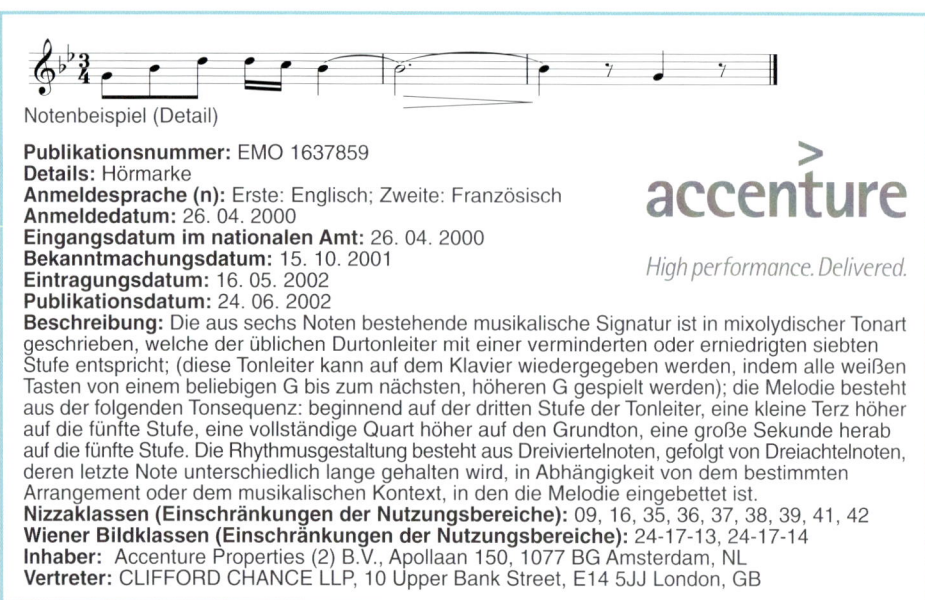

Notenbeispiel (Detail)

Publikationsnummer: EMO 1637859
Details: Hörmarke
Anmeldesprache (n): Erste: Englisch; Zweite: Französisch
Anmeldedatum: 26. 04. 2000
Eingangsdatum im nationalen Amt: 26. 04. 2000
Bekanntmachungsdatum: 15. 10. 2001
Eintragungsdatum: 16. 05. 2002
Publikationsdatum: 24. 06. 2002
Beschreibung: Die aus sechs Noten bestehende musikalische Signatur ist in mixolydischer Tonart geschrieben, welche der üblichen Durtonleiter mit einer verminderten oder erniedrigten siebten Stufe entspricht; (diese Tonleiter kann auf dem Klavier wiedergegeben werden, indem alle weißen Tasten von einem beliebigen G bis zum nächsten, höheren G gespielt werden); die Melodie besteht aus der folgenden Tonsequenz: beginnend auf der dritten Stufe der Tonleiter, eine kleine Terz höher auf die fünfte Stufe, eine vollständige Quart höher auf den Grundton, eine große Sekunde herab auf die fünfte Stufe. Die Rhythmusgestaltung besteht aus Dreiviertelnoten, gefolgt von Dreiachtelnoten, deren letzte Note unterschiedlich lange gehalten wird, in Abhängigkeit von dem bestimmten Arrangement oder dem musikalischen Kontext, in den die Melodie eingebettet ist.
Nizzaklassen (Einschränkungen der Nutzungsbereiche): 09, 16, 35, 36, 37, 38, 39, 41, 42
Wiener Bildklassen (Einschränkungen der Nutzungsbereiche): 24-17-13, 24-17-14
Inhaber: Accenture Properties (2) B.V., Apollaan 150, 1077 BG Amsterdam, NL
Vertreter: CLIFFORD CHANCE LLP, 10 Upper Bank Street, E14 5JJ London, GB

Hörmarkenanmeldung am Beispiel der Accenture Properties B. V. (Ausschnitt)., Niederlande, 2000

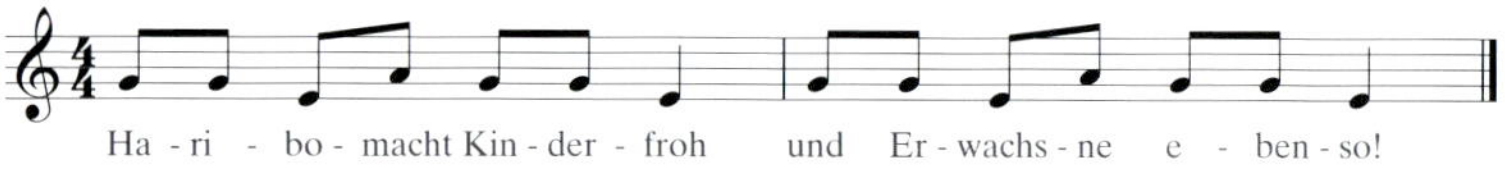

Hörmarke der HARIBO GmbH & Co. KG, Deutschland, 1996

Hörmarke der Deutsche Telekom AG, Deutschland, 1999

Hörmarke der AB Electrolux, Schweden, 2001

Hörmarke der Otto GmbH & Co. KG, Deutschland, 2001

Hörmarke der ProSiebenSAT.1 Media AG, Deutschland, 2000

Hörmarke der Bausparkasse Schwäbisch Hall AG, Deutschland, 2003

Hörmarke der Siemens AG, Deutschland, 2003

Bekannte Hörmarken

Marken II (Hörmarken)

Hörmarken
sind hörbare Erkennungszeichen wie z. B. die Melodie von Haribo (Abb.). Dagegen sind in Deutschland Klänge wie der brüllende Löwe von Metro-Goldwyn-Mayer zwar als Sonagramm, also als graphische Amplitudenaufzeichnung, eingetragen (Abb. unten). Ihr Schutz ist jedoch international umstritten und Neueintragungen beim deutschen Patentamt bedürfen der Notierbarkeit als Notenbild bzw. als Notennamen oder Frequenz, z. B. die Hörmarke von AB Electrolux: »Nr. 1: 1100 Hz - Ton C#, Nr. 2: 1450 Hz - Ton F#, Nr. 3: 1800 Hz - Ton A. Dauer: 0,396 Sekunden«. In Deutschland sind gegenwärtig 150 deutsche und 50 internationale Hörmarken eingetragen.

Eine der bekanntesten Hörmarken ist die Melodie »Haribo macht Kinder froh und Erwachsne ebenso!«

Einsatzgebiete
Hörmarken werden traditionell bei Autos; Nahrungsmitteln, in der Telekommunikation, in Münz- und jetonbetriebenen Spielautomaten (z. B. bei einarmigen Banditen und in den Medien bspw. als Jingle zur Senderkennung, Abb. Pro Sieben) sowie allgemein zur Kennzeichnung von Marken verwendet. Sie transportieren Botschaften der Firmen (Tabelle).

Marke	Klang	Botschaft
Audi	Herzklopfen	Emotion
MGM	Löwenbrüllen	Stärke
Calgon	metallisch	kalkfrei

Ziel von Hörmarken
ist die Markenergänzung durch Ansprache des Hörsinnes. Das möglichst positive Hörerlebnis baut ein hohes Erinnerungsvermögen auf, das bis zum Mitsingen reichen kann, z. B. beim Erdinger-Weißbier-Walzer. Die »Penetration« genannte Beschallung kann bis zur Einspeisung in Mitarbeiter-Rechner führen. So beginnt der Tag der 65 000 Mitarbeiter des PSA-Autokonzerns nicht mit der Microsoft-Marke beim Einschalten ihres Computers, sondern mit der PSA-Hörmarke, die auch immer zu Beginn jeder Managerrede eingespielt wird.

Overkill durch zu häufige Beschallung
Grundsätzlich kann die permanente Penetration mit der gleichen Hörmarke zum Kippen der emotionalen Zugänglichkeit führen. Man spricht dann vom Overkill oder vom Überdruss. Dies geschah bspw. mit dem McDondald's-Song »Close to you«, der später ersetzt wurde.

Optimierung der Hörmarke
Bei der Nutzung von Musik gibt es Gesetzmäßigkeiten. So ist das Zeitfenster im Gehirn für die Verarbeitung von Klängen etwa 3 Sekunden lang. Untersuchungen von ERNST PÖPPEL haben bewiesen, dass selbst Kompositionen wie »Der Fliegende Holländer« von RICHARD WAGNER oder die 5. Sinfonie von LUDWIG VAN BEETHOVEN unbewusst von dieser zeitlichen Begrenzung in den Motiven durchdrungen sind. Kürzere oder längere Tonfolgen führen demnach zu Irritationen. Außerdem wirken aufsteigende Motive positiv und absteigende meist negativ, weshalb die Jingles von Spielsendungen wie z. B. »Wetten dass ...?« entsprechend komponiert sind. Von Vorteil ist eine Integration von Bild- und Hörmarke, z. B. bei der Telekom: die Bildmarke besteht aus 4 Punkten und einem Buchstaben; die Hörmarke besteht aus vier gleichen und einer eine Terz höher gelegenen Note (Abb. links). So gelingt, was schwer möglich ist: ein allgemeiner Synästhizismus, d. h. man sieht mit den Ohren und hört mit den Augen.

Dachhörmarken und Kulturtradition
Bügeleisen, Kraftwerke und Telefone sind schwer zu korporatisieren. Alles kommt aber von einer Firma: Siemens. Hier hilft eine Dachhörmarke aus einem Grundklang und abgeleiteten Motiven, z. B. mit Hilfe der Fibonacci-Zahlen (1, 1, 2, 5, 8 usw.). Bei globaler Tätigkeit ist die Kulturtradition zu beachten: was in Deutschland mit Blasmusik funktioniert, braucht in Indien vielleicht Sitarklänge. Spezialisten bieten die Hörmarkenerstellung an. Die USA, Deutschland und Frankreich sind hier führend (Tabelle).

Land	Komponist/Firma
USA	Chris McHale
Deutschland	MetaDesign
Frankreich	Sixième Son

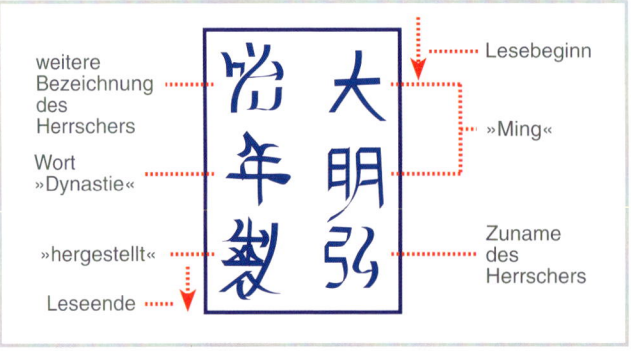

Marke des Kaisers Hongzhi [1488–1505]

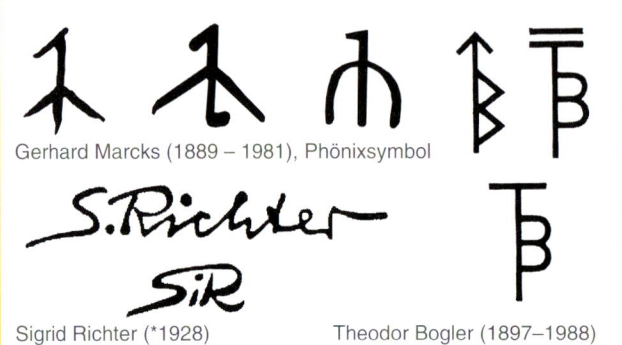

Gerhard Marcks (1889–1981), Phönixsymbol

Sigrid Richter (*1928)   Theodor Bogler (1897–1988)

Symbolmarken (Phönix), Schriftzüge und Signets von Keramikern

Anker, Chelsea, 1753–58
Auge, Korzec, 1790–97
Bischofsstab, Passau, 2. Hälfte 19. Jh.
Krone, Derby, 1877–89

Lilie, Capodimonte, 1743–59
Löwe, Marktschwaben, 19. Jh.
Mond, Worcester, 1751–83
Rad, Höchst, 1758–65

Rautenschild, Nymphenburg, 1755–65
Sonne, Saint-Cloud, 1693–1722
Stern, Doccia, 1770–90
Zepter, Berlin, 1875–1944

Bilder als Marken

A Ansbach, Markgräfl. Porzellanmanufaktur, nach 1758
B Niderviller, J. L. de Beyerlé, 1765–70
C Caughley, T. Turner, 1772–83
D Derby, W. Duesbury & J. Heath, 1770–84
E Eisenberg, F. A. Reinecke, nach 1796
F Fürstenberg, Karl I. v. Braunschweig, 1753–70
G Bow, E. Heylyn & T. Frye, 1748–55
H Lowestoft, R. Haward, nach 1761
i Ilmenau, C. Nonne, 1792–1808
K Klösterle, M. Weber, 1794–98
L Sèvres, Königliche Manufaktur, 1769–93
M Paris, Clignancourt, 1775–93
N Shelton, New Hall, 1781–1825
O Orléans, G. d'Aureaubert, 1753–83
P Prag, K. Kriegel & Co., nach 1837
R Volkstedt-Rudolstadt, Holzapfel & Greiner, 1799–1817
S Caughley, T. Turner, nach 1783
T Tettau, G. C. Greiner, nach 1794
V Venedig, N. F. Hewelcke, 1761–63
W Berlin, W. C. Wegely, 1751–57

Buchstaben als Marken

Marken III (Keramikmarken)

Keramikmarken

kennzeichnen Keramiken mit dem Zeichen des Fertigers, um seine Urheberschaft zu dokumentieren (Abb. links) oder um für Lohnzahlungen die eigenen Stücke zu stempeln, wie es im alten Rom üblich war:

Stempel

»*Darro fecit*« (Abb. rechts)
'Darro hat es gemacht'

Porzellanmarken

kennzeichnen ein Gefäß oder Objekt als Produkt einer bestimmten Fertigungsstätte (Fabrik, Manufaktur etc.). Es gibt verschiedene Markierungstechniken (Tabelle).

Markierung	Merkmale
gekratzt	dünn, gefranst
gedruckt	glatte Umrisse, flach
gemalt	meist blau, freier Strich
geschnitten	schräge Schnittkanten
gesiegelt	roter Siegellack
gestempelt	Reliefabdruck

Hatte ein Ware großen Erfolg, ahmten Produktpiraten deren Marke nach, da es keinen Markenschutz wie heute gab. Deshalb ist eine Marke kein sicheres Datierungs- bzw. Herkunftszeichen und wird erst nach Dekor-, Form- und Materialprüfungen genutzt.

Geschichte

Die ältesten Porzellanmarken stammen aus **Asien**, wo der chinesische Kaiser HUNGWU [1368–98] die Waren der kaiserlichen Manufakturen kennzeichnen ließ. Chinesische Marken werden »nienhao« genannt und sind oft in zwei senkrechten Reihen zu je drei Zeichen angeordnet (Abb. links). Zunächst wurden die Marken gemalt. Seit der Qingperiode [1644–1912] finden sich auch Siegelabdrücke. Für die Datierung können die Kaisernamen nur bedingt helfen. Aus ökonomischen Gründen versahen zahlreiche Herrscher besonders Exportwaren mit Siegeln von Kaisern vergangener Zeiten, um höhere Preise für die scheinbaren Altertümer zu erlösen. Japanische Porzellane weisen dagegen durch kleine Markierungen darauf hin, dass es sich um Kopien handelt. Auf chinesischen Porzellanen kann man neben den Hauptmarkierungen eine Marke für den Sechzigjahreszyklus und eine Ortsmarke finden. Beide sagen wenig aus. Einerseits fehlt bei der Sechzigjahresmarke oft die Angabe, welche Periode seit dem Beginn der Zyklen um 2637 v. Chr. gemeint ist. Andererseits kann es sich bei den Ortsmarken um Lager, Verkaufszentren etc. handeln. Japanische Porzellane wurden von Anfang an markiert. Sie sind aufschlussreicher als die chinesischen, da sie üblicherweise Ort und Zeit der Herstellung und den Künstler benennen.

In **Europa** begann die Markierung zeitgleich mit der Erfindung des Porzellans im 18. Jh. in Meißen (Tabelle). Ab 1721 markierte Meißen durchgehend alle Produkte, seit 1723 sind die Schwerter belegt, zunächst als eingepresste Marke und ab 1725 mit Kobalt unter die Glasur markiert. Die Schwerter stellen bis heute die ausschließliche Marke Meißens dar.

Meißner Marken	
1709–12	
1721–22	
1722–24	M.P.M.
1723–33	
ab 1725	

Die Wiener Porzellanmanufaktur verkaufte ihre Waren fast 30 Jahre lang ohne Marke. Erst ab 1844 wurden die Wappen des österreichischen Herzogs als Marke genutzt. Während für das 18. Jh. Bilder als Porzellanmarken typisch waren, die entweder als Motiv das Herrschaftswappen, ein Piktogramm der Landschaft bzw. des Lokalsymbols oder ein Berufssymbol zeigen, entwickelte sich im 19. Jh. mit der zunehmenden Industrialisierung der Porzellanfertigung eine Mechanisierung der Markierungen. So fanden sich nun häufiger Buchstaben oder Kürzel der Firmenbezeichnungen auf den Stücken. Immer häufiger kamen jetzt auch Nachahmungen der Marken europäischer Spitzenproduktionen auf. Die Meißner Schwerter kann man z. B. auf den Porzellanen folgender Firmen finden: Chelsea, Derby, Worcester, Bristol, Tournai, Weesp, Rauenstein, Limbach, Nymphenburg, Volkstedt, Wallendorf, Loket, Dubi sowie im russischen Werbiliki. Meistens erreichte diese im modernen Sprachgebrauch »Markenpiraterie« genannte Methode nur eine kurze Fertigungszeit, da die Originalfirmen sich rechtlich zur Wehr setzten. Allerdings produzierten und produzieren noch heute auch Spitzenfirmen wie Meißen oder Berlin Kopien eigener historischer Produkte, so dass z. B. gegenwärtig »Rokokoporzellan« mit den alten Formen hergestellt und verkauft wird. Man kann diese Kopien nur an den Farbwirkungen, an der Porzellanmasse oder mit Hilfe der Thermolumineszenz als Kopien erkennen.

106 Marken & Wirtschaft

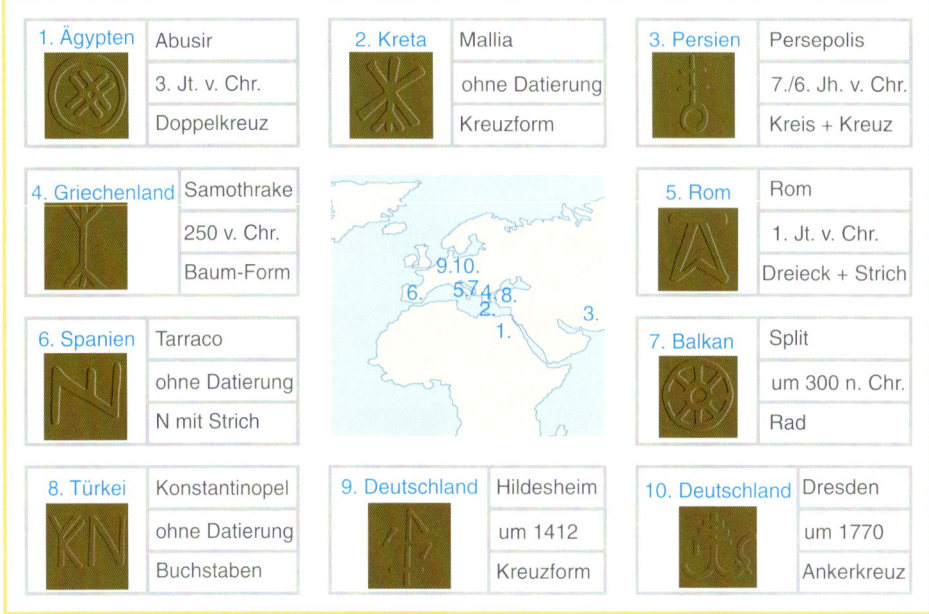

Geographische Übersicht

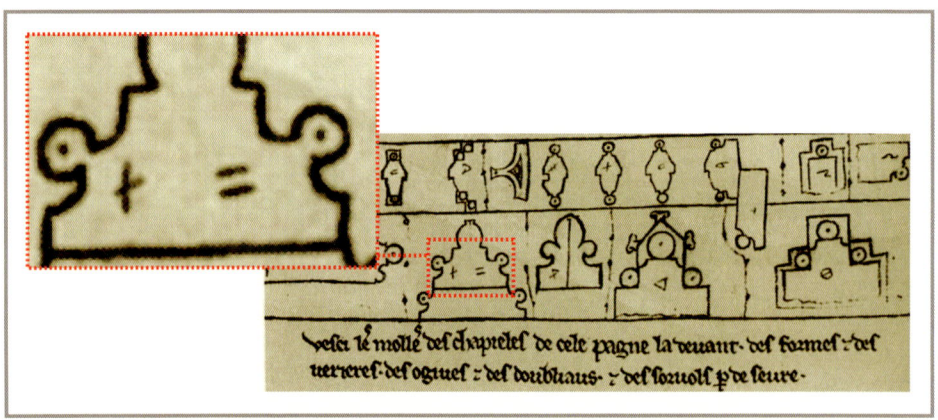

Profilsteine mit Steinmetzzeichen als Anzeiger für den späteren Versatz (richtige Anordnung)

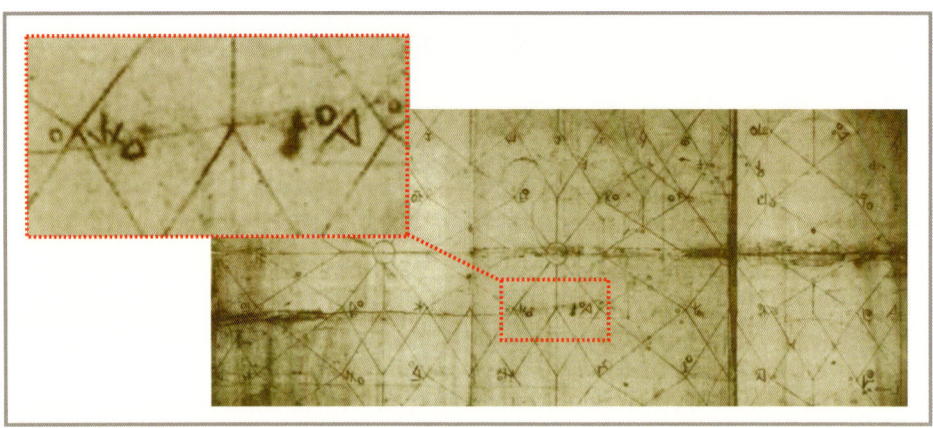

Einordnung der Teile mit Steinmetzzeichen in das Ganze (hier eine Kirchenkuppelplanung)

Steinmetzzeichen

Einführung

Steinmetzzeichen sind Zeichen, die sich auf Einzelsteinen größerer Gebäude oder Bauten wie z. B. Kirchen oder Zisternen befinden. Ihre Deutung regte seit Jahrhunderten zu Spekulationen an. Bewiesen sind zwei Funktionen der Zeichen (Tabelle).

Bezeichnung	Funktion
Versatzzeichen	Planhilfe
Meisterzeichen	Wertschätzung
Lohnzeichen	Arbeitsnachweis

Die Versatzzeichen waren notwendig, weil zwischen Planung, Steinmetzarbeit und Versatz der Steine oft viele Monate lagen. Die im Winterlager (Bauhütte) behauenen Steine wurden meist erst im Sommer verlegt und so benötigte der Aufseher Hinweiszeichen für den Ort des Steinsetzens. Meisterzeichen durften die Werkmeister nach langer Ausbildungszeit führen (Tabelle).

Lehre als	Lehrzeit
Lehrling	4–5
Geselle	1
Meisterknecht	2–3

Ein Werkmeister durfte ein eigenes Zeichen führen, das auch ein Wappen sein konnte (Abb. Karriere). Die Lohn-Deutung ist umstritten. Ähnlich den römischen Stempeln geht man hier von arbeiterbezogenen Zeichen aus, die zur Abrechnung herangezogen wurden. Steinmetzzeichen gab es in zahlreichen Ländern der Welt (Abb. Geographische Übersicht). In Großbritannien entwickelte sich seit 1750 die Mark-Maurerei mit dem Steinmetzzeichen als Zeichen des eigenen Werkes und Erziehungssymbolen (Tabelle).

Symbol	Deutung
Schlegel	Vernunft
Meißel	Disziplin
Regenbogen	Gottes Bund

Abbildungen

Geographische Übersicht Die Steinmetzzeichen finden sich in vielen Ländern. Die ältesten sind im ägyptischen Abusir nachweisbar. Das dortige Grabmal des Pharao Sahure (um 2496–um 2483 v. Chr.) besteht aus vielen Steinen, so dass hier die Funktion als Versatzzeichen vermutet werden kann.

Profilsteine mit Steinmetzzeichen: Die Abb. stammt aus Villards Bauhüttenbuch aus der Zeit um 1235. Der Text lautet: *»Seht hier die Profile der Kapelle von der vorherigen Seite, von den Fensterbögen und dem Maßwerk, von den Kreuzrippen und den Gurten und den Schildbögen darüber«* Diese Skizzen reichten, um daraus Profilschablonen für die Steinmetze herzustellen. Die Steinmetzzeichen dienen der Orientierung für das spätere Setzen der Steine an die richtige Stelle.

Einordnung der Teile: Gewölbeplan der ehemaligen Dominikanerkirche in Wien aus der Zeit nach 1460. Der Gewölbegrundriss zeigt die Planungen für ein Gewölbe über einem zweischiffigen Grundbau. Jedes Feld weist ein anderes Rippenschema auf. An fast allen Knotenpunkten finden sich Steinmetzzeichen. Diese wurden von jenen Steinmetzen übernommen, die die Profilstücke für die Rippen fertigten. Die Aufseher des Baus konnten so leicht die richtige Stelle und die Ausrichtung der Rippenstücke erkennen und anordnen.

Moritz Ensinger war Baumeister am Münster in Bern. Er begann seine Tätigkeit am 13. Juli 1482. Bereits um den Jahreswechsel 1482/83 starb er. Sein Meisterzeichen ist die Steinhebezange in zweifacher Ausführung. Man erkennt in der oberen linken Ecke, dass sein Meisterzeichen die Form eines Wappens besitzt.

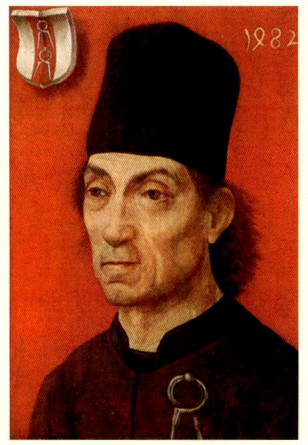

Moritz Ensinger (gest. 1482/83), Münsterbaumeister in Bern

Steinmetzlehrling bei der Arbeit

Karriere der Steinmetze bis zum Meister mit Zeichen

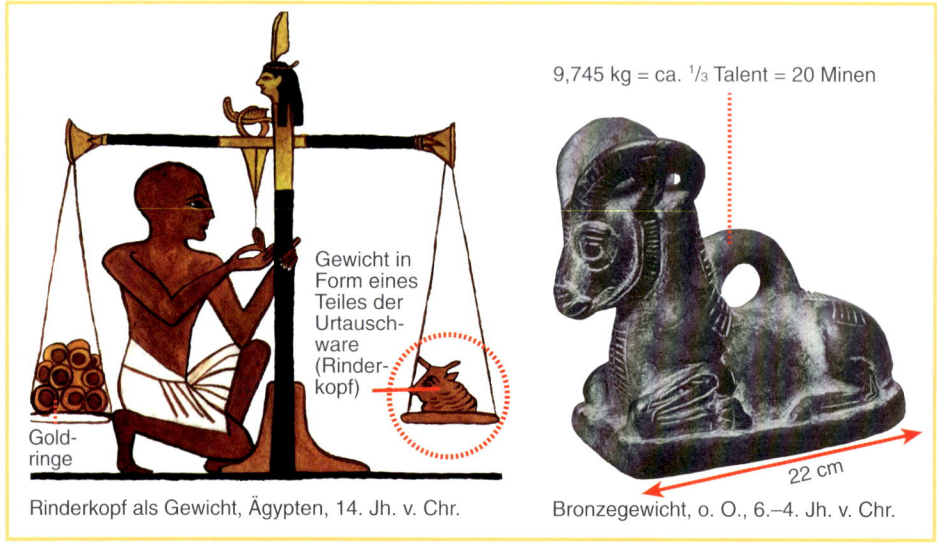

Gewicht in Form eines Teiles der Urtauschware (Rinderkopf)

Goldringe

Rinderkopf als Gewicht, Ägypten, 14. Jh. v. Chr.

9,745 kg = ca. ¹/₃ Talent = 20 Minen

Bronzegewicht, o. O., 6.–4. Jh. v. Chr.

Gewichte in Ägypten und Vorderasien

Talent — Drachme — Obolos — oder — Halbobole — Vierteloble — oder — Chalkos

Griechische Gewichts- und Währungszeichen

As — oder — Denar — Unze — Halbunze — oder — Viertelunze — oder — Drittelunze — oder

Römische Gewichts- und Währungszeichen

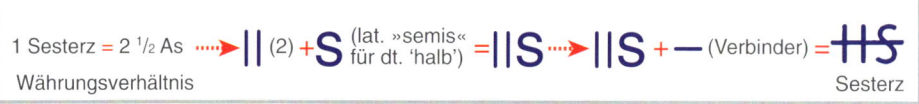

1 Sesterz = 2 ½ As ⟶ ||(2) + S (lat. »semis« für dt. 'halb') = ||S ⟶ ||S + — (Verbinder) = HS — Sesterz

Währungsverhältnis

Semiose des Währungszeichens für einen Sesterz aus den Zahlakronymen für 2 und ½

Baht, Thailand — Balboa, Panama — Colón, Costa Rica und El Salvador — Cedi, Ghana — Cent, USA — Euro, Europa

Guaraní, Paraguay — Inti, Peru — Pfund Sterling, Großbritannien — Niara, Nigeria — Dollar, USA — Yen, Japan

Währungszeichen der Gegenwart

Währungen

Das Wort »Währung« stammt vom althochdeutschen *werunga* für »Gewährung« (10. Jh.) und mittelhochdeutsch *werunge* für »gewährleisteter Münzwert« ab. Es ist verwandt mit den Worten »wahr« und »gewähren« und hängt zusammen mit der Sicherung eines Münzwerts durch eine eintauschbare Rohstoffmenge, die seit dem Mittelalter in aller Regel der »Goldstandard« war. Grundlage waren die ursprünglichen Handelsbeziehungen, die auf Austausch von z. B. Vieh oder Getreide basierten. Beim Übergang zum Tausch mittels Metallen und Gewichten sahen diese wie die Tauschobjekte aus, z. B. wie eine Tierhaut (Abb. rechts), ein Rinderschädel (Abb.) oder ein Steinbock (Abb.).

Gewicht: 23,4 kg
66 cm
Kupferbarren, Kap Gelidonia, um 1250 v. Chr.

Vom Wägen zum Währungszeichen

In der kaufmännischen Praxis sind die Gewichtsbezeichnungen wie z. B. Talent, Mine oder Drachme aus Gründen der Zeitersparnis abgekürzt worden. So wurde aus Talent T und für die Drachme drehte man das T um 90°: ⊢. Eine besonders weite Verbreitung erreichten Bezeichnungen und Kürzel, die sich auf das Wort Waage (lateinisch »libra«) bezogen (Tabelle).

Land	Bezeichnung
Rom	libra (Waage)
	As liberalis (gewogene Eins)
Italien	Lira
Frankreich	Livre
England	£ (Pfund Sterling)
Niederlande	flämisches Pfund ℒ (1 kg)

Das Gold-Fixing mit Flaggenzeichen

Bis heute erfolgt die Fixierung des Goldpreises in London, wo Ende des 17. Jh. die Mocatta-Familie das Ritual begründete. Seit dem 12. September 1919 treffen sich werktags (10.30 Uhr und 15.00 Uhr) im Londoner Rothschild-Haus fünf Vertreter der sitzinhabenden Banken, heute z. B. Deutsche Bank, HSBC, Société Générale und Nova Scotia Bank. Sie stehen während des Fixings telefonisch mit großen Kunden in Preisverhandlungen und zeigen sich gegenseitig mittels einer kleinen Flagge Veränderungen an. Erst mit dem letzten Flaggenzeichen ist der Preis für eine Unze Feingold fixiert. Dieses Procedere findet noch heute statt, wobei die Rothschilds die Gastgeberrolle aufgegeben haben.

Die Medizinal-Gewichte

Mediziner und Apotheker waren ebenfalls an Zeichensemiose für Währungen beteiligt. Dies gilt v. a. für die kleinen Gewichte, von denen das Korn (lateinisch »granum«, griechisch »γραμμα«), das Pfund, die Unze und das Loth bedeutend waren. Das Massezeichen »g« für 'Gramm' trägt diese Geschichte in sich. Beim Pfund, dem ehemals wichtigsten Maß in Europa, gibt es Gewichtskürzel (lb) und Währungskürzel (£).

Die Geschichte des Dollar-Zeichens ($)

Die $-Semiose ist umstritten. Offenbar leitet das Zeichen sich vom Münzbild des Peso, der vor der Einführung des Dollar im Jahre 1785 dominierende Währung war, ab. Auf dem Revers dieser im Angelsächsischen nach dem deutschen 'taler' »dollar« genannten Münze finden sich die »Säulen des Herkules« mit umschlungenen Spruchbändern (»Plus ultra«, dt. 'darüber hinaus', d. h. über die Alte in die Neue Welt hinaus), das $-Zeichen ist also ein Bildzeichen.

Die Geschichte des Euro-Zeichens

Etwa um 1974 entwarf der damalige Chefgraphiker der Europäischen Gemeinschaften, ARTHUR EISENMENGER (*1909, Abb.), mit Tusche auf Zeichenkarton ein synthetisches Zeichen aus einem C und einem E für »European Community«. 1996 wurde es für die Euro-Einführungskampagne als Signet in der Farbkombination 100 % Gelb für das Zeichen und 100 % Cyan + 80 % Magenta für den Hintergrund verwendet. Die Vermaßung rief bei Typographen Kritik hervor. Ein typographisches Zeichen besteht immer aus einem »graphus«, 'Skelett', und einem »ductus«, 'Stil'. Der Graphus ist die Basis von Schriften wie z. B. der TimesTen im Fließtext sowie der Helvetica im Tabellensatz dieses Buches. Es war schwierig, die quadratische Form (€) in die Preisschilder zu integrieren, die von den schmaleren Zifferbreiten bestimmt sind. Ab 2001 entwickelte man deshalb eigene Euro-Zeichen, die auf der Dezimalposition 128 (Windows) bzw. der Currency-Position (¤, Macintosh) liegen.

A. Eisenmenger

Sozial-Status	Kreditwürdigkeit
Beamter	sehr gut
Arbeitnehmer	gut
Rentner	gut
Selbständige/Freiberufler	weniger gut
Arbeitslose	schlecht

Zeichen der Kreditwürdigkeit (Sozial-Status)

Familien-Status	Kreditwürdigkeit
verheiratet	positiv
verwitwet	gut bis positiv
ledig/geschieden	weniger gut
ledig/geschieden + Kinder	weniger gut
in Scheidung befindlich	schlecht

Zeichen der Kreditwürdigkeit (Familien-Status)

Höhe des Einkommens	Kreditwürdigkeit
Einkommen liegt mehr als 100 € über der Pfändungsgrenze	positiv
Einkommen liegt kurz über oder unter der Pfändungsgrenze	neutral
Einkommen liegt deutlich unter der Pfändungsgrenze	negativ

Zeichen der Kreditwürdigkeit (Höhe des Einkommens)

Kredit-Geschichte	Kreditwürdigkeit
Positive Krediterfahrung (SCHUFA)	positiv
Erstkredit	neutral
Aufstockung bestehender Kredite	negativ
Mehrere Kreditaufnahmen innerhalb der letzten zwei Jahre	negativ

Zeichen der Kreditwürdigkeit (Kredit-Geschichte)

Wohngebiet, Wohnart	Kreditwürdigkeit
Wohngebiet im grünen Schuldneratlasgebiet	positiv
Wohngebiet im gelben Schuldneratlasgebiet	neutral
Wohngebiet im roten Schuldneratlasgebiet	negativ
Wohngebiet in Region mit niedriger Arbeitslosigkeit	positiv
Wohngebiet in Region mit durchschnittlicher Arbeitslosigkeit	neutral
Wohngebiet in Region mit hoher Arbeitslosigkeit	negativ
Wohngebiet in einer Villen-Siedlung	positiv
Wohngebiet in einer durchschnittlichen Wohngegend	neutral
Wohngebiet in Plattenbau-Siedlung	weniger gut
Wohnart: Haus- oder Wohnungseigentum	sehr gut
Wohnart: zur Miete	gut
Wohnart: bei Eltern	weniger gut
Wohnart: obdachlos	schlecht

Zeichen der Kreditwürdigkeit (Wohngebiet, Wohnart)

Standard & Poors	Deutsches Rating	Risiko-Zinszuschläge für einen Kredit
AAA	1	0 %
AA+	1	
AA	1	0,3 %
AA-	1	
A+	2	
A	3	0,8 %
A-	4	
BBB+	5	
BBB	6	1,9 %
BBB-	7	
BB+	8	
BB	9	9,0 %
BB-	10	
B+	11	
B	12	10,1 %
B-	13	
C	14	23,8 %
D	15	

Zeichen der Kreditwürdigkeit von Unternehmen

Zeichen der Kreditwürdigkeit

Einführung
Das größte Risiko im Kreditwesen ist der Ausfall der Rückzahlung eines gewährten Kredits. Diese Kredite werden »faule Kredite« genannt. Zur Vermeidung solcher Risiken werden Statistiken mit Kreditausfall-Wahrscheinlichkeiten angelegt. Sie sortieren die Risiken nach dem Prinzip der Kennzeichnung von Negativmerkmalen wie z. B. Arbeitslosigkeit als Zeichen schlechter Kreditwürdigkeit. Die Kreditwürdigkeit ist Teil-Zeichen der symbolischen Kapital-Ausstattung eines Menschen, die als Ganzes symbolisches Kapital genannt wird.

Symbolisches Kapital
P. BOURDIEU (1930–2002) entwickelte die Theorie vom symbolischen Kapital. Das symbolische Kapital ermöglicht dem Menschen, seinen Platz in der Gesellschaft zu finden. Er wird dabei an bestimmten Zeichen gemessen, z. B. dem Numerus clausus (NC) bei der Zulassung zu einem Studienfach. Das symbolische Kapital besteht aus verschiedenen Kapitalsorten, wobei deren Anzahl und Eigenständigkeit umstritten ist (Tabelle).

Schuldneratlas der Firma Creditreform: die digitale Technik macht eine Ausdifferenzierung bis hin zu einzelnen Straßenabschnitten möglich.

Kapitalsorte	Beispiele
Finanzkapital	Geld, Immobilien
Sozialkapital	wichtige Freunde
Kulturkapital	Bildungsabschlüsse

Zum Finanzkapital gehören auch die Kreditfähigkeit und die Kreditwürdigkeit. Sie sind notwendig, um über die Höhe des Arbeits- und Kapitaleinkommens hinaus Investitions- oder Konsumkapital zu bekommen.

Zeichen der Kreditwürdigkeit (Scoring)
Früher war die Kreditwürdigkeit weitgehend vom persönlichen Vertrauensverhältnis zwischen Bank und Kunde abhängig. Typisches Beispiel dafür ist einer der Werbesprüche der Deutschen Bank:
»Vertrauen ist der Anfang von allem!« Finanzkrisen, die neuen digitalen Möglichkeiten der Statistik und der zunehmende Wettbewerb zwischen den Banken machten eine stärkere Objektivierung der Kennzeichnung von Kreditrisiken notwendig. Kreditentscheidungen können so auch ohne persönliche Vorstellung des Kreditnehmers getroffen werden. Anhand des Scorings werden die Ausfallrisiken eingeschränkt (Abb. Zeichen der Kreditwürdigkeit).

Basel I und Basel II
In dem Schweizer Ort Basel befindet sich die Bank für internationalen Zahlungsausgleich. Sie ist verantwortlich für die internationale Zusammenarbeit der Zentralbanken. 1988 gab es mit Basel I eine erste Verpflichtung, für jeden Kredit 8 % Eigenkapital zum Auffangen von möglichen Kreditausfällen zurückzulegen. Damit sollten die Finanzsysteme stabilisiert werden. 1999 begann der Basel-II-Prozess. Die Kreditrisiken ließen sich durch Statistiken verfeinern, und dies sollte sich auch in Zinsen widerspiegeln. So muss ein AAA-bewerteter Kredit z. B. nicht mehr mit 8 % sondern nur noch mit 1,6 % der Kreditsumme unterlegt werden. Entsprechend können die Zinsen sinken. Der Kredit wird billiger. Die Zeichenerkennung guter und schlechter Unternehmen basiert auf einem Unternehmensrating, das verschiedene Bonitätskriterien umfasst. So fließen in das Rating der Dresdner Bank z. B. die Branche, die Marktbedingung, die Wettbewerbsposition, die Qualität des Managements, die Ertragslage, die Finanzlage, das Kontoführungsverhalten, die Kundenverbindung und die Rechtsform ein.

Abbildungen
Die Banken verwenden verschiedene Scoring-Systeme. Hier wird ein Überblick gegeben. Teile der Scoring-Systeme sind geheim. Die Banken fürchten Imageverluste wegen anhaltender Proteste gegen die als Diskriminierung empfundene Zinserhöhung aufgrund des Wohngebietes oder der Wohnart als Risikozeichen.

Religionen & Esoterik

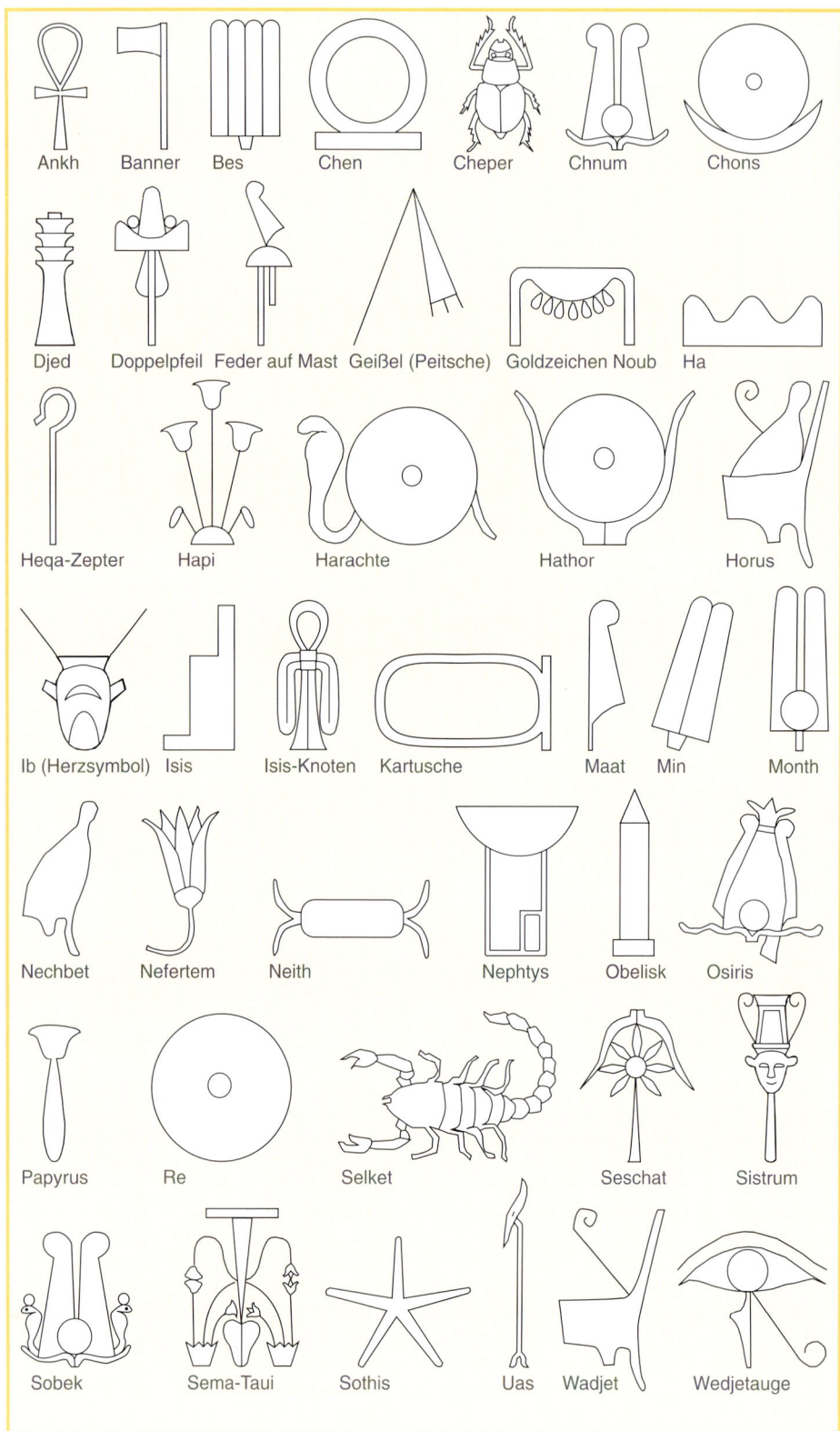

Ägypten

Symbole im alten Ägypten
Heute sind wir gewöhnt, unbekannte Dinge durch den Reduktionismus zu untersuchen. So sehen wir Sterne und fragen:
»*Wie viele, woraus bestehen sie, wie sind sie entstanden?*«
In Ägypten fragte man dagegen:
»*Wem sieht dieses Sternbild ähnlich und was will der Schöpfergott damit sagen?*«
Die Kognition ging vom Erkennen synthetischer Sinnbilder aus. So nahm man den Untergang der Sonne im Westen wahr. Die Botschaft lautete also mglw.:
»*dort ist das Totenreich*«
Ebenso ging der alte Ägypter bildsynthetisch bei den Sternen vor: Bevor er sie zu zählen begann, verband er sie zu Bildern, die als Symbole die Organisation der Dinge darstellten. Dabei gibt es Symbole, die sich im Laufe der Zeit veränderten, wie das der Sonne, das zunächst ein fliegender Panther, später jedoch die fliegende Sonnenscheibe ist. Es gibt sogar Symbole, die Gegensätze in sich tragen: z. B. Osiris symbolisiert zugleich die sinkende Abendsonne und die aufgehende Morgensonne (Abb.).

Grün als Symbolfarbe der Wiedergeburt, Osiris, der auch der »große Grüne« genannt wird, war Symbol dafür, dass der verstorbene König zu Osiris werde.

Abbildungen
Ankh: symbolisiert das Leben und den Lebensatem. Es wird den zu belebenden Personen an Mund und Nase gehalten.
Banner: Symbol der Göttlichkeit.
Bes: ist ein Schutzgeist, der Böses abwehren soll. Typ. sind die Federn auf seinem Kopf.
Chen: symbolisiert das, was die Sonne umkreist, also das Universum.
Chepre: ist der Skarabäus als Urgott, »der von selbst Entstandene«, Existenz-Symbol.
Chnum: Kopfschmuck aus Sonnenscheibe, zwei Federn und zwei Widderhörnern.
Chons: Krone aus Mondscheibe und -sichel als Symbol des Durchwanderns der Zeit als abnehmender und zunehmender Mond.
Djed: Symbol für Dauer.
Doppelpfeil: Symbol des Ostens und der Länder des Orients.
Feder auf Mast: Symbol für den Okzident und die Länder des Westens.
Geißel (Peitsche): Insignie des Pharao sowie der Götter Osiris und Min.
Goldzeichen Noub: Metall der Götter
Ha: Symbol der Fremde und der Wüste.
Hapi: Papyrusstrauß als Kopfschmuck.
Harachte: Kobra und Sonnenscheibe als Symbol der Morgensonne.
Hathor: Symbol mit Kuhhörnern (Himmel) und Sonnenscheibe.
Heqa-Zepter: Zeichen der Herrschaft, des Osiris und Symbol für das Hüten der Herde.
Horus: Doppelkrone als Symbol Ober- und Unterägyptens.
Ib: Das herzförmige Zeichen symbolisiert Intelligenz/Bewusstsein.
Isis: bedeutet 'Sitz' oder 'Thron' und ist symbolische Mutter des Königs.
Isis-Knoten: Symbol des Schutzes in allen Lebenslagen und Sinnbild des Isisbluts.
Kartusche: Königsring und Symbol der Herrschaft.
Maat: Kopfschmuckfeder der Personifikation der Begriffe Recht, Wahrheit und Weltordnung.
Min: Zweifedriger Kopfschmuck des Gottes der Fruchtbarkeitssymbolik.
Month: Federkrone (mit Sonnenscheibe) des Kriegsgottes Month.
Nechbet: symbolisiert die weiße Krone Oberägyptens.
Nefertem: symbolisiert den Wohlgeruch.
Neith: ist eine kriegerische Göttin, wofür die Pfeile im Köcher stehen.
Nephtys: Herrin des Hauses mit symbolischem Hausgrundriss und Nahrungskorb.
Obelisk: Heiliger Stein, auf den die Strahlen der Sonne zuerst gefallen sein sollen.
Osiris: Weiße Südkrone, zwei Federn, Widderhörner und Sonnenscheibe als Symbol für die Osiriswerdung des verstorbenen Königs.
Papyrus: symbolisiert Fruchtbarkeit.
Re: Kopfschmuck als Sonnenscheibe.
Selket: Skorpionsschmuck der Göttin Selket.
Seschat: Symbol der Göttin 'die dem Bücherhaus vorsteht'.
Sistrum: Symbol der Musik und der Feste.
Sobek: Doppelkrone des Krokodilgottes.
Sema-Taui: Symbol der Einheit.
Sothis: Stern als Symbol der Göttin des Hundssterns.
Uas: Fetisch als Hundsstab; Symbol für Heil und Glück.
Wadjet: Rote Krone Unterägyptens.
Wedjat-Auge: Es symbolisiert Wohlstand, Integrität und Gesundheit.

114 Religionen & Esoterik

- Swastika
- Schneckenhaus
- Vase
- Rad des Dharma
- Amtsstab
- Fische
- Diamantenstab
- Krone
- Bemalte Nägel
- Lange Zehen
- Dreierjuwel
- Swastika
- Rad des Dharma
- Lotosblüte

Von den 108 vorgeschlagenen Verheißungssymbolen wurden auf diesem »Buddhapada«, bzw. 'Buddha's Fußabdruck' 24 verwendet.

Der Fußabdruck des Buddhas als Symbol selbst und Träger von Zeichen und Symbolen zugleich

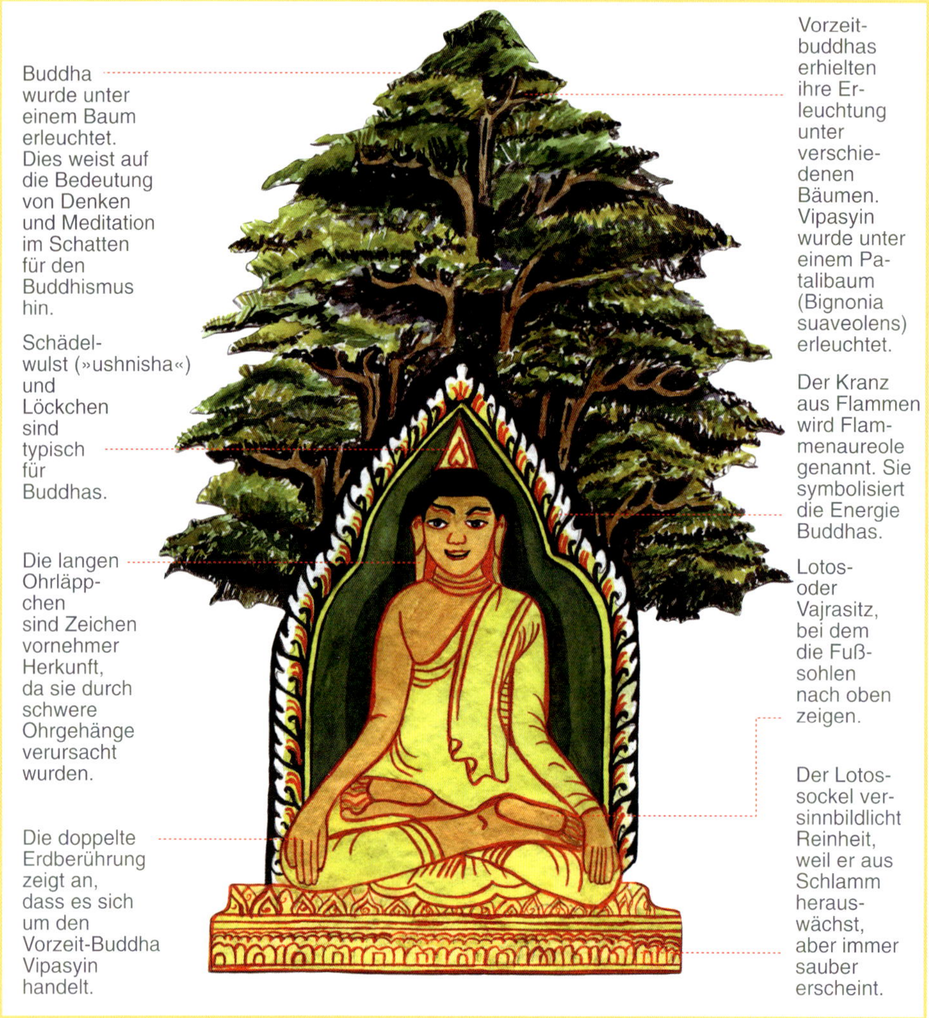

Buddha wurde unter einem Baum erleuchtet. Dies weist auf die Bedeutung von Denken und Meditation im Schatten für den Buddhismus hin.

Schädelwulst (»ushnisha«) und Löckchen sind typisch für Buddhas.

Die langen Ohrläppchen sind Zeichen vornehmer Herkunft, da sie durch schwere Ohrgehänge verursacht wurden.

Die doppelte Erdberührung zeigt an, dass es sich um den Vorzeit-Buddha Vipasyin handelt.

Vorzeitbuddhas erhielten ihre Erleuchtung unter verschiedenen Bäumen. Vipasyin wurde unter einem Patalibaum (Bignonia suaveolens) erleuchtet.

Der Kranz aus Flammen wird Flammenaureole genannt. Sie symbolisiert die Energie Buddhas.

Lotos- oder Vajrasitz, bei dem die Fußsohlen nach oben zeigen.

Der Lotossockel versinnbildlicht Reinheit, weil er aus Schlamm herauswächst, aber immer sauber erscheint.

Der Vorzeit-Buddha Vipasyin, der unter dem Trompetenblüten-Baum seine Erleuchtung erlangte.

Baldachin — Fische — Muschelschale — Schirm — Lotos — Vase — Rad — Knoten

Die acht chinesisch-buddhistischen Symbole

Buddhismus I 115

Geschichte

Buddhismus leitet sich von »Buddha« für der 'Erleuchtete' ab und ist zugleich der Symbolname des GAUTAMA SIDDHARTA (um 563–483 v. Chr.), einem in Lumbini (Karte) geborenen Kleinfürstensohn. Er wuchs reich auf, wendete sich jedoch gegen den Willen seines Vaters SHUDHODANA dreißigjährig von Familie und Heimat ab, um Bettelmönch zu werden. Er erlangte nach sechs Jahren Wanderung in Buddh Gaya die Erleuchtung, begann in Sarnath zu predigen und stiftete so den Buddhismus. Er lebte lange in Sravasti und starb über achtzigjährig in Kusinagara.

Orte des Lebenslaufes Buddhas

Historische Lehre

Das 5. Jh. v. Chr. war geprägt von Umbrüchen, u. a. dem Zerfall der alten Stammesfürstentümer und der Einführung der Geldwirtschaft. Dies ging einher mit neuer Sinnsuche und der Entwertung altindischer Vedenlehren, die die neue Welt offenbar nicht mehr hilfreich erklären konnten. In der falschen Anhänglichkeit an das Ich und den Besitz sah er die Ursache für Enttäuschung und Unglück im Leben des Menschen:

»Viele Wünsche,
viele Leiden!«

Der Buddhismus ist mit dem Ziel der Selbsterlösung von diesen Leiden eher eine psychologisch-philosophische Lehre als eine Religion, obwohl er allgemein als Weltreligion bezeichnet wird. Um die Wiedergeburt als erneut wünschendes und leidendes Wesen zu durchbrechen, bedarf es des achtfachen Pfades: 1. rechte Absicht; 2. rechter Entschluss; 3. rechte Rede; 4. rechtes Handeln; 5. rechtes Leben; 6. rechtes Streben; 7. rechte Achtsamkeit; 8. rechte Meditation. Erkenntnis gewinnt man durch die sog. »pratiya-samutpada«, die '12 Glieder des abhängigen Entstehens'.

Verbreitung

Der Buddhismus wurde bis heute in der ganzen Welt verbreitet (Tabelle, Auswahl).

Zeit	Ereignis
um 250 v. Chr.	Verbreitung in Sri Lanka
um 40 n. Chr.	Verbreitung in China
um 640	Verbreitung in Tibet
939	Staatsreligion in Vietnam
14. Jh.	Verbreitung in der Mongolei
um 1890	Verbreitung im Westen

Symbole und ihre Semiose

Wie in anderen Religionen wurden zunächst Reliquien zu Symbolen: die Asche Buddhas, die in acht Teilen in die Regionen Nordindiens gesandt wurde, oder der Fußabdruck Buddhas, ein Symbol seiner Reisetätigkeit (»hier ist er gewesen«). Dieser wird mit Verheißungssymbolen geschmückt. Andere Symbole wie das Rad assoziieren den Kreislauf (Drehen) und die Teile des Ganzen (Speichen), z. B. die 12 Monate oder die 12 Glieder. Weitere Symbole entstammen den Erfahrungen mit dem Wetter, z. B. der Sonnenschirm, der im indischen Alltag nur Würdenträgern zuteil wurde und demnach die Würde und die Ehre symbolisiert. Schließlich gibt es Naturbeobachtungen, die sich gut als Analogien zur Symbolsemiose eigneten: z. B. der Lotos, der sich sauber und weiß aus dem schmutzigen Schlamm erhebt oder die Fische als Symbol der Befreiung von Anhänglichkeit und Zwängen. Architektursymbole wie die Stupa sind Bildzeichen, z. B. der Dreiheit oder der Überordnung des Nirvanas über den Himmel (Abb.).

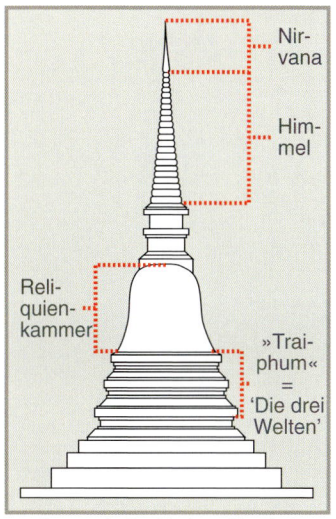

Stupa als Architektur-Symbol

Abbildungen

Fußabdruck mit Verheißungszeichen: Symbol seiner Transzendenz (Zeichen sind zwischen Sohle und Erde).

Vipasyin: Teil des Buddhasystems (Tabelle)

Buddhatyp	Erklärung
Transzendenz	nichtirdische Buddhas
Vorzeit	frühere Buddhas
Zukunft	Buddhas nach Siddhartha

Acht chinesisch-buddhistische Symbole: Sie gelten als glückliche Vorzeichen.

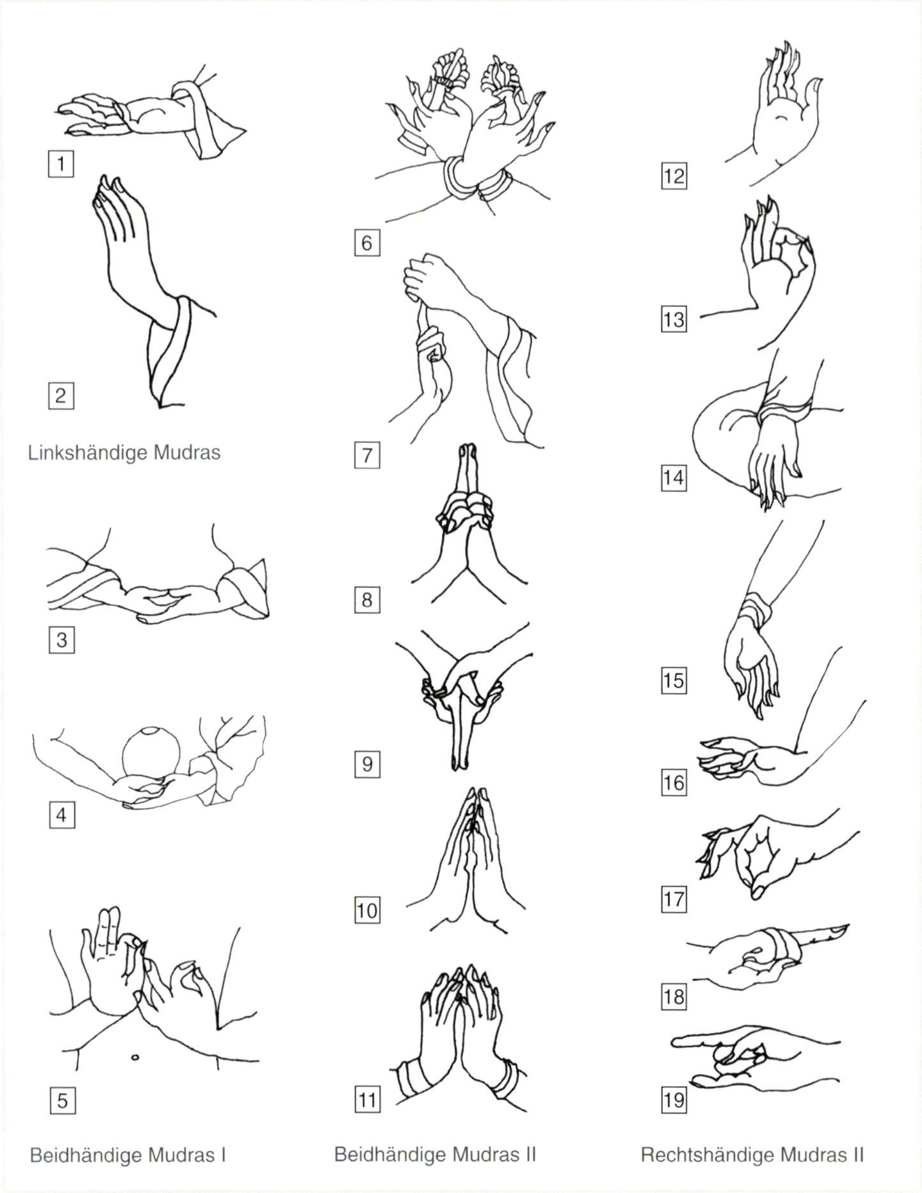

Religionen & Esoterik

Linkshändige Mudras (1–5)
Beidhändige Mudras I (unter 5)
Beidhändige Mudras II (6–11)
Rechtshändige Mudras II (12–19)

Linkshändige, beidhändige und rechtshändige Mudras

| 1 460–490 | 2 494–550 | 3 550–581 | 4 581–661 | 5 um 750 |

Entwicklung des Buddhabildes

Buddhismus II

Mudras

Das Wort »Mudra« kommt aus dem Sanskrit und bedeutet 'Siegel' oder 'Zeichen'. Diese Zeichen entsprechen einer Religions-Sprache, die die Ideen des Buddhismus, z. T. auch des Hinduismus, verkörpert und nach außen trägt, vergleichbar mit dem Kopfnicken als Tagesgruß im Westen. Zum Mudra gehören immer ein Mantra und ein Mandala. Zusammen bilden sie die drei Geheimnisse des Universums.

Abbildungen
Linkshändige Mudras
1: Muße-Geste »avakasamudra«. Die linke Hand wird auf den Schoß gelegt. Die Handfläche zeigt nach oben = Symbol der Muße.
2: Abzähl-Geste »gananamudra«. Der Daumen zählt die vier restlichen Finger bis zur zwölf.

Beidhändige Mudras
3: Meditationsgeste »dyanamudra«. Hände im Schoß, rechte Hand oben.
4: Almosengeste als Ergänzung der Meditationsgeste. Wichtig ist der »patra«, der 'Almosentopf' für die Symbolik.
5: Rad-Ingangsetzungs-Geste »dharmacakrapravartanamudra«. Eine Hand formt ein Rad (s. Nr. 13), die andere dreht an einer Speiche.
6: Hum-Mach-Geste »vajrahumkaramudra«. In der rechten, männlichen Hand der »vajra«, das 'Donnerkeil-Zepter', und in der linken, weiblichen Hand die »ghanta«, die 'Glocke'. Gekreuzt symbolisieren sie die »Unio mystica«, die Vereinigung, bei der die Pole verschmelzen.
7: Höchste-Erleuchtung-Geste »bodhyagrimudra«. Das durch den männlichen Zeigefinger symbolisierte 'eine Absolute' wird mittels der 'Vielfalt der Welt', symbolisiert durch die weiblichen Finger umschlossen. Auch seitenverkehrt üblich.
8: Höchste-Erleuchtung-Geste »uttarabodhimudra«. Verschränkte Hände mit hochgereckten Zeigefingern = Polaritäten sind eins geworden.
9: Aussspreng-Geste »ksepanamudra«. Versprengen abtropfenden Nektar von den zuvor in ein Gefäß getunkten Zeigefingern. Damit wird symbolisch Tod-Losigkeit verbreitet. Auch Symbol des Verbreitens von Spendenwasser.
10: Verehrungs- und Gruß-Geste »anjalimudra«. Vor der Brust zusammengepresste Hände. Bei Buddhas nicht anzutreffen, da diese niemandem Verehrung schulden.
11: Juwel-Halte-Geste »manidharamudra«. Ausgewölbte Hände halten ein unsichtbares Wunschjuwel.

Rechtshändige Mudras
12: Ermutigungsgeste »abhayamudra«. Sie ermutigt den Besucher, näher zu treten.
13: Lehr- oder Diskussionsgeste »vitarkamudra«. Das Rad der Lehre wird mit Daumen und Zeigefinger geformt.
14: Erdberührungsgeste »bhumisparsamudra«. Symbol der Wahrheitsverkündung. Die Fingerspitzen berühren die Erde zum Beweis der Wahrheit.
15: Geste für die Gewährung eines Wunsches »varadamudra«. Die Hand weist abwärts und ist geöffnet. Sie meint, der Wunsch sei gewährt.
16: Geste der Askese »sramanamudra«. Sie deutet als Abweisung und Fallenlassen Entsagung und Verzicht weltlicher Genüsse an.
17: Begreif-Geste »cincihnamudra«. Zeigefinger und Daumen begreifen im Wortsinne einen Gegenstand, z. B. symbolisch ein 'Körnchen Wahrheit'.
18: Droh-Geste »tarjanamudra«. Der Zeigefinger symbolisiert ein Messer und ist auf den Gegner gerichtet.
19: Tat- oder Bann-Geste »karanamudra«. Hier geht der Anwender sogar mit den Hörnern des wilden Yaks gegen den Dämon vor. Auch linkshändige Anwendungen sind in Bildern nachweisbar.

Buddha-Stil-Entwicklung
1: Früher Stil der Yungang-Höhlen
2: Früher Stil der Longmen-Höhlen
3: Nördliche Qi- und nördliche Zhou-Dynastie
4: Stil der Sui-Dynastie
5: Stil in der Mitte der Tang-Periode

Kahlköpfigkeit als Symbol der Reinheit

Perlenkette als Symbol der Geduld und des rechten Glaubens

Novize eines buddhistischen Klosters, Japan, 20. Jh.

118 Religionen & Esoterik

Das Rad des Werdens (bhavacakra), Seidenteppich, Tibet, 20. Jh.

Die Guten verzichten auf Genuss.

Verunreinigungen

Gebunden durch ihre bösen Taten, zieht ein Dämon die Fehlerhaften in die Hölle.

Die Reiche der Wiedergeburt

12 Glieder sind Bedingung für die Wiedergeburt ohne überwandernde Seele.

Konditionalkette

Das Weltenrad

Das 'Rad des Werdens' (»bhavacakra«) genannte Weltenrad stellt den sog. »samsara« 'Wiedergeburtskreislauf' dar, aus dem sich jeder nach der Lehre Buddhas befreien sollte. Das Radsymbol besitzt hier im Gegensatz zum Rad der Fortune im Mittelalter eine negative Bedeutung: Siehe, was dir alles passiert, und befreie dich davon!

Das Rad wird vom Dämon des Todes gehalten. Wie in anderen indischen Religionen ist der Kosmos, um den es beim Weltenrad geht, weder ein fixes Gebilde noch eine Schöpfung Gottes. An der Spitze des buddhistischen Weltbildes steht die mentale Wiedergeburt; selbst die Götter sind Teil der Wiedergeburt.

Abbildung

1: Der scharfzähnige Dämon des Todes (»Mara«) umfasst das Weltenrad mit Krallen.
2: Das Weltenrad »bhavacakra« wird auch 'Rad des Werdens' genannt.
3: Frei von der Wiedergeburt ist der Gautama Buddha, der mit seinem rechten Arm an die Vollmondnacht des Mai (528 v. Chr.) verweist, in der er selbst den Weg aus dem Wiedergeburtskreislauf fand und zum »Buddha«, also zum 'Erwachten', wurde.
4: In manchen Darstellungen findet sich hier ein Vollmond zum Zeichen der Vollmondnacht, in der Buddha erleuchtet wurde.
5: Die Schlange symbolisiert den Hass, der eine der Triebfedern des Unglücklichseins ist. Alle drei Tiere sind zusammen die sogenannten 'Verunreinigungen' oder »klesa«.
6: Der Hahn (mitunter ist eine Taube dargestellt) versinnbildlicht die Dummheit bzw. die 'Verblendung', das »moha«, der Menschen.
7: Das Schwein verkörpert das »raga«, also die 'Gier' oder 'Begierde'. Alle drei Verunreinigungen werden als Triebkraft für das 'Rädern' der Menschen im Unglücksrad gesehen.
8: Der rechte Halbbogen zeigt die durch ihre schlechten Taten mit einem Seil gepeinigten bösen Figuren. Sie werden von dem Dämon in die Tiefen der Hölle getrieben.
9: Der linke Halbbogen stellt die gute Seite dar: Man lässt sich nicht von einer Frau in Versuchung führen, man betet, man bemüht sich um Wissen und lässt sich nicht von falschen Propheten verführen.
10–14: Die Reiche der Wiedergeburt. In unserem Fall sind fünf Reiche dargestellt. Nummer 10 ist das Reich der Menschen: Tod (im weißen Tuch fortgetragene Leiche); Trennung von Liebem (wegreitender Freund); Kopulation (liebendes Paar); Disput (Streitende im Haus); Vereinigung mit Unliebem (zusammengebundene Ochsen), Altern (Frau mit Stock); Versuchungen (Mann neben kaum bekleideter Frau) und Buddha.
11: Das Reich der Titanen (Asuras) wurde mit dem der hungrigen Geister vermischt.
12: Das Höllenreich: Entweder man erfriert an innerer oder äußerer Eiseskälte oder man verbrennt sich an den vielen Feuern.
13: Das Reich der Tiere zeugt von der Vorstellung, dass auch Tiere die Botschaft Buddhas vernehmen, nämlich hören können. Deshalb spitzen sie die Ohren.
14: Im Reich der »Asuras«, der 'Titanen', muss einer der Transzendenten des Boddhisatva, nämlich »Avalokitesvara«, was so viel wie 'der Herr, der mitleidvoll herabgesehen hat', mit ansehen, wie sich die Titanen gegenseitig bekriegen.
15–26: Konditionalkette mit mehreren, verbundenen Ursachen, die sich bedingen.
15: Blinde Greisin = die Unwissenheit.
16: Die Tatabsichten (»samskara«) werden durch einen Töpfer symbolisiert, der in schöpferischem Prozess arbeitet.
17: Von den Tatabsichten erfasst, erhält das Bewusstsein nach dem Tod des Wesens eine neue Form, z. B. eines Affen, der von Haus zu Haus springt.
18: Personen im Boot = Name und Körper sind voneinander abhängig wie »Wir sitzen alle im gleichen Boot!«
19: Drei Häuser symbolisieren vielleicht die sechs buddhistischen Sinne: Sehen, Hören, Riechen, Schmecken, Tasten und Denken.
20: Berührung mit den zuvor wahrgenommenen Dingen wird durch Kopulation symbolisiert.
21: Der Pfeil im Auge symbolisiert eine schmerzhafte Empfindung.
22: Übervolle Schüssel = Gier.
23: Nach der Gier erfolgt die Ergreifung durch eine neue Existenzform, versinnbildlicht durch einen Affen am Baum.
24: Frau lockt Mann und zeigt auf ihre Vagina = Werden neuen Lebens.
25: Gebärende symbolisiert das Werden des neuen Lebens.
26: Alter und Tod (»jaramarana«) beschließen das Rad des Werdens und Vergehens. Dies wird durch einen Träger mit einem in weißes Tuch eingewickelten Leichnam versinnbildlicht, der nach tibetischem Brauch am Ziel zerstückelt und von Geiern und Schakalen gefressen werden soll.

Religionen & Esoterik

Formen des Omega = Ende der Welt

Die kurze Horizontale des Kreuzes symbolisiert das Weibliche, die Mutter Erde und das Materielle.

Symbole der vier Evangelisten

Adler = Johannes
Stier = Lukas
Engel = Matthäus
Löwe = Markus

Die lange Vertikale symbolisiert das Männliche, die schöpferische Kraft, den Himmel und das Geistige.

3. Jh. n. Chr.
4. Jh. n. Chr.
5. Jh. n. Chr.
6. Jh. n. Chr.
7. Jh. n. Chr.
8. Jh. n. Chr.
9. Jh. n. Chr.
10. Jh. n. Chr.

Akronyme (Kürzel) für Jesus

Kruzifix, Dänemark, ohne Datierung, Symbol der Vereinigung von Horizontale und Vertikale

Schlüssel = binden und lösen
Lilie = Reinheit
Rose = Entfaltung, Martyrium
Taube = Geist Gottes
Pelikan = Opferbereitschaft
Hahn = Wachsamkeit

Symbole des Christentums

Christliche Symbole, Zeichen und Akronyme (Kürzel)

Architektur · Symbolische Kleidung · Symbolische Speisen · Symbolische Geste

Symbole des Christentums in verschiedenen Gattungen

Christentum I

Geschichte

Das Christentum war ursprünglich ein Sammelbecken verschiedener religiöser Strömungen in Vorderasien. Erst jahrhundertelange Lehrstreite (Kirchenväter) und Teilungen (Schismen) schufen ein geschlossenes Religionssystem. Heute ist das Christentum die größte Religionsgemeinschaft der Welt mit zwei Milliarden Gläubigen. Das Urchristentum entstand auf der Basis der jüdischen Schriften des Alten Testaments. Um 200 n. Chr. gab es bereits eine Frühform eines Kirchensystems (Klerus). Um 300 n. Chr. wurde es in Armenien Staatsreligion. KONSTANTIN [306–337] ernannte der Legende nach das Christentum nach dem Sieg in einer zuvor aussichtslos erschienenen Schlacht zur Staatsreligion des Römischen Reiches. In der Nacht vor dieser Schlacht erschien ihm ein kreuzförmiges Traumgesicht mit der Umschrift:

»In diesem Zeichen siege!«

Lehre

Das Christentum ist eine an einen Gott glaubende Weltreligion (monotheistisch). Sie sieht in dem Juden Jesus Christus den Messias, der als Abschluss der Offenbarung Gottes gilt (Offenbarungsreligion). Das heilige Buch ist die Bibel. Im Zuge der Bildung einer einheitlichen Religion gab es mehrere Spaltungen (Schismen). Heute gibt es drei große christliche Gruppen, die eigene Symbolwelten haben (Tabelle).

Protestanten	Orthodoxe	Katholiken
Adventisten	Byzantinisch-Orthodoxe	Römisch-Katholische
Mormonen		
7.-Tags-Adv.	Russisch-O.	
Zeugen Jeh.		
Anabaptisten	Griechisch-O.	
Amische	Koptisch-O.	
Mennoniten		
Quäker		
Anglikaner		
Baptisten		
Calvinisten		
Reformierte	Adv. = Adventisten	
Presbyterianer	Jeh. = Jehovas	
Lutheraner	O. = Orthodoxe	
Methodisten		
Pfingstler		

Zeichen und Symbole

Die Zeichen- und Symbolbildung änderte sich im Lauf der Jahrhunderte. Sie begann mit der Übernahme der astralmythischen Vorstellungen der Babylonier und der daraus abgeleiteten Zahlenmystik des PYTHAGORAS (um 570–497/96). Später wurden die um die Jahrtausendwende wichtigsten römischen Speisen (Brot, Wein) zu Symbolen umgewandelt. Die zwölf Tierkreiszeichen wurden zu den 12 Aposteln. Da die Geburt Christi in das Zeitalter der Fische (große Tierkreiszeichenepochen) fällt, nennt man ihn auch:

»den großen Fisch«.

Monogramm Christi, Rom,
1 = Kreis = Ewigkeit, 5 + 2 = X + P = zwei ersten griech. Buchstaben des Wortes Christus, 3 + 4 = A und W, 6 = Rose = ewig neu entfaltende Welt

Abbildungen

Formen des Omega: Die Symbolwerdung von A und Ω hängt mit den Lernmethoden der Antike zusammen. Die Kinder mussten dort alle Buchstaben einzeln und dann noch die Folge Erster/Letzter, Zweiter/Vorletzter usw. aufsagen. Aus dem ersten und letzten Buchstaben wurde so die Umfassung des Ganzen, christlich-symbolisch Anfang und Ende der Welt. Verbreitung fand das Symbol durch die Prägung auf römischen Münzen. Da das Lateinische nicht mit Omega endet, änderte sich entsprechend seine Form.

Symbole der vier Evangelisten: Diese sind wichtig für das christliche Verständnis, deshalb besitzt jeder ein eigenes Symbol.

Akronyme (Kürzel) für Jesus: Bücher wurden bis zur Erfindung des Buchdrucks mit der Hand abgeschrieben. Häufige Wörter wie z. B. Jesus wurden deshalb abgekürzt.

Kruzifix: Ein personifiziertes Kreuz, das symbolisiert: Meine Arme umfassen die Welt.

Symbole des Christentums: Allegorien, Attribute und Symbole sind im Christentum sehr zahlreich. Die Erklärungen der Abbildungen finden sich jeweils unterhalb der Illustration.

Gattungen: Fast alle Gattungen wurden mit christlichen Symbolen bestückt. Kleidung besitzt sogar noch einen Farbkodex (Tabelle).

Farbe	Ausdruck des Farbsymbols
Grün	Alltag
Rot	Märtyrergedenken (Blut)
Violett	Schmerz (z. B. Freitag)
Weiß	Freude (z.B. Ostern)

122 Religionen & Esoterik

Kreuz = Mann   Viereck = Frau
Menschen-Symbolik, 13. Jh.

heitere Maske
offener Mund

Akanthuskapitell, Saulieu, 12. Jh.

Baumkapitell, St. Pierre de Chabrillan, 12. Jh.

Menschenverschlinger, Chauvigny, 12. Jh.

»Und die Stadt bedarf keiner Sonne noch des Mondes, dass sie ihr scheinen; denn die Herrlichkeit Gottes erleuchtet sie, und ihre Leuchte ist das Lamm«
Offenbarung 21, 23

Lamm Christi, Serrabone, 11. Jh.   Akrobat, Vézelay, 11. Jh.    Elefanten, Aulnay, 12. Jh.

Christliche Symbole aus der Zeit der Romanik

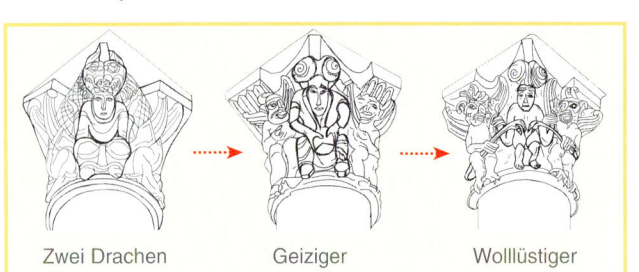

Zwei Drachen — Geiziger — Wolllüstiger

Symbole für das jüngste Gericht und die Bestrafung der Sündigen

Luxuria

Luxuria und Schlangen

Christliche Symbole im Mittelalter

Die mittelalterliche Welt lebte von der Verständigung mittels Zeichen und Symbolen. Nur wenige Menschen konnten lesen und schreiben. Selbst der König ergänzte statt einer Unterschrift nur die Vorschrift eines Gelehrten. Das wichtigste Buch, die Bibel, wurde für die Mehrheit als »biblia pauperum«, als 'Armenbibel', so in Bilder, Zeichen und Symbole übersetzt, dass jeder die Botschaften verstehen konnte. Diese Bilderwelt spielt sich vor allem zwischen den Polen »Gut« und »Böse« ab. HIERONYMUS BOSCH setzte im 15. Jh. diese Tradition der ausdrucksstarken Bildbotschaften fort. Heute wird diese Bilderwelt zwar oft bewundert, aber seltener verstanden. Die christliche Symbolwelt kann nicht aus einem einzigen Prinzip heraus erklärt werden. Zu lang ist Zeit der Symbolbildung, -veränderung und -neuschöpfung. Zu viele Einflüsse und regionale Spezifiken führten gleich der Dialektbildung zu Kommunikationsgewohnheiten mittels Zeichen und Symbolen, die sehr unterschiedlich waren und sind. Bedeutsam ist der Austausch zwischen christlichem Gedankengut und heidnischer Philosophie. So wurden z. B. auch die Antiken Fabeln Äsops in Bildsymbole an Kirchen übertragen. Wichtig sind auch die unterschiedlichen Ebenen der Botschaften. So handelt es sich bei dem Menschenverschlinger einerseits um zwei klar erkennbare Motive, nämlich den Dämon und den Menschen. Andererseits gibt es einen Rahmen mit Bedeutung: das Dreieck steht für das Aufgehen in den Himmel.

Abbildungen

Akanthuskapitell: Die Masken symbolisieren das Fleisch-Laster (heitere Maske) und das Laster des Geistes (offener Mund). Mitunter auch als Sieben-Todsünden-Kapitell gedeutet. Akanthus symbolisiert die Verehrung für die Antike, der die Kapitellform entlehnt ist.
Menschensymbolik: Villard de Honnecourt (nachweisbar 1230–35) verbindet hier die Zahlensymbolik mit Menschen. Während die Vier als Kreuz den Mann symbolisiert und als Quadrat die Frau, zeigt die Fünf die höhere Weisheit des älteren Mannes.

Adler, Book of Kells, Irland, um 800

Baumkapitell: Typische Darstellung des Yggdrasil-Baumes, der den Himmel berührt. Es ist das Weltenbaumsymbol und die kosmische Achse, die Himmel und Erde verbindet.
Menschenverschlinger: Abgebildet ist der Dämonentod. Im Mittelalter unterschied man zwischen Tod als Löwenopfer oder als Schlangen- bzw. Dämonenopfer. Caesarius (470/1–542) schreibt:

> »Es ist besser, man wird ein Opfer des Löwen als ein Opfer der Schlange.«

Gemeint ist damit, dass ein Löwe zwar den Leib verschlingen kann, der Dämon jedoch die Schuldigen bis in alle Ewigkeit bedroht.
Lamm: Diese Darstellung bezieht sich auf Offenbarung 21, 23. Das Lamm symbolisiert das Licht Gottes.
Akrobat: Gestalten mit verrenkten Körpern finden sich häufig. Sie symbolisieren die Verführung zum Laster, die Augustinus (354–430) kritisierte:

> »... Dämonen lieben leichte Lieder, sie ergötzen sich an frivolen Schauspielen, an den Tollheiten des Zirkus ...«

Elefanten: symbolisieren Weisheit, Keuschheit und Enthaltsamkeit sowie Symbol des milden Herrschers.
Symbole für das Jüngste Gericht: Die drei Kapitelle versinnbildlichen das Gleichnis zwischen dem reichen Prasser und dem jüngsten Gericht. Linkes Bild: Der menschengestaltige Tod wird von zwei Drachen in die Zange genommen. Mittleres Bild: Ein Mensch mit Geldbörse um den Hals als Symbol für den Geizigen. Rechtes Bild: Nackter Mensch als Symbol für den Unzüchtigen, dessen Geschlechtsteile von den Dämonen mit Haken verstümmeln.
Luxuria: ist als Symbol für luxuriöses Schwelgen als Sünde nackt dargestellt. Sie wird von zwei Schlangen gepiesackt.
Adler: Der Adler besitzt eine reiche Symbolgeschichte. Hier gehört er zu den vier Evangelistensymbolen, dem sogenannten Tetramorph (Tabelle), und versinnbildlicht den Evangelisten Johannes.

Evangelist	Symbol
Johannes	Adler
Lukas	Kalb oder Stier
Markus	Löwe
Matthäus	Engel

Religionen & Esoterik

Objekt	Attribut von	Symbol für	Allegorie für
Achteck	-	-	-
Adler	Evangelist Johannes	Liebe Gottes	-
Ähre	-	Fruchtbarkeit	-
Ahle	hl. Chrispian	-	-
Akelei	Maria, Jesus	hl. Geist	-
Amboss	hl. Eligius	Männlichkeit	-
Anker	Hoffnung (Spes)	Standhaftigkeit	-
Apfel	Adam und Eva	Sündenfall	-
Auge im Dreieck	-	Gottvater	-
Bär	hl. Kolumban	Teufel	-
Baum	hl. Bavo, hl. Pantaleon	Erkenntnis	-
Bettler	hl. Martin von Tours, hl. Elisabeth von Thüringen		
Bergmannsgerät	hl. Barbara	-	-
Biene	Hoffnung (Spes)	Fleiß	-
Bienenkorb	hl. Ambrosius hl. Bernhard von Clairvaux	Wohlstand	-
Bock	Teufel	Laster, Teufel	-
Brot	hl. Elisabeth von Thüringen	Leib Christi	-
Brunnen	-	ewiges Leben	-
Buch	Erzengel Uriel, Apostel, Evangelisten Kirchenväter	Weisheit	-
Dornenzweig	hl. Achatius		-
Drache	hl. Georg, hl. Margareta hl. Martha	Teufel, Böses	-
Dreieck	-	Dreifaltigkeit	-
Edelstein	-	Herrlichkeit des Himmels	-
Engel	-	Matthäus	-
Eule	-	Unglauben, Sünde, Tod	-
Felsen	-	Festigkeit im Glauben	-
Fisch	-	Christus, Taufe	-
Fisch in der Hand	Erzengel Raphael	-	-
Frau mit Waage/Schwert	-	-	Justitia (Gerechtigkeit)
Füllhorn	Caritas (christliche Liebe)	-	-
Gänseblümchen	-	Unschuld	-
Gelber Spitzhut	Jude	Jude	
unterrichtende Gestalt	-	-	Prudentia (Klugheit)
Gestalt mit Krone/Lanze	-	-	Caritas (Liebe)
bekrönte Gestalt	-	-	Fides (Glaube)
Gestalt in Rüstung	-	-	Fortitudo (Starkmut)
betende Gestalt	-	-	Spes (Hoffnung)
Greifen	-	Christus	-
Hahn	-	Buße Wachsamkeit	-
Hase	-	Heiden, Sünder, flüchtige Zeit	-
Hirsch	hl. Egidius	Christus	-
Hirschgeweih mit Kruzifix	hl. Eustachius	-	-
Hirte	hl. Alvericus	-	Christus
Hund	-	Treue	-
Insekten	-	Böses, Teufel	-
Iris	-	Vergebung	-
Käfer	-	Weisheit	-

Objekt	Attribut von	Symbol für	Allegorie für
Kelch	Caritas, Fides, hl. Barbara, Evangelist Johannes	Leiden, Tod	-
Kerze	hl. Blasius	-	-
Kessel	hl. Veit	-	-
Kirchenmodell	Stifter	-	-
Kochgerät	hl. Martha	-	-
Korb	hl. Dorothea	-	-
Kranz von Rosen	hl. Cäcilia	-	-
Kreis	-	Unendlichkeit	-
Kreuz	hl. Andreas, hl. Petrus	Kreuzigung	-
Krone	hl. Zeno	Gerechtigkeit	-
Lamm	hl. Agnes, Johannes der Täufer	Christengemeinde	-
Lampe	hl. Brigitta	-	-
Lanze	Caritas (Liebe)	-	-
Lilie	Frieden	Verkündigung	-
Löwe	Daniel	Tapferkeit	-
Mohr mit Schwert	hl. Mauritius	-	-
Musikinstrument	hl. Cäcilia	-	-
Narrenkappe	-	Eitelkeit	-
Ölzweig	hl. Olivia	ewiger Friede	-
Palme	hl. Stephan	Märtyrer	-
Pfau	-	Unsterblichkeit	-
Pfauenfeder	hl. Barbara	-	-
Pfeil	hl. Stephan	-	-
Pilgerstab	Erzengel Raphael	-	-
Rad oder Schwert	Katharina von Alexandrien	-	-
Ritter mit Drachen	hl. Georg	-	-
Rolle, Buch	Erzengel Uriel	-	-
Rose	-	Liebe, Christus	-
Salbenbüchse	hl. Kosmas, hl. Damian	-	-
Salbfläschchen	hl. Pantaleon	-	-
Salbgefäß	Maria Madalena	-	-
Säule	Fortitudo (Starkmut)	-	-
Schlange	Moses, hl. Magnus	Klugheit, Teufel	-
Schlüssel	hl. Petrus	-	-
Schiff	hl. Johann von England	Kirchengemeinde	-
Schwan	hl. Hugo von Grenoble	Reinlichkeit, Tod	-
Schwein	hl. Antonius	Sünde	-
Schwert	hl. Paulus	-	-
Spiegel	Prudentia (Klugheit)	-	-
Stab	Johannes der Täufer	-	-
sprossender Stab	hl. Aaron	-	-
Stier	Evangelist Lukas	Geduld	-
Taube	hl. Remigius, hl. Ursula, hl. Franziskus	hl. Geist	-
Teufel	hl. Gregorius	Böses	-
Teufel und geheiltes Mädchen	hl. Cyriakus	-	-
Totenkopf	Maria Magdalena	Eitelkeit	-
Veilchen	-	Demut	-
Viereck, Quadrat	-	Welt, Erde	-
Waage	Justitia (Gerechtigkeit)	Ausgleich, Prüfung	-
Wanderstab	Erzengel Raphael	-	-
Wein im Kelch	-	Blut Christi	-
Weinstock	hl. Urban	Frömmigkeit	-
Winde	hl. Erasmus	-	-
Wölfe	hl. Arnulf, hl. Veit	Kirchengegner	-

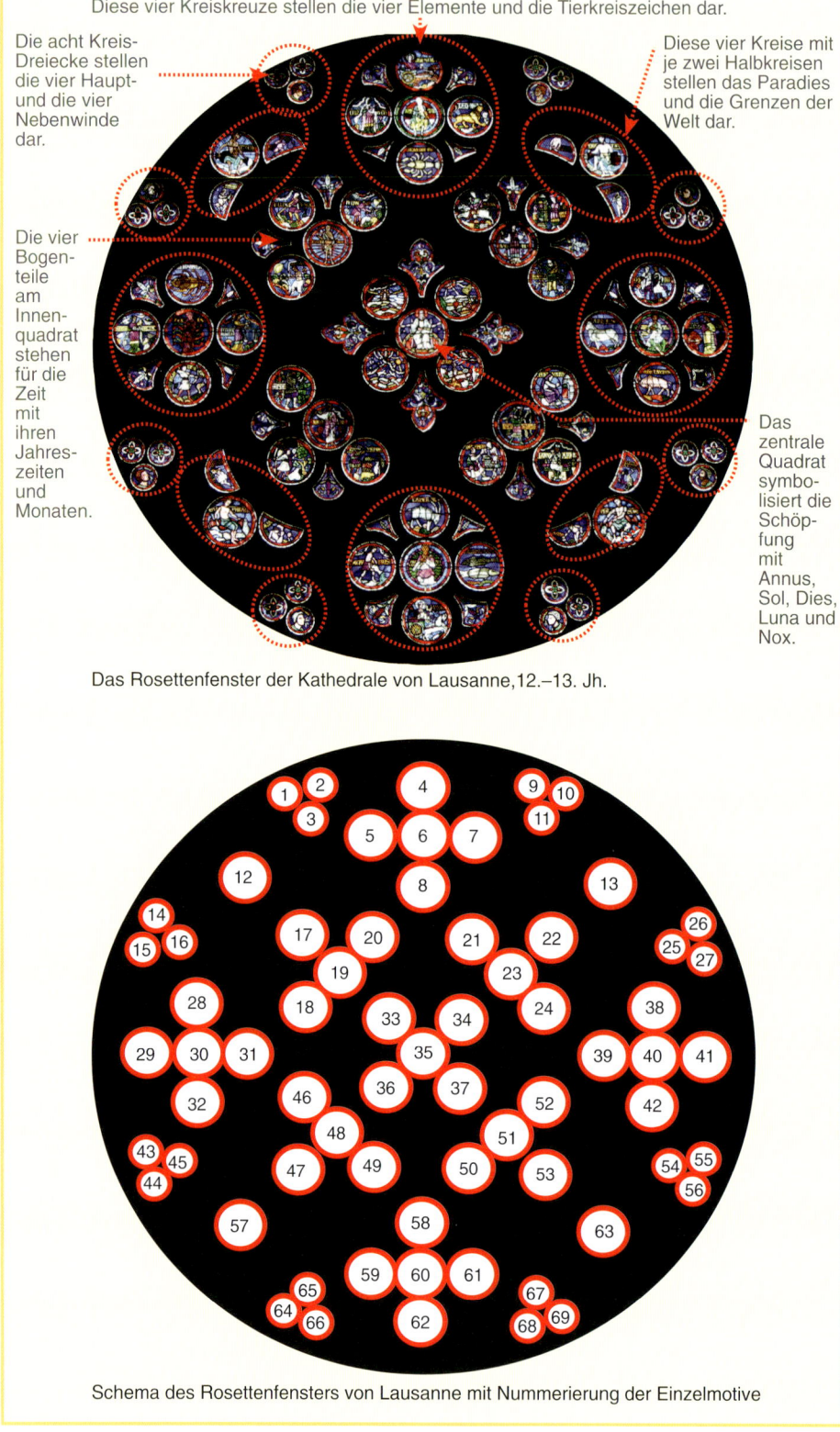

Das Rosettenfenster der Kathedrale von Lausanne, 12.–13. Jh.

Schema des Rosettenfensters von Lausanne mit Nummerierung der Einzelmotive

Christliche Glasfenster als Bildprogramme

Die Mehrheit der Menschen waren im Mittelalter Analphabeten. Die vielen Bilder in den Kirchen erzählten wie heute das Fernsehen Bildgeschichten von der Welt. Sie erklärten mittels Bildzeichen und Symbolen die Welt und ihre Geschichte aus der Sicht der Kirche. Der mittelalterliche Kirchenvater AUGUSTINUS (345–430) entwickelte als Erster den Gedanken eines »Imago Mundi« für 'Weltbild'.

Eine besondere Wirkung erzielten diese Fenster durch das durchflutende Licht, das den Bildern strahlende Lebendigkeit verlieh. Die einzelnen Bilder waren sehr genau durchdacht. Sie bezogen sich aufeinander und nutzten die Zahlensymbolik. Das Rosettenfenster von Lausanne stellt in dieser Hinsicht einen Höhepunkt der mittels Bleiglasfenstern erklärenden Weltbilder dar.

Abbildungen

Das Rosettenfenster der Kathedrale von Lausanne: Es wird durch die Zahl 4 = 2 x 2 = Vervollkommnung der mütterlichen 2 bestimmt (Abb. links oben). Prägende Dualismen sind: Tag und Nacht; Sonne und Mond; Jahreszeiten und Monate; Elemente und Tierkreiszeichen; Wahrsagetechniken und Winde u. a. Das Wissen der damaligen Zeit wurde so in ein den vielen Analphabeten verständliches Bleiglaslehrbuch gefasst. Formal besteht es aus Kreisen, die zusammengefasst Quadrate und Dreiecke bilden (Abb. links).

1, 2, 3: Südwind (Auster) **4:** Feuerwahrsagen (Pyromancia) **5:** Jungfrau (Tierkreiszeichen) **6:** Feuer (Ignis, Element) **7:** Krebs (Tierkreiszeichen) **8:** Löwe (Tierkreiszeichen) **9, 10, 11:** Südostwind (Euroauster) **12:** Geon (Paradiesfluss im Osten) **13:** Tigris (Paradiesfluss im Süden) **14, 15, 16:** Südwestwind (Austrozephir) **17:** Juli **18:** Juni **19:** Sommer (Estas) **20:** August **21:** September **22:** Oktober **23:** Herbst (Autumpnus) **24:** November **25, 26, 27:** Ostwind (Subsolanus) **28:** Zwillinge (Tierkreiszeichen) **29:** Luftwahrsagen (Aerimancia) **30:** Luft (Aer, Element) **31:** Stier (Tierkreiszeichen) **32:** Widder (Tierkreiszeichen) **33:** Sonne (Sol) **34:** Mond (Luna) **35:** Jahresgott (Annus) **36:** Tag (Dies) **37:** Nacht (Nox) **38:** Waage (Tierkreiszeichen) **39:** Skorpion (Tierkreiszeichen) **40:** Erde (Terra, Element) **41:** Erdwahrsagung (Geomancia) **42:** Schütze (Tierkreiszeichen) **43, 44, 45:** Westwind (Zephyrus) **46:** Mai **47:** April **48:** Frühling (Ver) **49:** März **50:** Februar **51:** Winter (Hyems) **52:** Dezember **53:** Januar **54, 55, 56:** Nordostwind (Volturnus) **57:** Euphrat (Paradiesfluss im Westen) **58:** Wassermann (Tierkreiszeichen) **59:** Fische (Tierkreiszeichen) **60:** Wasser (Aqua) **61:** Steinbock (Tierkreiszeichen) **62:** Wasserwahrsagen (Hydromancia) **63:** Phison (Paradiesfluss im Norden) **64, 65, 66:** Nordwestwind (Corus) **67, 68, 69:** Nordwind (Septentrio).

Kappellenfenster: Das Fenster ist der Mittelteil eines dreiteiligen Fensters in der Marienkapelle des Domes zu Halberstadt. Szenen aus dem Leben Jesu, der Propheten und der Könige, Bilder von Aposteln, Engels-Chören, den klugen und törichten Jungfrauen u. a. waren eine Symbolwelt, die Maria lobte, die Mutter Gottes. Sie galt als Inkarnation (Wiedergeburt) von Tugend und Weisheit – ein Symbol der Kirche (Ecclesia).

Kapellenfenster mit dem Symbol des Lamm Gottes im Spitzfenster, Dom zu Halberstadt, 1354–62

128 Religionen & Esoterik

Der astrologische Mensch, Miniatur von J. L. de Berry, um 1410, Chantilly

Prinzip	Inhalt
Entsprechung	Die Dinge hängen zusammen: wie innen, so außen.
Geist herrscht	Geist herrscht über Materie. Glaube an einen Schöpfergeist.
Gegensätzlichkeit	Alles besitzt ein Paar von Gegensätzen: Tag und Nacht.
Harmonie	Alles strebt zur Harmonie. Das Schwächere strebt zum Stärkeren.
Resonanz	Gleiches verstärkt sich mit Gleichem. Ungleiches stößt sich ab.
Rhythmus	Alles hat seine Zeit. Kommen und Gehen gehören zusammen.
Ursache-Wirkung	Alles Handeln verursacht eine Wirkung.

Prinzipien der Esoterik und ihre Inhalte

Esoterik I (Einführung)

Geschichte
Das Wort Esoterik wurde im 18. Jh. der Philosophie entlehnt. Es bedeutet »*nur für Eingeweihte bestimmt*« und meinte die wissenschaftlichen Schriften der Philosophen ARISTOTELES oder PYTHAGORAS. Dagegen war *exoterisch*, was jedermann verstand.

Esoterik, Okkultismus und Spiritualismus
Im 19. Jh. kam es im Zuge der Industrialisierung und des Zerfalls alter sozialer Strukturen zu einem Bedeutungswandel des Wortes. **Esoterik** war nun ein Überbegriff für jene Weltanschauungen, die sich als allumfassende Urprinzipien und Weltlehren begreifen. Der **Okkultismus** ist Teil der Esoterik und befasst sich mit den praktischen Ritualen. Der **Spiritualismus** ist Teil der Esoterik und sucht eine Brücke zu fernöstlichen Religionen zu schlagen. Die Esoterik steht außerhalb wissenschaftlicher Methoden und mangels übernatürlicher Anbetungsgötter auch außerhalb der Religionen. Insofern kann man die Esoterik-Mode der Gegenwart als Antwort auf die zunehmenden wissenschaftlichen Erklärungserfolge der Welt verstehen. Außerdem bietet Esoterik oft Gemeinschaften an, die in einer individualisierten und vereinsamten Welt gefragt sind. Da sie in Konkurrenz zu Religionen steht, wird Esoterik von Juden, Christen und Moslems abgelehnt.

Esoterische Strömungen (Auswahl)

Bezeichnung	Handlungs-Bereich
Astrologie	Vorhersage
Chinesisches Horoskop	Vorhersage
Freimaurer	Männerbund
Gnostizismus	Dualismus-Lehre
Kabbalismus	Mystik-Lehre
Magie	Willens-Technik
Neopaganismus	Neu-Heidentum
Neoschamanismus	Trance-Heilsystem
New Age	Heil- und Geist-Lehre
Reiki	Heil-Lehre
Tantra	Erkenntnis-Lehre
Tarot	Vorhersage/Lebensrat
Wahrsagerei	Vorhersage
Yoga	Heil- und Geist-Lehre
Zahlenmystik	Zahlen-Deutung

J. C. W. Beyer, Der Handleser, um 1765–70, London

Grundprinzipien
Die Esoterik ist kein in sich geschlossenes System. Dennoch lassen sich sieben Grundprinzipien in fast allen esoterischen Lehren mehr oder weniger wiederfinden (Tabelle links).

Zeichen und Symbol in der Esoterik
Esoterische Lehren sind meist Geheimlehren Eingeweihter. Deshalb benötigen die Mitglieder Zeichen, um sich von den Nicht-Eingeweihten zu unterscheiden. Die Zeichen können äußerer Natur sein wie z. B. das Kartendeck beim Tarot oder aber spiritueller Natur wie z. B. eine bestimmte Haltung oder Formulierungsweise. Die Symbolwerdung ist vergleichbar mit den Religionen. Sie dauerte sehr lange und wurde oft zu einem System von verschiedenen Symbolen zusammengefasst wie z. B. in der Astrologie oder bei den Freimaurern.

Abbildungen
Der astrologische Mensch: Dies ist eine Miniatur aus dem Stundenbuch des Herzogs von Berry. Es soll den Einfluss der Sternbilder auf den Menschen in einem symbolhaften Sinnbild veranschaulichen. Einzelne Körperteile werden mit Tierkreiszeichen in Verbindung gebracht. Der Tierkreis (Zodiakus) besteht aus 12 Zeichen, die hier auf die 360° verteilt sind (je 30 Grade). Der Text verbindet jeweils drei Tierkreiszeichen mit den im 15. Jh. üblichen Systemen:
1. Warm/Kalt/Trocken/Feucht
2. Männlich/Weiblich
3. Vier Temperamente
4. Vier Himmelsrichtungen

Es ist ein typisch esoterisches Sinnbild.

Der Handleser: Am Hofe der sächsischen Könige wirkte Carl Gustav Carus (1789–1869) als Handleser. Er sah in der Hand den Spiegel der Persönlichkeit eines Menschen. Die Porzellanfigur wurde von J. C. W. Beyer in der Manufaktur Ludwigsburg gefertigt. Typisch sind die Symbole auf dem Mauersockel (Buch und Kugel) sowie die einfache Kleidung des Handlesers.

130 Religionen & Esoterik

Himmelsrund · **Jupiter** · **Mond** · **Mercur** · **Venus** · **Saturn** · **Sonne** · **Mars**

Nacharel · Nabor · Vergilius · Librios

Putivar · Gedeon · Aristoteles · Seneca · Zatoris · Alauo · Theodosius · Ismahel

Astrologen und Astronomen der Antike, Deutsches Losbuch, 14. Jh.

Esoterik I (Astrologie I)

Zeichen des Himmels
Heute weiß man, dass die Sonne von der Erde 150 Millionen Kilometer entfernt ist und unsere Galaxis etwa 100 Milliarden leuchtende und ebenso viele nicht leuchtende Sterne enthält. Das Universum wird auf etwa 100 Billionen Galaxien geschätzt. Unglaubliche Zahlen und viele astrologische und astronomische Forschungen säumen den Weg zu diesen Erkenntnissen.

Geschichte
Ursache für die magische Anziehungskraft, die sich noch heute in Weltraumprogrammen widerspiegelt, ist der schier unüberbrückbare Gegensatz: Wir sehen die Sterne, können sie aber nicht leicht »begreifen«. Es gehört bis heute zu den Fragen der Fragen, wie es zur Entstehung des Universums und des Sternenhimmels kam. In fast allen Kulturen kennt man kosmische Mythen, die diese Frage beantworten sollen (Tabelle).

Kultur	kosmischer Mythos
China	Fu-Sang-Baum
Maya	Axis Mundi (Ceibabaum)
Skandinavien	Yggdrasil (Weltenbaum)
Tibet	Mandala

Die Himmelszeichen lehrten die Menschen den Rhythmus von Tag und Nacht. Sonne und Mond spielen dabei die Hauptrolle. So gibt es noch heute kaum einen Kalender ohne die kalendarische Einheit des Sonnentages, der 24 Stunden misst, und des vom Wort Mond abgeleiteten Monats. Obwohl die Sonne niemals untergeht, sprechen wir vom Sonnenuntergang. Die alten Völker definierten den Tag als Zeit zwischen Sonnenauf- und -untergang, begannen jedoch je nach Kultur unterschiedlich (Tabelle).

Kultur	Kalendertag (Dies civilis)
Ägypten	von Morgen zu Morgen
Babylonier	von Abend zu Abend
Griechen	von Abend zu Abend
Römer	von Mitternacht zu Mitternacht
seit MA	von Morgen zu Morgen

Der Mond diente in zwei Varianten der Zeitmessung, wobei sich der synodische Monat fast überall durchgesetzt hat (Tabelle).

Zeit	Monatsname
29 d 12 h 44 min 2,9 sec	synodisch
27 d 7 h 43 min 11 sec	siderisch

Himmelsscheibe von Nebra, 1600 v. Chr.
(Bogen, Sonne oder Vollmond, Stern, Halbmond, Sternenhimmel, Horizontbarke, Bogen)

Die Deutung des Sternenhimmels von den Anfängen bis zum Mittelalter
Die frühesten Modelle stammen aus dem Alten Orient. Sie wurden im Buch Genesis der Bibel verarbeitet um etwa 550 v. Chr. aufgeschrieben. Darin ist die Erde eine Scheibe und ruht auf Säulen; die Sterne sind Lampen am Himmel. Im Gegensatz zum Orient, wo Sonne, Mond und Sterne Götter und Dämonen sind und der Dualismus Licht-Finsternis vorherrscht, ist die biblische Welt von Gott getrennt und sie wird als Ganzes bejaht. Das biblische Modell entstammt der Antike, in der es bereits unterschiedliche, geozentrische Modelle gab. Grundsätzlich glaubte man, dass sich Mond, Merkur, Venus, Sonne, Mars, Jupiter und Saturn von Osten nach Westen um den irdischen Beobachter bewegen. PHILOLAOS VON KROTON (5. Jh. v. Chr.) sah kreisförmige Bewegungen um ein Zentralfeuer; PLATON (427–347 v. Chr.) postulierte eine Weltachse, an der die 7 Planeten befestigt wären; EUDOXOS VON KNIDOS (4. Jh. v. Chr.) sah sich drehende homozentrische Sphären; HERAKLEIDES VON PONTOS (4. Jh. v. Chr.) meinte, dass Erde und Sonne sich um ein gemeinsames Zentrum drehten; ARISTOTELES (384–322 v. Chr.) sah den gesamten Himmel sich mit den Sternen um die Erde drehen; KLAUDIOS PTOLEMAIOS (2. Jh. n. Chr.) sah über einer Erdkugel acht Äthersphären schweben. Die Römer trugen nicht mit eigenen Modellen zur Astronomie bei. Im Mittelalter gehörte die Astronomie zu den sieben freien Künsten und wurde v. a. für die Berechnung christlicher Feste wie z. B. Christi Himmelfahrt benötigt (Abb.).

Sonne Mond Mars Merkur
Jupiter Venus Saturn Körper des Dämons Kopf des Dämons

Indische Astrologie

Jahre der Ratte	1900	1912	1924	1936	1948	1960	1972	1984	1996	2008	2020	2032	2044
Jahre des Ochsen	1901	1913	1925	1937	1949	1961	1973	1985	1997	2009	2021	2033	2045
Jahre des Tigers	1902	1914	1926	1938	1950	1962	1974	1986	1998	2010	2022	2034	2046
Jahre des Kaninchen	1903	1915	1927	1939	1951	1963	1975	1987	1999	2011	2023	2035	2047
Jahre des Drachens	1904	1916	1928	1940	1952	1964	1976	1988	2000	2012	2024	2036	2048
Jahre der Schlange	1905	1917	1929	1941	1953	1965	1977	1989	2001	2013	2025	2037	2049
Jahre des Pferdes	1906	1918	1930	1942	1954	1966	1978	1990	2002	2014	2026	2038	2050
Jahre des Schafes	1907	1919	1931	1943	1955	1967	1979	1991	2003	2015	2027	2039	2051
Jahre des Affen	1908	1920	1932	1944	1956	1968	1980	1992	2004	2016	2028	2040	2052
Jahre des Hahnes	1909	1921	1933	1945	1957	1969	1981	1993	2005	2017	2029	2041	2053
Jahre des Hundes	1910	1922	1934	1946	1958	1970	1982	1994	2006	2018	2030	2042	2054
Jahre des Schweines	1911	1923	1935	1947	1959	1971	1983	1995	2007	2019	2031	2043	2055

Chinesische Tierzeichen und ihre Jahre

Esoterik III (Astrologie II)

Die Deutung des Sternenhimmels von der Renaissance bis zur Gegenwart

In der Renaissance erlebten Astrologie und Okkultismus eine streitbare Blüte. Befürworter und Gegner veröffentlichten dank der Erfindung des Buchdrucks zahlreiche Werke. S. BUTLER (1612–80) verspottete den damals in Oxford bekannten Astrologen E. ASHMOLE (1617–92), nach dem noch heute das Ashmolean Museum der University of Oxford benannt ist:

> »Und wusste, wann der Mond im rechten Maß zum Ähren schneiden oder Aderlass, wann man am besten salbe Schorf und Krätze, oder an Beulen Egel setze ...«

Die kopernikanische Wende

Die Astrologie ging von der Vorstellung aus, dass sich die Sonne und die anderen Planeten um die Erde drehen. N. KOPERNIKUS (1473–1543) bewies das Gegenteil: Die Erde dreht sich um die Sonne. Eigentlich sollte dies das Ende aller Astrologie sein. Jedoch bemühten sich die Astrologen erfolgreich, die neue Konstellation in ihre Theorien einzubauen. Man trennte aber die Astrologie von der Astronomie ab. Über das Verhältnis beider sagte J. KEPLER (1571–1630):

> »Die Astrologie ist das närrische Töchterlein der achtenswerten Mutter Astronomie!«

Diese Auffassung hat sich bis heute erhalten, obwohl ein Kern an nachgewiesenem Einfluss der Gestirne auf das menschliche Leben immer wieder die Phantasie beflügelt.

Indien

In Indien geht es bei der astrologischen Vorhersage weniger um psychologische Charaktere als um faktische Ereignisse, die sich vorhergesagt werden sollen. Ähnlich wie in der westlichen Astrologie besitzen Planeten negative und positive Bedeutungen (Tabelle).

Positiv	Negativ	Ambivalent
Jupiter	Mars	Merkur
Mond	Saturn	
Venus		

China

Die chinesische Astrologie orientiert sich ebenfalls an den Tierkreiszeichen, die jedoch andere Tiere als Namenspatrone haben (Abb. Chinesische Tierzeichen und ihre Jahre). Die positive und negative Zuordnung der Planeten basiert auf dem Yin-Yang-Prinzip (Tabelle rechts).

Yin	Yang
Mond	Sonne
Venus	Jupiter
Merkur	Mars
	Saturn

Abbildungen

Indische Astrologie: Es handelt sich um Symbole der neun Planeten aus dem »Lagnacandrika«, einem in Sanskrit geschriebenen Werk über Geburtsastrologie. Die Planeten heißen in Indien: Surya (Sonne), Candra (Mond), Bhauma (Mars), Bhudha (Merkur), Brhaspati (Jupiter), Sukra (Venus), Sani (Saturn), Ketu (Körper des Dämons), Saimhikeya (neunter Planet, verantwortlich für die Kometen und die Sonnenfinsternis).

Chinesische Tierzeichen: Zu den Tierzeichen kommen pro Jahr noch die Yin-Yang-Zuordnung, die Zuordnung zu einem der fünf Elemente (Holz, Feuer, Erde, Metall, Wasser) und die Polung (+ oder -). So war z. B. das Jahr vom 10. 2. 1948 bis 28. 1. 1949 Yang, Erde und +. Das Element und die Polarität bilden dabei ein zusammenhängendes Paar, das auf eine Charaktereigenschaft schließen lassen soll (Tabelle).

Element	Positiv	Negativ
Holz	kooperativ	unvorsichtig
Feuer	selbstbewusst	dominierend
Erde	systematisch	phantasielos
Metall	standhaft	eigensinnig
Wasser	überzeugend	passiv

Je nach Zuordnung der kommenden Jahre soll man sich demnach entsprechend der Konstellation der Planeten und der Tierkreiszeichen verhalten. Dann kann der Native, wie der Kunde bei den Astrologen genannt wird, profitieren. Wie in der nicht belegbaren Wissenschaftlichkeit der westlichen Horoskope sind auch die chinesischen davon abhängig, ob man daran glaubt.

Horoskop eines Neugeborenen Jost Amman (1539–1591) Holzschnitt, 1587, Philadelphia

Esoterik IV (Freimaurer)

Freimaurer (englisch »freemasonry«, französisch »franc-maçonnerie«) sind die Angehörigen einer Gemeinschaft von Männern mit humanistischen Zielen in verschiedenen Ländern. Ihr Name leitet sich von den mittelalterlichen Bauhütten ab. Die Wertschätzung des Maurerhandwerks in Mittelalter und Renaissance, die sich in dieser Entlehnung widerspiegelt, ist heute kaum nachzuvollziehen. Die Bünde wurden zuerst in England im 18. Jh. gegründet, wo der Zusammenschluss von fünf Londoner Logen (Loge = Versammlungsort) zu einer Großloge am 24. Juni 1717 als Geburtsstunde gilt. Sie sind als Fachverband im absoluten Staat und gegenüber der Kirche zu sehen. Deshalb wurden sie auch von beiden bekämpft. Als Geheimbund bedurften sie Erkennungszeichen für ihre Brüder und ihrer strengen Hierarchie. Symbole dienten der Verdichtung und Veranschaulichung der geistigen Konzepte. Lehrtafeln veranschaulichen dies (Abb.).

Abbildung
1: Die Kordel weist auf die Darstellung des Bildes als Teppich hin. Dieser symbolisiert die Begrenzung des geweihten Raums.
2, 12, 13, 24: Die Logen sind nach den Himmelsrichtungen orientiert (Tabelle, Abb.).

Richtung	Deutung
Osten (East)	Sitz des Meisters vom Stuhl
Westen (West)	Eingang der Loge
Süden (South)	Redner o. zweiter Aufseher
Norden (North)	Schriftführersitz

3: Die Sonne ist Sinnbild des Tages und Teil der »drei kleinen Lichter«, die die Lichtquellen der Loge darstellen.
4: Allsehendes Auge (engl. »all-seeing eye«, frz. »delta lumineux«). Es ist Sinnbild der alle Geheimnisse durchdringenden und ewigen Wachsamkeit Gottes.
5: Der Mond ist Symbol der Nacht und Teil der »drei kleinen Lichter« (s. Sonne).
6, 8, 9: Insgesamt gehören fünf Säulen zur Errichtung eines Freimaurertempels. Drei davon tragen die »drei kleinen Lichter«. Sie versinnbildlichen, dass der geistige Bau getragen wird von 'Stärke' (»strength« = s), 'Weisheit' (»wisdom« = w) und 'Schönheit' (»beauty« = b). Die leitenden drei Beamten der Loge stehen ebenfalls dafür (Tabelle).

Beamter	Säule
Meister	Weisheit, ionisch
Erster Aufseher	Stärke, dorisch
Zweiter Aufseher	Schönheit, korinthisch

7, 11, 17, 18: Die Jakobsleiter bezieht sich auf die Bibel (Moses 1, 28). Sie steht auf einer Bibel (Abb.) und ihre drei Hauptstufen sind Glaube (**18:** Frau mit Buch), Liebe (**7:** Frau mit Kindern) und Hoffnung (**11:** Anker und grünes Kleid).
10: Das Hängen des Schlüssels an einem Band an der Jakobsleiter sowie die englische Herkunft der Tafel deutet auf das Wortspiel:
»It is said to hang, and not to lie«
'Man sagt, dass er hänge und nicht lüge'
Schlüssel bezieht sich dabei auf die Zunge, die wie die menschliche Zunge in Ab- und Anwesenheit eines Freimaurers gleich gut spricht und, wenn es nichts Gutes zu sagen gibt, schweigt. To lie kann dabei sowohl liegen (deshalb hängt er ja) oder lügen bedeuten (Wortspiel).
14, 15: Der unbehauene Stein (**14**, engl. »rough ashlar«, frz. »pierre brute«) gilt zusammen mit dem behauenen oder kubischen Stein (**15**, engl. »perfect ashlar«, frz. »pierre cubique«) und dem Reißbrett (**19**) in bestimmten Freimaurersystemen als sog. »unbewegliches Kleinod«. Der unbehauene Stein steht für die Unvollkommenheit und den Neuaufgenommenen, der an sich arbeiten muss (Meißel und Klöppel, Abb.). Der kubische Stein dagegen symbolisiert den Stein, an den das Winkelmaß angelegt werden kann, und den Gesellen. Dieser muss jedoch weiter seinen Verstand erhellen, wofür die Laterne auf dem kubischen Stein steht (**15**).
16: Winkelmaß (engl. »square«, frz. »equerre«) und Zirkel (engl. »compasses«, frz. »compas«) und Bibel bilden die sog. »drei großen Lichter« (Tabelle).

Symbol	Deutung
Winkelmaß	rechtmäßiges Handeln
Zirkel	Menschenliebe, Gefühle
Bibel	Tempelausstattung

19: Das Reißbrett (engl. »tracing-board«, frz. »planche à tracer«) ist Attribut des Meisters. Er sitzt daran, um den Bauriss zu zeichnen.
20: Die Setz- oder Wasserwaage (engl. »level«, frz. »niveau«) ist Sinnbild für die Gerechtigkeit und Gleichheit und Würde unter den Menschen. Sie ist zugleich Zeichen des ersten Aufsehers.
21, 22: Die schwarzen und weißen Karos symbolisieren den Kampf zwischen Gut und Böse. Schwarz ist auch Farbe der Trauerlogen und weiß Sinnbild der Reinheit des Herzens und der Makellosigkeit.
23: Die Lotwaage gilt als Symbol der Rechtschaffenheit und des aufrichtigen Verhaltens.

Religionen & Esoterik

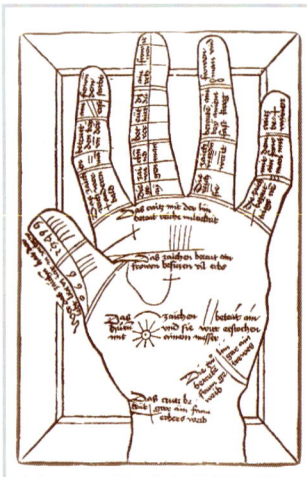 Johannes Hartlieb (1400–68)
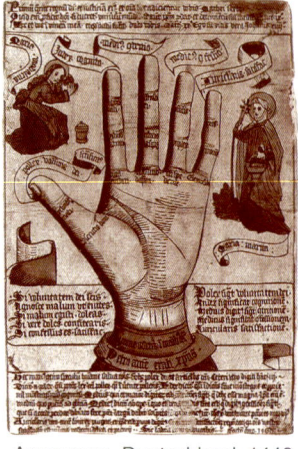 Anonymus, Deutschland, 1446
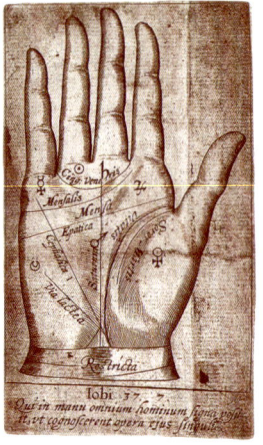 Johann Rothmann, 1652

Historische Handlesedrucke

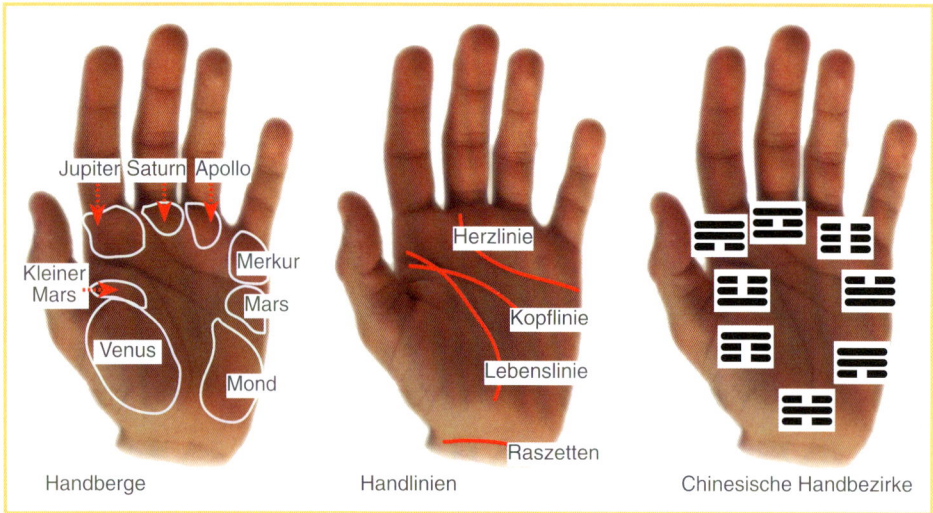

Handberge — Handlinien — Chinesische Handbezirke

Die wichtigsten Zeichen für das Handlesen

Der Daumen steht für Vitalität, Energie und Schicksalsbewältigung. Ein langer Daumen symbolisiert Intellekt, Sensibilität und Durchsetzungskraft. Ein kurzer Daumen steht für einen Hang zum Materialismus. Der Mann an der Spitze ist Symbol der Willenskraft.
Der Beobachter auf dem Wurzelglied steht für Sensibilität.

Auf dem Venusberg vergnügt sich ein Liebespaar.

Die Lebenslinie ist mit Bildern verschiedener Altersgruppen illustriert.

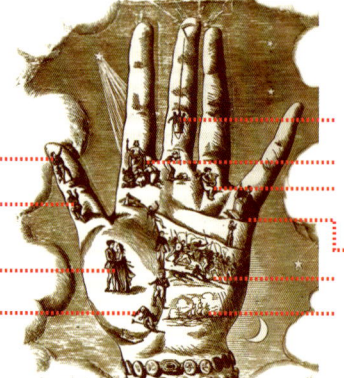

Der Mittelfinger steht für Nüchternheit, Skepsis, Neugier und Ausgeglichenheit. Er trennt die linke aktive von der rechten passiven Seite der Hand. Die beiden Bergarbeiter arbeiten im Saturnberg.
König auf dem Jupiterberg
Auf dem Apolloberg der lyraspielende Apoll
Professor auf Merkurberg
Krieg auf dem Marsfeld
Über den Mondberg fahren mehrere Segelschiffe in stürmischer Nacht.

Adolphe Desbarolles (1801–86), »Les mystères de la main, révélatins complètes«, Paris, 1859

Esoterik V (Handlesen)

Einführung

Die Handlesekunst wird als »Chirologie« für 'Handwissenschaft' oder »Chiromantie« für 'Handwahrsagung' bezeichnet. Das Wort »Chirurg« für 'Heiler mit der Hand' bzw. 'Operationsmediziner' ist damit verwandt. Im Zuge der Entwicklung der Symptomatik, also der Diagnose der Ursachen von Krankheiten mittels Zeichen des Körpers, nahm die Bedeutung der Handlesekunst zu. Dabei ging man von der Schöpferidee aus und vermutete bewusste Zeichen Gottes über Charaktereigenschaften eines Menschen. Viele haltlose Spekulationen waren damit verbunden. Heute weiß man aus vielen Studien, dass z. B. die Länge des Ringfingers des Mannes einen Hinweis auf sein Sexualverhalten und Berufserfolg geben kann. So belegen Studien, dass Fußballspieler der obersten Liga längere Ringfinger haben als die der unteren. Gleiches gilt für die Geiger eines Sinfonieorchesters. Die statistische Signifikanz des Sexualverhaltens zeigt die folgende Tabelle.

Allessandro Achellini (1463–um1512) nutzte als Arzt das Handlesen für medizinische Zwecke.

Geschlecht	Ringfinger	Deutung
Mann	lang	viele Frauen/Kinder
Frau	kurz	viele Kinder

Geschichte

Die Hand kann als Symbolträger auf eine sehr lange Geschichte zurückblicken. Zwischen 27 000 und 23 000 vor der Gegenwart war es in der Periode des Gravettien Mode, mit rotem Farbpulver Hände auf Felsen zu malen. 9000–7000 v. Chr. gab es diesen Trend in Südamerika (Abb. rechts). Die frühesten Handlesehinweise stammen aus Indien. In den Veden wird Skanda erwähnt, der Gott der Handlesekunst und der Astrologie. Aus dieser Zeit (um 1500 v. Chr.) stammt die enge Verbindung von Handlesekunst und Astrologie. Man sah in den Zeichen auf Hand und Fuß kosmisch-göttliche Hinweise. So finden sich auch auf den zahlreichen Darstellungen von Buddhas Fußabdruck Zeichen. Die früheste europäische Darstellung stammt von ARISTOTELES (385–322 v. Chr.):

Handbilder, Santa Cruz, Argentinien, 9000–7000 v. Chr.

»*Die Innenfläche der Hand ... weist verschiedene Linien ... auf; bei Menschen mit einem langen Leben sind es zwei Linien, die rechts weit über die Handfläche verlaufen ...*«.

Im Mittelalter gab es Befürworter und Gegner der Handlesekunst. Insbesondere die Roma übten sich darin. In der Renaissance wurde mehr Aufmerksamkeit auf die medizinische Symptomatik der Hände gelegt. Wichtiger Vertreter war A. ACHILLINI (1463– um 1512, Abb. Mitte).

Sinn und Kritik

Wissenschaftlich bewiesen sind nur wenige Zusammenhänge: Knotige Finger weisen auf eine Lungenleiden oder eine chronische Krankheit; ein roter Mondberg auf ein Leberleiden; Ringfingerlängen hängen mit den Androgenduschen zusammen und weisen statistisch signifikante epigenetische Sachverhalte, z. B. Untreue nach. Alles Weitere lässt sich nicht belegen und muss als Spekulation bezeichnet werden.

Abbildungen

Johannes Hartlieb: Er war einer der ersten, die ein systematisches Werk über die Handlesekunst schrieben (»Die Kunst Chiromantia des Meisters Hartlieb«).
Anonymus: Die Hand symbolisiert in diesem Farbholzschnitt das Spiegelbild der Erlösung.
Johann Rothmann: Dies ist das Titelblatt einer Abhandlung über die Divination von Rothmann. »Mensa« ist die darauf Handlinie des Geistes; »Vitalis« die Linie des Lebens; »Saturnia« die Linie des Schicksals.
Die wichtigsten Zeichen für das Handlesen: Die Hügel und Linien sind die wichtigsten Zeichen. In China sind die acht Handbezirke entscheidend.
Adolphe Desbarolles: Er war der Meinung, dass es keiner besonderen Fähigkeiten zum Handlesen bedarf.

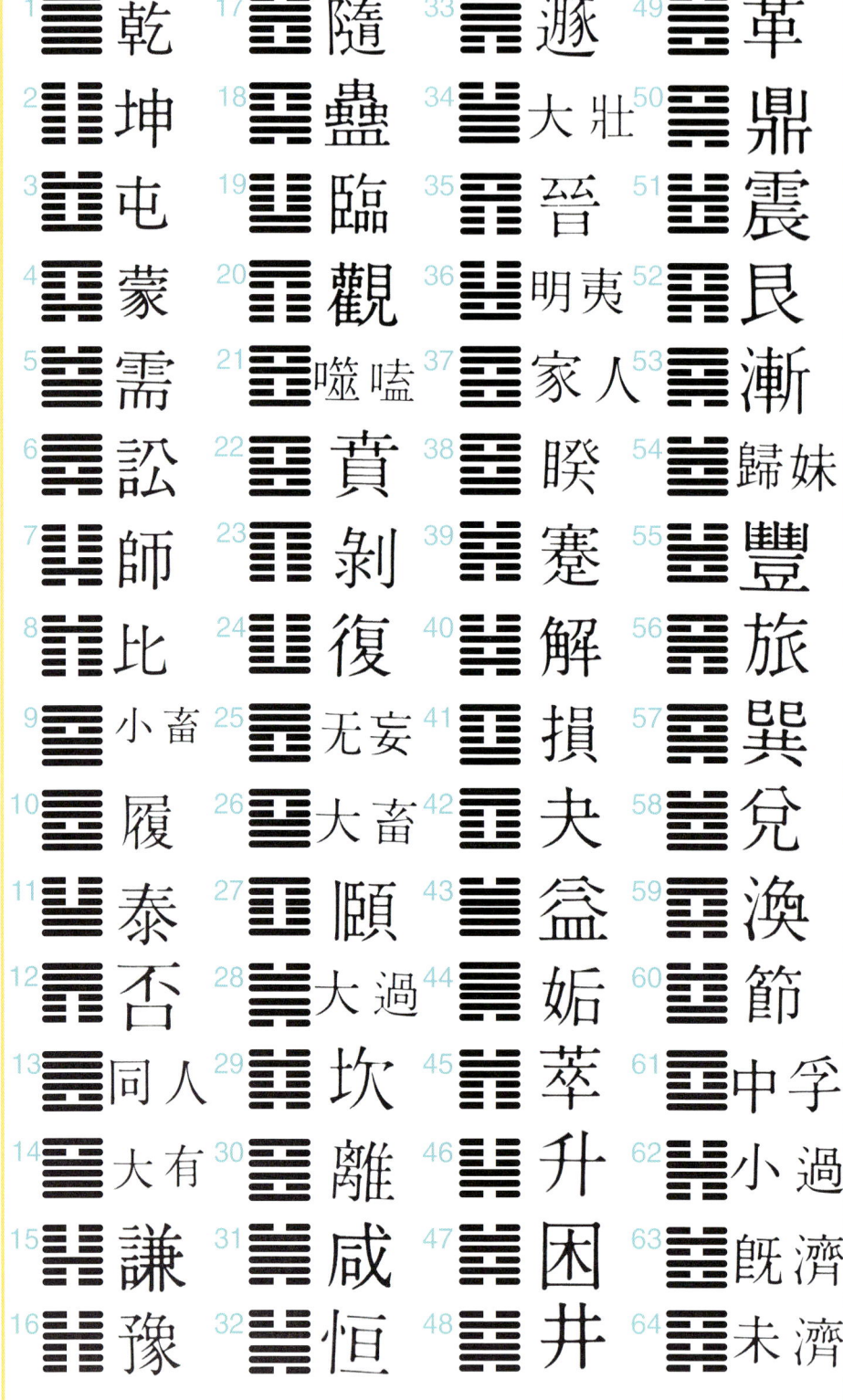

Esoterik VI (I Ching)

Inhalt

I Ching oder in alter Schreibweise I Ging bedeutet 'Buch der Wandlungen'. In China gilt es als ältestes philosophisches Werk. Im Westen ist vor allem die Weissagung mit I Ching bekannt. Es geht darum, wie man in seinem Leben kluge Entscheidungen trifft. Die wichtigsten Ideen sind:
1. Akzeptanz gegenüber Veränderung
2. Ausgewogenheit der Gegenteile.

Geschichte und System

Die Ursprünge liegen im Dunkeln. Sie sind mit dem Yin-Yang-Prinzip verbunden. Kaiser Fu Hsi (3. Jt. v. Chr.) soll Yin und Yang, die »Pa Kua«, die 'Acht Diagramme', entwickelt haben (Abb. Mitte). Daraus wurden 64 Hexagramme, die auch der Entscheidungsfindung dienen. Münzwürfe ergeben die Linie (von unten begonnen): Kopf = 3 und Zahl = 2. Mit den drei Münzen können also 9/7 oder 8/6 als Summe geworfen werden. Die Ungeraden bedeuten durchgehende Yang-Linien, die Geraden unterbrochene Yin-Linien. Es gibt 4096 mögliche Übergänge (Tabelle).

Faktor	Möglichkeiten
2^6	64 Situationen
je 6 Zusätze	384 Hinweise
64 x 64 Wege	4096 Wege

Beispiel

Ein Student möchte wissen, ob es für ihn besser ist, mit einem Austauschprogramm in die USA zu gehen. Geht er, gewinnt er zusätzliche Reputation. Bleibt er, kann er das Jahr in vertrauter Umgebung abschließen und vielleicht bessere Ergebnisse erlangen. Als I-Ching-Rat 33 könnte herauskommen: Titel: Rückzug; Rat: »Gelingen. Bei kleinen Dingen ist Ausdauer vorteilhaft.« Überlegtes Handeln ist unüberlegtem Handeln überlegen, könnte man den Ratschlag zusammenfassen. Konzentriertes Bedenken ist das Ziel von I Ching.

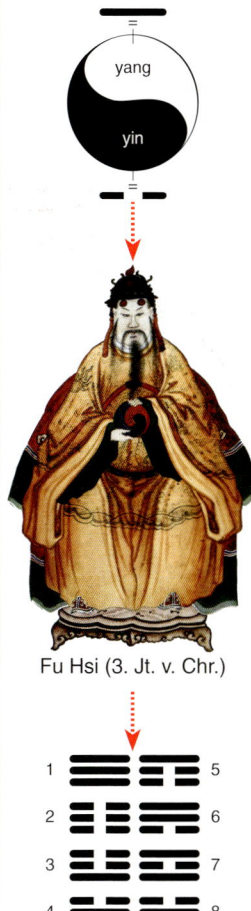

Fu Hsi (3. Jt. v. Chr.)

Die Acht Trigramme, die auch Diagramme genannt werden

Entwicklung der Acht Trigramme aus den beiden Grundlinien des Yin-Yang

Abbildungen (Titel der Hexagramme)

1: Stark, kreativ. Yang. **2:** Empfangend, folgsam, Yin. **3:** Aller Anfang ist schwer, Bleiben und Vorbereitung. **4:** Nicht entwickelt, unbekannt, nicht erzogen, törichtes Kind. **5:** Warten, Geduld, Notwendigkeit. **6:** Streit, Konflikt. **7:** Armee, Lehrer, Führer. **8:** Auswahl, gegenseitige Unterstützung, Vereinigung. **9:** Eine Weile bleiben, Pflegen, Zurückhaltung. **10:** Laufen, Treten, Schuh. **11:** Yin und Yang als Harmonie, Frieden, offener Weg. **12:** Unruhe, Unfrieden Verschlossenheit, Stillstand. **13:** Gleichheit, gleiche Art. **14:** Großer Reichtum. **15:** Demut, Bescheidenheit. **16:** Glück, Begeisterung. **17:** Nachfolge. **18:** Korruption, Gift. **19:** Kommen. **20:** Betrachtung, Ansicht. **21:** Beißen, Kauen. **22:** Glanz. **23:** Zersplitterung. **24:** Rückkehr, Genesung. **25:** Unschuld, Unerwünscht, Unerwartet. **26:** Förderung, Beherrschung. **27:** Nahrung, Mundwinkel. **28:** Übermaß. **29:** Falle, Tiefe. **30:** Feuer, Haften, Helligkeit. **31:** Einfluss. **32:** Ausdauer. **33:** Rückzug. **34:** Stärke. **35:** Aufstieg, Fortschritt. **36:** Schwäche, Verwundung. **37:** Familienmitglied. **38:** Zwietracht, Widerspruch. **39:** Hindernis. **40:** Lösung, Erleichterung, Befreiung. **41:** Verletzung, Schaden. **42:** Vermehren. **43:** Entschiedenheit, Resolutheit. **44:** Treffen. **45:** Versammlung. **46:** Erheben, Emporsteigen. **47:** Unterdrückung, Erschöpfung. **48:** Brunnen. **49:** Veränderung, Revolution. **50:** Kessel. **51:** Beben, Schwanken, Erschütterung. **52:** Stillhalten, Berge. **53:** Entwicklung, allmählicher Fortschritt. **54:** Heiratendes Mädchen. **55:** Reichtum, Überfluss, Fülle. **56:** Reisender, Fremder. **57:** Gehorsam, Nachgeben. **58:** Freude. **59:** Lösung, Trennung, Vereinzelung. **60:** Kontrolle, Selbstbeschränkung, Selbstbeherrschung. **61:** Innere Aufrichtigkeit, Verständnis. **62:** Übergewicht des Unbedeutenden. **63:** Nach der Vollendung, schon vollendet. **64:** Vor der Vollendung, noch nicht vollendet.

Religionen & Esoterik

Das Tarot beginnt mit der Zahl 0 und endet mit 21, 22 Figuren symbolisieren die 22 Buchstaben des hebräischen Alphabets.

Der Name der Figur symbolisiert die Botschaft der Karte.

Attribute dienen dem Kenntlichmachen der dargestellten Person. Wanderstock und Verpflegungssack deuten auf den Narren als einen Wandersmann durch das Leben, wie ihn auch Bosch in seinem Landloperbild darstellt.

0 Narr

0 Narr

1 Magier

2 Hohepriesterin

3 Herrscherin

4 Herrscher

5 Hohepriester

6 Liebende

7 Wagen

8 Gerechtigkeit

9 Einsiedler

10 Glücksrad

11 Kraft

12 Gehängter

13 Tod

14 Mäßigung

15 Teufel

16 Turm

17 Stern

18 Mond

19 Sonne

20 Jüngstes Gericht

21 Welt

Esoterik VI (Tarot)

Geschichte
Die Herkunft des Wortes »Tarot« ist nicht genau bewiesen. Es kann 'das' oder 'der' Tarot genannt werden. Tarot ist ein Kartenorakel. Der Ursprung liegt im Orient, woher während der Kreuzzüge zahlreiche Errungenschafen in das Abendland gelangten und den Spruch prägten:
»*Ex oriente lux*«.
'Aus dem Osten kommt Licht'
Das älteste Tarot stammt aus dem 14. Jh. aus Venedig. Wie sehr diese Übernahme die westliche Welt beeindruckte, zeigt das Bild »Der Landloper« von BOSCH, der sich an das Motiv anlehnte (Abb. Mitte).

Kartendeck
Tarot besteht aus 78 Karten, wobei 22 davon die »großen Arkana« und 56 die »kleinen Arkana«, also 'kleine Geheimnisse', genannt werden. Die Kartendesigns sind unterschiedlich. Am bekanntesten sind das Tarot von Marseille (16. Jh.), das Tarot von RIDER-WAITE (1910) und das CROWLEY-Tarot (1969). Künstler wie S. DALÍ oder N. DE SAINT PHALLE schufen ebenso eigene Decks.

Sinn und Kritik
Die Tarotkarten stellen menschliche Situationen dar, die als ein meditatives Bilderspiel in bestimmten Figurationen ausgelegt und zahlensymbolisch differenziert gedeutet werden. Wenngleich keine wissenschaftliche Erkenntnis aus den Karten für eine individuelle Lebenssituation gewonnen werden kann, sind die Karten ein gutes Instrument, um mittelbar über Probleme mit einer nicht aus der eigenen Familie oder dem Freundeskreis stammenden Person zu reden. Es kommt ähnlich wie beim Arzt, beim Lehrer, beim Anwalt oder beim Psychologen darauf an, inwieweit diese Person in der Lage ist, problemlösend auf der Basis psychologischer Grundsituationen auf den Frager einzugehen.

Tarot von Marseille, 15. Jh.

H. Bosch, Landloper, um 1510

Tarot als Anregung für Künstler

Abbildungen
0 Narr: Kind, Naivität; Rat: spielerisches Lernen, Neues ausprobieren.
1 Magier: Schöpfer, Meister; Rat: Initiative ergreifen, Meisterschaft erlangen.
2 Hohepriesterin: Himmelskönigin, Prophezeiung; Rat: geduldig auf den rechten Augenblick warten, Echo sein (reagieren).
3 Herrscherin: Mutter, Verständnis; Rat: fruchtbar sein, Neues schaffen.
4 Herrscher: Vater, Vater Staat; Rat: Macht ausüben, Schutz geben.
5 Hohepriester: Heiliger, Moral; Rat: Lebenssinn suchen, Tradition achten.
6 Liebende: Wahl, Heirat; Rat: Entscheidung aus dem Herzen treffen.
7 Wagen: Konflikt; Rat: Widerspruch meistern.
8 Gerechtigkeit: Klugheit, Ausgeglichenheit; Rat: Gesetze verstehen, fair sein.
9 Einsiedler: Weisheit, Erleuchtung; Rat: sich besinnen, weise werden.
10 Glücksrad: Berufung, Schicksal; Rat: Einsicht in Notwendiges, im Glück demütig sein.
11 Kraft: Zähmung des Tiers; Rat: Überlegenheit des Willens über die Begierde anstreben.
12 Gehängter: Prüfung, Übergang; Rat: Umkehr, Opfer, Entsagung.
13 Tod: Tod, Übergang; Rat: Abschied, sich lösen, etwas abschließen.
14 Mäßigung: Gelassenheit; Rat: die richtige Mischung finden, sich Führung anvertrauen.
15 Teufel: Frust, Widersacher; Rat: Dunkles bewusst machen, Einsicht in eigene Schattenseiten finden.
16 Turm: Befreiung, Inspiration; Rat: Grenzen überschreiten, ausbrechen.
17 Stern: Weisheit, Hoffnung; Rat: Hoffnung finden, Vision erlangen.
18 Mond: Nacht, Warnung; Rat: Angst überwinden, heimliche Feinde erkennen.
19 Sonne: Tag, Wachstum; Rat: echte, ehrliche Versöhnung, jugendlich sein.
20 Jüngstes Gericht: Auferstehung, Sühne; Rat: Erlösung finden.
21 Welt: wiedergefundenes Paradies, Synthese, Vollendung; Rat: seinen Platz finden.

Religionen & Esoterik

Die zwölf Tierkreiszeichen, Italienisches Stundenbuch, um 1475, New York

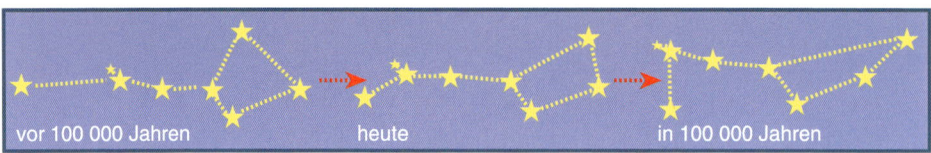

vor 100 000 Jahren   heute   in 100 000 Jahren

Fixsterne verändern nur sehr langsam ihre Stellung am Himmel: der Große Wagen im Zeitvergleich

Einführung

Das Wort »Tierkreis« ist eine Übersetzung des lateinischen Wortes »zodiacus« für 'Tierchen'. Das lateinische Wort entstammt dem griechischen »ζωδιον« 'Zeichen'. Die Tierkreiszeichen sind 12 von ursprünglich 13 Sternbildern (der Schlangenträger Asklepios als 13. Zeichen wurde in der Antike weggelassen). Unsere Vorfahren verstanden die Sterne nicht als naturwissenschaftliches Phänomen. Sie sahen aus Mangel an Erklärungen einen »großen Beweger« am Werk, der den »himmlischen Lampenladen« als Signalinstrument für seine Botschaften nutzte. Die Menschen synthetisierten die Einzelsterne zu erkennbaren Bildern. Da sieben der 12 Zeichen Tiernamen tragen, nannten sie diese Tierkreiszeichen. Die Zeichen besitzen in den verschiedenen Kulturen unterschiedliche Namen (Tabelle).

Deutschland	Babylon	Ägypten	China
Widder	Taglöhner	Kater	Hund
Stier	Himmelsstier	Hund	Hahn
Zwillinge	Zwillinge	Schlange	Affe
Krebs	?	Käfer	Schaf
Löwe	Löwe	Esel	Pferd
Jungfrau	Ähre	Löwe	Schlange
Waage	Waage	Bock	Drache
Skorpion	Skorpion	Stier	Hase
Schütze	?	Sperber	Tiger
Steinbock	Ziegenfisch	Affe	Stier
Wassermann	Wassermann	Ibis	Ratte
Fische	Fische	Krokodil	Schwein

Horoskope (Vorhersagen)

»Horoskop« bedeutet 'Stundenanzeiger' und soll aus der Sternenkonstellation der Geburtszeit die Zukunft zeigen. Es gibt drei wichtige Arten (Tabelle).

Bezeichnung	Ziel der Vorhersage
Elektion	Günstiger Zeitpunkt
Stunden-Astrologie	Ratsamkeit einer Tat
Synastrie	Mehrpersonenvergleich

Sinn und Kritik

Für den Zusammenhang von Geburtszeit und z. B. Leistungen und Lebensalter von Menschen sprechen Studien der Universität Oslo und des Max-Planck-Instituts für demographische Forschung in Rostock. So werden Herbstgeborene älter als Frühlingsgeborene. In den ersten drei Monaten des Jahres Geborene hatten im Alter zwischen 14 und 15 signifikant bessere Schulleistungen als Kinder, die in den letzten drei Monaten des Jahres geboren waren. Sommergeborene haben die positivste Lebenseinstellung. Dagegen lassen sich genaue Vorhersagen, wie sie Tageszeitungen veröffentlichen, wissenschaftlich nicht belegen.

Abbildungen

1 Widder (♈, Aries, 21. 3.– 20. 4.): kardinale Qualität; Element Feuer; positive Polarität. Der Widder wird zuerst aufgeführt, weil in Mesopotamien die Sonne im Frühling in diesem Sternbild aufging.

2 Stier (♉, Taurus, 21. 4.–20. 5.): feste Qualität; Element Erde; negative Polarität. Der Stier stammt aus einer babylonischen Sage, nach der er wegen einer Tötung ewig am Himmel den Pflug ziehen musste.

3 Zwillinge (♊, Gemini, 21. 5.–21. 6.): bewegliche Qualität; Element Luft; negative Polarität. Zwillinge sind in verschiedenen Kulturen unterschiedliche Wesen: Südafrikaner sehen zwei Frauen, Chinesen Yin und Yang, die Antike die Zwillingssöhne des Zeus.

4 Krebs (♋, Cancer, 22. 6.–22. 7.): kardinale Qualität; Element Wasser; negative Polarität. Der Krebs stammt aus der Antike, wo Hera ihn an den Himmel hob, nachdem er Herakles in den Zeh gekniffen hatte.

5 Löwe (♌, Leo, 23. 7.–23. 8.): feste Qualität; Element Feuer; positive Polarität. Der Löwe ist mit der Sonne verbunden und symbolisiert Hitze und Helligkeit.

6 Jungfrau (♍, Virgo, 24. 8.–22. 9.): bewegliche Qualität; Element Erde; negative Polarität. Die Jungfrau symbolisiert Unschuld.

7 Waage (♎, Libra, 23. 9.–23. 10.): kardinale Qualität; Element Luft; positive Polarität. Die Waage leitet sich von der Tag-und-Nacht-Gleiche im Herbst ab.

8 Skorpion (♏, Scorpius, 24. 10.–22. 11.): feste Qualität; Element Wasser; negative Polarität. Es ist eines der ältesten Sternzeichen.

9 Schütze (♐, Sagittarius, 23. 11.–21. 12.): bewegliche Qualität; Element Feuer; positive Polarität. Ägyptisch-mesopotamisches Symbol, dem die Griechen den Namen gaben.

10 Steinbock (♑, Capricornus, 22. 12.–20. 1.): kardinale Qualität; Element Erde; negative Polarität. Bei dieser Konstellation stieg der Nil über die Ufer; in Mesopotamien ist er als Ziegenfisch Symbol der Amphibien.

11 Wassermann (♒, Aquarius, 21. 1.–19. 2.): feste Qualität; Element Luft; positive Polarität. Symbol der Wasserstraßen.

12 Fische (♓, Pisces, 20. 2.–20. 3.): bewegliche Qualität; Element Wasser; negative Polarität. Zeichen: gebundene Fischschwänze.

144 Religionen & Esoterik

Griechenland und Rom

Die griechischen Götter

Die griechische Götterwelt entstand als Mischung aus Religion und Astrologie. Religiös waren die Rituale, die Tempel und die Zuordnung übermenschlicher Fähigkeiten. Aus Vorderasien wurde wohl durch Einwanderer die Idee der Tierkreiszeichen mitgebracht. So gibt es entsprechend den 12 Monaten und Tierkreiszeichen ebenfalls 12 olympische Haupt-Götter (Aphrodite, Apollon, Ares, Artemis, Athene, Demeter, Hephaistos, Hera, Hermes, Hestia, Poseidon, Zeus). Sie wurden oft nur die »δωδεκα« für 'die zwölf' genannt. Hinzu kamen Götter der Unterwelt und später hinzugefügte Götter, z. B. Dionysos. Die Göttervielfalt wurde durch Erzählungen (Mythologien) verknüpft. Diese Geschichten regten die Künstler oft zu bildhaften Illustrationen der Götter an (Abb. Mitte).

A. Biancini, Jagdgöttin Diana, Italien, 1935

Das römische Göttersystem

Die Römer übernahmen das griechische Göttersystem. So wurde z. B. Asklepios durch einen Orakelspruch im Jahre 293 v. Chr. in Rom eingeführt. In Rom gab man den Göttern und Helden eigene Namen (Tabelle). Schließlich dichtete OVID (43 v. Chr. – 17 n. Chr.) die Mythologien in seinem Buch »Metamorphosen« um.

Die astrologische Planetenwoche

Bis heute wirkt sich dieses religiös-astrologische Gemisch auf unsere Kultur aus. So nutzen wir Europäer die Götternamen für unsere Wochentage, z. B. Saturn für englisch »saturday« für 'Sonnabend' oder Mars für französisch »mardi« für 'Dienstag'.

Attribute (Auswahl)

Aphrodite: Gans, Muschel, Schwan, Spiegel, Taube.
Apollon: Bogen, Kithara.
Ares: Schwert, Schild, Helm.
Artemis: Hirschkuh, Mondsichel, Köcher, Bogen.
Asklepios: Äskulap-Nattern (Häutung = Jüngung), Stab.
Athene: Eule, Helm, Speer.
Demeter: Goldener Ährenkranz, Korb, Blumen.
Dionysos: Kranz aus Weinblättern, Weinstock und Efeu, Reh- oder Pantherfell.
Eros: Pfeil und Bogen.
Hades: Stab, Füllhorn, Hund (Cerberus = Höllenhund).
Hephaistos: Schmiedehammer und -zange.
Hera: Pfau, Zepter, Diadem, Schleier.
Hermes: Flügelkappe, Flügelschuhe.
Hestia: Herd.
Kastor und Polydeukes: Pferde.
Kronos: Sichel, Flügel.
Pan: Flöte, Bockshaut, Hirtenstab.
Poseidon: Dreizack.
Zeus: Adler, Blitzbündel, Zepter.

Griechenland	Rom	Bedeutung oder Stellung der Gottheit
Aphrodite	Venus	Göttin der Liebe
Apollon	Apollo	Gott der Heilkunst, Literatur und Musik
Ares	Mars	Gott des Krieges
Artemis	Diana	Göttin der Jagd
Asklepios	Aesculapius	Gott der Heilkunst
Athene	Minerva	Göttin der Weisheit
Demeter	Ceres	Göttin der Ernte
Dionysos	Bacchus	Gott des Weines
Eros	Cupido	Gott der Liebe, Sohn der Venus
Hades	Dis Pater	Gott der Unterwelt
Hephaistos	Vulkanus	Gott des Feuers und der Schmiedekunst
Hera	Juno	Gemahlin Jupiters
Hermes	Merkur	Gott des Handels, Götterbote
Hestia	Vesta	Göttin des Herdes
Kastor und Polydeukes	Castor und Pollux	Göttliche Söhne des Jupiter
Kronos	Saturn	Gott der Aussaat und des Ackerbaus
Pan	Faunus	Waldgottheit
Poseidon	Neptun	Gott des Meeres
Zeus	Jupiter	Gott des Himmels, oberster Gott

Die Namen der griechischen und römischen Götter im Vergleich

Lingam (Phallus)
Yoni (Vulva)
Shri-Yantra
Heilige Silbe OM

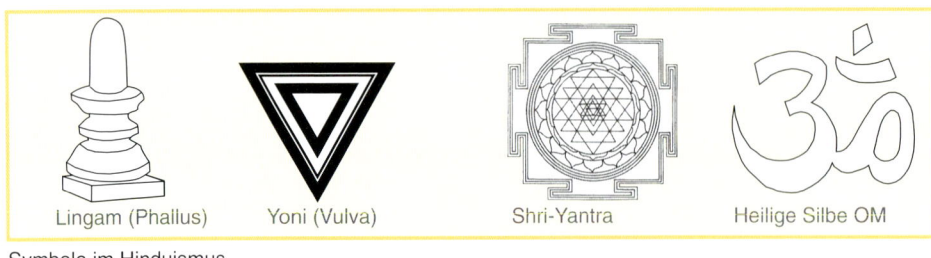

Symbole im Hinduismus

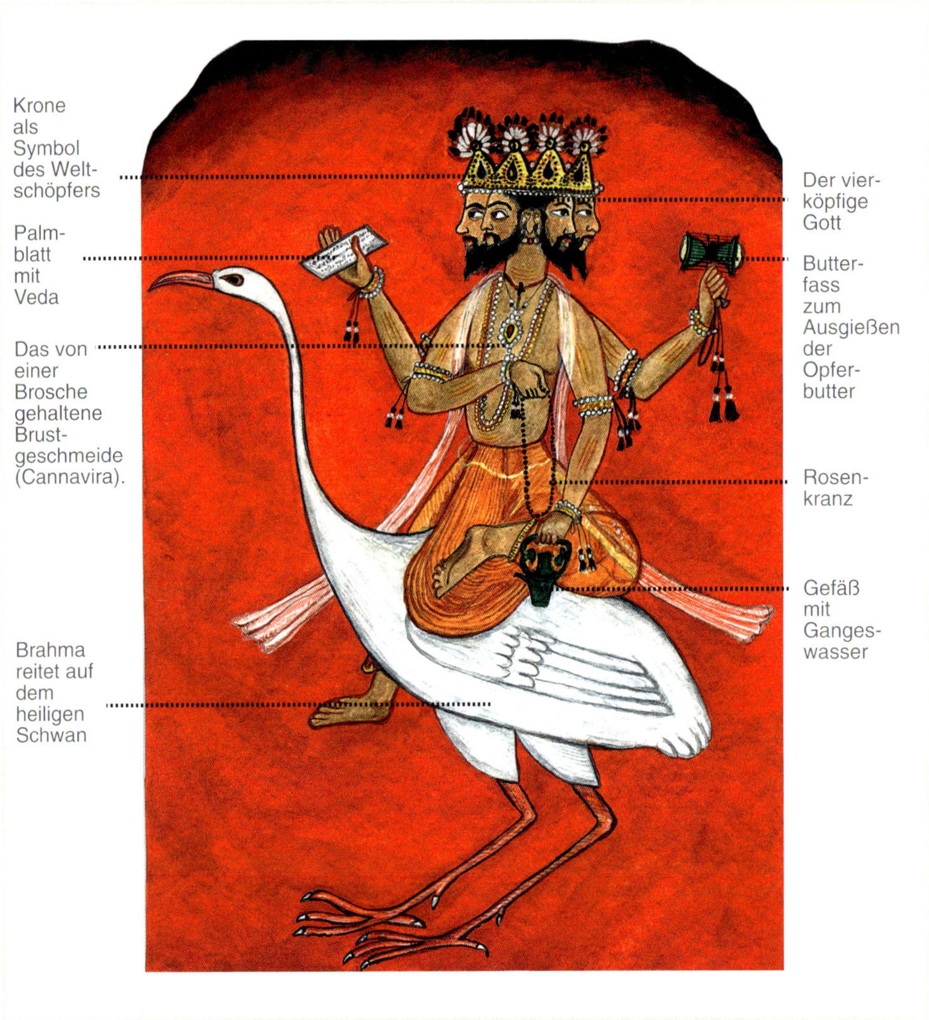

Krone als Symbol des Welt-schöpfers
Palm-blatt mit Veda
Das von einer Brosche gehaltene Brust-geschmeide (Cannavira).
Brahma reitet auf dem heiligen Schwan
Der vier-köpfige Gott
Butter-fass zum Ausgießen der Opfer-butter
Rosen-kranz
Gefäß mit Ganges-wasser

Brahma, Miniatur, 17. Jh.

1. Cakra
2. Cakra
3. Cakra
4. Cakra
5. Cakra
6. Cakra
7. Cakra

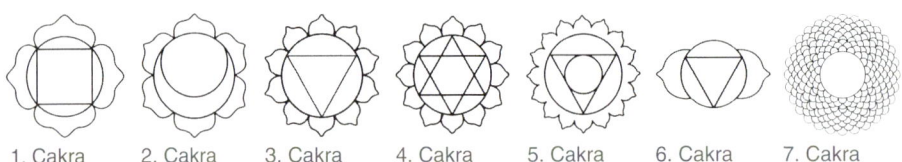

Die sieben bedeutendsten Scheiben Vishnus (Cakras)

Hinduismus I

Einführung

Das im Westen gebildete Wort Hinduismus stammt vom persischen »Hindu« für 'Inder' ab. Damit wird eine in Indien und Südostasien vorherrschende Religion und Zivilisation bezeichnet. Seine Entstehung ist Ergebnis eines jahrhundertelangen Verschmelzungsprozesses im Zuge des Zusammentreffens der Urbevölkerung mit den eingewanderten Ariern (Tabelle).

Zeit	Bezeichnung
um 1500–1000 v. Chr.	Vedismus
ab etwa 1000 v. Chr.	Brahmanismus
ab etwa 400 v. Chr.	Hinduismus

Die portugiesischen Indienfahrer nannten die streng getrennten Gruppen »casta« für 'Kaste'. Die Mitglieder erkennen die Kastenzugehörigkeit auf den ersten Blick an Zeichen, z. B. der Kleidung.

Eine Religion für alle

Der polytheistische Hinduismus synthetisierte die prähistorisch geprägten menschlichen Gefühlslagen (Sexualität, Wohlstandsstreben, Todesangst) auf eine für viele Menschen annehmbare Weise. Offenheit und Aufnahmefähigkeit machten ihn attraktiv für verschiedene Menschengruppen bis hin zu den Hippys in den 70er Jahren des 20. Jh. Bemerkenswert ist die Fähigkeit zur Vereinnahmung von Persönlichkeiten fremder Kulturkreise. So ist für viele Hindus JESUS CHRISTUS, für manche sogar KARL MARX Teil der hinduistischen Götterwelt. Diese Vielfalt macht ein Zeichen-, Attributs- und Symbolsystem notwendig, in dem jeder Gläubige seinen Gott wiedererkennt.

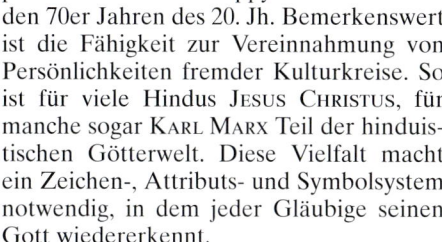

Lingam-Verehrung, 18. Jh.

Entwicklung

Der Hinduismus hat sich vom lebensbejahenden Pragmatismus und einer zweckbezogenen Opferlehre der Arier, der Reichtum Macht und Segen erflehte, unter Einfluss der Priesterkaste der Brahmanen in eine Lehre von der immateriellen Weltseele (Brahman) gewandelt. Das unpersönliche Prinzip der Vergeltung guter und böser Taten (karma) wird am Weltgesetz (dharma) gemessen. Es führt zur Wiedergeburt als Dämon, Tier (böse) oder als Mensch, Gottheit (gut). Zwei Wege gibt es, um zur Vereinigung mit Brahman und damit zur Erlösung zu kommen:
1. Askese, Meditation, Yoga.
2. Ergebenheit in nur einen Gott (Bhakti).

Abbildungen

Lingam: Phallus ist Symbol Shiwas als Schöpfer. Er gilt als Ursache allen Lebens und wird oft mit Yoni abgebildet.

Yoni: Weibliche Entsprechung zum Lingam und offenbar vom Schamdreieck abgeleitet.

Shri-Yantra: 1. im Hinduismus und auch im Buddhismus ist es ein Kultbild, das die Vermittlung mit einer Gottheit symbolisiert. 2. Symbol alltäglicher Zeremonien zur Abwehr von Bösem und zur Erfüllung von Wünschen. In der Yogameditation ist es Mittel des Verständnisses einer Gottheit.

Heilige Silbe OM: Mit dieser zu Anfang von Text- und Opferliedrezitationen gesungenen Silbe begann um 1200 v. Chr. das Gebetsritual. Symbol für Brahman. Beim Singen wird das O (O-o-o-m) lang gezogen, um den Atemrhythmus zu verlangsamen und sich zu konzentrieren.

Brahma ist einer der drei großen Götter der hinduistischen Götterfamilie. Er bildet mit Shiwa und Wishnu die große Dreiheit (Trimurti). Die Kanonisierung der Attribute und Symbole erfolgte im Mittelalter: Vierköpfigkeit, Krone, Bärtigkeit, Opferlöffel zum Entnehmen der Opferbutter bzw. Gefäß zum Ausgießen, Gefäß mit Gangeswasser, Rosenkranz und ein Palmblatt mit Vedaschrift. Man glaubte, dass die Erde auf dem Wasser schwimme und deshalb Brahma auf dem Wasservogel reitend die Vereinigung von Erde und Wasser symbolisiert. Vier Köpfe symbolisieren die vier Zwecke des Daseins (Tabelle).

Bezeichnung	Zweck
Dharma	Befolgen der Lebensgesetze
Artha	Erwerben von Fähigkeiten
Kama	Verfeinern der Lebenslust
Moksha	Finden der inneren Seligkeit

Cakras sind ursprünglich Attribute Wishnus, später mit Shiva verbunden. Sie sind Körpergegenden zugeordnet: 1. beherrscht Geschlechtsorgane; 2. beherrscht Ausscheidungsorgane; 3. beherrscht Leber und Magen; 4. beherrscht das Herz; 5. beherrscht die Hals- und Kehlregion; 6. beherrscht das Bewusstsein; 7. Behausung Shivas.

Religionen & Esoterik

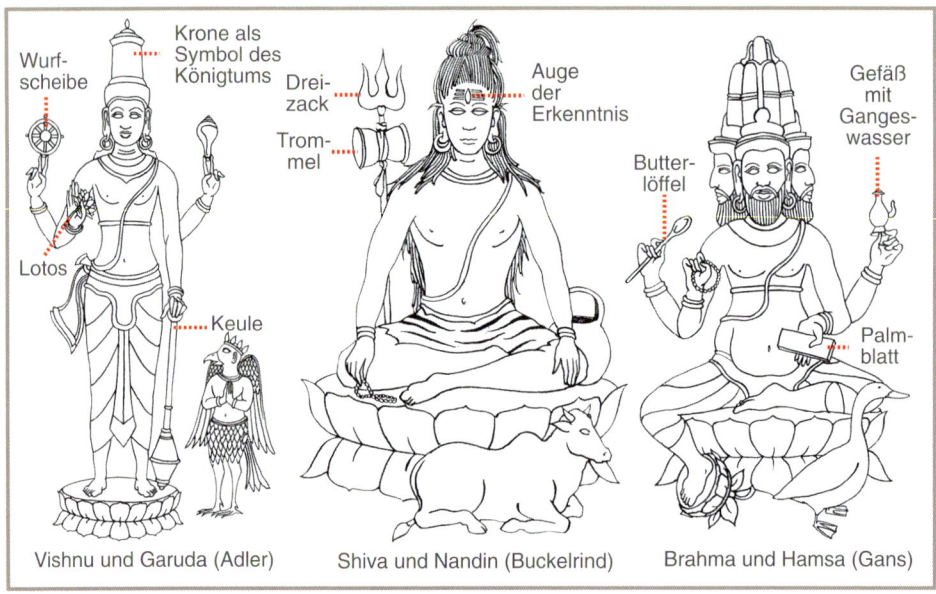

Die drei Hauptgötter des Hinduismus mit ihren Reit-Tieren

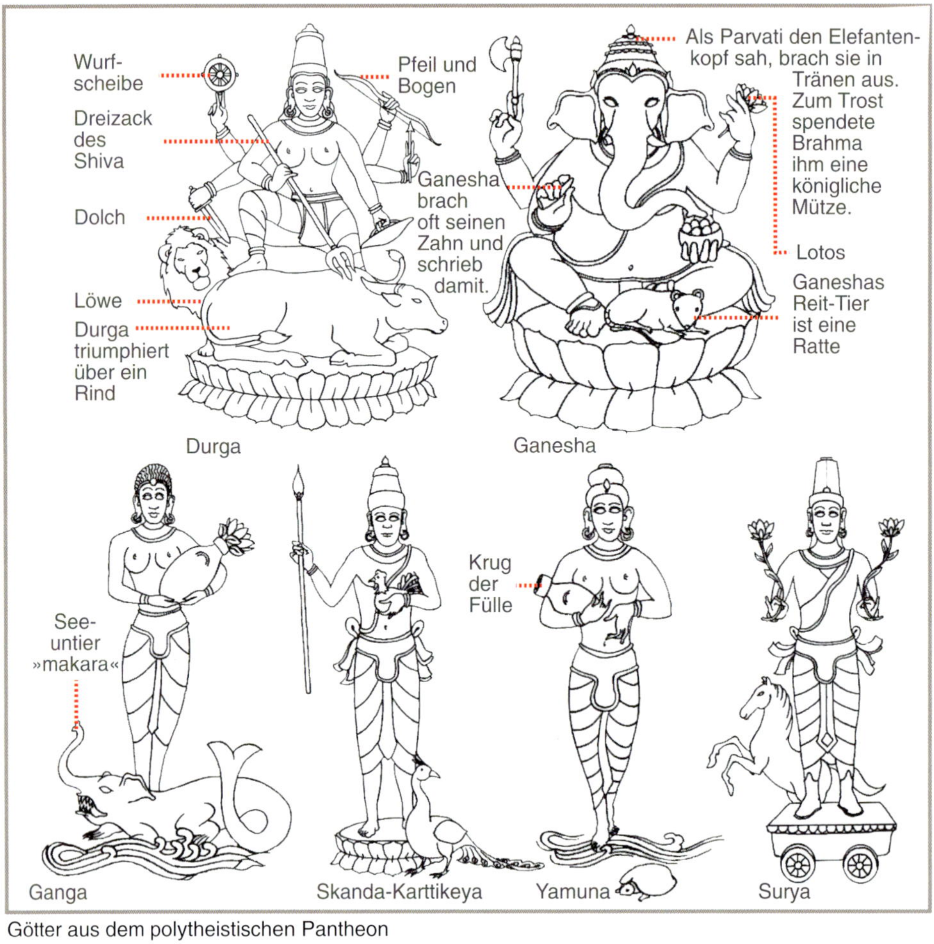

Götter aus dem polytheistischen Pantheon

Hinduismus II

Die polytheistische Götterwelt

Der Hinduismus kennt eine gewaltige Zahl von Göttern. Die meisten wurden in den großen, viele Strophen bzw. Verse zählenden Epen (Tabelle) ikonographisch genau beschrieben, so dass die Künstler ihre Attribute und Symbole kannten.

Epos	Verse/Strophen
Mahabharata	90 000
Ramayana	24 000

Außerdem gibt es Anordnungs- und Kombinationshinweise. Diese werden von links unten im Uhrzeigersinn gelesen. So können Hindus z. B. in den 24 Vishnuvarianten sofort die Botschaft erkennen.

Abbildungen

Vishnu bedeutet 'Durchdringer' oder 'Welterhalter' und meint, er beschütze die Welt vor den götterfeindlichen Dämonen. Vishnu erkennt man an Attributen, die ihm dabei helfen, die Dämonen zu besiegen (Tabelle).

Volkstümliche Malerei mit der Darstellung von Skanda-Kartikeyya mit Pfau (Nationalsymbol Indiens) und dem Speer (Symbol für den Kämpfer), Indien, 20. Jh.

Attribut	Funktion
Scheibe (cakra)	Wurfgeschoss
Keule (gada)	Waffe gegen Dämonen
Muschel (sankha)	Blasen zum Kampf
Lotosblüte	Symbol der drei Welten
Bogen (sarnga)	Waffe

Vishnus Reit- oder Symboltier ist Garuda, auch »Goldbefiederter« oder »Sonnenadler« genannt. Es ist ein altes Volkssymbol, dessen Semiose sich mglw. aus der Sterberate durch Schlangenbisse und dem Nahrungsbedarf einer Schlangenadlerfamilie speist: Schätzungen gehen davon aus, dass 10 % der frühen Jäger an Schlangenbissen starben. Eine Schlangenadlerfamilie erlegt pro Tag etwa fünf Schlangen. Diese Beobachtung mag den Adler zum Gehilfen Vishnus semiotisiert haben. So wird Garuda auch mit Kobrahaube und Schlangenkette abgebildet.

Shiva gilt als der große Yogi (Abb.), der große Tänzer und als 'Weltzerstörer'. Als Zerstörer ebnet er einer neuen Schöpfung den Weg. Typisch ist eine Darstellung als halbnackter Asket; nur mit Tigerfellschurz bekleidet (Abb.) und verfilzte Haare tragend. Mit dem »Auge der Erkenntnis« auf der Stirn kann er Feuer gegen Feinde richten. Sein oft steif dargestellter Penis zeugt von Enthaltsamkeit: Der Samen wird gestaut und durch Meditation in geistige Kraft umgewandelt. Eine Trommel symbolisiert ihn als Rhythmusgeber für den Tanz. Mit der Gebetskette zählt er die Silben während der Meditation. Der Wasserkrug dient der rituellen Reinigung. Der Dreizack symbolisiert die Dreiheit: Zerstörung, Erschaffung und Erhaltung der Welt. Sein Symboltier ist Nandi, ein Reitstier.

Brahma ist der 'Weltschöpfer' und Teil der Götterdreiheit »Trimurti«.

Durga war ursprünglich eine unabhängige Göttin. Später sah man in ihr die Gattin Shivas, und zwar im Gegensatz zur liebevollen Parvati den dominanten und kämpferischen Frauenpart. Man sieht gleich, dass sie viele Waffen und mit dem Löwen den König der Tiere als Symboltier bei sich weiß. Sie hat eine schwierige Aufgabe: den Büffeldämon Mahisha besiegen.

Ganesha ist Shivas Sohn. Er symbolisiert Glück und Reichtum und räumt durch Klugheit alle Hindernisse weg. Er findet sich deshalb in fast jedem indischen Buch als Weisheitspatron. Shiva wollte keine Kinder, um seine Unabhängigkeit nicht zu verlieren. Parvati überlistete ihn, indem sie aus seinen Hautschuppen ein Kind formte. Gangeswasser machte ihn lebendig. Als Shiva Ganesha vor der Tür seiner Frau sieht, erschlägt er ihn. Parvati weint und Shiva schickt Helfer los, ihm den Kopf des erstbesten Lebewesens zu bringen, mit dem er das Leben Ganeshas rettet. Dies war ein Elefant.

Shiva, Parvati und Ganesha

Ganga ist Symbol des Gangesflusses. Ein Bad in ihm tilgt jede Missetat. Der Lotosblütenkrug in der Hand bedeutet Fülle. Sie steht auf Makara, dem Seeuntier.

Skanda-Karttikeya ist ein Kriegsgott mit vielen Beinamen, die seine ursprüngliche lokale Verankerung belegen. Skanda z. B. deutet nach Südindien. Sein Tier ist der Pfau, Attribute sind Speer und Hahn.

Yamuna ist eine Flussgöttin. Sie steht auf der Schildkröte und trägt den Krug der »Fülle«.

Surya ist ein Sonnengott mit Lotosranken als Attribut sowie Pferd und Sonnenwagen.

Religionen & Esoterik

| Tughra-Form | Tauben-Form | Pfauen-Form | Kreis-Form |

Bismillahs ('im Namen Allahs'): vier gleiche Textinhalte als Symbol der Vielfalt göttlicher Formen

Einer der Hügel, zwischen denen eine Wasserquelle den Ursprung Mekkas anzeigt

Blaue und rote Blumen als Symbole für das Paradies, in das Abraham aufsteigt.

Abraham gilt als Urgestalt des Propheten und als erster Hanif (Gottessucher).

Feuergloriole als Zeichen der Heiligkeit Abrahams

Der Goldgrund zeugt von der großen Bedeutung des Ereignisses

Haarsymbolik: frühe Beschreibungen Mohammeds betonen die Schönheit eines dichten Bartes.

Abraham ist gekleidet in der türkischen Mode des 16. Jh.

Einer Rakete gleich fliegt Abraham in den Himmel.

Abraham: Symbol des jüdisch-christlich-islamischen Monotheismus, Istanbul, 1583

| Anrufung | »Bismillahu« | Verbeugung | Aufrichten | Stirn berührt Boden | Aufrichten |

Gebets-Schrittfolge als Zeichen des rechten Glaubens vor Gott und der Gemeinschaft, Irak

Islam

Geschichte
Das Wort »Islam« bedeutet 'Hingabe' an Gott. Aufbauend auf der Botschaft des christlichen Alten Testaments begründete MOHAMMED (um 570–632) die Religion in einer Zeit der Instabilität als einigendes Band der zerstrittenen Stämme. Die Verbindung der Ka'aba (Abb.) mit Abraham (Abb.) in der Pilgerfahrt (Hadj) ist Symbol des Monotheismus (Karte).

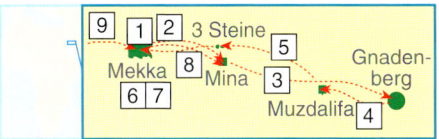

Pilgerfahrt: Symbol des Monotheismus

Lehre
Der Islam ist eine Religion, die Altes und Neues verband. Alte Götzen, z. B. Wadd, wurden von der Ka'aba entfernt, Normen wie z. B. Ernährungsvorschriften erlassen. Fünf Pflichten (fünf Finger als Symbol, Abb.): Glaubenszeugnis, Gebet, Almosen, Pilgerfahrt und Fasten.

Hand als Symbol

Ka'aba ('Würfel') in Mekka

Verbreitung
Der Islam breitete sich bis zum 9. Jh. von Spanien bis Indien aus. Danach zerfiel die Einheit. Seit dem 7. Jh. gab es mehrere Glaubensspaltungen (Schismen), die Symboldifferenzierungen mit sich brachten, so steht eine Hand auf dem Minarett für die Schiiten (Tabelle, Abb. Mitte links).

Sunniten	Schiiten	Charidjiten
Hanefiten	Imamiten	Ibaditen
Malikiten	Saiditen	
Schafiten	Ismailiten	
Hanbaliten	Alawiten	
Ursprüngliche	Nusairier	
Wahhabiten	Drusen	

Symbole und ihre Semiose
Wie in anderen Religionen wurden zunächst Reliquien zu Symbolen: Haare, Bart und der Fußabdruck Mohammeds (Abb.). Weitere Symbole entstammen Religionen, aus denen sich der Islam entwickelt hat, z. B. die Feuergloriole oder die Bartsymbolik des Christentums. Die Vermeidung von Menschenbildern leitet sich wohl aus der Bevorzugung von Menschenbildern in den vorislamischen Religionen ab. Sie führte zu einer Blüte von Schrift- und Ornamentkunst. Sichel und Halbmond dagegen sind keine ursprünglich islamischen Symbole. Sie wurden es erst im Osmanischen Reich, wo 1793 der Stern zur Mondsichel hinzugefügt wurde. Er symbolisiert die Göttlichkeit des Islam.

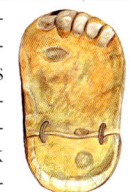

Fußabdruck

Halbmond

Abbildungen
Bismillahs: Die Tughra wird von rechts unten nach links oben gelesen, die anderen Bilder von rechts nach links.
Abraham ist wie die Hadj Symbol für die Tradition, in der der Islam steht. Mohammed steht als letzter Prophet in einer langen Ahnenreihe.
Pilgerfahrt (Hadj) 1. Umschreitung der Ka'aba; 2. Gang nach Mina; 3. Besteigen des Gnadenbergs; 4. Gang nach Muzdalifah; 5. Symbolische Steinigung des Teufels; 6. Küssen des schwarzen Steins; 7. Siebenfacher Lauf; 8. Rückkehr nach Mina; 9. Abreise.
Hand: Die Finger stehen für die 5 Pflichten und die Eidechse ist Symbol für die Suche des Lichts Gottes.
Ka'aba: 1. Gebäude um den Stein; 2. Kreisgang; 3. Bismillahu; 4. Minbar (Marmorkanzel); 5. Maqam hanafi (eine der vier Rechtsschulen); 6. Grab Ismaels; 7. Brunnen Zamzam.

Religionen & Esoterik

Kleine lederne Schachtel, die Teffillin genannt wird. Eingelegt sind Pergamentrollen mit Ausschnitten aus der Thora. Wiederholt wird der Abschnitt zum Gedächtnis: *»Du sollst diese Teffillin tragen zum Zeichen an deiner Hand und zum Denkmal zwischen deinen Augen!«*

Gebetsriemen, mit dem der Teffillin am Kopf befestigt ist. Er bildet am Hinterkopf einen Knoten, der in seiner Form wie der hebräische Buchstabe »Dalet« aussieht. Zusammen mit dem Buchstaben »Schin« auf der Schachtel und dem »Jod« an den Armriemen bedeutet diese Kombination: »Schaddaj« = 'Der zu seiner Welt gesagt hat: Genug!' (Zeichen der Endlichkeit der Dinge). Es symbolisiert die notwendige Demut.

Aufgestickte Krone als Symbol der krönenden Ehre des jüdischen Lebens. Darüber ist der hebräische Segen eingestickt. Die Textur wird so zum Zeichen des heiligen Textes.

Buch mit Kommentaren. Es ist Zeichen dafür, dass der religiös Mündige die Worte der Thora versteht und den Kommentaren zu folgen weiß.

Gebetsumhang bzw. -schal, der Tallit genannt wird. Er wird beim Gebet und bei anderen Zeremonien getragen. Die mehrfarbigen Streifen symbolisieren die Schrift der Thora. Vor dem Anlegen des Tallit spricht man: *»Du bist Quelle des Segens, Herr unser Gott, König der Welt, der uns geheiligt durch seine Gebote ...«*

Bar Mizwa, Zeichen und Symbole des in religiösem Sinne mündig gewordenen, männlichen Juden

Anzündkerze — 8 Arme — **Chanukka**

David-Stern

Dekalog-Tafeln

Zwei Rollenhalter für die Thora-Rolle — **Thora im Mantel**

Symbole des Judentums

Judentum

Geschichte

Das Judentum entstand im 14. Jh. v. Chr. im Vorderen Orient. Es ist die älteste monotheistische, also an nur einen Gott glaubende, Religion. Der Urvater ist Abraham. »Israel« leitet sich von der Umbenennung seines Enkels Jakob nach einem Kampf ab und bedeutet hebräisch so viel wie 'der für den Gott streitet'. Viele Vertreibungen haben die Juden weltweit verstreut. Man nennt die außerhalb Israel lebenden Juden deshalb »Diaspora«, die 'Zerstreuten'. Das Judentum ist eine Buchreligion mit einer mehrteiligen Bibel, dem »Tanach« (Tabelle).

Buch-Teil	Erklärung
Thora	5 Bücher
Talmud	Kommentare
Kabbala	Geheimlehre

Lehre

Die auch Pentateuch genannten fünf Bücher der Thora enthalten 613 Gebote, die je nach Zugehörigkeit zu einer jüdischen Teilgruppe mehr oder weniger wortgetreu eingehalten werden müssen. Sie reichen bis hin zu Reinheitsgeboten für die Speisen, z. B. dem Verzicht auf Schweinefleisch.

Zeichen und Symbole

Die frühe Zerstreuung der Juden förderte unterschiedliche Zeichen- und Symbolbildungen. So ist die Kappe auf dem Kopf bereits ein Erkennungszeichen für die Zugehörigkeit zu einer bestimmten Gruppe von Juden (Tabelle).

Juden	Kippa
Brazlawer	den ganzen Kopf bedeckend
Sephardim	unter einem Hut
Orthodoxe	aus schwarzem Stoff
Zionisten	bunt und z. B. gehäkelt

Die jüdischen Symbole besitzen oft eine tiefere Bedeutung und Mehrschichtigkeit. So gilt der Davidstern heute gleichzeitig als Ursymbol des Schutzes (Schild) und als Symbol für die Judenvernichtung (gelber Stern).

Abbildungen

Bar Mizwa: Ein Jude erreicht seine religiöse Mündigkeit mit 13, eine Jüdin mit 12 Jahren. Dies wird durch äußere Zeichen sichtbar gemacht. Der Gebetsumhang, die Riemen mit Schachteln, die jüdische Bibel dienen als Bekenntnis-Zeichen für andere und für Gott.

Chanukka: Der achtarmige Leuchter hat sich aus dem siebenarmigen Menora entwickelt und ist heute neben dem Davidstern offizielles Symbol des Staates Israel. Die Symbolkraft entstammt dem jüdischen Militärsieg gegen syrisch-griechische Besatzer im 2. Jh. v. Chr. Nach dem Sieg fand man im neu errichteten Tempel von Jerusalem nur noch eine Flasche Öl vor, das jedoch nicht nur einen Tag wie sonst, sondern acht Tage lang brannte. Aus diesem Wunder wurde der biblische siebenarmige zu einem achtarmigen Leuchter.

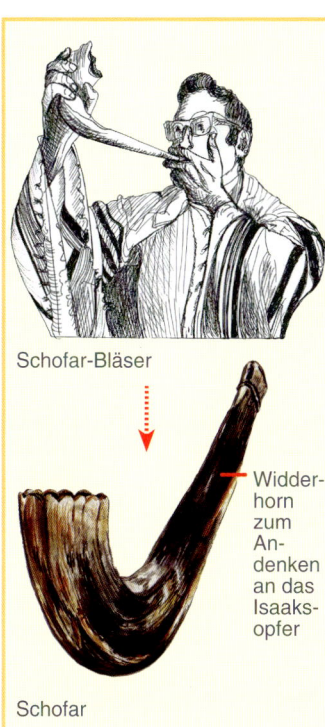

Schofar-Bläser

Widderhorn zum Andenken an das Isaaksopfer

Schofar

Schofar als Religionssymbol

Davidstern: Die Legende sieht den Ursprung des Sterns im sechseckigen Schild des Königs David, der als kleiner Junge durch den Sieg über den Riesen Goliath berühmt wurde. Neben dieser historischen Herleitung gibt es eine weit über das Judentum hinaus verbreitete Bedeutungsebene der beiden Dreiecke: Feuer/männlich (oberes Dreieck) und Wasser/weiblich (unteres).

Dekalog-Tafeln: Nach der Legende erhielt Moses diese Tafeln, in die Gott mit seinen Fingern die Zehn Gebote eingraviert haben soll. Sie wurden ihm auf dem Berg Sinai übergeben als Symbol des Bundes von Gott mit seinem auserwählten Volk.

Thora im Mantel: Die Thora beinhaltet die fünf Bücher (Pentateuch) mit den Geboten. Die Schriftrollen sind heilig und dürfen nur mit einem Zeigestock berührt werden. Während eines Jahres wird die gesamte Thora gelesen zum Zeichen des Einhaltens der Gebote.

Schofar: Das Schofarblasen ist Zeichen für das Neujahr. Das Widderhorn symbolisiert auch die Reue, die Abraham spürte, als er bereit war, seinen Sohn zu opfern. Es war der Übergang vom Menschen- zum Tieropfer.

154 Religionen & Esoterik

| Amar Das | Angad | Gobind Singh | Ram Das | Hargobind |

Fünf der zehn Gurus, an die zu glauben eine Grundvoraussetzung ist, ein Sikh zu sein.

Guru Nanak trägt einen »mukat« - einen kronenartigen Hut, der von einem Heiligenschein umgeben ist, ein Symbol, das sich auch im Christentum bei Maria oder Jesus beobachten lässt.

Der blaue Schal wird »Chaddar« genannt. Er ist Zeichen der Geistlichen in der Sikhsreligion.

Das safrangelbe Gewand heißt »Jama«. Es symbolisiert jemanden, der den Weg der geistigen Erkenntnis gewählt hat.

Guru Nanak wird immer mit einer Gebetskette gezeigt, die Symbol seines Status als Heiliger ist.

Der wie ein Baldachin überdachende Baum kennzeichnet Guru Nanak als den einzigartigsten der 10 heiligen Gurus.

Halb geschlossene Augenlider als Symbol mystischer Meditationsgestik.

Der weiße Bart ist Symbol eines weisen alten Mannes und die Länge steht für das Ideal des ungeschnittenen Haares.

»Seli«, eine Halskette, ist Zeichen von Asketen.

Das vom Hinduismus kommende Zeichen symbolisiert Größe.

'Gesegneter Guru Nanak, du allein, der einzig Vergeistigte'

Guru Nanak (1469–1539), Bild der Vision des Verehrers Baba Nand Singh

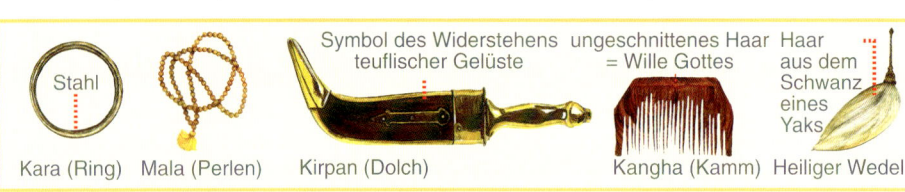

Kara (Ring) — Stahl
Mala (Perlen)
Kirpan (Dolch) — Symbol des Widerstehens teuflischer Gelüste
Kangha (Kamm) — ungeschnittenes Haar = Wille Gottes
Heiliger Wedel — Haar aus dem Schwanz eines Yaks

Symbole der Sikh-Religion

Sikhismus

Geschichte
Das Wort »Sikh« bedeutet 'Lernender' im Sinne von 'einem Guru folgen'. Sikh kann jede Frau und jeder Mann werden, der an einen einzigen Gott sowie die zehn Gurus glaubt (Abb.). Der Begründer war GURU NANAK (1469 – 1539). Der Sikhismus entstand in einer politisch spannungsgeladenen Situation: Der Aufstieg der islamischen Moghulherrschaft führte zu Kämpfen zwischen der Hindumehrheit und den Muslimen. Die Machtkämpfe empfand NANAK für beide Religionen als unwürdig:
»*Es gibt keinen Hindu und keinen Muslim mehr, welchem Weg also soll ich folgen? Ich soll nur Gott folgen!*«
Während andere wie z. B. die Bakhti als Sekte marginalisiert wurden, schufen die Sikhs eine eigenständige Religion mit Riten und Symbolen. 1966 wurde sogar zeitweilig ein eigener Staat (»Khalistan«) ausgerufen. 1998 betrug die Anzahl der Sikhs über 22 Millionen Menschen, die v. a. im Pandschab leben (Karte).

Wichtige Orte der Sikhs

Lehre
Im Gegensatz zur Kastenhierarchie der Hindus legten die Sikhs sogar eine Namensänderung als Symbol für die Gleichheit aller Menschen fest (Tabelle).

Geschlecht	Nachname
Mann	Singh ('Löwe')
Frau	Kaur ('Prinzessin')

In Abgrenzung zum Islam sind verboten: Rauchen, Essen von Muslimen erlaubtem Fleisch, Einlassen mit Musliminnen. Sikhs sollen verheiratet sein und fünf Sünden meiden: Wollust, Zorn, Gier, Materialismus und Stolz.

Symbole und ihre Semiose
Wichtige Symbole sind »Amrit« (gesüßtes, mit dem »Khanda« umgerührtes Wasser) und die vorgeschriebenen fünf K (Tabelle).

K	Bedeutung
Kachh	Baumwollhosen
Kangha	Kamm
Kara	Eisen- oder Stahlring
Kesh	ungeschnittenes Haar
Kirpan	Schwert

Zwei Schneiden des Schwerts, das ebenso wie das ganze Symbol »Khanda« genannt wird, symbolisieren Wahrheit und Gerechtigkeit.

2 Schwerter (»Meeri & Peeri«) = Symbol der Stärke Gottes

Ring als unendliche Welt und Grenzenlosigkeit Gottes

Khanda, Symbol der Sikhsreligion

Verständlich wird die Bildung von Zeichen und Symbolen bei den Sikhs aus der historischen Situation. Als Minderheit immer Bedrohungen ausgesetzt, waren Schwert, Dolch und Wurfring wichtige Dinge im männlichen Alltag. So wurden die vier Söhne des zehnten Gurus GOBINDH SINGH (1666–1708) getötet. Dieser Guru bestimmte außerdem, dass nach ihm das heilige Buch der Sikhs, das »Adi Granth« bzw. erweitert das »Guru Granth Sahib« als Guru fungiere. Für Sikhs sind alle 12 Monate, die Jahreszeiten, die Tage, Stunden, Minuten und Sekunden heilig und führen zum: Einzigen und Unteilbaren (Gott). Die Ehe wird als Zeichen »eines einzigen Geistes in zwei Körpern« angesehen.

Abbildungen
Fünf Gurus: Als Gururreligion waren zunächst lebendige Vorbilder für die Ausübung der Religion notwendig. Sie werden auch »Sachapadschah« ('wahre Herrscher') genannt. Im »Adi Granth« setzt Guru Nanak sich mit dem Gurusein auseinander (1245).
Guru Nanak: Gründer und bedeutendste Symbolfigur der Sikhs. Die Gebetsperlenkette in seiner Hand kennzeichnet ihn als »große Persönlichkeit«.
Ring: Symbol des endlosen Kreises und als Wurfring Zeichen der Kampfbereitschaft.
Perlen: Ähnlich der islamischen Gebetskette und dem Rosenkranz, jedoch auch Zeichen der Erhöhung.
Dolch: Zeichen der Kampfbereitschaft.
Kamm: Kämmen von Gottes Werk (Haare).
Wedel: Zeichen der Würde aus der Zeit, als Würdenträger von Dienern bewedelt wurden.

156 Schriften & Sprachen

Erfindung und wahrscheinliche Verbreitung früher Schriften

Region/Land	Bezeichnung	Hauptträger	Entstehung
1. Sumer	Keilschrift	Ton	3500 v. Chr.
2. Ägypten	Hieroglyphen	Papyrus	3000 v. Chr.
3. Industal	Indusschrift	Stein/Ton	2500 v. Chr.
4. Griechenland	Linear A und B	Tontafeln	1700 v. Chr.
5. Kleinasien	Hethitisch	Tontafeln	1600 v. Chr.
6. China	Chinesisch	Knochen	1400 v. Chr.
7. Syrien/Palästina	Alphabet	Tontafeln	1400 v. Chr.
8. Italien	Etruskisch	Ton, Blei u. a.	1000 v. Chr.
9. Mexiko	Zapotekisch	Stein	700 v. Chr.
10. Sudan	Meroitisch	Stein/Ton	200 v. Chr.
11. Skandinavien	Runen	Stein/Metall	300 n. Chr.
12. Osterinsel	Kohau rongo	Holz	6. Jh. n. Chr.

↝ Verbreitungsweg

Einführung Schriftgeschichte

Schriftentwicklung

Die ersten Schriften entstanden im späten 4. Jt. v. Chr. in Sumer in Mesopotamien. Es sind Zahlschriftzeichen, die als Plättchen in versiegelte Tonbehälter gelegt wurden. Dies diente mglw. der Verwaltung von Abgaben oder allgemein der Lagerhaltung für schlechte Zeiten. Auf diesen Tonbehältern waren die Symbole der gezählten Waren eingeritzt. Daraus wurden immer abstraktere Zeichen, die z. T. lautverwandt eingesetzt wurden, wie z. B. das Symbol »Mund« für 'sprechen'. Die frühesten Keilschrifttexte stammen aus Vorderasien (Tabelle).

Fundort	Region/Land
Uruk, Ninive	Mesopotamien
Habuba, Tell Brak	Syrien
Susa, Tschoga Misch,	Iran
Godin Tepe	

Die Keilschrift ist eine syllabische Schrift, d. h. jedes Zeichen bedeutet eine Silbe. Während das Sumerische keine verwandten Sprachen hat, ist die nächstjüngere Keilschrift, das Akkadische, eine semitische Sprache wie z. B. Aramäisch, Arabisch oder Hebräisch. Silbenschriften haben einen Nachteil: Sie brauchen viele Zeichen, um einer Sprache Ausdruck zu verleihen.

Deshalb setzte sich nach den Siegeszügen ALEXANDERS D. G. [336–323 v. Chr.] die aramäische Buchstabenschrift durch, die von der 22 Buchstaben umfassenden phönikischen Schrift abstammt. Eine derart weite Schriftverbreitung gab es erst wieder mit den lateinischen Buchstaben im 19. Jh. (Tabelle) und mit dem aus zwei Zeichen bestehenden Digitalcode im 20. Jh.

Zeit	Übernahme des Alphabets durch
1850	Vietnam
1863	Rumänien
1908	Albanien
1928	Türkei

Die Schriftentwicklung ging meist von einer Urschrift aus, die von anderen übernommen und weiterentwickelt wurde: in Amerika die Schrift der Zapoteken, in Vorderasien die sumerische Keilschrift mit Eblaisch und den weiteren Nachfolgern (Tabelle), in Ostasien die chinesische Schrift und im eurasischen Grenzgebiet die phönikische Schrift (Abb. unten).

Zeit	Keilschrift
ab 2500 v. Chr.	Eblaisch
ab 1285 v. Chr.	Elamisch
3. – 2. Jt. v. Chr.	Hurrisch
2. – 1. Jt. v. Chr.	Urartäisch

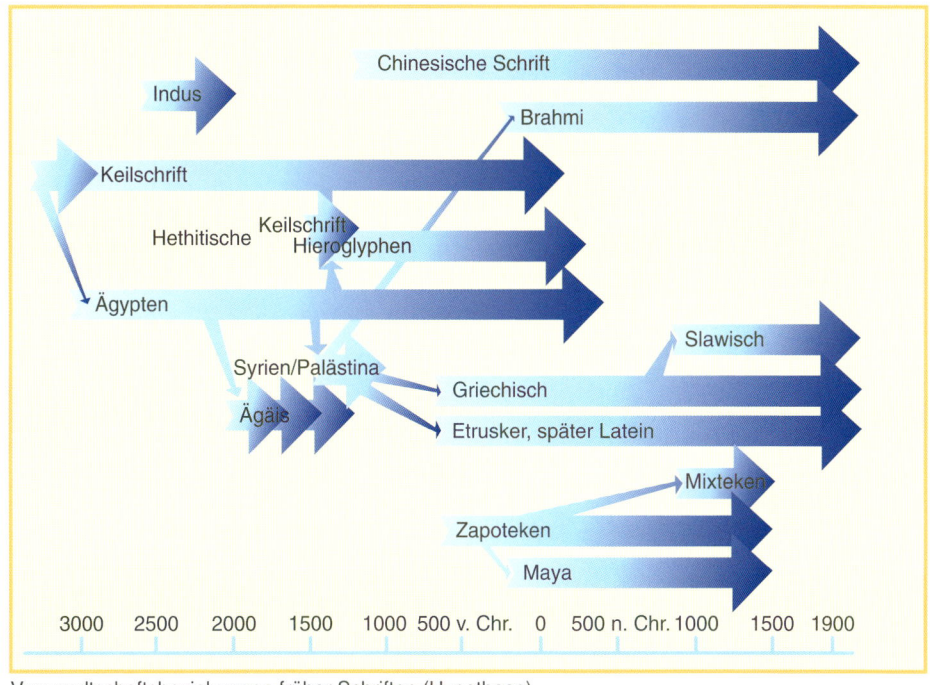

Verwandtschaftsbeziehungen früher Schriften (Hypothese)

158 Schriften & Sprachen

A. M. al-Kasim ibn Ali al-Hariri (1054–1122), Miniatur aus den »Makamat« ('Sitzungen')

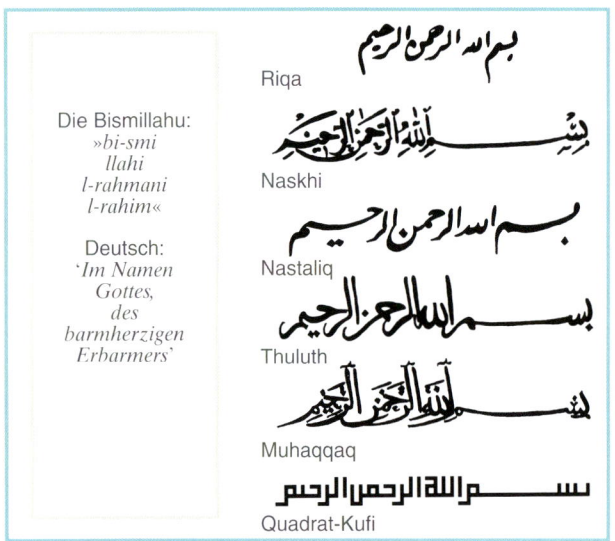

Die Bismillahu in sechs verschiedenen Schriftstilen

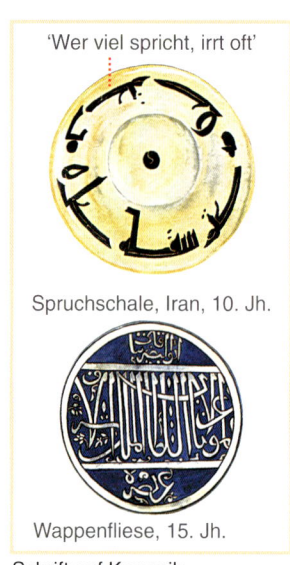

Schrift auf Keramik

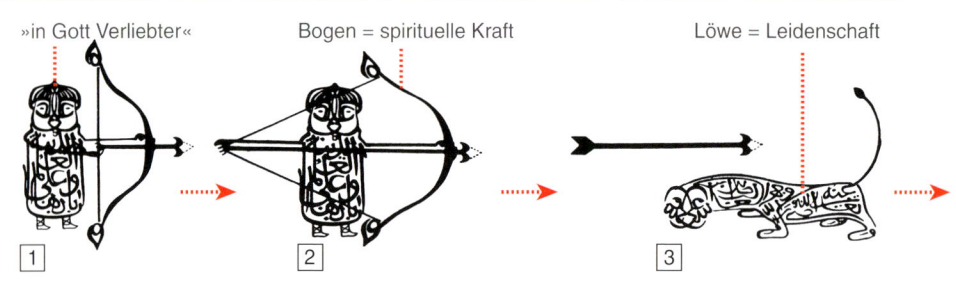

Amentü Gemisi, Kurznovelle aus dem mystischen Umfeld der Sufis, Teil 1

Arabisch

Die arabische Schrift
ist eine Konsonantenschrift mit 18 Buchstaben, darunter drei Semivokalen, z. B. W, das auch ein langes U sein kann. Durch Hinzufügen von Punkten sind es 28 Zeichen. Vokale werden durch den Kontext verstanden. Es gibt auch ein Hilfssystem mit diakritischen Hinweiszeichen. Arabisch wird von rechts nach links gelesen. Es gibt keine Großbuchstaben. Wörter am Zeilenende werden nie getrennt, weshalb die Endbuchstaben oft bis zum Zeilenende verlängert werden. Es gibt verschiedene Formen für die Einzel-, End-, Mittel- und Anfangsformen (Abb. Mitte). Dies ist einzigartig für eine Schrift. Alle Buchstaben können von rechts her verbunden werden. Dagegen verbietet sich die Verbindung nach links für einige, z. B. Buchstaben mit Schweif.

Die Proportionen
Im 10. Jh. entwarf Ibn Muqla († 939) ein System, bei dem man durch Rohrfederpunkte und kleine Kreise jeden Buchstaben in bestimmten Proportionen maß. Das Maß gilt bis heute (Tabelle).

Name	Einzelform	Endform	Mittelform	Anfangsform
Alif	ا	ـا	ـا	ا
Bâ'	ب	ـب	ـبـ	بـ
Tā'	ت	ـت	ـتـ	تـ
Ṭā'	ث	ـث	ـثـ	ثـ
Ǧīm	ج	ـج	ـجـ	جـ
Ḥā'	ح	ـح	ـحـ	حـ
Ḫā'	خ	ـخ	ـخـ	خـ
Dāl	د	ـد	ـد	د
Ḏāl	ذ	ـذ	ـذ	ذ
Rā'	ر	ـر	ـر	ر
Zāi	ز	ـز	ـز	ز
Sīn	س	ـس	ـسـ	سـ
Šīn	ش	ـش	ـشـ	شـ
Ṣād	ص	ـص	ـصـ	صـ
Ḍāḍ	ض	ـض	ـضـ	ضـ
Ṭā'	ط	ـط	ـطـ	طـ
Ẓā'	ظ	ـظ	ـظـ	ظـ
'Ain	ع	ـع	ـعـ	عـ
Ġain	غ	ـغ	ـغـ	غـ
Fā'	ف	ـف	ـفـ	فـ
Qāf	ق	ـق	ـقـ	قـ
Kāf	ك	ـك	ـكـ	كـ
Lām	ل	ـل	ـلـ	لـ
Mīm	م	ـم	ـمـ	مـ
Nūn	ن	ـن	ـنـ	نـ
Hā'	ه	ـه	ـهـ	هـ
Wāw	و	ـو	ـو	و
Yā'	ي	ـي	ـيـ	يـ

Das arabische Alphabet

Proportionen beim Alif und beim Ba

Alif:  7 Rohrfederpunkte und zwei Kreise   Ba:

Die Kalligraphie
bedeutet Schönschreibkunst und spielt für die Religion des Islam, dessen Verbreitungsmedium das Arabische ist, eine besondere Bedeutung. Es ist die Schrift der Offenbarung Gottes, der sie in 'ebenmäßiger Schrift' auf 'fleckenlosen Blättern' verwahren soll. Daraus ergab sich der Anspruch, Gottes ebenmäßigen Zeichen nachzueifern. Bis zum 10. Jh. war es v. a. das Kufi, die Schrift aus Kufa, die dafür genutzt wurde. Ibn Muqla stellte im 10. Jh. aus den über 12 bis dahin entstandenen Schriftstilen die berühmten »sechs klassischen Schriftarten« zusammen (Tabelle).

Arabisch	Deutsch
Naskhi	Kopierschrift
Muhaqqaq	die Präzise
Rihani	Erfinder
Tauqi	Tuluth-Typ
Riqa	Briefschrift
Thuluth	ein Drittel

Abbildungen
Makamat: Nur wenige Araber konnten schreiben.
Bismillahu: Typisch sind die Längungen.
Wappenfliese: 'Ruhm unserem Meister, dem Sultan al-Malik al-Ashraf Abu'l Nasir Kaitbai, möge sein Sieg ruhmreich sein'.
Kurznovelle: Der Gottesverliebte ergreift den Bogen der spirituellen Kraft, spannt ihn und zielt auf den Löwen. Der Löwe duckt sich und entgeht so der Vernichtung. Der Pfeil trifft dann das Gottesauge.

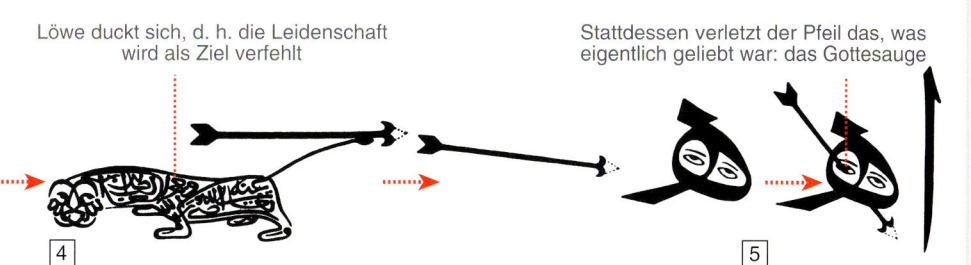

Löwe duckt sich, d. h. die Leidenschaft wird als Ziel verfehlt ④

Stattdessen verletzt der Pfeil das, was eigentlich geliebt war: das Gottesauge ⑤

Amentü Gemisi, Kurznovelle aus dem mystischen Umfeld der Sufis, Teil 2

Schriften & Sprachen

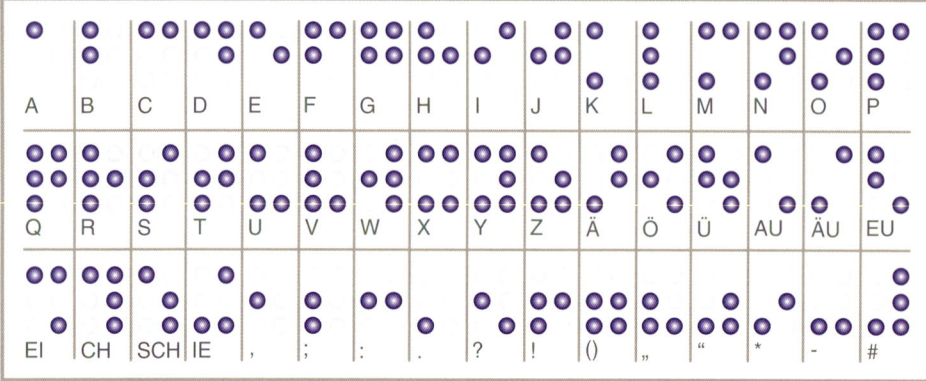

Das System der Blindenschriftzeichen auf der Grundlage der 6-Punkt-Braille-Zelle

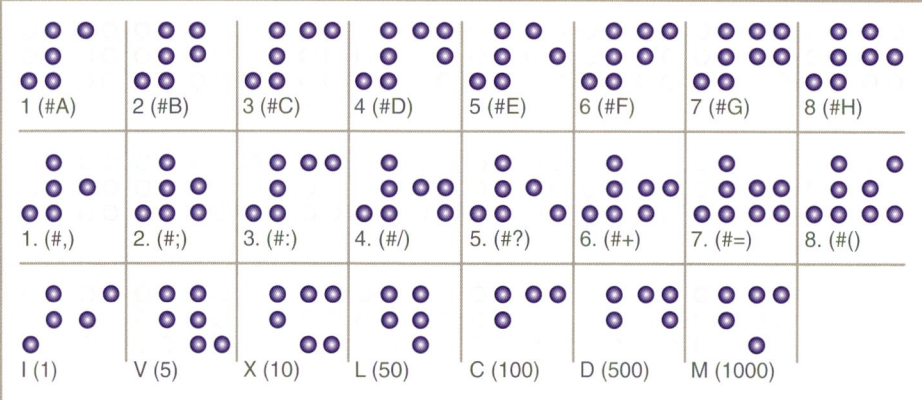

Grundzahlen, Ordnungszahlen und römische Zahlen in der Blindenschrift

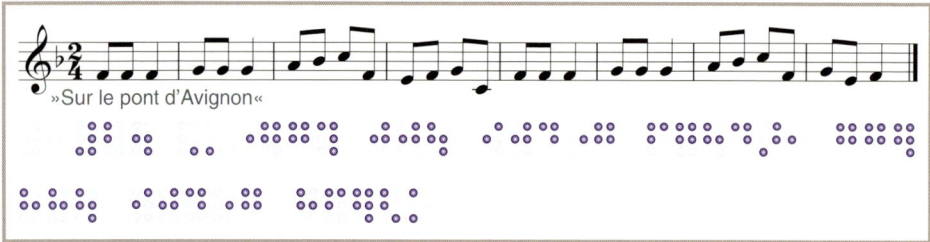

Beispiel für die musikalische Blindenfachschrift anhand des Volksliedes »Sur le pont d'Avignon«

$$\frac{a+b}{2} + \frac{a-b}{2}$$

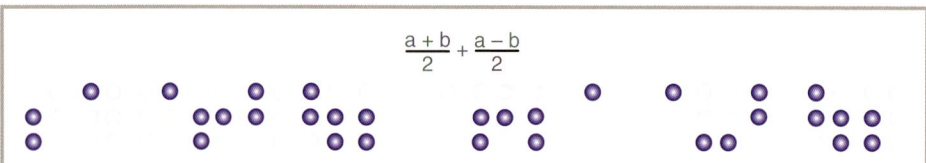

Verkürzte Bruchschreibweise in Blindenschrift

$$Ca + 2\,H_2O \longrightarrow Ca(OH)_2 + H_2;\ \text{exotherm}$$

Beispiel für die chemische Blindenfachschrift

Blindenschrift

Geschichte der Blindenschrift

Die Versuche, eine Schrift für Blinde zu entwickeln, reichen bis in das 1. Jh. n. Chr. (Tabelle).

Zeit	Quelle:Name bzw. Material
1. Jh. n. Chr.	Quintilian: Tabella
17. Jh.	G. P. Harsdörffer: Wachstafel
17. Jh.	F. Lana-Terzi: Knüpfschrift
18. Jh.	M. v. Salignac: Nadelschrift
18. Jh.	C. H. Wolke: Siegellack
1809	V. Haüy: Stacheltypen
1823	C. L. Müller: dicke Tinte
1825	L. Braille: Sechspunktschrift

LOUIS BRAILLE (1809–1852, Abb.) erfand im Alter von 16 Jahren 1825 die »l'écriture ponctuée«, die tastbare 'Punktschrift' für Blinde, die noch heute genutzt wird. Sie setzt sich aus unterschiedlich geprägten Tastbuckeln innerhalb eines 6-Punkt-Rasters, der sogenannten »Braille-Zelle«, zusammen (Abb.). Psychologische Studien des 20. Jh. haben bestätigt, dass nicht mehr als sechs Zeichen simultan von einem Organ aufgenommen werden können. Die senkrechte Anordnung ergibt sich aus der vertikalen Führung des Leseorgans (Finger) und findet sich bereits auf römischen Würfeln (Abb.). Daraus ergaben sich 64 Kombinationsmöglichkeiten. Diese reichten jedoch nicht aus, um die Zeichen der sogenannten »Schwarzschrift« wiederzugeben. Außerdem war der Umfang der Blindenschriftbücher wegen des dicken Papiers und der Größe (abgeleitet von der Fingerbreite der Tastfinger) enorm. Zwischen 1920 und 1925 entwickelte deshalb CARL STREHL die erste deutsche Blindenkurzschrift, die bis 1971 galt. Nach erneuten Änderungen 1984 wurde 1996 die »Brailleschriftkommission der deutschsprachigen Länder« gebildet, die die weitere Reformierung vornahm. Dazu gehören eine 256 Zeichen ermöglichende 8-Punkt-Computer-Brailleschrift, eine einheitliche Hervorhebungstechnik innerhalb von Wörtern sowie verkürzende Techniken zur Darstellung der Dezimalklassifikationen und die Erweiterung um verschiedene Blindenfachschriften (Abb.).

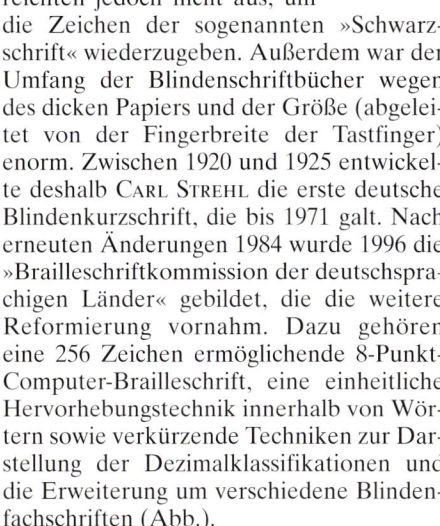

Louis Braille (1809–52)

Würfel, Mailand, Antike

Computer-Braille

Die auch »Euro-Braille« genannte Schrift verwendet ein 8-Punkt-System (Abb. rechts) mit insgesamt 256 Zeichen und ist in der DIN 32 982 festgelegt. Zeichen wie der 'Backslash' »\« und das 'at' »@« erweitern so die digitale Kompetenz Blinder.

8er-Zeile

Die Kurzschrift

Durch die Kurzschrift wurden Schreib- und Lesegeschwindigkeit erhöht und das Volumen von Blindenbüchern um etwa ein Drittel verringert. Auf der anderen Seite kam es zu Missverständnissen. Um sie zu vermeiden, gibt es Regeln. So sind die in der deutschen Sprache selteneren Buchstaben c, q, x und y mit Lautgruppen belegt. Kommen sie vor, muss ein Aufhebungspunkt die richtige Kognition des Zeichens anzeigen. Verboten ist die Lautgruppenkürzung über eine Wortfuge hinaus, z. B. {SP3SESAAL} statt zwei Kürzungen {SP3S%AAL}.

Fremd- und Fachsprachen

Die Brailleschrift ist die Grundlage für viele Fremdsprachen. So ist bspw. das »a« immer ein Tastpunkt links oben, ob nun die Sprache in kyrillische, lateinische oder griechische Schrift umgesetzt wurde. Selbst Chinesen und Japaner, die blind sind, nutzen die Tastpunktschrift. Schwierigkeiten bereiteten Zeichen, die nicht zum Alphabet gehören, wie z. B. Musiknoten. Dafür erfand BRAILLE 1834 eine Tastpunktnotenschrift (Abb.). Später entstanden Schriften für Mathematik und Chemie (Abb.).

Moderne Technik für Blinde

Technik erleichtert Blinden heute den Alltag. So können Diabetiker wegen Durchblutungsstörungen nicht tasten und durch synthetische Sprachausgabe im sogenannten »Daisy-Format« überhaupt erst lesen.

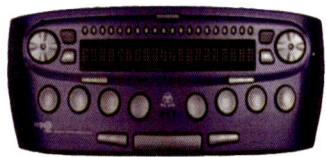

Blinden-Handy Alva MPO 5500

162 Schriften & Sprachen

Sinngemäße Übersetzung des Textes auf der Vorderseite des Orakelknochens:
»Das Orakel wird befragt, ob man den Erdboden mit Wein betropfen soll, um den Göttern zu opfern. Am Folgetag Yiwei wird mit Wein geopfert.«

Sinngemäße Übersetzung des Textes auf der Rückseite des Orakelknochens:
»Soll man ihnen etwas anbieten, den Ahnen?«

Orakelknochen, Shang-Periode, 1500–1066 v. Chr.

Brustpanzer einer Schildkröte mit Orakeln, Anyang, Shang-Periode, 1500–1066 v. Chr.

Früheste Zeugnisse chinesischer Schrift

	Orakelknochen	Bronze- und Steininschriften	Kleine, standardisierte Siegelschrift	Kanzleischrift	Standardschrift	Drucktypen	Kursive oder Grasschrift	Vereinfachter Standard	Deutsche Übersetzung
Zeit	ab 1500 v. Chr.	1500 – 700 v. Chr	nach 221 n. Chr.	200 v. – 200 n. Chr.	ab 200 n. Chr.	ab 1400 n. Chr.	ab 200 n. Chr.	1956	
Piktogramm									Pferd
differenziertes Piktogramm									auf- und hinaufsteigen
kombiniertes Piktogramm									Sonnenuntergang, Nein
kombiniertes Lautzeichen									Weide
Beschreibstoff	siehe Tabelle rechts	Bronze, Stein	Stein, Metall	Holz, Seide	Papier	Papier	Papier	Papier	
Schreibtechnik	Ritzen	Gießen, Ritzen	Gravur mit Stichel	Pinsel	Pinsel	Holzblock, Keramik	Pinsel, Füller	Metalltypensatz	
Hauptinhalte	Orakel	Weihen	Namen, Staatstexte	Literatur, Staatstexte	Literatur, Staatstexte	alle	Notizen, Briefe	alle	

Entwicklung der chinesischen Schriftzeichen

Ursprünge

Die ältesten Inschriften stammen aus der Zeit um 1500 v. Chr. Der Präsident der kaiserlichen Akademie WANG YIRONG schickte 1899 Mitarbeiter aus, um für die Genesung seiner Malaria sog. »Drachenknochen« zu besorgen. Dies sind von längst verstorbenen Vorfahren vergrabene Knochen verschiedener Tiere (Tabelle). Das Kno-

Tierarten der Knochen
Hirsch
Rind
Schildkröte
Ziege

chenmehl stand im Ruf, heilen zu können. Der Präsident und sein Mitarbeiter LIU TIEYÜN waren Experten für Stein- und Bronzeinschriften. Sie entdeckten, dass die Inschriften auf den Knochen älter sein mussten als alles bisher. 1980 kannte man bereits über 100 000 solcher »Drachenknochen«, die auch »Orakelknochen« genannt werden. Dies leitet sich vom Inhalt ab: Auf einer Seite ist eine Frage, deren Antwort durch das Feuer entstand, wenn die Knochen rissen und ein deutbares Riss-Bild (das Orakel) ergaben (Abb.).

Qin Shihuangdi [221–210 v. Chr.] ließ eine Siegelschrift entwickeln, um die verschiedenen Schriften im Reich zu vereinen

Entwicklung

Die Weiterentwicklung lässt sich in mindestens neun Stufen beschreiben (Abb. links). Insbesondere im 1. Jt. v. Chr. gab es Veränderungen. So ließ nach der Legende der Hofkanzler SHI ZHOU um 800 v. Chr. archaische Formen der heutigen Schriftzeichen standardisieren. Die Schrift nannte man »dazhuan«, was so viel wie 'große Siegelschrift' heißt. Ein weiterer Schritt war die Vereinheitlichung und Vereinfachung, die Kaiser QIN SHIHUANGDI [221–210 v. Chr.] von einem seiner Minister 213 v. Chr. vornehmen ließ und mit einer Bücherverbrennung brutal durchsetzte (Abb. Mitte). Das erste Wörterbuch über die Herkunft der Wörter schuf XU SHEN im Jahre 86 n. Chr. Die Zahl der Zeichen stieg über die Jahrhunderte zu großer Komplexität (Tabelle).

Zeit	Zahl der Zeichen
100 n. Chr.	9000
2000 n. Chr.	60 000

Reformversuche

Um 1949 erteilte die Kommunistische Partei Chinas der neu gegründeten »Forschungsgesellschaft für Schriftreform« den Auftrag zur Vereinfachung und zahlenmäßigen Verminderung der Zeichen. Außerdem wurde eine lateinische Umschrift für das Hochchinesische entwickelt. 1955 legte das dafür einberufene »Chinesische Komitee für Schriftreform« die ersten 515 Einfachzeichen vor. Sie wurden durch Staatsratsbeschluss 1958 für verbindlich erklärt und 1964 auf 2200 verkürzten Zeichen erweitert. Da sie auf jahrhundertealten Kürzeln beruhten, bereitete ihre Einführung keine Probleme. Die Zahl der Striche sank von durchschnittlich 16,08 auf 8,16. 1977–78 erfolgte erneut eine Schriftreform. Nun gab es jedoch große Schwierigkeiten. Je künstlicher die neuen Zeichen waren, umso schwieriger wurde ihre Einführung (Abb. Kunst alt und neu). Heute gibt es ein Schriften-Chaos in China, und viele meinen, dies würde China daran hindern, eine Supermacht zu werden.

Kunst alt → **Kunst neu**

Vom Latino-Chinesisch zur Digraphie

Schon 1936 sagte MAO ZEDONG:
> »Wir glauben, dass die Latinisierung ein gutes Mittel ist, um das Analphabetentum zu überwinden.«

Heute glaubt man, dass die Zeichen zur Kulturidentität eines jeden Chinesen gehören und nur ergänzt werden müssen. Das Nebeneinander der Zeichen und des 'Latino-Chinesisch' (»Pinyin«) nennt man Digraphie (Abb. rechts). Digraphie gibt es auch anderswo, z. B. auf arabischen Verkehrsschildern oder sogar Multigraphie auf unseren Verpackungen.

Hepingmen
和平门

Latino-Chinesisch (sog. Pinyin) und chinesische Zeichen, Digraphie in Peking

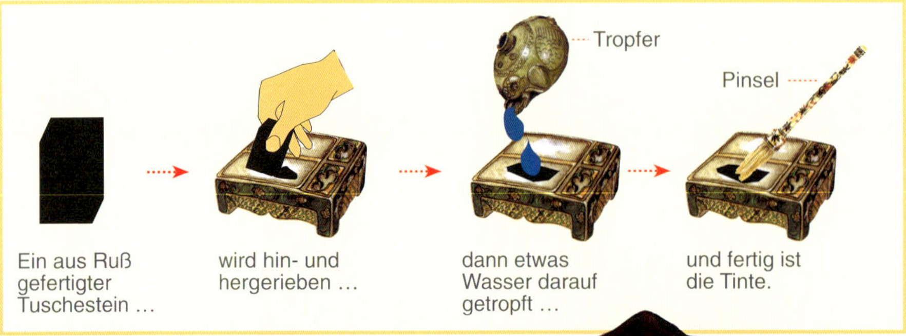

164 Schriften & Sprachen

Herstellung von Tinte für die Kalligraphie (Schönschreibkunst)

Ein aus Ruß gefertigter Tuschestein … → wird hin- und hergerieben … → dann etwas Wasser darauf getropft … (Tropfer) → und fertig ist die Tinte. (Pinsel)

Schriftkünstler bei der Arbeit

Das erste System beweglicher Lettern der Welt, China, um 1040

- Tusche aus Ruß und Leim — Als Druckfarbe wurde Tusche mit Wasser in einer Schale vermischt.
- Aus Ton geschnittene und gebrannte Schriftzeichen. Die entsprechend dem gewünschten Text gesetzten und verkeilten Zeichen wurden mit Tusche bestrichen.
- Ein Blatt Papier wird über die Lettern gelegt und mit einem Block angedrückt.
- Das Papier wird abgezogen und zeigt nun den gedruckten Text.

Die chinesische Schrift
umfasst etwa 60 000 Schriftzeichen, wobei nur ein Bruchteil in realem Gebrauch ist (Tabelle).

Anzahl der Worte	Bereich des Gebrauchs
60 000	alle bekannten Wörter
10 000	in aktivem Gebrauch
4000–6000	Akademikergebrauch

Die Zeichen sind jedoch nicht willkürliche Strich-Punkt-Kombinationen, sondern Figuren, die nach unterschiedlichen Kriterien gebildet wurden. Die Chinesen selbst unterscheiden sechs Kriteriensysteme (Tabelle).

Name	Chinesisch
1. Hieroglyphen	象形
2. Signifikum-Phonetikum	形声
3. Indikatoren	指示
4. Bedeutungskombinationen	会意
5. Entlehnungen	假借
6. Zeichenwendungen	转注

Schrittfolge und Strichrichtung

Das Signifikum-Phonetikum-System stellt über 90 % der Zeichen. Es hat einen Bedeutungsträger (Signifikum) und einen Ausspracheträger (Phonetikum). Das Signifikum ist vergleichbar mit dem deutschen semantischen Vorhof, z. B. gehören Buch, buchen, Bücherei in eine Bedeutungskategorie. Das Phonetikum dagegen zeigt den Lautwert, der wiederum dem Zeichen erst den richtigen Sinn gibt. Dies ist mit dem deutschen Wort Buchsbaum vergleichbar. Obwohl sich darin das Wort 'Buch' versteckt, wird es anders gesprochen und meint auch etwas anderes. Entsprechend dem wichtigen Ausspracheklang gibt es verschiedene Bedeutungen, z. B. im Kantonesischen 6 Klänge und Sinndifferenzierungen und im Mandarin 4 (Tabelle).

Mandarin-Klang	Klangverlauf
	hoch bleibend
	aufsteigend
	tief und fallend
	absteigend

Da das absolute Gehör in der Zeit bis zum 6. Lebensjahr erfolgt, ist die melodiereiche Mutter-Ansprache wohl die Ursache dafür, dass es in China mehr Menschen mit einem absoluten Gehör gibt als anderswo.

Kalligraphie
Kalligrafie bedeutet Schönschreibkunst. Sie besaß und besitzt in China ein hohes Ansehen. Eine individuelle Handschrift wie in Europa kennt man dort nicht. Als Unterschrift wurde nur ein Siegel anerkannt. Die Strenge im Formanspruch beginnt bei der Einpassung jedes Zeichens: Es muss in der Druckschrift in ein Quadrat und in der Handschrift in ein Hochrechteck eingepasst sein. Die Anzahl der Striche pro Zeichen variiert von einem bis dreißig Strichen, die alle in einer bestimmten Reihenfolge und Richtung geschrieben oder gepinselt werden (Abb. Mitte). Die fehlende Ligatur ermöglicht eine Flexibilität in Leserichtung und Paginierung: Alte Bücher fängt man aus europäischer Sicht »von hinten« an zu lesen. Die Leserichtung war früher von rechts nach links oder von oben nach unten und dann kolumnenweise von rechts nach links. Heute erfolgt das Lesen von links nach rechts. Selbst die Zeichnungen atmen diese Strichästhetik, wie die Vorlagen für Blattformen im Malereilehrbuch »Senfkorngarten« belegen (Tabelle).

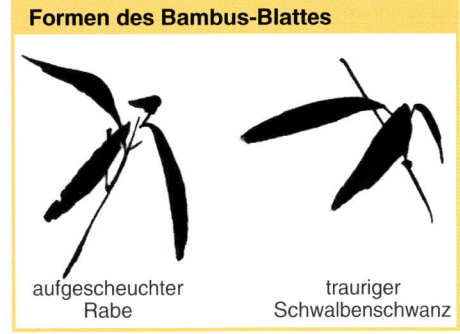

Formen des Bambus-Blattes

aufgescheuchter Rabe — trauriger Schwalbenschwanz

Abbildungen
Tusche: Der Tuschestein besteht aus Ruß und Leim. Die Tropfer wurden meist kunstvoll gefertigt und haben oft Tierformen, wie das abgebildete Stück aus dem 3.–4. Jh.
Schriftkünstler: Qi Baishi (1864–1957) war einer der bekanntesten Maler Chinas.
Bewegliche Lettern: In China wurde der Druck mit beweglichen Lettern erfunden. Allerdings verhinderte die große Zahl von Zeichen eine allgemeine Verbreitung dieser Keramiklettern-Drucktechnik.

166 Schriften & Sprachen

Leserichtung der Spirale von außen nach innen (dies belegen die Überstempelungen)

Diskos von Phaistos, Herakleion, um 1700 – 1600 v. Chr., Seite A

Rand des Diskos, Breite etwa 1,2 cm

45 Zeichen (s. rechts) wurden 242-mal in den Ton gedrückt.

Durchmesser etwa 16 cm

Diskos von Phaistos, Herakleion, um 1700–1600 v. Chr., Seite B

45 Zeichen

Diskos von Phaistos

Das rätselhafteste Schriftdenkmal

Im Jahr 1908 wurde auf der Burg von Phaistos auf Kreta (Karte) durch den Archäologen PERNIER eine Keramikscheibe gefunden, auf der sich 242 Stempeleindrücke aus insgesamt 45 Zeichen finden, die 61 Zeichengruppen bilden. Bis heute ist der Diskos von Phaistos das Schriftdenkmal mit den meisten Entzifferungsversuchen der Welt, von denen bisher keine eine allgemeine Anerkennung fand. Unumstritten ist jedoch, dass es sich um eine Silbenschrift handelt, die linksläufig von außen nach innen gelesen wurde, und dass zwei Einzelscheiben zusammengeklebt wurden (Abb.). Eine Steininschrift aus Phaistos und die Inskription auf der Doppelaxt von Arkalochori sind mit den Zeichen verwandt, eine spiraloide Inschrift findet sich ebenfalls auf einem Goldring aus Knossos, so dass es sich offenbar nicht um eine Fälschung handelt, obwohl etwa eine Thermoluminiszensdatierung fehlt.

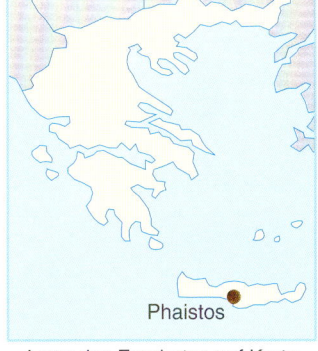

Lage des Fundortes auf Kreta

Deutungs-Theorien

P. ALEFF sieht in der Scheibe ein Spielbrett der Minoer.

E. BOWDEN erkennt alliterarische, metrische Verse zur Anbetung im anatolischen Kult der Cybele Axe und des Poseidon Hippios.

A. EVANS vermutete kriegerisch-religiöse Lyrik:

> »Have we here, perhaps, an ancient chaunt of victory of the kind preserved in the Song of Deborah?«

J. FAUCOUNAU behauptet, es handele sich um historische Informationen, die in griechischer Sprache verfasst seien.

S. R. FISCHER sieht darin einen »Ruf zu den Waffen« in mykenischem Griechisch.

M. FRENKEL erkennt eine Berechnungsscheibe für astronomische Daten.

A. GLEYE sah eine westfinnische Inschrift darin.

O. HAGEN deutet einen Kalender, der die Daten für Zeremonien und Rituale enthält.

S. HANSEL will eine semitische Sprache erkennen, die er Keftian nennt.

G. IPSEN entdeckte den silbischen Charakter und die Linksläufigkeit bereits 1929.

B. KATSIADRAMIS fand heraus, dass der Durchmesser auf eine Fertigung für Frauenhände (Priesterinnen?) deute, analysierte Geometrie sowie die Kurven und bewies die Zweiteiligkeit des Diskos.

A. KAULINS sieht darin die Darstellung des Beweises eines geometrischen Theorems in griechischer Sprache verfasst.

A. MARTIN deutet die Schrift als Urform des griechischen Alphabets und vergleicht die Piktogramme mit den Buchstabenformen, z. B. sieht der gehende Mann wie ein K aus und der Schildbuckel hat die Formsilhouette eines O.

E. POLIGIANNAKI behauptet, es handele sich um ein Gebet, das in Griechisch verfasst ist. Er vergleicht die Schrift mit den Inschriften in Linear-A und Linear-B.

F. READ deutete es als die älteste Musiknotation der Welt.

S. V. RJABCHIKOV versuchte, sowohl Linear-A als auch die Diskosschrift zu entziffern, und deutete beides als slawische Dialekte.

H. ROOLVINK sieht in den Zeichen die Geschichte einer Expedition Angehöriger eines Bergvolkes, die das Flachland urbar machen wollen, um dort zu siedeln.

B. SCHOMBURG sieht im Diskos den »Jahrtausend-Kalender der Minoer«.

N. STYLOS versuchte, sowohl den Diskos von Phastos als auch die Magliana-Scheibe zu entziffern. Er postuliert, dass es sich um Texte für Lehrzwecke handelt, deren Sprache er »Arbanetisch« nennt.

H. WENZEL versucht, zu beweisen, dass die Piktogramme des Diskos Tage zählen, die sich über ein 11er-System zu einem Zeitzeiger-System analog unserem Kalender-Uhr-System entziffern lassen, die insgesamt 6001 Tage umfassen und die als Zyklus immer wiederkehren. Kombiniert werden könne dies mit verbalen Anweisungen, z. B.:

> »Zähle auf der Seite der 12 (Seite B mit dem Zeichen für 12 Tage im Zentrum) die Tage von der Mitte bis zum Rand oder vom Rand bis zur Mitte in 25 Häusern. Es werden 2555 Tage oder sieben Jahre vergehen.«

Zeichen 7 (12 Tage)

Schriften & Sprachen

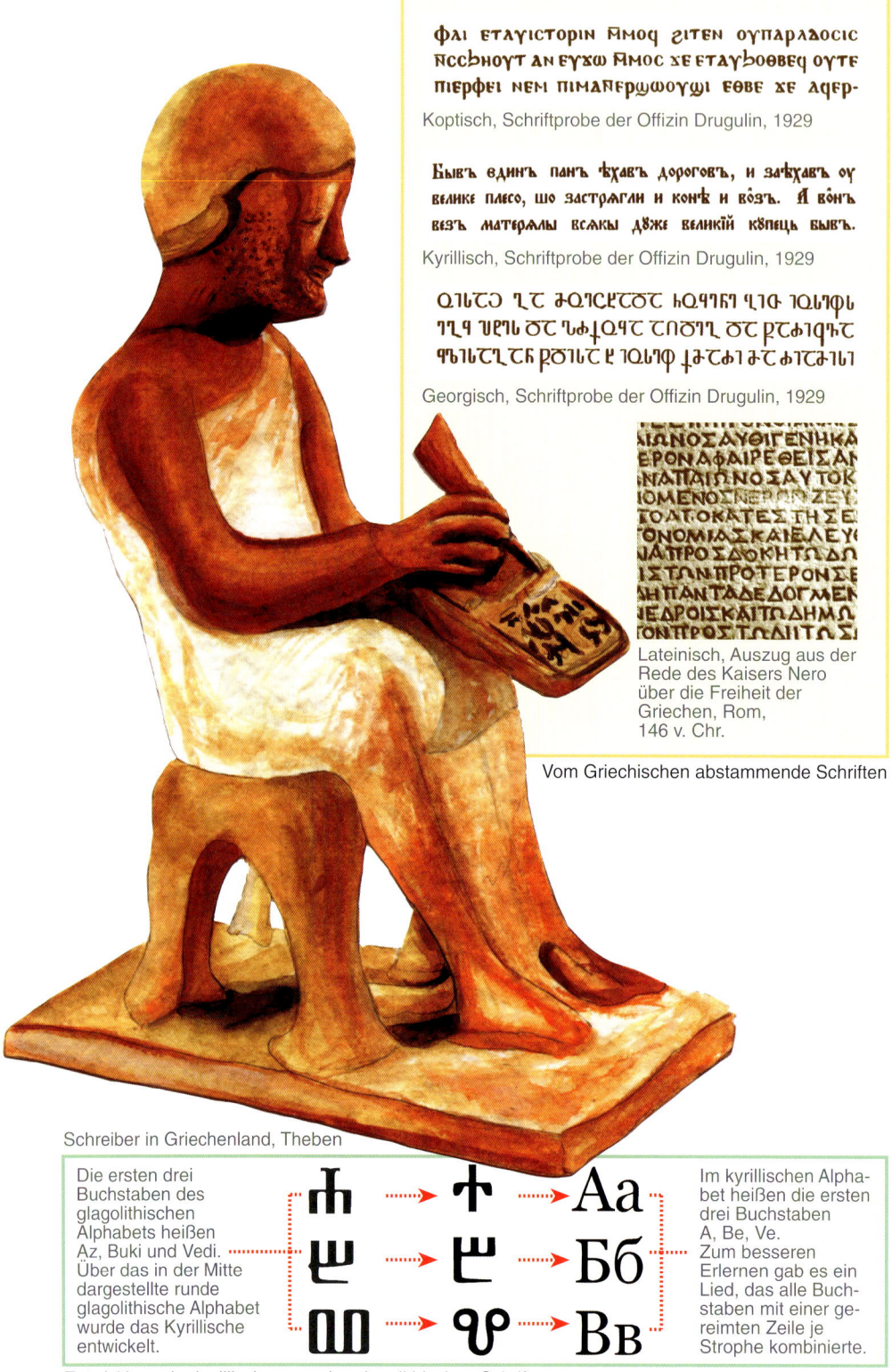

ⲫⲁⲓ ⲉⲧⲁⲩⲓⲥⲧⲟⲣⲓⲛ ⲏⲙⲟϥ ϩⲓⲧⲉⲛ ⲟⲩⲡⲁⲣⲁⲇⲟⲥⲓⲥ
ⲛⲥⲥⲫⲛⲟⲩⲧ ⲁⲛ ⲉⲩⲭⲱ ⲏⲙⲟⲥ ϫⲉ ⲉⲧⲁⲩⲃⲟⲟⲃⲉϥ ⲟⲩⲧⲉ
ⲡⲓⲉⲣⲫⲉⲓ ⲛⲉⲙ ⲡⲓⲙⲁⲛⲉⲣϣⲱⲟⲩϣⲓ ⲉⲑⲃⲉ ϫⲉ ⲁϥⲉⲣ-

Koptisch, Schriftprobe der Offizin Drugulin, 1929

Бывъ единъ панъ 'ѣхавъ дорогою, и заѣхавъ оу
велике плесо, шо застряглн и конѣ и возъ. А вонъ
везъ матерьалы всякы даже великій кѳпець бывъ.

Kyrillisch, Schriftprobe der Offizin Drugulin, 1929

Georgisch, Schriftprobe der Offizin Drugulin, 1929

Lateinisch, Auszug aus der Rede des Kaisers Nero über die Freiheit der Griechen, Rom, 146 v. Chr.

Vom Griechischen abstammende Schriften

Schreiber in Griechenland, Theben

Die ersten drei Buchstaben des glagolithischen Alphabets heißen Az, Buki und Vedi. Über das in der Mitte dargestellte runde glagolithische Alphabet wurde das Kyrillische entwickelt.

Im kyrillischen Alphabet heißen die ersten drei Buchstaben A, Be, Ve. Zum besseren Erlernen gab es ein Lied, das alle Buchstaben mit einer gereimten Zeile je Strophe kombinierte.

Entwicklung der kyrillischen aus der glagolithischen Schrift

Griechisch und Kyrillisch

Einführung
Im alten Griechenland existierten mehrere Alphabete, die zu unterschiedlichen Zeiten entstanden (Tabelle). Das Griechische ist Grundlage für vier Schriften (Abb. links).

Alphabet	Zeit
Ionisch	vor 403 v. Chr.
Euböisch	um 750 v. Chr.

Geschichte
Das griechische Alphabet stammt vom phönizischen ab. Dabei mussten Probleme gelöst werden. So bestand das phönizische Alphabet ausschließlich aus Konsonanten. Die Lautsprachen in Griechenland und Kreta kannten dagegen viele Vokale. Im 8. Jh. v. Chr. hatte ein unbekannter Kreter oder Grieche die geniale Idee, aus einigen weniger gebräuchlichen phönizischen Schriftzeichen einfach Vokalzeichen zu formen. So entstehen das »α« für 'Alpha' aus phönizisch »Aleph«, das »ε« für 'Epsilon' aus »He«, das »o« für 'Omikron' aus »Ajin« und das »υ« für 'Ypsilon'. Im 5. Jh. v. Chr. erreichte die Buchstabenzahl ihren heutigen Stand (Tabelle).

Art der Buchstaben	Anzahl
Konsonanten	17
Vokale	7

Erstes Wort: Archio

Zweites Wort: Tochter des Agathokles

Grabstein, 408–407 v. Chr. Typisch ist der »horror vacui«: kein Platz zwischen den Buchstaben. Die Buchstaben selbst sind aus den geometrischen Grundformen Dreieck, Kreis und Quadrat entwickelt worden.

Kyrillisch
Kyrillisch oder Kyrilliса wird auch nach den ersten Buchstaben »Asbuka« genannt. Es handelt sich um eine aus der byzantinischen Form des griechischen Alphabets über die Glagolica abgeleitete Buchstabenschrift (Abb. links unten). Die »Glagolica« für 'Gesprochene' wurde um 862 von KYRILL VON SALONIKI (um 827–869) entwickelt, um die Unabhängigkeit von der römischen Kirche mit einer Abstandsschrift zu wahren. Der Name Kyrillisch leitet sich davon ab, obwohl KYRILL nicht der Erfinder der kyrillischen Schrift war. Der Erschaffer ist unbekannt.

Verbreitung
Die Kyrillica besitzt weniger Laut-Zeichen als die Glagolica und ist den griechischen Buchstaben ähnlicher. Sie baute so auf Bekanntem auf und erleichterte das Lernen. Deshalb setzte sie sich schnell gegenüber dem Vorgänger durch.
Zahlreiche Völker in Osteuropa und Asien nutzen die Kyrillica und leicht abgewandelte Formen zur Verschriftlichung ihrer Sprachen: Bulgaren, Kasachen, Kirgisen, Mazedonen, Mongolen, Russen, Serben, Tadschiken, Tschetschenen, Ukrainer und Weißrussen.

 +  = Inschrift auf Vorder- und Rückseite: »Diesen Grabstein habe ich, Idameneus, geschaffen, damit mir Andenken sei. Wer auch immer ihn beschädigen sollte, den sollte Zeus zu einem vollkommen Verfluchten machen!«

»ochsenwendige« Schriftrichtung: eine Zeile rechtsläufig, die nächste linksläufig.

Vorder- und Rückseite sind mit einem »Hexameter« für dichterisches 'Sechs-Maß' bedeckt.

Die Schreibrichtung war zunächst ochsenwendig, später setzte sich die rechtsläufige Schreibung durch.

170 Schriften & Sprachen

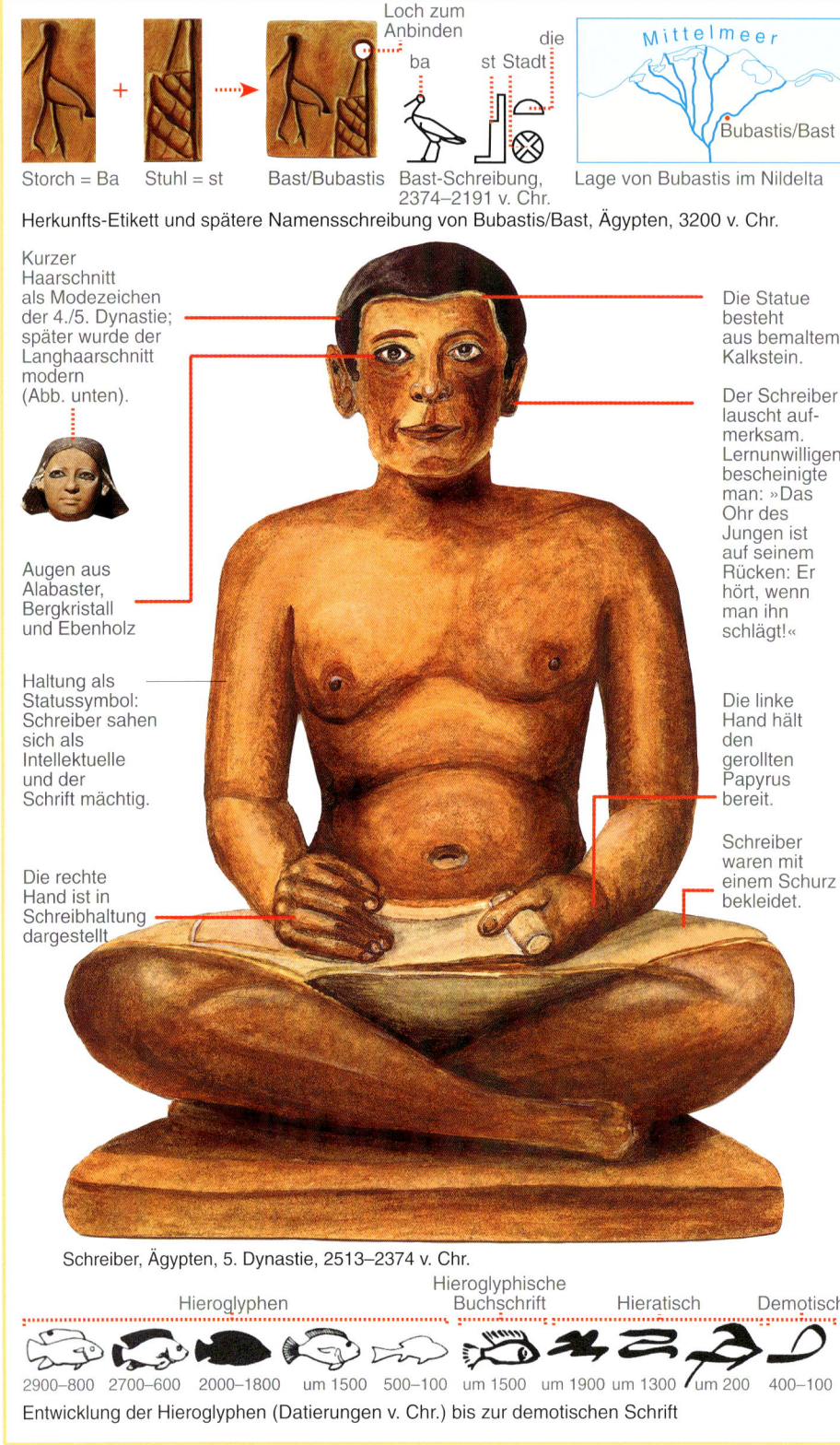

Storch = Ba | Stuhl = st | Bast/Bubastis | Bast-Schreibung, 2374–2191 v. Chr. | Lage von Bubastis im Nildelta

Loch zum Anbinden — ba — die — st Stadt — Mittelmeer — Bubastis/Bast

Herkunfts-Etikett und spätere Namensschreibung von Bubastis/Bast, Ägypten, 3200 v. Chr.

Kurzer Haarschnitt als Modezeichen der 4./5. Dynastie; später wurde der Langhaarschnitt modern (Abb. unten).

Augen aus Alabaster, Bergkristall und Ebenholz

Haltung als Statussymbol: Schreiber sahen sich als Intellektuelle und der Schrift mächtig.

Die rechte Hand ist in Schreibhaltung dargestellt.

Die Statue besteht aus bemaltem Kalkstein.

Der Schreiber lauscht aufmerksam. Lernunwilligen bescheinigte man: »Das Ohr des Jungen ist auf seinem Rücken: Er hört, wenn man ihn schlägt!«

Die linke Hand hält den gerollten Papyrus bereit.

Schreiber waren mit einem Schurz bekleidet.

Schreiber, Ägypten, 5. Dynastie, 2513–2374 v. Chr.

Hieroglyphen					Hieroglyphische Buchschrift		Hieratisch		Demotisch
2900–800	2700–600	2000–1800	um 1500	500–100	um 1500	um 1900	um 1300	um 200	400–100

Entwicklung der Hieroglyphen (Datierungen v. Chr.) bis zur demotischen Schrift

Hieroglyphen I

Einführung

Hieroglyphe heißt heiliges Zeichen (griech. »hierós« = 'heilig' + »glyphein« = 'einmeißeln') und wurde im 16. Jh. für unentzifferbare Schriften und im 18. Jh. für die altägyptische Schrift genutzt. Sie war von 3200 v. Chr. bis zum 4. Jh. n. Chr. in unterschiedlicher Zeichenzahl in Gebrauch (Tabelle).

Zeit	Anzahl der Zeichen
3200–2700 v. Chr.	etwa 900
um Christi Geburt	etwa 9 000

Geschichte

Älteste Inschriften stammen aus dem Grab des U-j (3200 v. Chr.). Aus der Frühzeit von 3200–2700 v. Chr. gibt es etwa 4000 publizierte Inschriften. Sie bestehen aus 1 bis 100 Wörtern. Wie bei der Keilschrift scheinen Bevölkerungswachstum und Verwaltungsprobleme Anlass für die Schriftentwicklung gewesen sein. Schon in dieser frühen Zeit begann die Leserichtung dort, wohin z. B. der Storchschnabel zeigte (Abb.). Man liest also auf Blickrichtung des Dargestellten zugehend. Außerdem ist die Hieroglyphenschrift bereits als phonetische, also Laute wiedergebende, Schrift angelegt.

Die stark bildorientierte Hieroglyphenschrift war für die tägliche Verwaltungsarbeit zu aufwändig. Deshalb entwickelten die Priester bereits in den ersten drei Dynastien (3050–2649 v. Chr.) eine Kursivschrift, die sogenannte hieratische Schrift. Das Hieratisch gliedert sich in Alt-, Mittel- und Späthieratisch und wurde noch im 5. Jh. n. Chr. auf Philae verwendet. Ab dem frühen 7. Jh. v. Chr. gab es eine noch flüssiger zu schreibende Schrift, die von HERODOT (490–420/5 v. Chr.) demotisch, also Volksschrift genannt wird. Die Verwandtschaft zu den Bildzeichen ist nur noch schemenhaft (Abb. unten). Man unterscheidet das Frühdemotische, das Mitteldemotische (Ptolemäische) und das Spätdemotische (Römisches Demotisch). Ab dem 3. Jh. v. Chr. übernahmen die Ägypter das Griechische, das sie um sieben Buchstaben aus dem Demotischen erweiterten und das Koptisch genannt wird. Schließlich entstand mit der Übernahme des Islam im 7. Jh. n. Chr. die arabische Schrift. Bis heute weiß man trotz der Rekonstruktionsversuche zur Erhellung des Klangcharakters nicht, wie die Hieroglyphen ausgesprochen wurden.

Schreiber und ihre Ausbildung

Der Schreiberberuf gehörte zu den angesehensten im alten Ägypten. In einer weitgehend mündlichen Gesellschaft war es ein Privileg, Schreiber werden zu können. Schätzungen besagen, dass unter den etwa 100 000 bis 200 000 Einwohnern Ägyptens um 3000 v. Chr. etwa 500 bis 1000 Schreiber waren. Dieser Beruf galt als Statussymbol schlechthin. Schreiber waren eine mächtige Kaste. Die Ausbildung begann im Alter von 5 bis 6 und dauerte 12 bis 13 Jahre. Zahlreiche Kinder wurden ausgesiebt. Der Unterricht umfasste lange Zeit Diktate und Leseübungen. Vor den Hieroglyphen wurde das Hieratische gelernt. Stundenlang mussten die Schüler im Chor nachsprechen. Es gab Prügel- und Gefängnisstrafen. Am Ende stand jedoch die Hoffnung, in einem mit hohem Symbolkapital ausgestatteten Beruf zu arbeiten, innerhalb dessen es eine fein differenzierte Rangfolge gab (Tabelle, Rangfolge hypothetisch).

Rang	Titel
1	Meister der Schreiber des Königs
2	Leiter der Schreiber
3	Schreiber des Archivs
4	Schreiber der Wüstengebiete
5	Schreiber

Abbildungen

Herkunfts-Etikett: Das Etikett gehört zu etwa 160 Stück, die an Beigabenbehältern angebracht waren. Die Herkunftsangabe ist vergleichbar mit dem »Made in Germany«.

Thot: Im alten Ägypten glaubte man, dass der Gott Thot persönlich die Schrift geschaffen und sie den Menschen geschenkt habe.

Pinsel Ibiskopf

Schreibetui aus Holz mit Vertiefungen für die Pinsel sowie je ein Napf für die schwarze und die rote Tinte

Thot, Ägypten, 380 – 343 v. Chr.

172 Schriften & Sprachen

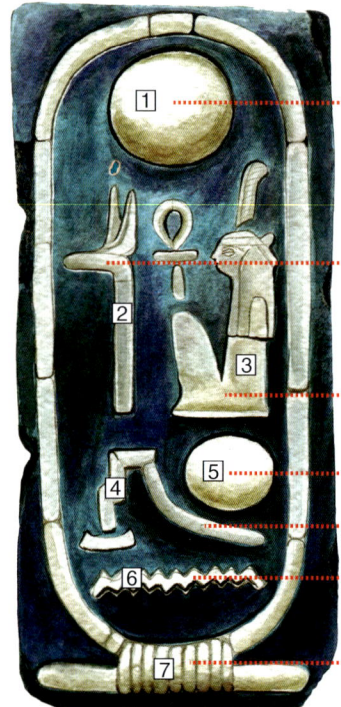

Übersetzung 1:
'Achtung Königsname:
Die Maat von Re ist stark,
für Re auserwählt'

7 3 1 2 5 6 4

Übersetzung 2:
'Achtung Königsname:
stark in Bezug auf die
Maat von Re, die Re
auserwählte'

7 2 3 1 6 5 4

Übersetzung 3:
'Achtung Königsname:
Re ist stark, Maat erwählte
mit Res Hilfe aus'

7 1 2 3 4 5 6

Übersetzung 4:
'Achtung Königsname:
Re machte Maat stark,
die mit seiner Hilfe
auserwählt hat'

7 1 3 2 5 6 4

1 — Sonnenscheibe, Synonym des Sonnengottes Re

2 — Schakalkopf mit Hals = »wsr« 'stark sein'

3 — Göttin mit Feder und Ankh-Zeichen = »Maat« 'Göttin der Gerechtigkeit, die Leben gibt'

4 — [richtig: 5] Erneut Sonnenscheibe = »Re«

5 — [richtig: 4] Krummaxt auf Holzblock = »stp« 'auserwählt'

6 — Wasser = »n« 'n' 'nach' 'auf' 'für'

7 — Seilschlinge oder Rahmen = 'Achtung Königsname!', wirkt wie heutiger Textmarker

Fliese mit dem Thronnamen des Pharaos Ramses II. (1290–24 v. Chr.)

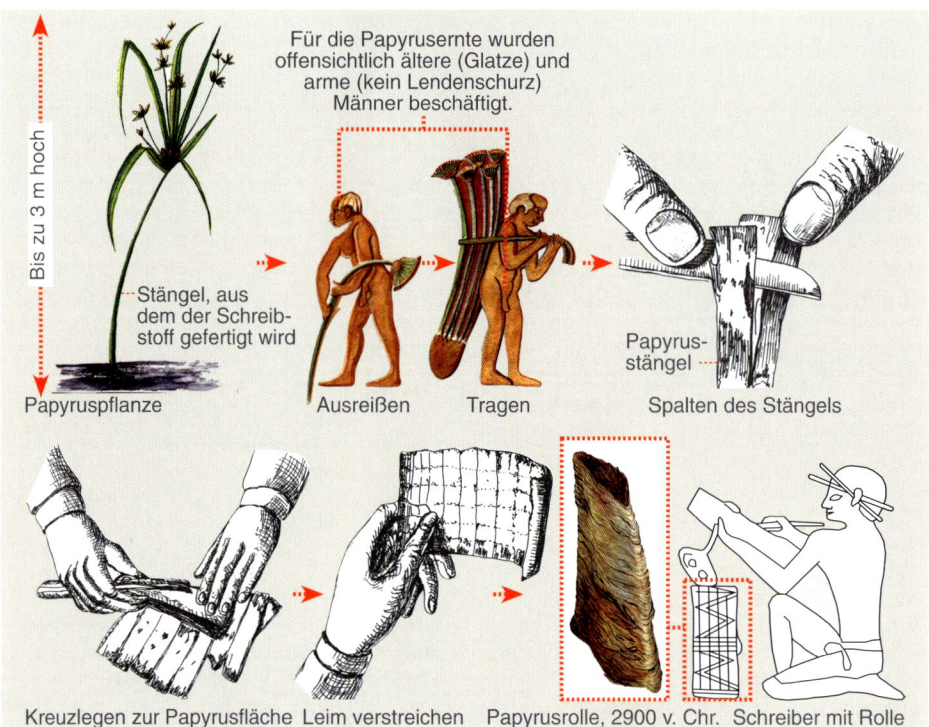

Herstellungsprozess einer Papyrusrolle

Hieroglyphen II

Struktur der Hieroglyphenschrift
Die Hieroglyphenschrift besitzt drei Typen von Zeichen (Tabelle).

Zeichen	Erklärung
Ideogramme	Bildzeichen, Semogramme
Determinative	Deutezeichen
Phonogramme	Lautzeichen, Klangzeichen

Ideogramme
Diese dienen dazu, mit einem Zeichen ein ganzes Wort oder die Wurzel darzustellen, z. B. ein Baum steht für eine Plantage oder eine Sonnenscheibe für den Gott Re (Abb.). In den alten Inschriften sind diese Zeichen in der Mehrheit.

Determinative
Offenbar wurden die ursprünglichen Bildzeichen durch weitere Mitteilungszeichen erweitert. Diese ermöglichten eine größere Ausdrucksvielfalt, wie es z. B. im Deutschen 'wohl gemeint' oder 'wohlgemeint' durch Abstände erreicht wird. Im alten Ägypten nutzte man dafür die Determinative. Sie zeigen gleichzeitig das Ende eines Wortes an, da es weder Wortabstände noch Interpunktionszeichen gibt.

Phonogramme
Vokale fehlen völlig. Dafür wurden die Phonogramme mittels des Rebusprinzip (lateinisch »rebus« für 'mit Dingen' schreiben) gebildet, z. B. Sau und Bär ergeben »sauber« oder Bär und Tiger werden zu »bärtiger« (Mann) ergänzt. So wurden z. B. aus Ka-Haus des Ptah, was keilschriftlich »hikuptah« überliefert ist, sowohl Ägypten als auch die Bezeichnung Kopten (christliche Gemeinde des Orients). Konsonanten und Phonogramme haben verschiedene Funktionen (Tabelle).

Träger	Funktion
Konsonanten	bedeutungstragend
Phonogramme	bedeutungsvariierend

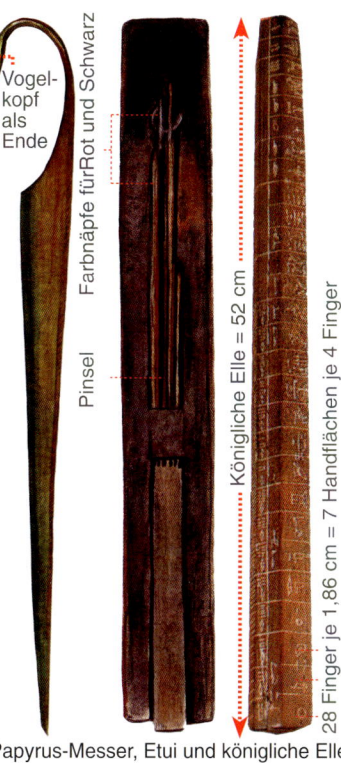

Papyrus-Messer, Etui und königliche Elle

Alphabet- oder Einkonsonantzeichen
Zu den bekanntesten Lautzeichen gehören 25 Alphabetzeichen, aus denen sich später über das Phönizische unser Alphabet entwickelt hat. Im alten Ägypten wäre der konsequente Schritt hin zu einer ökonomischen Zeichenverwendung und damit zum Alphabet einer Götterlästerung gleichgekommen, da alle Zeichen heilig waren. Deshalb diente es nur der Schreibung von Personennamen, Fremdwörtern und grammatischen Endungen (Tabelle).

Zeichen	Erklärung
	Geier
	Feder
	Doppel-Feder
	Arm
	Wachtelküken
	Bein
	Sitz
	Hornviper
	Eule
	Krone/Wasser
	Mund
	Grundriss
	Leinenstrang
	Sieb/Plazenta (?)
	Tierbauch
	Türriegel
	Becken/Teich
	Abhang/Hügel
	Korb mit Henkel
	Krugständer
	Brot
	Joch für Tiere
	Hand
	Kobra

Leserichtung
Eine Besonderheit stellt die Nichtfestlegung der Leserichtung dar. Sie wechselt je nach ästhetischem Bedarf, z. B. wird bei einem Tor die rechte Seite linksläufig und die linke rechtsläufig lesbar sein, um in das Tor hineinzuweisen. Hier erkennen wir eine ähnliche Ästhetik wie bei der Aspektive in der Bildkunst, wo jeweils die Schönstansicht der Teile zusammengesetzt wird. Erkennbar ist die Richtung an den Zeichen, die eine Blickrichtung haben, z. B. ein Kopf. Man liest dann »in die Augen schauend«. Die Bildhaftigkeit ägyptischer Inschriften wird außerdem durch den »horror vacui« für 'Angst vor der Leere' bestätigt: Es sollten möglichst keine Lücken auf der Fläche erscheinen.

174 Schriften & Sprachen

über 12 m hoch

Säule Asokas, Delhi, 3. Jh. v. Chr.

rechtsläufige Leserichtung

Übersetzung: »dies ist der Erlass des von den Göttern geliebten Königs Piyadasi (Asoka). Das Töten von Tieren soll durchaus nicht mehr geschehen, und kein Gastmahl soll gehalten werden, denn der von den Göttern geliebte König Piyadasi sieht viel Sünde bei den Festen.«

Brahmi-Felsinschrift mit einem Auszug aus dem Sittenerlass des Königs Asoka (272–231 v. Chr.), Girnar, 253–250 v. Chr.

Diese tibetische Schrift wird auch »dbu-čan« 'mit Köpfen' genannt.

'ma'

Buddhistischer Gebetsstein, Nepal, ohne Datierung

Griffel

Wachstafel mit Brief, der offenbar eine Ablehnung an einen Verehrer enthält, wie die Konnotation verrät

Die Bambusplättchen werden mit einer Schnur zu einem Buch zusammengebunden, die »sutra« genannt wird. In Indien sind zwei »sutras« üblich.

Gebetsbuch, Sri Lanka

Hofdame schreibt einen Brief, Khajuraho, 7.–9. Jh.

Indien

Schrift in einer mündlichen Gesellschaft

Der südasiatische Kulturraum ist wie kein anderer eine orale, also mündlich geprägte Gesellschaft. Brahmanen als Elite und Barden als Volkssänger und -sprecher sorgten zusammen mit einer ausgeklügelten Memorisierungskultur für beeindruckende Erinnerungsleistungen über viele Generationen hinweg. Die offensichtliche Geringschätzung des Schriftgutes kommt in einem Sprichwort zum Ausdruck:
»Wissen im Buch ist wie
Geld in fremder Hand.«

Ursprung des Brahmi

Fast alle 200 Alphabete Südasiens entwickelten sich aus der Brahmischrift, die im 3. Jh. v. Chr. entstand. Selbst die Schriften Tibets, Myanmars, Laos', Thailands sowie die von Kambodscha lassen sich darauf zurückführen. Einzig die Kharosthi-Schrift ist eine regionale, jedoch später ausgestorbene Eigenentwicklung im Nordwesten Indiens. Der Name Brahmi leitet sich von Brahma ab, dem man diese Erfindung zuschreibt. In Wirklichkeit war es König ASCHOKA (272–231 v. Chr.), der zum Zwecke der Verbreitung seiner Sittenerlasse (Abb.) eine Schrift erschaffen ließ, deren Ursprünge nach westlicher Lesart in einer Adaption semitischer Alphabete liegen. Indische Linguisten sehen ihren Ursprung in der Indusschrift.

Das System der Brahmischrift

Brahmi ist eine Silbenschrift mit besonderer Kennzeichnung der Vokale, die jedoch keinen eigenen Status wie in einem Alphabet besitzen. Die Schreibung erfolgt in rechtsläufigen Zeilen. Brahmi wurde zur Darstellung der indischen Sprachen entwickelt. Demzufolge hat der häufigste Vokal dieser Sprachen, das **a**, einen Sonderstatus. Es ist an jeden Konsonanten angehängt, klingt jedoch nur, wenn kein Vokal folgt. Dies war zunächst nur selten, z. B. bei Doppelkonsonanten, der Fall. Erst bei der Übernahme des Brahmi für das Sanskrit mussten viele neue Zeichen für die dort häufigen Konsonantenkombinationen erfunden werden.

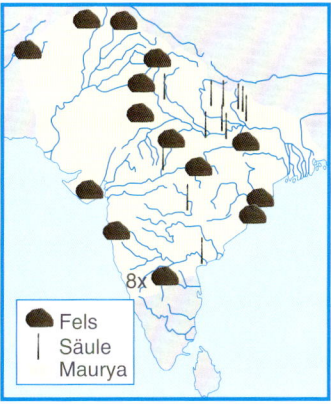

Fels- und Säuleninschriften

Die Ordnung der Buchstaben im Brahmi

Es ist interessant, dass bereits die frühen indischen Grammatiker ein System fanden, die 49 Laute des Sanskrit zu gliedern. Neben 9 einfachen Vokalen und 4 Diphtongen wurden 8 Gruppen entsprechend der Artikulationsstelle gebildet: Velare, Palatale, Retroflexe, Dentale, Labiale, Halbvokale, sibilantische sowie glottale Reibelaute. Innerhalb der Gruppen wird sogar noch zwischen stimmhaft/stimmlos sowie behaucht/nicht behaucht und nasal/nicht nasal unterschieden.

Entwicklung bis heute

Zwischen dem dritten und ersten vorchristlichen Jahrhundert wurde das sog. Kopfzeichen eingeführt, ein Balken, der ähnlich wie bei unseren Noten die Zeichen verbindet (Abb.). Mit der Kuschanaperiode polarisierten sich immer mehr Nord- und Südschriftstile. In der heutigen Republik Indien sind für die offiziellen 16 Sprachen 11 Schriften zugelassen, darunter das arabisierende Urdu.

Schreibmaterial und -technik

Als Beschreibstoff wurde Stein in geglätteter oder Säulenform für Inschriften bevorzugt (Karte, Abb.). Kupferplatten (»tamra«) und Holzbretter (mit Kreide beschrieben) dienten als Urkunden und für Sakrales. Mit Tamariskenharz getränkte Baumwolle und Seidenstoffe wurden seit dem 11./12. Jh. genutzt. Besonders typisch sind Birkenrinde und Palmblätter (Borassus flabelliformis und Corypha umbraculifera) sowie Bambusplättchen (Abb.). Tinte wird meist aus zerriebener Kohle hergestellt.

Abbildungen

Säule: Aschoka bahnte dem Buddhismus den Weg zur Weltreligion. Er ließ auf Felsen und Säulen Sittenerlasse verbreiten. Die Säulen sind 10–15 m hoch. Die Eisensäule wurde im 14. Jh. von Meerut nach Delhi umgesetzt.
Gebetsstein: Interessant sind die Kopfbalken, die die Schriftzeichen verbinden.
Gebetbuch: Die singhalesische Schrift ist eine Lokalentwicklung aus frühem Brahmi.
Hofdame: Typisch sind die verdrehten Körper und maskenhaften Gesicher in Khajuraho.

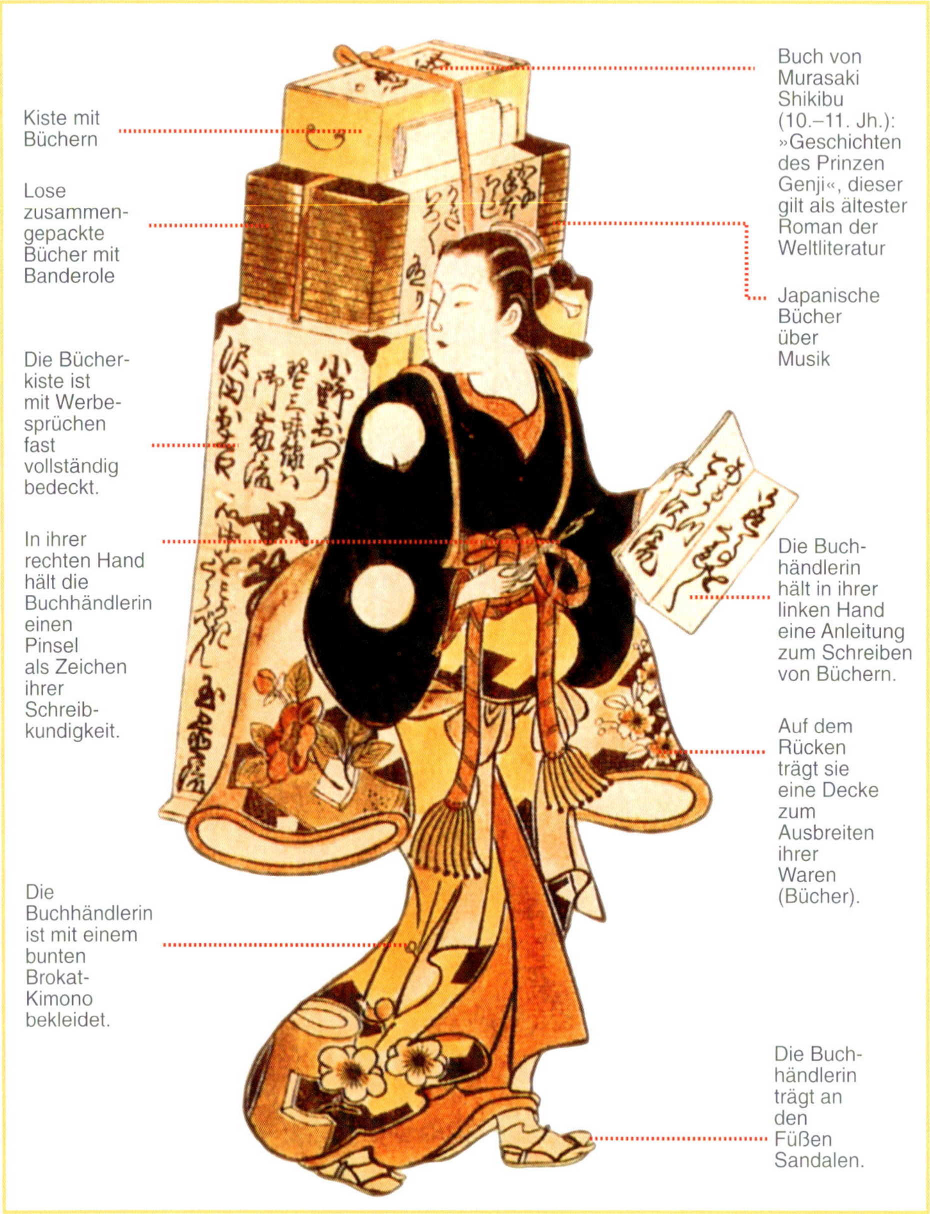

176 Schriften & Sprachen

Kiste mit Büchern

Lose zusammengepackte Bücher mit Banderole

Die Bücherkiste ist mit Werbesprüchen fast vollständig bedeckt.

In ihrer rechten Hand hält die Buchhändlerin einen Pinsel als Zeichen ihrer Schreibkundigkeit.

Die Buchhändlerin ist mit einem bunten Brokat-Kimono bekleidet.

Buch von Murasaki Shikibu (10.–11. Jh.): »Geschichten des Prinzen Genji«, dieser gilt als ältester Roman der Weltliteratur

Japanische Bücher über Musik

Die Buchhändlerin hält in ihrer linken Hand eine Anleitung zum Schreiben von Büchern.

Auf dem Rücken trägt sie eine Decke zum Ausbreiten ihrer Waren (Bücher).

Die Buchhändlerin trägt an den Füßen Sandalen.

Buchhändlerin, Torii Kiyonobu (1884–1729)

Kanji-Beispiel »Doitsu« für 'Deutschland'   Hiragana (mu)   Katakana (mu)

Beispiele für Kanji, Hiragana und Katakana

Japan

Einführung
Das japanische Schriftsystem besteht aus vier Schriftarten (Tabelle).

Schriftarten	Bedeutung
Hiragana	Kursiv-Form
Kana	Silben-Alphabet
Kanji	Logogramme
Romaji	Römisch (Latein)

Geschichte
Die Japaner verwendeten zunächst keine eigene Schrift. Nachdem der Reisanbau aus China eingeführt worden war, wurde es notwendig, eine Schrift für die Verwaltung zu haben. Die chinesischen »Kambun« für 'Texte' waren die ersten Schriftdokumente, die die Japaner kennen lernten. Sie kopierten diese und studierten sie mit Hilfe von Übersiedlern aus dem chinesischen Festland. Zunehmend versuchten sie, die eigene Lautsprache mit den »Kanji« genannten Zeichen auszudrücken. Als ältestes japanisches Schriftdokument gilt ein Langschwert mit dem in Kanji eingravierten Namen des Schmiedes aus der zweiten Hälfte des 5. Jh. n. Chr.

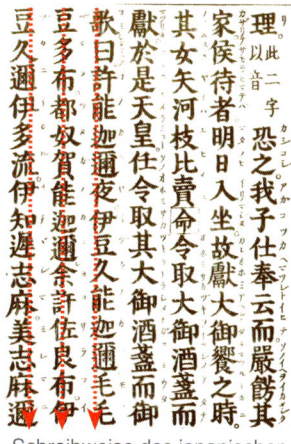

Schreibweise des japanischen Kanji: von oben nach unten und von links nach rechts, linke Kolumne: chinesisch rechte Kolumne: japanisch Kojiki, Holzschnitt, 1803

Schreiber und ihre Ausbildung
Japanische Kinder lernen über 881 Zeichen in den ersten sechs Schuljahren (Abb.).

Unterricht im Erlernen japanischer Schrift

Die Anzahl der beherrschten Kanji-Schriftzeichen schwankt (Tabelle).

Bildungsniveau	Anzahl der Zeichen
Durchschnitt	1945
Hochschulreife	5000
Gesamtwortschatz	50 000

1945 wurden die Alltagskanji auf 1850 Zeichen reduziert. Bei einer weiteren Schriftreform im Jahr 1981 kamen wieder 95 hinzu.

Schreib- und Lesetechnologie
Japanische Schrift wird nichtproportional geschrieben, d. h. jeder Buchstabe erhält ein etwa gleichgroßes Quadrat Raum. Hinzu kommt, dass es auch keinen Wortzwischenraum wie bei den modernen Alphabeten gibt. Typisch ist dabei ein »horror vacui« für 'Angst vor der Leere'. Japanische Schrift sieht immer aus, als ob man Angst davor hätte, dass noch freier Platz übrig bleibt. Die Schreib- und Leserichtung gleicht im traditionellen Stil der chinesischen Art: von links nach rechts werden Schriftkolumnen von oben nach unten geschrieben und gelesen (Abb. Mitte). Bei Sach- oder Werbetexten wird auch die lateinische Schreib- und Leserichtung genutzt. In Zeitungen kann man beide Schreibrichtungen sehen (Abb. unten).

Paket (Detail), K. Mishima, 1974

Kakemono
Eine Besonderheit der japanischen Teezeremonie sind die »Kakemono« für 'Rollbild'. Die Rollbilder sind mit weisen Sprüchen mit Kalligraphie verziert und werden den Anlässen entsprechend herausgesucht und in die Bildnische gehängt (Abb. unten).

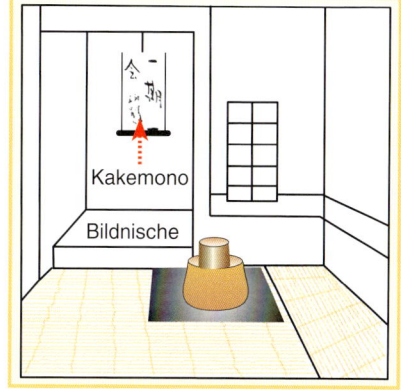

Kakemono in der Bildnische

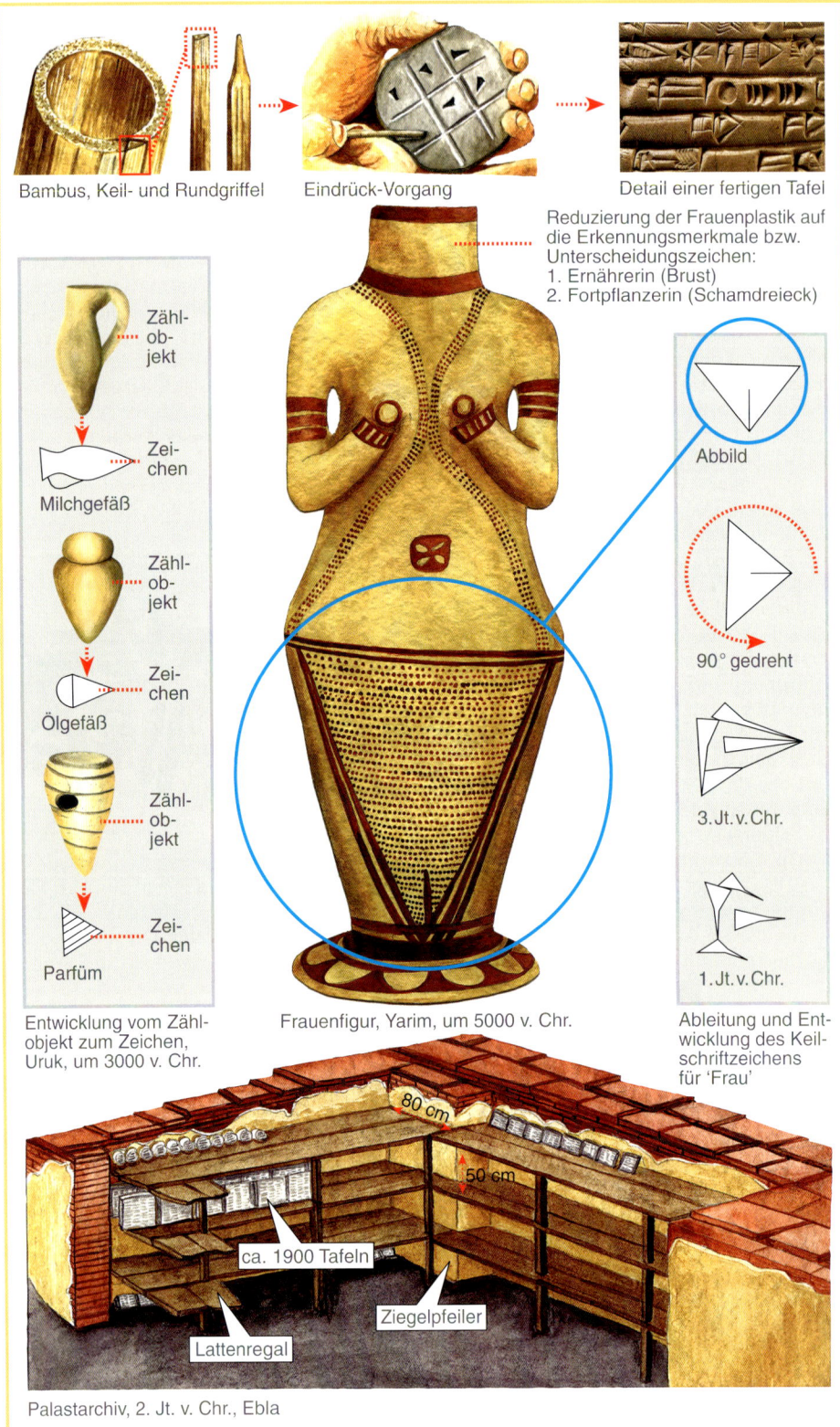

Von der Zählmarke zum Zeichen

Wenn man nicht **zählen** kann, kann man nichts von der An**zahl** er**zählen**, die man bspw. besitzt und die man be**zahlen** kann. Man benötigt dafür ein Vehikel, z. B. eine Kerbe in einem Stab für jedes Schaf, das man besitzt. Ein Schaf = eine Kerbe: sind alle Kerben abgetastet und alle Schafe im Gatter, hat man nichts verloren.

Eine Anekdote aus dem Ausgrabungsalltag im mesopotamischen Nuzi im Jahre 1928/29 belegt diesen Semiosevorgang:

> »*Ein Expeditionsdiener war auf den Markt geschickt worden, um Hühner einzukaufen; aus Versehen wurden diese Hühner nach seiner Rückkehr im Hühnerstall untergebracht, ehe sie gezählt worden waren. Nun war dieser Diener vollkommen ungebildet, er konnte nicht zählen und deshalb auch nicht sagen, wie viele Hühner er gekauft hatte.*
> *Es wäre unmöglich gewesen, ihm diesen Einkauf zu bezahlen, wenn er nicht eine Anzahl Kieselsteine vorgewiesen hätte, die er beiseite gelegt hatte, einen für jedes Huhn, wie er erklärte.*«

Diese Art, zu zählen findet sich in den kleinen Tonobjekten wieder, die z. T. in Tontaschen eingelegt waren, auf deren Außenseite Zeichen die Anzahl der Zählmarken wiederholten, um Betrug zu vermeiden.

Das umstrittene Alter der Keilschrift

Technologische Erfindungsprozesse waren und sind sowohl von individuellen Erfindern als auch von äußeren Einflüssen abhängig. Ähnlich schwer, wie es uns fällt, einen einzigen Erfinder des Rades zu benennen, gibt es auch für die Keilschrift keinen Erfindernamen oder ein genaues Erfindungsdatum. Die oft veröffentlichte Zahl »um 3200 v. Chr.« täuscht. Zu dieser Zeit gab es nach Hans J. Nissen bereits Berechnungen über die Mengen Gerste, die nötig sind, um bestimmte Mengen Bier zu brauen oder Angaben über das notwendige Zurückhalten von Saatgut anhand der Feldergrößen. Es ist schwer vorstellbar, dass solche komplexen Texte am Beginn einer Schriftentstehung stehen. Viel eher ist der Reduktionsprozess an der Frauenfigur (Abb.) erkennbar, die um 5000 v. Chr. datiert. Die Datierung der Donauschrift (um 5500 v. Chr.), die um 3200 v. Chr. aufgegeben wurde, bestätigt synchronisch begleitend eine Datierung des gesamten Entstehungsprozesses in das 6./5. Jt. v. Chr.

Bevölkerungswachstum führt zur Schrift

Die Inhalte der ersten Tafeln bestehen aus Verwaltungstexten, Wortverzeichnissen (Lexika) und Lehrtexten (Tabelle).

Inhalt	Anzahl der Tafeln
Verwaltungstexte	5000
Lexika, Lehrlisten	650

Vergleicht man diese Zahlen mit den Möglichkeiten der Informationsspeicherung durch Zählmarken, wird jedem deutlich, dass es v. a. das Bevölkerungswachstum war, dass eine bessere Organisation und damit Informationsverwaltung erforderte. Belegt wird dies durch das Anwachsen der Siedlungsdichte im 4. Jt. v. Chr. in Südmesopotamien. Das Palastarchiv von Ebla (Abb.) gibt mit seinen über 1900 gefundenen Tafeln einen Eindruck von der Verwaltungs- und Archivierungsleistung im 2. Jt. v. Chr.

Schreibinstrumente und Beschreibstoffe

Untersuchungen von J. Marzahn an den drei Wänden eines eingetieften Keils im Ton ergaben, dass es sich um Schilfrohrkeile handeln muss (Abb., glatte Wand = Außenseite des Schilfrohrgriffels).

Schreibmaterialien waren Ton, Keramik, Stein, Metall, Leder, Wandputz, Holz und Wachstafeln. Die Keile wurden auch beim Flachschreiben, bspw. auf Pergament als Keile und nicht als Linien wiedergegeben, was auf ein kalligraphisches Verständnis schließen lässt. Sogenannte »Linsentafeln« dienten als 'Schülerhefte'.

Die Schreiberausbildung

Schreiber gehörten dem Aristokratenstand an und sogar der König rühmte sich mitunter seiner Gelehrsamkeit. So schrieb König Schulgi (um 2100 v. Chr.):

> »*In meinem Palast kann keiner so schnell wie ich in der Konservation in eine andere Sprache wechseln.*«

Die Schreiberausbildung besaß höchste Bedeutung. Das »edubba« für 'Tafelhaus' von Mari, lag z. B. direkt neben den Privatgemächern des Königs. Schreiber wurden in Rechnen und Schreiben, Philologie, Astronomie, Landmesskunst und Geographie unterrichtet. Zwei- und Dreisprachigkeit waren Berufsbedingung für die Schreiber. Sowohl die interlineare als auch die echte Bilingualität (ein Wechseln zwischen den Sprachen) ist bspw. auf Tafeln aus Ugarit belegt.

Schriften & Sprachen

»Sockel des Gottes Nusku, des erhabenen Boten von Ekur, Träger des Zepters der Tempel, der vor Assur und Enlil steht, der täglich die Gebete des TUKULTI-NINURTA, seines geliebten Königs, vor Assur und Enlil spricht und das Schicksal aller Dinge mitten in Ekur ...«

Übersetzung des Sockeltextes

- Rosette
- Tontafel
- Schreibgriffel als Symbol des Schreibergottes »Nabu«
- Gruß- und Gebetsgestus
- Keule als Symbol der Macht
- Phase 1: König steht
- Phase 2: König kniet

Symbolsockel mit der ältesten Mehrphasendarstellung der Welt, Assur, 1243–1207 v. Chr.

Schreiber, Til Barsip, 8. Jh. v. Chr.

Die einfachsten Keilschriftzeichen (Auswahl)

Die Phonetisierung durch Bilderrätsel

Am Anfang ihrer Entwicklung war die Keilschrift eine piktographische Schrift, bei der stark vereinfachte Abbilder der bezeichneten Objekte aneinander gereiht wurden. Mit der Zeit versuchte man, die ursprünglich nur für administrative und ökonomische memorative Zwecke genutzte Keilschrift dazu zu verwenden, gesprochene Worte darzustellen. Diesen Prozess nennt man Phonetisierung. Interessant ist die Methode, die dabei genutzt wurde: die Rebus- oder Bilderrätseltechnik. Wie kann man z. B. das gesprochene Wort »Sandale« ausdrücken: indem man die Zeichen von »Sand« und »Ahle« zusammenbringt. Die Sumerer machten das bspw. mit dem Begriff »ti«, was geschrieben 'Pfeil' und gesprochen 'Leben' bedeutet. Zur Unterscheidung von Objekt und Lautwert erfand man Determinative. Außerdem kombinierte man Objektzeichen, um Ideen darzustellen, z. B. ein Vogel und ein Ei bedeuten zusammen Fruchtbarkeit, zwei Striche können Freundschaft und Feindschaft ausdrücken (Tabelle).

Idee	Bild und Beschreibung	
Fruchtbarkeit	🐦	Vogel + Ei
Freundschaft	=	parallele Striche
Feindschaft	✕	gekreuzte Striche

Keilschrift als Latein des Alten Orients

Obwohl Keilschriftdokumente für den Laien alle gleich aussehen, verbergen sich dahinter so unterschiedliche Sprachen wie z. B. das Sumerisch und das Akkadisch. Beide sind in ihrer Verschiedenheit vergleichbar mit Deutsch und Chinesisch. Ähnlich wie das lateinische Alphabet von Sprachen wie Türkisch, Vietnamesisch oder Französisch verwendet wird, nutzte man die praktische Erfindung für zahlreiche Sprachen, wie z. B. das Hethitische (Abb. rechts). Geholfen hat bei dieser Verbreitung der hohe Entwicklungsstand der Keilschrift, der durch den Phonetisierungs- und Kombinationsprozesse die Anzahl der Zeichen auf etwa 600 reduzierte. Ein Fuß bedeutete nun nicht mehr nur Fuß, sondern auch gehen, aufrecht stehen, transportieren u. a.

Hethitisch

Ohne die vielfachen Übersetzungen in andere Sprachen bis hin zum Griechischen wäre eine Entzifferung der Keilschrift wohl nie gelungen.

Komplziert oder Einfach?

So segensreich eine einheitliche Schrift in einer Vielvölkerregion war, so kompliziert war dennoch die Kommunikation mit diesem von C. BEZOLD als »die schreckliche Keilschrift« titulierten System. Es ist kein Wunder, dass man im Zuge der Entzifferung alter Schriften zunächst dachte, es handele sich um Verzierungen oder gar die Fußabdrücke von Vögeln, werden doch weder Worte noch Sätze voneinander getrennt. Einzig das Zeilenende endet immer mit einem ganzen Wort.

Als die semitischen Babylonier die Keilschrift übernahmen, konnte nun ein Zeichen ideographisch, phonetisch und silbisch verwendet werden. Das Zeichen kur/kin (Abb.) hat im Sumerischen zwei Bedeutungen: Land und Berg; die Babylonier machten es ebenso: sie lasen aber anstelle der sumerischen Bezeichnungen »kin« 'Land' und »kur« 'Berg' eigene babylonische, nämlich »irsitu« 'Land' und »sadu« 'Berg'. Hinzu kommt jedoch noch sowohl im Sumerischen als auch im Babylonischen die silbische Nutzung: kur als Silbe ebenso wie sadu als Silbe sad. Die dreifache Deutungsmöglichkeit wurde weiter kompliziert durch die Tatsache, dass die Mehrzahl der sumerischen Worte von einsilbiger Form sind, was zu einer großen Zahl von Homonymen führte. So bedeutet das Zeichen »ni« gleichzeitig 'Furcht', 'selbst' und 'Macht'. Übersetzt ins Semitische, verlor das Zeichen dann diese Homonymie. Die Nachteile dieser berüchtigten »Polyphonie« der Keilschrift waren selbst den Babyloniern und Assyrern bekannt. Sie begannen deshalb, dem ideographischen Zeichen die Silben folgen zu lassen sowie durch Determinative die Konnotationssphäre anzudeuten.

kur/kin-Zeichen

Das Ende der Keilschrift

Seit dem 8. Jh. v. Chr. verdrängten die eingefallenen Aramäer mit ihrem Alphabet immer mehr die Keilschrift. ALEXANDER D. GROSSE [336 – 323 v. Chr.] trug durch seine Siegeszüge maßgeblich zur Verbreitung des Aramäischen bei. Die letzte bekannte Tafel stammt aus dem Jahr 50 n. Chr. Heute gibt es in den verschiedenen Museen der Welt etwa eine Million Dokumente (Tontafeln, Metallplatten und Steindokumente), die mit Keilschrifttexten versehen sind.

182 Schriften & Sprachen

König Sejong trägt die schwarze Königsmütze.

Der König wurde nach dem Schönheitsideal der Symmetrie gemalt. Sie ist ein Symbol für Ebenmäßigkeit.

Der Drache ist in ganz Asien herrschaftliches Symbol.

Purpurrot ist in zahlreichen Ländern der Welt ein Herrschaftssymbol. Dies reicht bis hin zur Farbe der Korrekturschrift an deutschen Schulen.

»Da die chinesischen Schriftzeichen fremden Ursprungs sind, können sie unmöglich typisch koreanische Bedeutungen ausdrücken. Deshalb entbehren viele einfache Leute jeglicher Möglichkeit, ihre Gedanken und Gefühle auszudrücken. Aus Mitgefühl für ihr Dilemma habe ich einen Satz von 28 Buchstaben ersonnen. Diese Buchstaben sind leicht zu lernen und ich hoffe deshalb inständig, dass sie die Lebensqualität unseres Volkes verbessern werden.«

König Sejong der Große (1397–1450)

Der Name »HANGUL« in Koreanisch

Hangul-Buchstaben

Die beiden auf die Reisschüssel aufgemalten Zeichen bedeuten »Glück« und »langes Leben«. Beides symbolisiert der Reis.

Reisschüssel, um 1800–70

Korea

Einführung

Das koreanische Schriftsystem wird »Hangul« (oft auch Hangeul geschrieben) für 'Groß-Schrift' oder 'Koreaner-Schrift' genannt. Es handelt sich um eine Alphabetschrift mit drei Buchstabenarten (Tabelle).

Zeichenart	Anzahl im Alphabet
Kombinationen	27
Konsonanten	14
Vokale	10

Geschichte

Der Legende nach wurde das Hangul-Alphabet von König SEJONG DEM GROSSEN (1397–1450) geschaffen. Der König erfand mit seinen Wissenschaftlern eine Schrift und besann sich einer List, um sie unters Volk zu bringen: Mit Honig malte er die neuen Zeichen auf herabgefallene Blätter einer Platane. Über Nacht fraßen Insekten die mit Honig bestrichenen Teile der Blätter weg. Am nächsten Morgen fragte er seinen Wahrsager, was dies zu bedeuten habe. Der Wahrsager antwortete:

»*Vielleicht wollen die Götter uns damit etwas sagen?*«

Nach Wochen der Deutungsversuche stürzte der Wahrsager in den Thronsaal mit den Worten:

»*Die Götter haben uns eine Schrift gesandt, damit wir unsere Sprache schreiben können!*«

Anfangs wurde die neue Schrift vor allem von der Elite boykottiert und mit Spottnamen verballhornt (Tabelle).

»Tongnip Shinmun« für 'Die Unabhängige' war die erste Zeitung Südkoreas, die ausschließlich Hangul als Druckschrift verwendete, Seoul, 7. 4. 1896

Verballhornung	Deutung
Ach'imkul	Vormittags-Alphabet
Amkul	Frauen-Alphabet

Heute gilt Korea als eines der am besten alphabetisierten Länder der Welt und die UNESCO vergibt zu Ehren des Bildungskönigs seit 1990 den »König-Sejong-Preis« für »außergewöhnliche Projekte oder Programme im Bereich Grundbildung und Alphabetisierung«.

Honorative als Hierarchie-Zeichen

Eine Besonderheit der koreanischen Sprache sind die Honorative. Bereits in der Verbform (Honorativ) wird die soziale Stellung der Gesprächspartner ausgedrückt. Es gibt drei Höflichkeitsstufen entsprechend dem Gesprächspartner (Tabelle).

Höflichkeitsstufe	Gesprächspartner
Standard	Kinder, enge Freunde
Honorativ I	sozial Gleichrangige
Honorativ II	Ältere, Höherrangige

So begrüßen sich Kinder oder Erwachsene grüßen Kinder mit:

»*annyeong*«

für 'Friede', was einem »Hallo« entspricht. Im Honorativ I heißt es dagegen:

»*annyeonghaseyo*«

für 'Mögen Sie Frieden haben!'. Schließlich symbolisiert die Frageform des Honorativ II eine noch striktere Unterordnung:

»*annyeonghasimnikka?*«

für 'Haben Sie Frieden?'

Entlehnungen

Die koreanische Sprache besteht zu 40–60 % aus chinesischen Lehnwörtern. Seit dem Vormarsch des Englischen gibt es jedoch auch zahlreiche englische Entlehnungen, die zur Bezeichnung »Konglisch« vergleichbar dem deutschen »Denglisch« geführt haben (Tabelle). Schließlich wurden auch typische

Konglisch	Englisch
keompyuteo	Computer

Worte aus der deutschen Sprache und Kultur entlehnt (Tabelle).

Koreanisch	Deutsch
hopu (F gibt es nicht)	Gast-Hof, Kneipe
areubaiteu	Arbeit (Job)
dakseuhunteu	Dachshund (Dackel)

Übernahme in die Computerschrift

Bereits 1896 kam die erste koreanische Zeitung heraus, die ausschließlich die Hangul-Zeichen verwendete (Abb. Mitte). Die folgenden Jahre des 20. Jh. wurden dazu genutzt, die Hangul-Zeichen den technischen Systeme anzupassen (Tabelle).

Jahr	Entwicklung
1910	erste Hangul-Schreibmaschine
1914	Hangul in Linotype
1950	Standard-Tastaturbelegung
1982	Computer-Standard
1985	Lichtsatz-Automatisierung von Hangul

184 Schriften & Sprachen

Leserichtung

Detail einer Wachstafel mit Alphabet auf dem erhöhten Holzrand

Schreibfeder, Italien, 1. Jh.n.Chr.

Tintenfass

Stilus als Statussymbol

Pergament als Statussymbol

Wachstafel als Statussymbol

Bäckerpaar auf Grabbild mit Pergament, Stift und Wachstafel, Pompeji, 1. Jh.n.Chr.

... aus drei Tafeln bestehendes Triptychon

Wachstafel, Italien, 1. Jh.n.Chr.

Kaiser Claudius [41–54] und seine Schriftreform

1. Für den Laut w wird ein besonderer Buchstabe eingeführt: ⊣ .
2. Für den Mittellaut zwischen u und i wird der Buchstabe: ⊢ eingeführt .
3. Für die Konsonantengruppe ps oder bs wird »Antisigma« : Ↄ eingeführt.

Der Ursprung der lateinischen Schrift

Die lateinische Schrift haben die Römer mit Ausnahme von vier Buchstaben (B, D, O, X) von den Etruskern übernommen. Diese vier wurden später von griechischen Siedlern übernommen. Früher dachte man, die Römer haben ihre Schrift von den Griechen, aber dann wäre verwunderlich, warum sie nicht auch die Buchstabenbezeichnungen übernommen haben (Alpha, Beta, Gamma usw.). Die älteste Inschrift ist der sogenannte Forumstein, der 1899 auf dem Forum Romanum gefunden wurde und um 600 v. Chr. datiert (Abb. rechts).

Forumstein

Verbreitung der lateinischen Schrift

Nach dem Verdrängen nahezu aller altitalischen Schriften infolge des römischen Weltreiches wurde das Lateinische die offizielle Schrift der westlichen Hälfte des Reiches. Die Vermittlung des römischen Christentums führte schließlich dazu, dass das lateinische Alphabet der Standard für ganz Europa mit Ausnahme der das griechisch-slawische Alphabet verwendenden Gebiete wurde. Es setzte später seinen Siegeszug bei einigen slawischen Völkern (Polen, Tschechen, Slowaken, Kroaten, Slowenen, Wenden) fort und wurde sowohl von nicht indoeuropäischen Völkern übernommen (Ungarn, Finnen) als auch in Nord- und Südamerika sowie in Vietnam, Rumänien und der Türkei.

Warum übernahmen so viele Latein?

Während die Mayaschrift etwa 700 und die Hieroglyphenschrift etwa 800 Zeichen benötigt, sind es beim lateinischen Alphabet nur 26. Zwar verringert sich durch weniger Zeichen die Ausdrucksvielfalt, aber auch der Aufwand für die Erlernung und die Kommunikation. Zu diesem ökonomischen Argument kommt hinzu, dass sich die am weitesten verbreitete Sprache (Englisch) lateinischer Zeichen bedient.

Schriftreformen

Da eine Schrift immer ein Bild von einer Lautsprache geben sollte, muss eine übernommene Schrift der gesprochenen Sprache angepasst werden. So unterschieden die Etrusker nicht zwischen stimmhaften und stimmlosen Verschlusslauten (zwischen b und p, zwischen d und t oder zwischen g und k) und reduzierten diese auf drei Buchstaben. Die Römer konnten darauf jedoch nicht verzichten. Deshalb wurde unter APPIUS CLAUDIUS CAECUS eine Schriftreform durchgeführt: für G fügte man dem C einen kleinen Strich an das untere Ende, das Z wurde aus dem Alphabet entfernt und durch ein G ersetzt. Eine weitere Reform gab es unter Kaiser CLAUDIUS [41–54] in Rom (Abb.).

Schriftmaterialien

Während das wichtigste Material im alten Vorderasien die Tontafel war und die Maya Bücher auf Rindenpapier schrieben, nutzten Griechen und v. a. Römer am liebsten die **Wachstafel**: kleine Holztafeln mit erhöhtem Rand (Abb.), deren Eintiefung mit Bienenwachs voll gegossen wurde. Den Schreibstift nannte man Stilus: mit der spitzen Seite konnte man Buchstaben ritzen, mit der stumpfen, der sogenannten spatula, radieren. Die Tafeln waren zu zweit oder zu dritt (Diptychon oder Triptychon) mit Riemen zusammengebunden. Römische Konsuln erhielten bei Amtsantritt wertvolle Tafeln aus Elfenbein zum Geschenk.

Außerdem spielte **Papyrus** eine wichtige Rolle, dessen Name wahrscheinlich von Pharao abgeleitet werden kann, da die Herstellung von Papyrus königliches Privileg war. Aus einer bis zu 3 m hohen Papyrusstaude werden 40 cm lange Stücke geschnitten, die Rinde entfernt und aus dem Mark 10–12 Lamellen auf eine Fläche gelegt. Sodann wurden Lamellen kreuzförmig darübergelegt und das Ganze geklopft. Nach dem Glätten mit Elfenbein konnte man sie zu 3–40 m langen Rollen zusammenkleben.

Das dritte wichtige Schreibmaterial war **Pergament** dessen Name sich von der Stadt Pergamon ableitet, wo wegen des Exportverbotes von Papyrus ein Material für die neu gegründete Bibliothek gesucht wurde. Dieses wurde aus Tierhäuten gefertigt. Das hohe Gewicht verbot lange Rollen. Deshalb band man 15–20 Bogenhefte aus gefalteten Bögen zusammen zu Kodices. Pergament hatte den Vorteil, dass man die alten Texte abwischen und mit neuen versehen konnte. Heute kann man mit Hilfe von fluoreszierender Fotografie beide Schriften wieder sichtbar machen (Abb. unten).

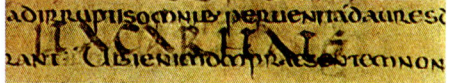
»Palimpsest« = 'zweifaches Überschreiben'

186 Schriften & Sprachen

Kutte weist den Bootsmann als Mönch aus	
Der Segelmast hat die Form eines Kreuzes	
Ein Bootsmann betet zum Himmel	
Quadratmustergrund	Randung
Geschlossenes Stufenband	Leistenrahmen
	Kontur
	Fries
Seeleute hatten auf der »Insel« ihr Feuer angezündet.	Zweiter Seemann versucht, sein Leben zu retten.
Seemann fällt ins Meer.	Der Rücken des großen Meerestieres Aspicochelone schaut aus dem Wasser.
Kleine Fische, werden vom süßen Atem angezogen.	
	Vierpassblüte

Miniatur mit Allegorie auf das große Meerestier als Symbol der Versuchung, Flandern, um 1270

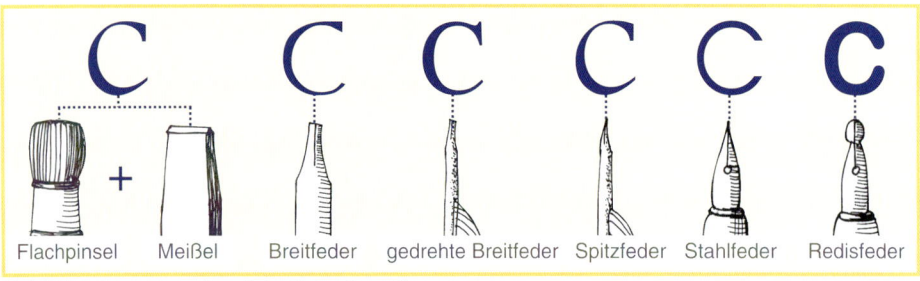

Flachpinsel + Meißel · Breitfeder · gedrehte Breitfeder · Spitzfeder · Stahlfeder · Redisfeder

Schriftformen entsprechend der Schreibgeräte

Pergamenthandel → Beschnitt → Linien ziehen → Portraitzeichnen

Binnenfeldmotive von Initialen mit den Phasen der Buchherstellung, Deutschland, 13. Jh.

Letzte Veränderungen am Alphabet

Um 800 n. Chr. überzeugten die gelehrten Berater KARL D. GROSSEN (747–814) von einer Reform der Buchstaben. Sie verdoppelten das V zum W, um die Unterschiede z. B. von Vater und Wandersmann zu verschriftlichen. Außerdem erfanden sie das U, um den Vokal [u] vom Konsonanten [v] zu unterscheiden. Schließlich fügten sie das J zum Alphabet hinzu, um [i] und [j] zu unterscheiden. Seit dieser Zeit gab es keine Veränderungen mehr am Grundbestand des Alphabets.

Schreibmaterial im Mittelalter

Die zunehmende Verwendung von Pergament hatte schlagende Vorteile (Tabelle).

Papyrus	Pergament
teuer	billiger
reißt leicht	reißt nicht
einseitig beschreibbar	zweiseitig beschreibbar
nur als Rolle lesbar	als Kodex lesbar

Messer zum Zuschneiden sowie das Lineal zum Einteilen des Blatts in Rasterlinien waren wichtige Instrumente (Abb.). Die Feder stammt v. a. aus einer der ersten fünf linken Schwungfedern einer Gans. Sie wurde vor dem Zuschneiden eingeweicht, dann getrocknet und in heißem Sand gehärtet.

Schreibkunst als Privileg

Mit dem Aufstieg des Römischen Reiches setzte sich die lateinische Schrift in Europa durch. Schreiben war das Privileg der Mönche. Schreibmeister setzten ihren Namen unter ihr Werk, obwohl es nur eine Kopie war. Laien konnten nur selten schreiben. Selbst KARL DER GROSSE unterzeichnete mit einem Kreuz, das er in die vom Schreiber vorbereiteten Zeichen einsetzte (Abb.). Im 12. Jh. verlor die Kirche ihr Schriftmonopol.

Messer und Lineal, 11. Jh.

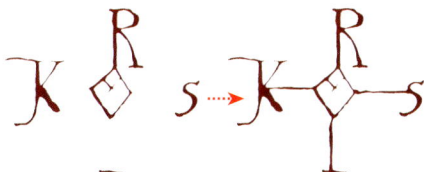
Schreibervorschrift und Karls Kreuz (Hypothese)

Die Illumination

Die mittelalterlichen Schreiber hatten nicht die Macht ihrer Kollegen im alten Ägypten oder Mesopotamien. Sie waren oft Kopisten, die Texte mit der Hand abschrieben. Insbesondere ihre Illuminationen sind berühmt geworden. Das Wort bedeutet deutsch 'Festbeleuchtung' und bezeichnet die Illustrationen, die die zumeist biblischen Texte mit Allegorien, Metaphern und Symbolen bereichern (Abb.). Vorraussetzung für die Illuminationen war wiederum das Pergament. V. a. das »Velin«, das aus Kalbsleder hergestellt wurde, ermöglichte die leuchtend strahlenden Farben.

Die Formen der Schriftzeichen

Die Schriftformen orientieren sich anfangs an den römischen Vorbildern, v. a. den Lapidarschriften (»lapis« für 'Stein'), die mit Pinsel und Meißel gefertigt wurden (Abb.). Es sind eckige Versalschriften (nur Großbuchstaben), die Kapitalis genannt werden (»caput« für 'Haupt'). Es handelt sich um Buchstaben, die zwischen zwei Linien passen und Majuskeln genannt werden. Ab 768 n. Chr. setzte sich eine neue, formschöne Schrift durch: die karolingische Minuskel. Sie beruht auf einem Vierliniensystem und ist Mutterschrift vieler neuzeitlicher Schriften, deren Form sich vom biegsamen Schreiben mit Federn ableitet (Abb.).

Die Textgestalt als Zeichen

Römische Steininschriften kannten keine Wortzwischenräume und waren ausschließlich in »Versalien« für 'Großbuchstaben' geschrieben. Die Gestaltung war auf einen einspaltigen Block orientiert. Die mittelalterlichen Schreiber markierten dagegen Wortgrenzen durch Zwischenräume. Syntaktische Einheiten wurden nun durch Interpunktion und Großschreibung am Satzanfang gekennzeichnet. Außerdem führten die mittelalterlichen Schreiber durch Einrückung, »Initialen« ('Einführungsbuchstaben'), Textkolumnen und Zwischentitel eine Textgestaltung ein, die bis heute maßgebliches Schönheitsideal ist.

188 Schriften & Sprachen

Grundfiguren der Schriftzeichen der Maya

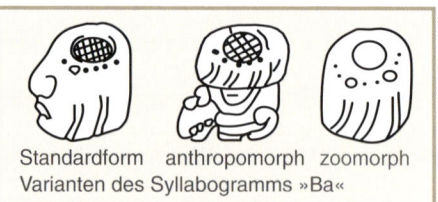

Grundformen der Schriftzeichen der Maya

Ganzfigurglyphe aus dem Palast von Palenque, Chiapas, 630–810

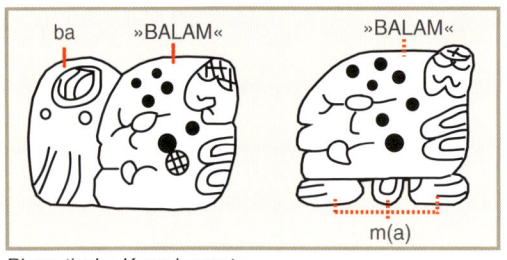

Phonetische Komplemente

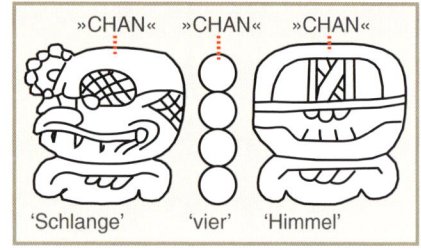

Homophone Varianten von »CHAN«

Einführung
Das Wort »Maya« oder »Mayam« bedeutete ursprünglich Wasser bzw. Meer. Die Maya sind ein Indianervolk in Mittelamerika, deren Nachfahren heute in Mexiko, Belize, Honduras und Guatemala leben.

Geschichte der Maya-Schrift
Maya- und Mixteken-Schrift entwickelten sich aus dem Zapotekischen, das um 700 v. Chr. in Oaxaca entstand. Dieses Kalender- und Schriftsystem beeinflusste komplexere Schriften bis hin zum Hochland von Guatemala. Die Erfindung der Null wird neben den Phöniziern und den Indern auch den Maya zugeschrieben. Die ersten Schriftdenkmäler datieren aus dem Frühklassikum (Tabelle). Die älteste Maya-Inschrift

Zeit	Periode
ab 2400 v. Chr.	Präklassik
ab 300 v. Chr.	Protoklassik
ab 300 n. Chr.	Klassik
900–1521	Postklassik

stammt von Stele 29 aus Tikal und ist mit dem Datum 08. 07. 292 in der Long-Count-Zählung versehen. Erst etwa um 400 n. Chr. gab es eine Mayaschrift, die ohne erläuternde Illustrationen auskam. Die Stele von Toniná vom 20. 01. 909 ist das letzte Maya-Steindokument. Danach gab es bis zur spanischen Eroberung nur noch auf Kodices Mayazeichen. Die heute lebenden Maya, die etwa 30 verschiedene Mayasprachen sprechen, lernen die einst verloren gegangene Schrift ihrer Vorfahren erneut.

Das Schriftsystem der Maya
Die Mayaschrift besteht nach gegenwärtigem Kenntnisstand aus etwa 700 Zeichen, die sowohl Wortzeichen (Logogramme) als auch Silbenzeichen (Syllabogramme) sein können (Abb.). Man spricht deshalb von einem logosyllabischen Schriftsystem, wobei die Logogramme die historisch älteren Teile sind und nicht abgeschafft wurden, weil sie ein zu hohes Ansehen genossen. Bei den Syllabogrammen folgt einem Konsonant immer ein Vokal und diesem erneut ein Konsonant (sogenannte KVK-Folge). So gibt es z. B. das Wort »balam«, was Jaguar bedeutet: es besteht in syllabischer Schreibweise aus KV: ba, KV: la und KV: m(a), wobei der letzte Vokal a stumm bleibt. Die Maya kennzeichneten lange Vokaltypen mit einem disharmonischen Zeichen.

Varianten der Schriftzeichen
Logogramme und Syllabogramme kommen in drei Varianten vor (Abb.):
1. Standardform
2. Menschenform (anthropomorph)
3. Tierform (zoomorph).

Daneben gibt es in selteneren, offenbar propagandistisch wichtigen Fällen sogar Ganzfigurglyphen (Abb.).

Komplemente und Determinative
Wegen der Polyphonie z. B. von Jaguar und Ozelot nutzte man bei den Logogrammen meist ein phonetisches Ergänzungszeichen (Komplement), z. B. »ba« oder »m(a)«, um Missverständnissen aus dem Weg zu gehen. Daneben gibt es noch Deutzeichen (Determinative), die bei doppeldeutigen Worten, z. B. »nic« für 'Blume' oder 'zwanzigster Tag' ein eindeutiges Verstehen ermöglichen.

Homophonie
Für zahlreiche Begriffe gab es gleich klingende (homophone) Varianten, die von den Mayaschreibern für Wortspiele in den Inschriften genutzt wurden. Ein Beispiel ist das Wort »chan«, das sowohl 'Schlange', 'vier' und 'Himmel' heißen kann (Abb.).

Symbolglyphen
Eine Gruppe von Zeichen der Mayaschrift sind mit den Wappen vergleichbar. Sie bestehen aus drei Teilen:
1. 'Herrscher' (Ben-Ich-Superfix, gleich)
2. 'heilig' (Wassergruppenpräfix, gleich)
3. Hauptzeichen (unterschiedlich).

Der Unterschied ergibt sich von Stadt zu Stadt. So steht ein Fledermauskopf für die Stadt Copán.

Ereignis-Glyphen
Eine Besonderheit stellt die sogenannte Fisch-in-der-Hand-Ergänzung dar (Abb.). Sie deutet auf wichtige Ereignisse des jeweiligen Herrscherhauses. Dazu gehören Geburten, Hochzeiten, Inthronisationen und Todesfälle des Herrschers, seiner Frauen und Söhne sowie Berichte von Kriegen und anderen wichtigen Ereignissen der Dynastie.

Ereignisglyphe

Sie symbolisieren eine Bedeutungshebung ähnlich den Herrschaftsfarben in anderen Kulturen, z. B. Königspurpur in Europa oder Bedeutungsperspektive im Orient.

190 Schriften & Sprachen

»Chakte« (Schalenbesitzer)

Becher, Maya, 600 n. Chr.

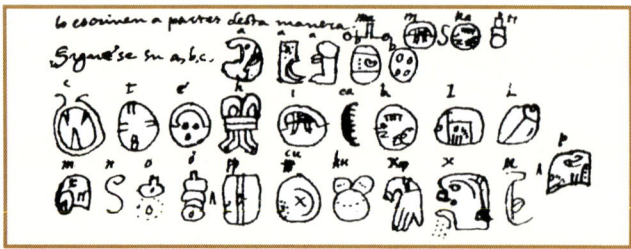

Diego de Landa, »Relacion de las Cosas de Yucatàn«, 1566

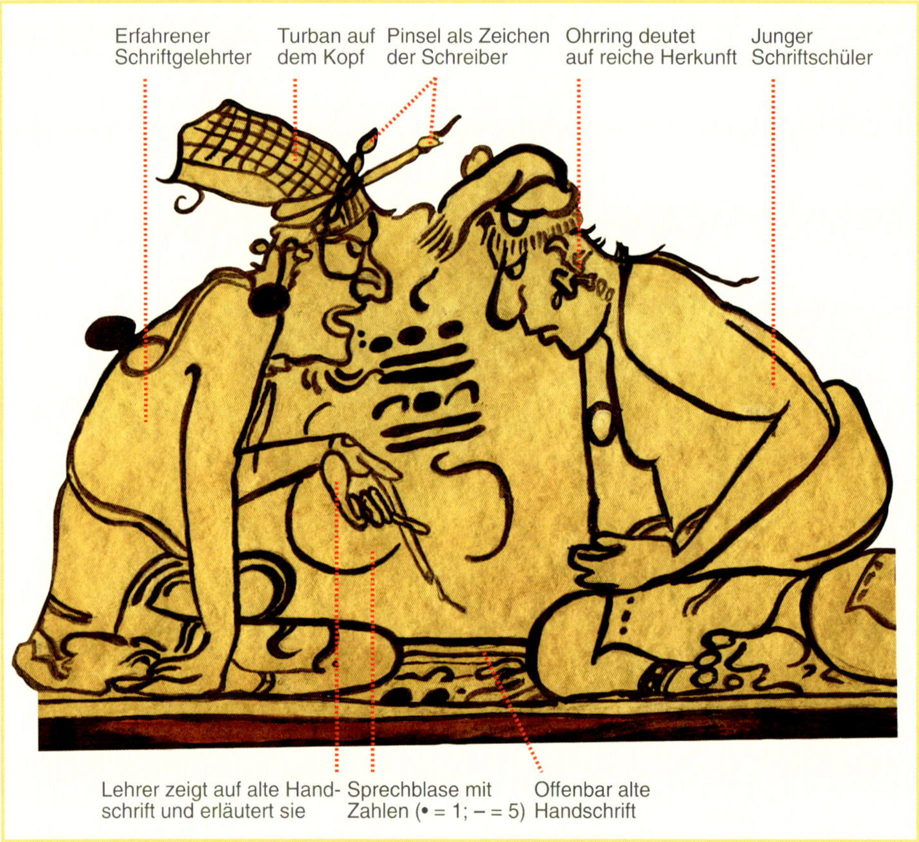

Erfahrener Schriftgelehrter | Turban auf dem Kopf | Pinsel als Zeichen der Schreiber | Ohrring deutet auf reiche Herkunft | Junger Schriftschüler

Lehrer zeigt auf alte Handschrift und erläutert sie | Sprechblase mit Zahlen (• = 1; – = 5) | Offenbar alte Handschrift

Bild auf einem zylindrischen Keramikgefäß mit der Darstellung des Schreibunterrichts

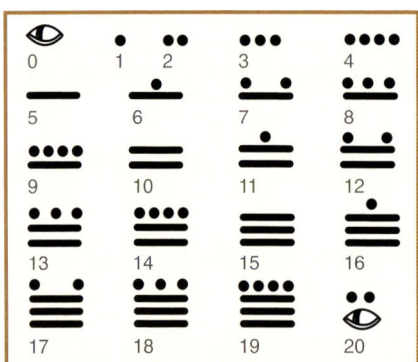

Die Zahlzeichen der Maya

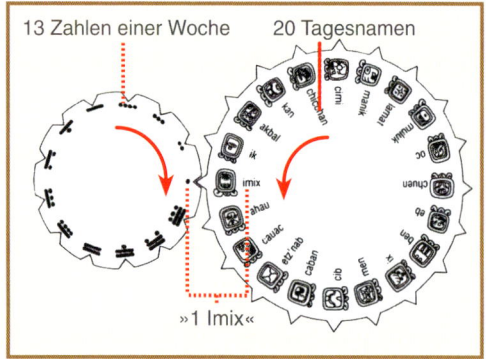

13 Zahlen einer Woche 20 Tagesnamen

»1 Imix«

Der heilige 260-tägige Kalender der Maya

Syntaktische Gestaltung von Texten

Die Wortfolge war bei den Maya streng geregelt. In Sätzen mit transitivem Verb galt die Wortfolge Verb-Objekt-Subjekt, aber auch bei intransitiven Sätzen folgte das Subjekt dem Verb.

Bei Inschriften beginnt die Wortfolge mit einem Kalendereintrag: wann die folgende Handlung stattfand. Es folgen der Herrschername und seine meist zahlreichen Titel. Interessant ist die Bild-Text-Anordnung. Die Texte stehen immer unmittelbar neben den Bildern und sind in Doppelkolumnen angeordnet. Die Leserichtung ist, von Spiegelschriftausnahmen abgesehen, immer von links nach rechts.

Schriftquellen

Die Maya benutzten verschiedene Schriftträger für die Präsentation:
1. Stelen (sogenannter Baumstein)
2. Skulptierte Tafeln (z. B. Palenque)
3. Kodices (Codex Dresdensis, Codex Madrid, Codex Paris, Codex Grolier)
4. Türstürze (sog. Lintel, z. B. Yaxchilán)
5. Hieroglyphentreppen
6. Wandgemälde (z. B. Bonampak)
7. Keramik

Die primäre Standardwortfolge

Auf zahlreichen Keramiken finden sich Inschriften und Malereien. Die Maya gelten deshalb als die »Griechen der neuen Welt«. Meist gibt es eine primäre Standardwortfolge aus bis zu 21 Zeichen auf den Keramiken. Beginnend mit einer Einleitungshieroglyphe finden sich darin Wortfolgen wie z. B. »u dzibnah y uch'ib«, was so viel heißt wie 'die Schrift auf dem Trinkgefäß von' (Abb.).

Primäre Standardwortfolge

Die Übersetzung des abgebildeten Textes lautet:
> »Dies ist die Einweihung der Schrift auf dem Trinkgefäß für frischen (?) Kakao.«

Diese Standardsequenzen finden sich teilweise auch auf den Steinmonumenten.

Die Geschichte der Entzifferung

Obwohl eine Übersetzungshilfe in Form der »Relacion de las Cosas de Yucatàn« des Bischofs Diego de Landa von Yucatàn vorlag (Abb.), dauerte es über 100 Jahre, bis man die etwa 700 Zeichen lesen konnte. Um 1830 entzifferte C. S. Rafinesque-Schmaltz die Zahlen und mutmaßte zu Recht, dass die Schrift jene Sprache wiedergebe, die von den lebenden Mayas gesprochen werde. J. L. Stephens verglich später die Steininschriften mit den Codices und stellte Übereinstimmungen fest. Aus dem Codex Dresden konnte schließlich E. Förstemann die Zählweise der Maya und ihre Berechnung des Venusumlaufs entziffern. Die 1905 von J. T. Goodman berechnete Korrelation des Mayakalenders gilt noch heute. J. E. S. Thompson löste schließlich das Problem der Ergänzungszeichen. 1952 veröffentlichte der russische Ägyptologe J. Knorosow seine bahnbrechenden Entzifferungsversuche, die zu Recht davon ausgingen, dass die Mayaschrift etwa dem Entwicklungsstand des Mittelägyptischen ähnelt und wie diese Schrift (800) etwa die gleiche Anzahl von Zeichen aufweist (700).

Das vigesimale Zahlzeichensystem

Der Basisfaktor des Zahlensystems der Maya war die Zahl 20 (Vigesimalsystem). Die Zahlzeichen konnten in Punkt/Strich-Schreibweise (Abb.), in entsprechenden Kopfvarianten oder sogar mit Ganzfigurglyphen dargestellt werden. Die von den Olmeken und Zapoteken übernommene Kenntnis der Zahl Null ermöglichte den Maya die Schreibweise mehrerer Stellen: Diese Zahlen wurden in Säulen geschrieben, wobei jeder Multiplikator sich von Ebene zu Ebene um den Faktor 20 erhöhte (also 1, 20, 360, 8000). Die dritte Zahl ist eine Ausnahme (360 ist nicht 20^2, sondern 18 x 20), die offenbar wegen der Wichtigkeit des weltlichen 360-Tage-Kalenders für die landwirtschaftlichen Berechnungen gemacht wurde.

Astronomen und Kalendererfinder

Die Maya konnten Sonnenfinsternisse, Mondumläufe und Venuszyklen berechnen. Sie besaßen zwei Kalender, den weltlichen (18 x 20 + 5 = 365 Tage) und den heiligen (20 x 13 = 260 Tage). Die Kombination beider ergab eine sog. Kalenderrunde (18 980 Tage = 52 Jahre). Analog unserem Nullpunkt (Christi Geburt) haben die Maya den 13.0.0.0.0. 4 Ahau 8 Cumku (12. oder 14. August 3113 v. Chr.). Ihr System, die Ungenauigkeit des Jahres/Sonnenumlaufs (> 365 Tage) zu korrigieren, ist um einen Zehntausendstel Tag genauer als das des gregorianischen Kalenders.

192 Schriften & Sprachen

Für das Erkennen der Zeichen aus der Ferne wurden die Telegraphen auf Türme montiert.

Signalstation nach Chappé

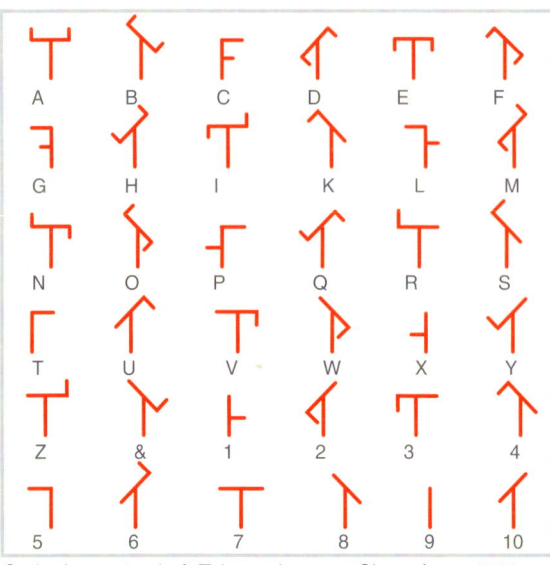

Code des ersten Luft-Telegraphen von Chappé, um 1790

Die Botschaft aus der Ferne wird mittels eines Stifts in einen Lochstreifen eingestochen.

Morse-Code, links: Morse-Telegraph um 1910 in Frankreich; rechts: lateinische Standard-Codetabelle

Buchstabe	Deutschland	Schweiz	Österreich	Buchstabe	Deutschland	Schweiz	Österreich
A	Anton	Anna	Anton	M	Martha	Marie	Martha
B	Berta	Berta	Berta	N	Nordpol	Niklaus	Nordpol
C	Cäsar	Cäsar	Cäsar	O	Otto	Otto	Otto
D	Dora	Daniel	Dora	P	Paula	Peter	Paula
E	Emil	Emil	Emil	Q	Quelle	Quasi	Quelle
F	Friedrich	Friedrich	Friedrich	R	Richard	Rosa	Richard
G	Gustav	Gustav	Gustav	S	Samuel	Sophie	Siegfried
H	Heinrich	Heinrich	Heinrich	T	Theodor	Theodor	Theodor
I	Ida	Ida	Ida	V	Viktor	Viktor	Viktor
J	Julius	Jakob	Julius	W	Wilhelm	Wilhelm	Wilhelm
K	Kaufmann	Kaiser	Konrad	X	Xanthippe	Xaver	Xaver
L	Ludwig	Leopold	Ludwig	Z	Zacharias	Zürich	Zürich

Buchstabiertafel für die Fernsprechübertragung (Auszug)

Telegraphen- und Morsezeichen

Geschichte
Es ist seit vielen Tausend Jahren das Ziel der Menschen, Informationen über weite Entfernungen schnell und sicher auszutauschen. Verschiedene Völker kamen zu unterschiedlichen Lösungen (Tabelle).

Gruppe/Zeitalter	Methode
Griechen	Feuer (Fackeln)
Indianer	Rauch
Juden	Feuer
Mittelalter	Posaunen

Im 17. Jh. waren England und Frankreich die führenden Staaten in der Fernübertragung von Zeichen. In der Französischen Revolution zeigte sich die Notwendigkeit eines solchen Systems sehr deutlich: Viele Kuriere wurden abgefangen. Ein zentrales Befehls-Informationssystem für das Land musste her. 1791 erfand C. Chappé (Abb. Mitte) dieses System von Signalbalken (Abb. Signalstation und Code). Das Chappé-Zeichen-System bestand aus mehreren 92-seitigen Wörterbüchern. Weitere Verzeichnisse gab es für Orte und ganze Sätze. Sender und Empfänger besitzen diese Bücher und es reicht, ein Zeichen für das Buch und das zweite für die Seite sowie ein drittes für die Nummer des Wortes oder Satzes auf der Seite zu senden (Abb. rechts).

Der Morsecode
Das Chappé-System benötigte eine flächendeckende Infrastruktur von Signalstationen in einem Abstand von 10–30 km. Bei Nebel oder Regen funktionierte das System nicht. Diese Schwächen führten dazu, dass sich das Chappé-System nicht durchzusetzen vermochte. Dagegen erreichte der Code des amerikanischen Erfinders S. Morse (1791–1871) ab 1860 weltweite Verbreitung. Das System beruht auf zwei Zeichen (Strich und Punkt) sowie einer Pause (Abb. Code). Der Morsecode ist also ein digitaler Code mit drei Figuren. S. Morse hat sich bei der Verteilung der Zeichen auf das Alphabet von der Effizienz leiten lassen. So erhielt der häufigste Buchstabe »e« das kürzeste Zeichen: den Punkt »•«. Die Übertragungsrate wird beim Morsen in Wörtern pro Minute (WPM) gemessen (Tabelle).

Claude Chappé (1763–1805) erfand mit seinen Brüdern Abraham und Ignace den Tachygraf (später Telegraph genannt)

Seite aus dem Buch von Claude Chappé

Person	Wörter pro Minute
Anfänger	5 WPM
Funkamateur	12 WPM
Profifunker	40 WPM
Weltrekord	75,1 WPM

Die Effizienz erwies sich als zu gering im Vergleich zu den neueren Techniken (Tabelle).

Medium	WpM
Sprecher	100–200
ISDN	50 000

Bis 1999 war der Morsecode noch im See-Notrufverkehr sowie bis 2003 im Amateurfunk verbreitet. Heute findet er sich nur noch in historischen Filmen und als Illustration z. B. als einer der typischen Nokia-Handy-Töne (SMS = ... --- ...).

Abbildungen
Signalstation nach Chappé: Die Platzierung der Signalstation auf dem Titelblatt des »Petit Journal« aus Paris belegt die Bedeutung der Telegraphie in Frankreich.

Code des ersten Luft-Telegraphen von Chappé: Der erste Code umfasste nur 36 Signale. Diese wurden mit einem Balkensystem zu einer etwa 10–30 km entfernten Station gesendet. Dort übernahm man die Signale mit Hilfe von Ferngläsern.

Morse-Telegraph: Der Morsecode konnte mit verschiedenen Systemen übermittelt werden. Das englische Morse-System arbeitete mit einem Impuls des Senders, der beim Empfänger eine Veränderung einer magnetischen Nadel auslöste. Das amerikanische System nutzt dagegen rhythmische Stromunterbrechungen für die Übermittlung.

Buchstabier-Alphabet: Das Buchstabier-Alphabet dient im Unterschied zum Chappé-System und zum Morsecode nicht der Effizienz der Zeichenübertragung, sondern der Verdeutlichung mehrdeutiger Signale.

194 Wissenschaft & Kunst

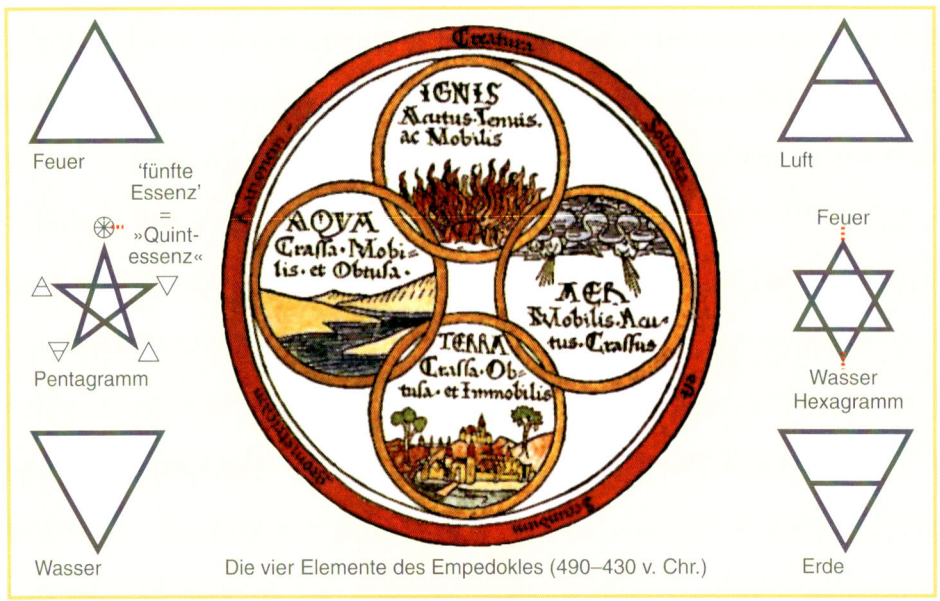

Älteste Zeichensystematik der Naturstoffe (Einteilung in vier Ursubstanzen)

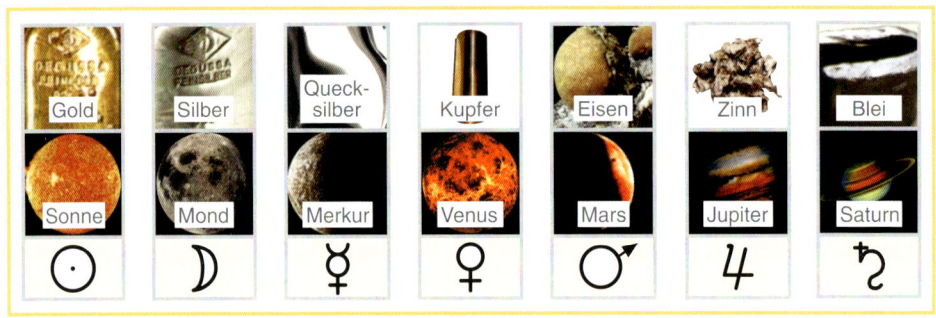

Metall-Planet-Verbindungen und ihre Symbole

Zeichensemiose über die Jahrhunderte anhand des Zeichens für Blei

Chemische Zeichen im Periodensystem, International Union of Pure and Applied Chemistry (IUPAC)

Chemie

Alchemie

Die Geschichte der chemischen Zeichen und Symbole beginnt mit der Alchemie, einer Vorgängerwissenschaft der Chemie. »Al« ist der Artikel im Arabischen und Chemie leitet sich von griechisch »chyma« für 'Vermengung, Mischung' ab. Viele alchemistische Wörter wie z. B. Alaun, Alkali, Alkohol oder Elixir kamen über diesen arabischen Weg im Mittelalter nach Europa. Die Alchemie lässt sich in vier Fachgebiete untergliedern (Tabelle).

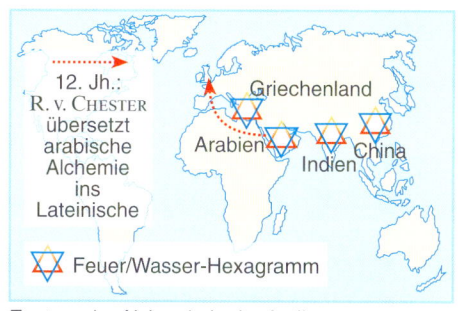
Zentren der Alchemie in der Antike

Fachgebiete der Alchemie
1. Naturphilosophie
2. Veredlungstechnologie
3. Symbolpsychologie
4. religiöse Vergeistigungslehre

In allen Gebieten gab es Zeichen und Symbole. Die Naturphilosophie ging z. B. von vier Urstoffen aus, die sich in allem vermengen. Es sind Kaltes, Feuchtes, Heißes und Trockenes nach ARISTOTELES (384–322 v. Chr.) bzw. Erde, Wasser, Feuer und Luft, wie sie von EMPEDOKLES (490–30 v. Chr.) genannt wurden. Das Dreieck ist ihr Symbol. Es kann zum Pentagramm oder Hexagramm kombiniert werden (Abb. links). Die Zuordnung von Metallen zu Gottheiten und Gestirnen, z. B. Kupfer zur Venus, geht auf die alten Babylonier zurück. Die Symbole der Alchemie dienten der Geheimhaltung innerhalb der Zunft und zum Schutz vor der Kirche, die Alchemie als Ketzerei verfolgte.

R. LULLUS (1235–1316) schrieb dazu:
»*Ich schwöre euch bei meiner Seele, dass ihr, so dies verratet, der Verdammnis anheim fallen werdet!*«

T. B. VON HOHENHEIM (1493–1541), der sich PARACELSUS nannte, war einer der wichtigsten Alchemisten. Auf dem Knauf seines Schwertes liest man: »AZOTH«, ein Symbol des Weltwissens (Abb. Mitte). Zentren der Alchemie waren China, Indien, Arabien und Griechenland (Karte). Scharlatane, die sich seit dem 17. Jh. Herrschern als Goldmacher anboten, ließen den Ruf der Alchemie als Weisheitslehre verkommen. Von ihr übernahm die Chemie die Methode des Arbeitens mit Zeichen und Symbolen zum besseren Verständnis.

AZOTH = Aleph–Thau
AZOTH = Alpha–Omega
AZOTH = A–Z

3 Alphabete als Symbol für das gesamte Wissen der Welt
T. PARACELSUS (1493–1541)

Zeichen in der Chemie

J. L. PROUST (1754–1826) erkannte, dass bei einem Stoff immer Bestandteile in konstanten Proportionen vorliegen. Der Chemiker J. DALTON (1766–1844) entwickelte eine Zeichenschrift für diese »Atome« genannten Teile. Sie eigneten sich jedoch nicht für die immer größer werdende Zahl der Elemente. Die heutige Buchstabenschreibweise ist auf den Chemiker J. J. v. BERZELIUS (1779–1848) zurückzuführen. Seit Anfang des 20. Jh. werden neue Zeichen von der 1919 gegründeten International Union for Pure and Applied Chemistry (IUPAC) in Oxford nach Anmeldung bestätigt.

Streit um die chemischen Zeichen

Das Recht der Zeichen- oder Namensgebung liegt in der Chemie beim Entdecker, muss jedoch von der IUPAC-Generalversammlung bestätigt werden. Gerade schwere Elemente zerfallen oft nach ihrem Nachweis. So gab es für einige Elemente mehrere Anwärter. In der Zeit des Kalten Krieges wurden Ost- und West-Zeichen genutzt (Tabelle).

West (104)	Ost (104)
Rutherfordium	Kurtschatovium

Die Generalversammlung von 1997 beendete diesen Zustand und erkannte die Elemente bis zur Nummer 109 an. Die historischen Phasen der Benennung der Zeichen im chemischen Periodensystem lassen sich in einem chronologischen Periodensystem darstellen (Abb. links), das 2004 bis zur Nummer 111 reichte. Der jüngste Anwärter (116) zerfiel bereits nach weniger als 0,1 s.

196 Wissenschaft & Kunst

Gelb steht für das Gold, das in seiner Unveränderlichkeit das Weiterleben nach dem Tod symbolisiert.

Grün vertritt hier den Ort der Seligen (Malachit-Gefilde)

Schwarz symbolisiert Tod und Unterwelt

Weiß steht hier für die Heiligkeit des Gottes Re

Rot steht für lebensbedrohlich oder lebensfördernd (Entscheidung fällt Re)

Kiste für Uschebtis mit der Darstellung des Seelen-Wiegens

Blau symbolisiert das Sprichwort: »Im blauen Feld Jade säen« für 'eine Frau schwängern'.

Gelb steht für den Wandel, eine »Gelbblüten-Frau« ist eine noch Unverheiratete.

Schwarz symbolisiert die Ehre.

Die Verbindung von Rot und Grün ist in China wichtig.

Hochzeitsdarstellung aus China, 19. Jh.

Farbsymbolik I

Einführung

Farben spielen in der Natur eine Signalrolle. So suchen sich Vögel oder Insekten besonders farbig leuchtende Blüten aus. In der Kultur des Menschen wurde diese Funktion übernommen. Sie differiert jedoch von Kulturkreis zu Kulturkreis. Während die Inuit (Eskimos) über tausend Worte für Weiß-Nuancen kennen, sind im südamerikanischen Regenwald über tausend Grün-Töne bekannt. In der Geschichte entwickelten sich bestimmte Vorlieben und symbolische Zuordnungen (Abb. links). So ist das Purpurrot als Herrschaftsfarbe bekannt (Abb. unten). Es wurde in einem aufwändigen Prozess aus der Purpurschnecke gewonnen und war die teuerste Farbe überhaupt nach Gold. So ist die Zuordnung zu den Herrschenden nicht verwunderlich. Noch heute korrigieren Lehrer in herrschaftsorientierten Schulsystemen wie z. B. Deutschland mit roter Farbe. Dagegen wurde das Korrektor-Rot in weiten Teilen der skandinavischen, erfolgsorientierten Schulsysteme abgeschafft. In modernen Kleiderordnungen ist Schwarz eine Farbe mit hohem Hierarchiewert. Als sogenannter »Ornat der Alphatiere« für 'Kleidung des Führungspersonals' gelten schwarze, lange Mäntel.

Kaiser Otto III. ist umgeben von geistlichen und weltlichen Würdenträgern. Der Farb-Code war dem mittelalterlichen Menschen geläufig und wurde deshalb selten aufgeschrieben. Grün ist in diesem Bild die Farbe des Auserwählten: »Der ist wie ein Baum, gepflanzt an den Wasserbächen, der seine Frucht bringt zu seiner Zeit, und seine Blätter verwelken nicht; und was er macht, das gerät wohl.« (Psalm 1, 3).

Abbildungen

Ägypten: Im alten Ägypten gab es einen klaren Farb-Code, der jedoch im Laufe der Zeit an die wechselnden Kulturkonventionen angepasst wurde (Tabelle, Auswahl).

Farbe	Bedeutung
Blau	unendlich
Gelb	vertritt Gold
Grün	Vegetation
Hellgelb	Frauenfarbe
Rotbraun	Männerfarbe
Weiß	heilig

China: Die chinesische Farbsymbolik ist vielfältig und es gab Farbsymboliken, die für Westeuropäer unverständlich sind. So gelten blauäugige Menschen als hässliche »Blaugesichter«, da die blauäugigen Hunza nur eine Minderheit in Asien sind. Dagegen war die ehrenvollste Farbe das Kaiser-Rot, das im 6. Jh. n. Chr. durch das allein dem Kaiser vorbehaltene Kaiser-Gelb ersetzt wurde. Erst im 20. Jh. wurde schließlich Gelb zur Symbolfarbe der Pornographie (gelbe Filme = Pornos).

Mittelalter: Im Mittelalter gab es aufgrund des weit verbreiteten Analphabetismus eine starke Farbsymbolisierung. Rot, Violett und Grün waren ehrenvolle Farben. Kleiderfarben dienen oft als Identitätszeichen. Einen Fürsten erkannte man so an seinem lichtgelben Fürstenhut. Grün verwendete man oft, um Lehnsrecht zu illustrieren.

Roter, gemusterter Samt als Zeichen des Königs.

Die Goldstickereien zeigen zwei Kamele an einem Lebensbaum.

Mantel König Rogers II. (1097–1154)

198 Wissenschaft & Kunst

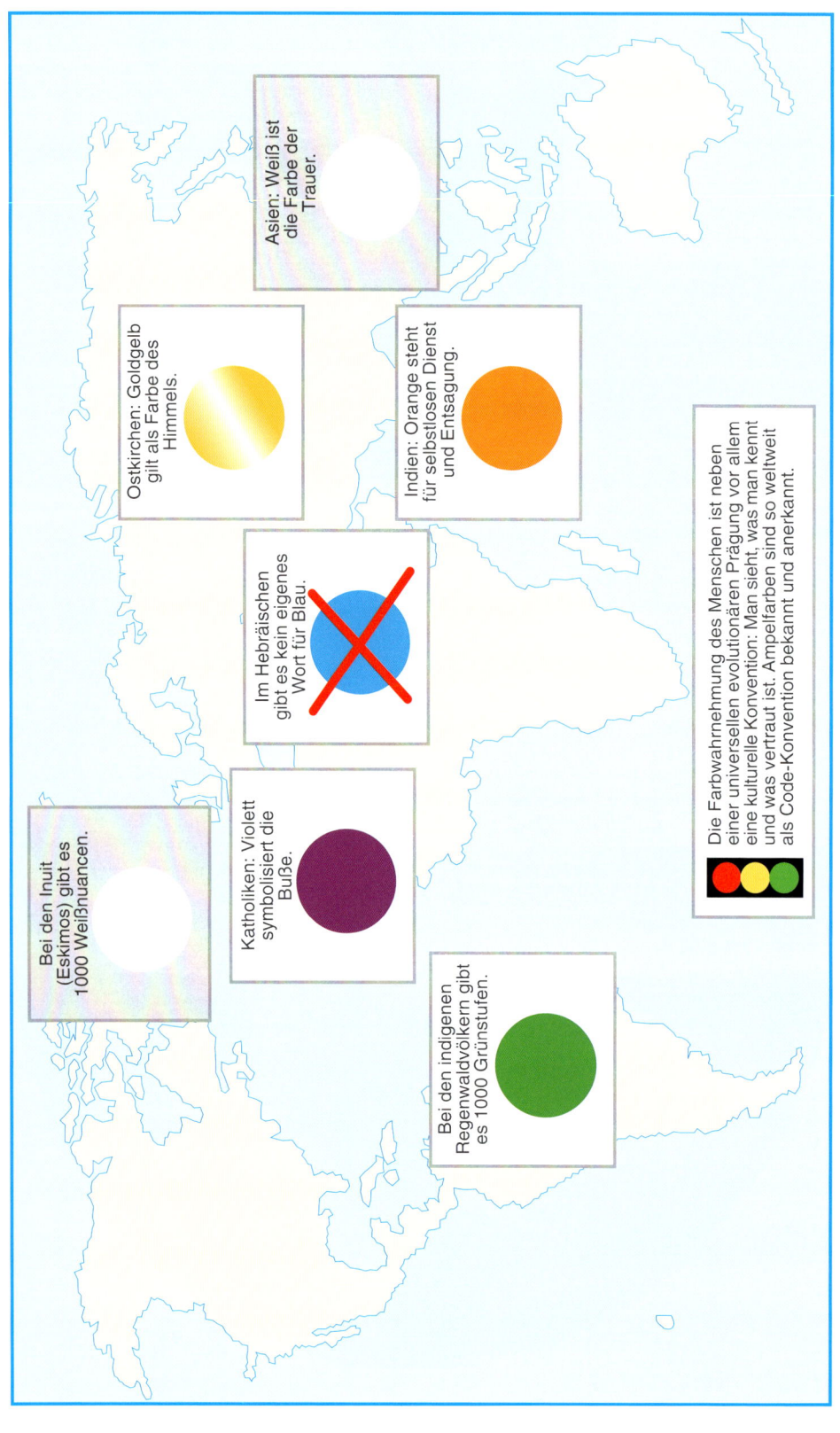

Farbsymbolik II

Einführung

Der Mensch kann ungefähr 100 000 Farben unterscheiden. Es gibt prähistorisch geprägte Farbdeutungen wie z. B. Rot als warme Farbe (geprägt durch die Erfahrung des Steinzeitmenschen mit dem Feuer). Es gibt aber auch durch Kulturkonvention, als zwischenmenschliche Vereinbarung bzw. durch gewohnheitsmäßigen Gebrauch geprägte Farbdeutungen wie z. B. die Farben Rot-Gelb-Grün bei der Ampel. Dieser Code findet sich dann auch in anderen Bereichen wie z. B. den Farbkarten für die Opferhilfe (Abb. Mitte). Die Kulturkonvention ist vor allem dort anzunehmen, wo die Farbdeutung in Familie und Schule gelehrt wird wie z. B. mit dem Ampelgedicht:

»Bei Rot bleibe stehn,
bei Grün kannst du gehn!
Bei Rot musst du warten,
bei Grün kannst du starten,
das merke dir gut
und sei auf der Hut!«

Farbnamen

Da es keine 100 000 Einzelfarbnamen gibt, behilft sich der Mensch bereits seit dem Altertum mit vergleichenden Farbbezeichnungen: Purpurrot, Kanariengelb, Saphirblau. Naturgeprägt sind dabei z. B. die Farbnamen Grün im Regenwald (über 1000 Nuancen) oder Weiß bei den Inuit (über 1000 Nuancen, Abb. links). Kulturell geprägt sind z. B. die Namen für Blau und Grün. Während Europäer dem Himmel das Blau und dem Gras das Grün zuordnen, z. B.:

»Ich ging durch einen grasgrünen Wald«, kennt nach den Studien von J. Davidoff und D. Roberson das Volk der Berinmos in Papua-Neuguinea für beides nur den Begriff Nol, also Himmels-Nol und Gras-Nol.

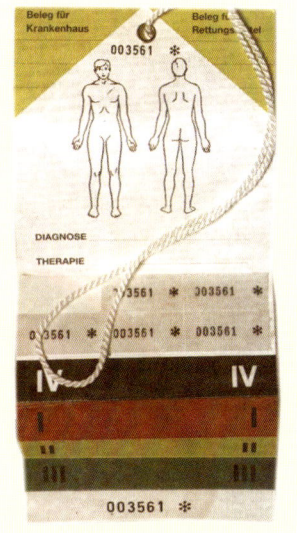

Eine Farb-Markierung soll die Geschwindigkeit der Hilfe für die Opfer erhöhen.

Schwarz oder IV hat keine Chance auf Überleben.

Rot oder I ist bereits bewusstlos. Diese Patienten haben oberste Priorität in der schnellen Hilfe.

Gelb oder II liegt und hat schwere Verletzungen, z. B. gebrochene Arme oder Beine.

Grün oder III ist die Kategorie der leichten Verletzungen, z. B. eine Schürfwunde.

Farbkarten für die Opferhilfe

Politische Farben

Die massenpsychologische Wirksamkeit von Farben hat in der Geschichte dazu geführt, dass politische Bewegungen Farben für ihre Zwecke nutzten und nutzen (Tabelle).

Land/Partei	Farbe
Deutschland:	
CDU	Schwarz, Orange
FDP	Gelb, Blau
Grüne	Grün
SPD	Rot
Österreich:	
BZÖ	Orange
FPÖ	Blau
Die Grünen	Grün
ÖVP	Schwarz
SPÖ	Rot
Schweiz:	
CVP	Orange, Gold
FDP	Blau, Gelb
SP	Rot
SVP	Dunkelgrün

Berühmt und fehlsichtig

Etwa 8 % der Männer haben einen Rotgründefekt, d. h. sie sehen nur mit zwei Stäbchen. Dies wirkt wie ein Farbfilter. Aber auch andere Sehkrankheiten gibt es wie z. B. den Grauen Star. Erstaunlich viele bekannte Maler sind unter den an diesen Krankheiten leidenden Fehlsichtigen (Tabelle).

Maler	Problem
E. Degas	Daltonismus
A. Maillol	Blindheit
C. Monet	Grauer Star
E. Munch	Trübung
C. Pissarro	Entzündung

Nationalfarben

Viele Länder, Gebiete und Organisationen haben eine National- oder Erkennungsfarbe. Am bekanntesten sind das dunkle Blau der Europäischen Union und das helle Himmelblau der UNO. Die meisten Nationalfarben finden sich in den Flaggen der Länder wieder. Sie werden in einen kulturellen oder natürlichen Zusammenhang gebracht wie z. B. Gelb für Goldreichtum.

Wissenschaft & Kunst

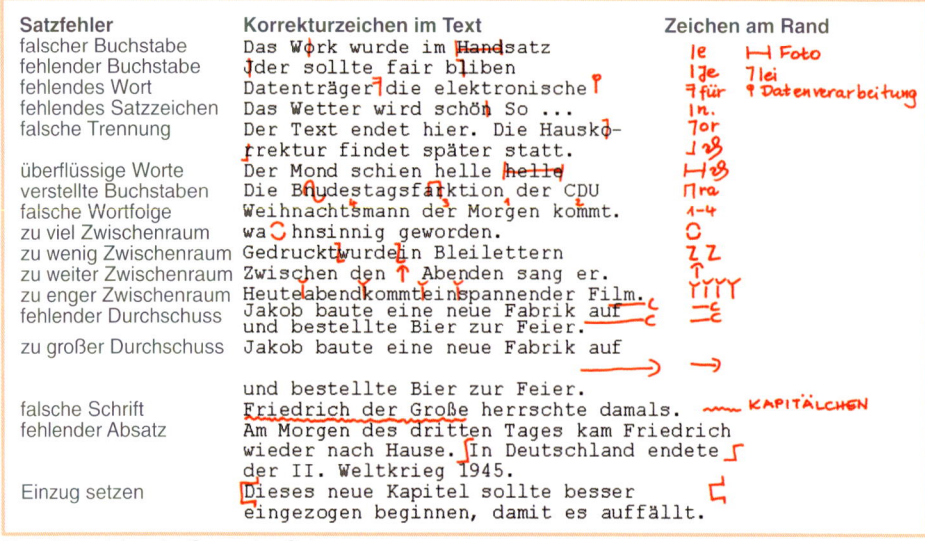

Korrekturzeichen im Computer-Satz

Anweisung	Zeichen
Verstärken (z. B. auf den angegebenen Wert)	+
Zurücknehmen (z. B. Aufhellen oder Abschwächen auf den Wert)	./.
Schärfere Gestaltung einer verschwommenen Kontur (Deckfehler)	
Passerdifferenz beseitigen	P
Kontern (ändern von seitenrichtig in seitenverkehrt und umgekehrt)	K
Übertiefe beseitigen	./. YMC
Gesamte Wiedergabe weicher gestalten	Σ ∩
Verstärken von Gelb (Yellow) auf den Rasterwert 10%	+Y 10%

Korrekturzeichen im Druck

Korrektur-Zeichen	Fehler
R	Rechtschreibung
G	Grammatik
V	Auslassung
Z	Interpunktion, i-Punkte, Umlautzeichenfehler
W	Wiederholungsfehler
S	Syntax
A	Ausdruck
WW	falsche Wortwahl
B	unklare Beziehung im Satz oder zwischen Sätzen
M	falscher Modusgebrauch
T	falscher Tempusgebrauch
ul	unleserlich
i, f	inhaltlich falsch, fachlich falsch
Lg	Logik-Verstoß
Th	Thema nicht beachtet
Bg	fehlende oder falsche Begründung
Zg	unklarer oder falscher Zusammenhang
BL	fehlender Beleg oder Materialbezug
Df	Definition fehlerhaft
Fs	Fachsprache nicht angewendet oder fehlerhaft
Rf	Rechenfehler
Ff	Folgefehler
ug	ungenau
uv	unvollständig

Korrekturzeichen in der Schule

Korrekturzeichen (Deutsch)

Korrektur
Das Wort Korrektur stammt vom lateinischen »corrigere« für 'geraderichten'. Es war ab dem 16. Jh. ein Fachwort aus dem Druckereiwesen und ging später auf andere Bereiche wie z. B. die Schule über.

Geschichte
Der Satz ist die Vorstufe des Drucks von Büchern, Zeitschriften und anderen Druckwerken. Die Fehler, die beim Satz passieren, werden durch sogenannte Satzkorrekturzeichen gekennzeichnet. Der Setzer erhält dann die Aufgabe, den Satz entsprechend zu korrigieren. Viele Korrekturzeichen wurden schon um 1470 in den Anfängen der Druckgeschichte verwendet, z. B. das sogenannte »Deleatur-Zeichen« für zu löschende Fehler. Das »d« leitet sich in seiner Form aus der alten deutschen Schreibschrift her und bedeutet »deleatur«, was lateinisch 'es werde gelöscht' heißt. Ende der 20er Jahre des 20. Jh. trug die »Zentralkommission der Korrektoren Deutschlands« alle gebräuchlichen Korrekturzeichen für deutsche Buchdruckereien zusammen. Ergänzt um einige Zeichen aus dem Musterblatt der »Leipziger Meisterschule für das graphische Gewerbe«, wurden die Korrekturzeichen 1929 durch das Deutsche Institut für Normung in der DIN 16511 definiert und veröffentlicht. Sie sind seither im deutschsprachigen Raum verbindlich. Ab 1934 werden Korrekturzeichen regelmäßig im Duden und anderen Druckwerken über das Schreiben und den Schriftsatz publiziert.

Beispiel einer Originalkorrektur, Halle 2002

Korrekturzeichen im Computer-Satz
Für den Satz werden die Korrekturzeichen zweimal aufgeschrieben: einmal direkt im Text und zum zweiten Mal am Rand, wobei man am Rand neben das Zeichen noch die geänderte Fassung schreiben soll (Abb. Beispiel einer Originalkorrektur). Ziel ist eine klare Anweisungstechnik, deren Korrekturen ohne weitere Absprachen verständlich sind. Korrekturstellen müssen schnell und eindeutig zugeordnet werden können. Deshalb verwendet man bei großer Fehlerdichte immer andere, z. T. frei gestaltete Zeichen (Tabelle).

Freie Zeichenbeispiele

⌈ ⌊ ⌉ ⌋ ? ↯ ⊥ ⊢ ⊦
⊓ ⊔ ⊤ ⊔⊔
⊢⊣ ⊢⊣ ⊣⊢ ⊢⊣ ⊢⊣

Korrekturzeichen im Druck
Auch nach dem Satz können Fehler auftreten. Diese werden entweder nach dem Andruck, einem Simulationsdruck auf einem Einzelbogen Papier mit einer Druckmaschine, oder nach den »Blaupausen«, also den Probedrucken aus einem die Druckmaschine simulierenden proof-printer korrigiert. Der Druck erfolgt oft im Vierfarbdruck der Euroskala (Tabelle).

Farbname	Deutsch
Cyan	Cyan-Blau
Magenta	Magenta-Rot
Yellow	Gelb
Kontrast	Schwarz

Für die Korrektur verwendet man einen Mix aus Zeichen der Mathematik (plus und minus für Verstärkung oder Abschwächung), Zeichen der Euroskala (z. B. ./.YMC = weniger Yellow, Magenta und Cyan), leicht verständlichen Piktogrammen (z. B. die Zick-Zack-Linie für ein Schärfen bzw. ein runder Bogen für eine weichere Gestaltungsaufforderung) sowie Anfangsbuchstaben der Korrekturwörter.

Korrekturzeichen in der Schule
Fehler sollen berichtigt werden. Um die Korrekturzeit zu verkürzen, wurden Abkürzungen geschaffen, die einen schnellen Hinweis auf die Art des Fehlers sowie ihre Zuordnung zu den verschiedenen Leistungsebenen ermöglichen soll (Tabelle rechts).

Ebene	Fehler
Darstellung	R, G, V, Z, W, S, A, WW, B, M, T, ul
Verstehen	i, f, Lg, Th, Bg, Zg, BL, Df, Fs, Rf u. a.

Ergänzend gibt es eine Zuordnung dieser Fehler entsprechend der Sprache und des Fachs zu den korrelierenden Kompetenzfeldern (Tabelle rechts).

Feld	Fehler
Sprachlich	R, G, V, Z, W, S, A, WW, B, M, T, ul
Fachlich	i, f, Lg, Th, Bg, Zg, BL, Df, Fs, Rf u. a.

Kreuzsymbolik I

Einführung

Zwei sich schneidende Balken oder Linien, die ein Kreuz bilden, können vieles bedeuten: den Mittelpunkt und die vier Himmelsrichtungen, die vier Elemente, die vier Tugenden, den Weltenbaum, der die vier Weltgegenden verbindet. Die genaue Deutung als Ornament, Zeichen oder gar Symbol ist v. a. in der Ur- und Frühgeschichte nicht immer genau zu bestimmen. Sie gehören wie der Kreis, die Spirale und die Strichfolge zu den universellen Linienspielen mit unterschiedlichsten Konnotationen und semiotischen Geschichten.

Kreuze in der Frühgeschichte

Früheste Kreuzdarstellungen datieren in das präkeramische Neolithikum, z. B. die Kreuze auf der Felsplatte Gran Faetto im Savoyen. In der Bronzezeit vervielfachen sich die Kreuzdarstellungen und -formen. Aus Lerna stammt ein Siegel (Abb. rechts) mit ineinander gesteckten Kreuzen, die ein Radkreuz bilden. Es datiert um 2200 v. Chr. In vielen weiteren Fundorten fanden sich Kreuze (Tabelle).

Siegel (Lerna)

Land	Ort mit Kreuzfunden
Afghanistan	Daschli
Griechenland	Lerna
Rumänien	Graniceri, Schäßburg
Slowakei	Rimavska Sobota
Türkei	Alaca Hüyük

Abbildungen

Quetzalcoatl bedeutet 'gefiederte Schlange' oder auch 'Edelsteinzwilling'. Er war ein bedeutender Gott im aztekischen Pantheon. Die vier Kreuzarme auf dem Schild sind die vier Welten der vergangenen Zeitalter und die kosmische Ordnung. Es gibt auch Bildnisse des Quetzalcoatl mit einer Spirale anstelle des Kreuzes auf dem Schild.

Friesenkanne: Das Kreuz auf der für Handelsplätze gefertigten Kanne hat sicher mit der Ost-Christianisierung im 8. und 9. Jh. zu tun. Die Kanne wurde im Rheinland hergestellt und bis nach Nordeuropa exportiert, wie der Fundort Birka (Schweden) beweist.

Teeschale: Das Kreuz belegt, dass sich die im 16./17. Jh. zum Christentum konvertierten Japaner offen dazu bekannten.

Scherben: Interessant ist die frühe Verwendung des Henkelkreuzes im pazifischen Raum. Eine Deutung ist nicht bekannt.

Kopfgefäß: Das Kreuz deutet auf eine mehrfache Vierheit, die durch die vier nach den vier Richtungen auslaufenden Linien symbolisiert werden. Die vier Tugenden sind Stärke, Ausdauer, Großzügigkeit und Weisheit.

Swastika: Das religiöse Hakenkreuz bedeutete Glück. Dieses Symbol war in allen Kulturen des Vorderen Orients verbreitet. Seine Verwendung setzt sich in der Harappazeit fort und reicht bis zum Hinduismus, wo es ein Sonnensymbol ist.

Kleiderspange: Ob diese germanische Fibel bereits ein tieferes Symbol darstellt, oder nur schönes Ornament, ist unbekannt.

Geflügelte Sonnenscheibe: Derartige Symbole wurden in den Palästen der assyrischen Könige in der Nähe des Kopfes des Herrschers abgebildet. Es handelt sich um göttliche Symbole, die dem irdischen Herrscher göttliche Bedeutungserhöhung und göttlichen Schutz bringen sollten. Die Flügelsonne mit Kreuz steht für den Schutzgott Assur.

Quadrathaus: Der Bau wurde mit den vier Ecken nach den vier Himmelsrichtungen ausgerichtet und besteht aus vier gleichartigen, dreischiffigen Baukörpern. Der auffällige Schmuck des Innenhofes weist auf eine Nutzung für die mit den vier Jahreszeiten verbundenen Kulte hin.

Mandala: Bemerkenswert sind die T-förmigen, großen Flure, die sich zu einem Kreuz verbinden lassen und wahrscheinlich die vier Weltgegenden verkörpern.

Kulthöhle: Zahlreiche Denkmäler, die wie Bamiyan als Quadrate mehrere Kreuze mit einer zentralen Kuppel verbinden, werden als Symbol eines Mandalas aufgefasst. Der Kreuzpunkt symbolisiert den heiligen Herd, der Zentrum der Welt ist. Die Kuppel symbolisiert den Himmel. In den Eckzwickeln erscheinen oft die Personifikationen der Weltgegenden (Himmelsrichtungen), die Gestalten der Gottheiten oder aber, wie in Bamiyan, die Buddhas der Regionen.

Anandatempel: Die Kreuzarme erinnern an das Gespräch zwischen Buddha und seinem Jünger Ananda, bei dem dieser fragt:

> »Was soll mit den sterblichen Überresten des Tathagata (Titel für Buddha) geschehen?

Die Antwort Buddhas lautet:

> »Nach der Verbrennung sollen die Überreste in einem Grabhügel beigesetzt werden, der an einem Straßenkreuz errichtet wird«

Dies symbolisiert die zentrale Stelle zwischen den vier Himmelsrichtungen.

204 Wissenschaft & Kunst

ägypt. Kreuz	Andreaskreuz	Ankerkreuz	Blattkreuz	Chevronkreuz	
Gabelkreuz	Gammakreuz	griech. Kreuz	Hakenkreuz	Jerusalemkreuz	
Kardinalskreuz	kelt. Kreuz	kopt. Kreuz	Krückenkreuz	lat. Kreuz	Lazaruskreuz
Malteserkreuz	Musikkreuz	Nazihakenkreuz	orthod. Kreuz	Papstkreuz	Petruskreuz
Reichsapfel	russ. Kreuz 1	russ. Kreuz 2	Skatkreuz	Swastika	Tatzenkreuz
Taukreuz	Tolosaner Kreuz	Venusspiegel	Vytautaskreuz	Wiederkreuz	Windrose

Piktogramme als Kreuze

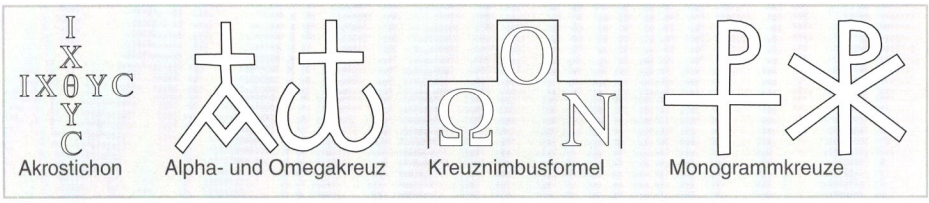

Akrostichon Alpha- und Omegakreuz Kreuznimbusformel Monogrammkreuze

Logogramme als Kreuze

Kreuzsymbolik II

Kreuze als Zeichen

Das Kreuz ist eines der am häufigsten genutzten Zeichen. Deshalb gibt es die Kreuzform in zahlreichen Varianten. Nicht alle lassen sich eindeutig erklären. Bei manchen ist die Bedeutungserklärung mit der Zeit verloren gegangen. Dagegen überlebte oft das Zeichen selbst. Mitunter gab es auch Umwidmungen wie beim lateinischen Kreuz.

Abbildungen

Ägyptisches Kreuz: Henkelkreuz, auch Ankh-Zeichen genannt. Es ist Lebenssymbol und Schlüssel zum Nil. Götter reichen es Königen zum Zeichen ewigen Lebens. Lateinisch heißt es »crux ansata«.
Andreaskreuz: Dieses schrägbalkige Kreuz (lateinisch »crux decussata«) ist nach dem Heiligen Andreas benannt (Abb. Mitte).
Ankerkreuz: Symbol aus Griechenland. Im Christentum ist es Symbol der Hoffnung (Bibel: Hebräer 6).

...Andreaskreuz

El Greco, Heiliger Andreas und Franziskus, um 1604

Blattkreuz: wenig klare Bezeichnung eines Kreuzes, das an die verhüllten Kreuzigungsdarstellungen erinnert.
Chevronkreuz: auch als Leidenskreuz oder »gebrochenes Kreuz« bekannt. Es symbolisiert den Zusammenbruch Christi.
Gabelkreuz: Auch Schächerkreuz (»Schächer« biblisch für 'Rächer') bezeichnet; ursprüngliches Lebensbaumsymbol.
Gammakreuz: Aus vier »Γ« 'Gamma' gebildet.
Griechisches Kreuz: lateinisch »crux quadrata«; besitzt viele Bedeutungen.
Hakenkreuz: sehr altes, lateinisch »crux gammata« genanntes Kreuz, das ursprünglich ein Feuer- und Sonnenzeichen war.
Jerusalemkreuz: Die fünf Kreuze symbolisieren die fünf Wunden Christi. Das Kreuz ist das Abzeichen der Ritter vom Heiligen Grabe.
Kardinalskreuz: Erzbischofskreuz.
Keltisches Kreuz: Das Radkreuz war ein keltisches Sonnenzeichen.
Koptisches Kreuz: Die Nägel symbolisieren die Leiden des gekreuzigten Christus.
Krückenkreuz: Auch als Hammerkreuz bekannt. Es stammt von den Wikingern ab.
Lateinisches Kreuz: Das Kreuz findet sich auch in China, Ägypten und Griechenland.
Lazaruskreuz: Es symbolisiert die Verbindung der Kreuzigung mit der Dreifaltigkeit.
Malteserkreuz: Ritterkreuz der Malteser, Johanniter und Templer.
Musikkreuz: Doppelkreuz (Halbton erhöht).
Nazihakenkreuz: Herrschaftssymbol.
Orthodoxes Kreuz: drei Querbalken als Symbol für Vertiefung der Gläubigkeit.
Papstkreuz: Drei Querbalken bedeuten Machtfülle.
Petruskreuz: fallendes Kreuz, das Petrus wählte.
Reichsapfel: Symbol irdischer Macht.
Russisches Kreuz 1: auch Kolben- oder Apfelkreuz.
Russisches Kreuz 2: Der Schrägbalken symbolisiert die Fußstütze.
Skatkreuz: oberstes Farbsymbol beim französischen Blatt.
Swastika: altes indogermanisches Feuer- und Sonnenzeichen. Im Buddhismus Glückssymbol.
Tatzenkreuz: Himmelsrichtungen.
Taukreuz: auch »crux commissa«; Symbol für den Mittelpunkt der Welt.
Tolosaner Kreuz: Dreifaltigkeit.
Venusspiegel: sehr altes Symbol der Venus, heute das 'Weibliche' im Gegensatz zum Kreis mit Pfeil als Symbol für das 'Männliche'.
Vytautaskreuz: Nach Vytautas (Witold) (1350–1430), dem Großfürsten von Litauen, der mit dem Deutschen Orden in Tannenberg siegte. Viele Kreuzformen hängen mit der Kennzeichnung der Kreuzritter zusammen.
Wiederkreuz: vielfaches lateinisches Kreuz.
Windrose: vier Windrichtungen.

Logogramme als Kreuze

Akrostichon: Buchstabenformel für 'Jesus', 'Christus', 'Gottes', 'Sohn' und 'Erlöser'.
Alpha- und Omegakreuz: Zusammengesetztes Symbol über α und ω, die für Anfang und Ende stehen, (Bibel 22,13):
> »Ich bin das Alpha und das Omega, der Erste und der Letzte, der Anfang und das Ende«.

Kreuznimbusformel: Buchstabenformel für 'Ich bin der Seiende' im Kreuznimbus Christi.
Monogrammkreuze: Kreuz aus X und P ('Christus') sowie monogrammatisches Kreuz (crux monogrammatica).

206 Wissenschaft & Kunst

Hälfte des Bösen — Hälfte des Guten
sehnsüchtig-reuiger (?) Blick zurück
Wegweisung auf den guten, richtigen Weg
Kreisbild (Tondo) — Achteck-Rahmen

Hieronymus Bosch, ohne Titel, Rotterdam, um 1510

Hieronymus Bosch, Der Heuwagen, Bild des geschlossenen Triptychons (Detail), o. J., Madrid

Hieronymus Bosch - Der Landstreicher

HIERONYMUS BOSCH (um 1450–1516) war einer der bedeutendsten niederländischen Maler. Sein Landstreicher ist eines der zentralen Botschaftsbilder des großen Meisters. Es gibt mehrere Deutungen und Grundeinschätzungen bzw. Bezeichnungen (Tabelle).

Autor	Deutung
Fraenger	Der verlorene Sohn
Wertheim-Aymès	Rosenkreuzer
Gibson	Wandersmann

BOSCH sieht den Menschen oft als allgemeines Ziel teuflischer Versuchungen und Bedrohungen. So sind die motivgleichen Bilder (Landstreicher und Heuwagen) Ausdruck dieses Wanderns durch ein Leben voller Reize und Risiken. Während jedoch der ältere »Heuwagen« (Abb. unten) die Last der Risiken geradezu ausweglos betont und damit eher ein Abbild der Welt darstellt, ist das spätere Landloperbild eindeutig ein symbolistisches Lebens- und Botschaftsbild (Tabelle).

Dieter Weidenbach, Unterwegs, Ausschnitt, Dresden, 1977

Heuwagen	Landloper
gekrümmter Mann	aufrechter Mann
Schlechtes	Schlechtes und Gutes
grelle Buntheit	abgestufte Herbstfarben

das sowohl den verlorenen Sohn als auch den Pilger durch das Leben verkörpert. Das zentrale Symbol dieser Botschaft hängt im Zentrum aus der Jacke: der Schweinsfuß als Symbol des »inneren Schweinehunds« (16, Abb. rechts). Innerer Schweinehund

Die meisten runden Bilder von BOSCH, z. B. »Die sieben Hauptsünden und die vier letzten Dinge«, oder auch das »Steinschneiden« und die »Dornenkrönung«, besitzen rechteckige Rahmen. So ist bei dem hier vorliegenden Achteckrahmen ein tieferer Sinn anzunehmen. Die Zahl 8 symbolisiert den Beginn eines neuen Lebensabschnitts im Hinblick auf die Auferstehung Christi. BOSCH nutzte den alten Motivvorrat (»Heuwagen«), um die dialektische Sicht auf das Leben als Symbol-Plakat auszudrücken. Viele Künstler folgten diesem »Auf-dem-Lebensweg-Symbol« (Abb. Mitte).

Abbildungen
1: umgekehrter Krug = verkehrte Welt.
2: verdorrter Ast = verlorener, verwirkter Lebensabschnitt.
3: Eule = Weisheit, dass es den Tod gibt und man seine Zeit nutzen soll (»Carpe diem«) sowie Symbol der Überwindung des Todes (neuer Lebensabschnitt = Auferstehung, Matthäus 5, 45).
4: Meise »atzt« kopfunter, wie es der Mann getrieben hatte.
5: Ver-Zwei-gung = als Symbol des guten und des schlechten Wegabschnitts.
6: Vatershaus = Ziel der guten Erziehung, wenn man den Mann als »verlorenen Sohn« sehen will.
7: Elster auf Stange = das schwarz-weiße, also gut-schlechte Wesen sieht bereits das Ziel; aber auch: Zweifel, ursprünglich Zwie-Fall, also Symbol eines offenen Ausgangs.
8: Elster im Käfig = schwarz-weißes, also gut-schlechtes Wesen. Im Käfig vor ein Haus gehängt, ist es Symbol des Hurenhauses und des Gefangenseins des Menschen in seinen Trieben und Wünschen.
9: Hure mit Freier = vielleicht der Wanderer in früherer Zeit; Symbol verdorbenen Lebens.
10: Schwanen-Flagge = Schwan als Symbol des Zeugungsakts (Zeus verwandelte sich in einen Schwan, um Helena zu zeugen).
11: Löffel = Symbol armer Leute, die die Armensuppe Wohltätiger löffeln mussten.
12: Pechdraht und Ahle = Plackerei/Fleiß
13: Schweine am Trog = »böse Sieben«, Symbole des Lotterlebens (»Schweinerei«).
14: urinierender Mann = Reinigung nach dem Geschlechtsakt + Ähnlichkeit zur Hauptfigur als Erinnerung an früheres Lotterleben.
15: Katzenfell = Rheumaheiler + Symbol Gewissensqual (»Katzenjammer«)
16: Schweinsfuß = innerer Schweinehund.
17, 21: Gatter = Ordnung; Dreieck = Trinität; 6 Felder = Sechstagewerk; 7. Diagonale zielt auf Elster = Menschwerdung am 7. Tag schuf zwiespältiges Wesen.
18: Kuh = Wegweiser auf Weg Christi
19: Hund = Dominikaner (domines canis = Hunde des Herrn) haben es zu weit getrieben.
20: Wunde = »Mein Fuß ist gestrauchelt, aber Deine Gnade, Herr, hielt mich!« (Psalm 94, 18).

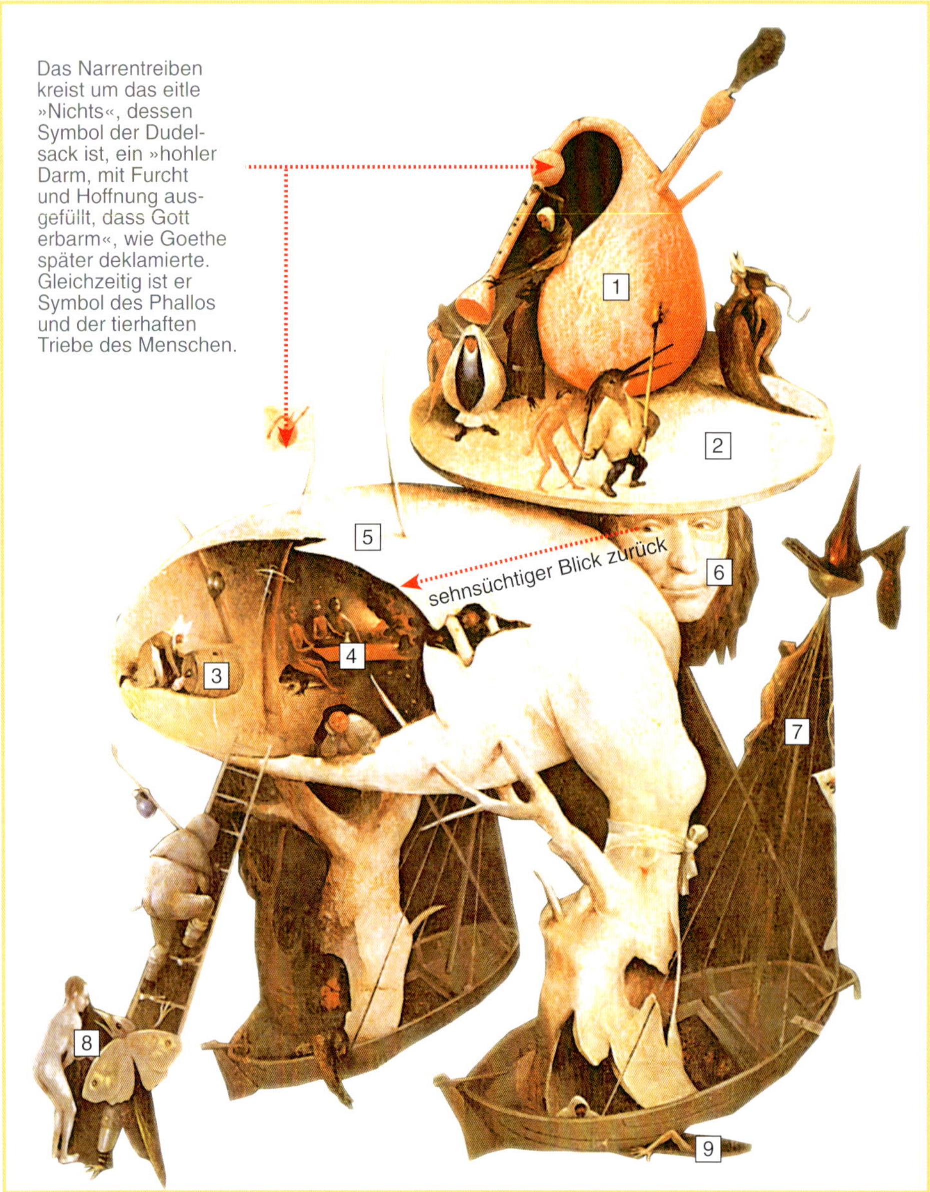

208 Wissenschaft & Kunst

Das Narrentreiben kreist um das eitle »Nichts«, dessen Symbol der Dudelsack ist, ein »hohler Darm, mit Furcht und Hoffnung ausgefüllt, dass Gott erbarm«, wie Goethe später deklamierte. Gleichzeitig ist er Symbol des Phallos und der tierhaften Triebe des Menschen.

sehnsüchtiger Blick zurück

Der Baummensch, Detail aus dem Garten der Lüste, Madrid

Versuch, einem Ertrinkenden das Hörgefühl mittels einer Leine zu reichen.

Er kann oder will nicht sehen, dass vor ihm bereits Menschen ins Eis einbrachen und starben.

Unüberlegte Verwegenheit mit dem Ziel, die Natur zu überlisten.

Gepfeilte Ohren und Schlittschuhläufer, Einzelsymbole aus dem Garten der Lüste, Madrid

Symbole aus dem »Garten der Lüste«

Boschs Garten der Lüste fügt sich ein in sein Werk, das als symbolistische Lehrpredigt über das Leben als Lust-Last-Dualismus bezeichnet werden kann. Der Baummensch gleicht einer Kosmologie (Tabelle).

Symbol	Deutung
Baum	Lebensbaum, Erkenntnisbaum
Ei	Weltei, mythologischer Ursprung
Mensch	Schöpfung
Scheibe	Weltkreis »orbis«, Erdscheibe
Schiff	unaufhaltsamer Weg der Zeit

Bosch beschäftigte sich in einer Zeichnung mit diesem Motiv (Abb. rechts). Ähnlich wie beim Landloper veränderte er aber über die Zeit die Symbole. Diese Vergänglichkeit der Symbolsprache macht es uns heute schwer, die Bildsprache Boschs zu dechriffrieren. Gleichwohl gibt es Symbole, die den Zeitgeist überlebt haben. So ist die schreckliche Flutkatastrophe 2004 ein gespenstischer Beleg für das Ohrensymbol: während über 150 000 Menschen den Tod fanden, überlebten fast alle Tiere, da sie offenbar die Zeichen der Zeit rechtzeitig erkannt hatten. Bosch ruft mit diesem Symbol dazu auf, die Erkenntnisfähigkeiten zu schärfen. Dazu finden sich in der Bibel und im Sprichwortschatz zahlreiche Sentenzen:

»Wer nicht hören will, muss fühlen.« (Sprichwort)

»Wer Ohren hat zu hören, der höre!« (Matthäus 11, 15 u. a.)

»Das Ohr, das da höret die Strafe des Lebens, wird unter den Weisen wohnen!« (Sprüche 15, 31)

Abbildungen
Der Baummensch (links)
1: Dudelsack = Sackpfeife (sexuell), als Vanitas-Symbol gedeutet = nur gefüllt ist er zu Musik fähig; füllt sich und leert sich (Tabelle).

Symbol	Deutung
Dudelsack	benötigt Atem zum Leben
Krug	wird gefüllt und geleert
Mond	nimmt ab und zu wie das Leben

2: Scheibe = Weltkreis, Erdscheibe.
3: Höllenwirtin des Nobiskruges (ein Phantasie-Gasthaus) zapft aus dem Fass.
4: drei Gäste vor einem Krug (Vanitas).
5: zerbrochenes Ei = ursprüngliches Weltei, das nun bereits dem Verfall preisgegeben ist.
6: Während im Mittelteil des Gartens der Lüste die Figuren dem Betrachter meist zugewendet sind und so die positive Seite des Paradieses zeigen sollen, stellt die rechte Tafel mit den Höllensujets die Figuren oft von hinten dar, sozusagen, um den schlechten Teil der Lebens-Medaille zu versinnbildlichen. Der Kopf blickt sehnsüchtig-reuig zurück: die Zeit lässt sich nicht zurückdrehen.
7: abgetakeltes Schiff = Der Lebensbaum ruht nicht in der Erde. Er symbolisiert das ungewisse Schiff der Zeit, das im Meer treibt. Abtakelung = es fehlt der Lebenswind.
8: Nackter mit Motte = verlorener Mensch mit einem Illusionssymbol, dem farbig geschminkten Nachtfalter.
9: Ertrinkender im Eismeer = Das Schiff des Erkenntnisbaumes kommt kaum voran im Eismeer. Desillusionierte Hoffnungslose sind entmutigt und ertrinken.

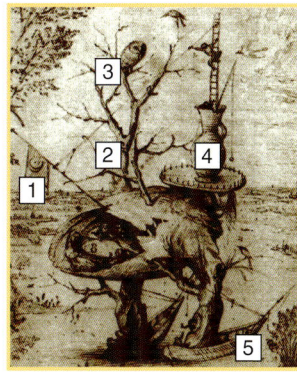

Hieronymus Bosch, Der Baummensch in der Landschaft, o. J., Dresden

Die gepfeilten Ohren: Symbol der Erkenntnisnotwendigkeit (Abb.).

Der Schlittschuhläufer: Er ist Symbol des Übermuts.

Der Baummensch (Mitte):
1: Statt eines Dudelsacks findet sich hier eine Mondsichel, die für den ab- und zunehmenden Mond (einem Vanitas-Symbol) steht.
2: Der Baum des Lebens verzweigt sich zunächst nach dem Stamm in zwei Richtungen, eine gute und eine schlechte. Das Symbol ist auch vom Landloper bekannt.
3: Eule = kennzeichnet den Baum als Baum der Erkenntnis. Sie ist Symbol der Weisheit.
4: Krug = eines der Vanitas-Symbole der Vergänglichkeit (Tabelle). Er wird gefüllt und geleert und außerdem ist er zerbrechlich.
5: Schiff = ungewisse Fahrt durch das Leben. Anders als im Garten der Lüste hat es hier noch keine Segelmasten. Seine Bewegung ist also noch nicht schlüssig integriert in die Gesamtbotschaft des Bildes.

210 Wissenschaft & Kunst

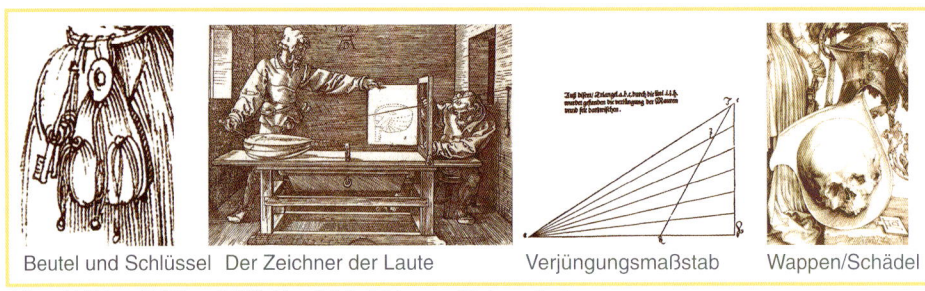

Albrecht Dürer (1471 – 1528), Melencolia I, Nürnberg, 1514

Beutel und Schlüssel   Der Zeichner der Laute   Verjüngungsmaßstab   Wappen/Schädel

Albrecht Dürer (1471 – 1528), Vergleichsbilder zur Melencolia I

Kunst III (Dürer)

Melencolia I

Dürers Melencolia gehört zu den meistgedeuteten Kunstwerken. Es ist eine von Symbolen durchdrungene, geistige Selbstporträt-Allegorie des damals 43jährigen Künstlers, der sich auf der Stufe I der von AGRIPPA VON NETTESHEIM (1486–1528) genannten Melancholiker sah (Tabelle). Das Wortspiel MelENcolia deutet sogar auf Anteile der Prophetie. Schließlich träumte Dürer einst von einer Überschwemmung.

Melancholie	Berufe
I (imaginatio)	Maler, Architekt
II (ratio)	Philosoph, Arzt, Redner
III (mens)	Prophet

Auf jeden Fall sieht er sich als Künstler und Architekt. Er stellt sich als einen durch Geometrie und Zahlen die Welt erfassenden Menschen bzw. als kontemplativen, genialen und skeptischen Melancholiker vor.

Abbildungen
Melencolia I
1: Der Regenbogen symbolisiert eine göttliche Botschaft.
2: Die Fledermaus ist ein Symbol für die Flucht vom Hellen ins Dunkle, also für Trauer und Zweifel der Melancholiker.
3: Der Komet als Naturerscheinung des Typs I leuchtet von links. Dagegen wird Melencolia auch von rechts beleuchtet: sie ist also zwielichtig.
4: Die Überschwemmung deutet auf die Prophetie, da Dürer sie selbst erwähnt hat.
5: Die Leiter führt nach oben, zum »mens«, die Melencolia I aber sitzt unten, am Sockel.
6: Waage als Symbol des Abwiegens von Waren und dem Balancehalten.
7: Die Sonnenuhr misst die Zeit.
8: die Sanduhr als Symbol der Vergänglichkeit der Zeit.
9: Die »Eremitenglocke« ist ein Symbol dafür, dass Trauer einsam macht.
10: Das Jupiterquadrat gehört zu den dialektischen Symbolmitteln, denn eigentlich gehört zur Melancholie der Saturn. Jupiter dagegen ist sanguinisch (Tabelle). Es ist ein

A. Kirchner, Jupiterquadrat, 1652

magisches Zahlenquadrat, bei dem alle Summen, die Quer- , die Längs- und die Diagonalsumme gleich sind (Abb. Mitte). Das Saturnquadrat besitzt nur neun Kästchen.
11: Die Flügel sind keine Engelsflügel, sondern Symbol des beflügelten Genius. Der rechte Flügel zeigt auf die »1«, das Zeichen, das für die Zahlen allgemein steht.
12: Schmelztiegel als Symbol der Einheit.
13: Der Polyeder ist ein Hinweis auf die Vielflächigkeit der Welt (Nachbar des Schmelztiegels!).
14: Der Putto ist die aktive schöpferische Gegenfigur zur zweifelnden Melancholie.
15: Der Kranz gleicht einem Dichterkranz und wurde als wasserhaltiger Pflanzenkranz der gallig-erdigen Melancholie entgegengesetzt.
16: Der Zirkel symbolisiert die reine Geometrie.
17: Das Buch repräsentiert die Geometrie als Ganzes.
18: Die Schlüssel sind Symbol von Macht und Gewalt. Im Recht spricht man deshalb von Schlüsselgewalt.
19: Zimmermannshammer als Symbol der angewandten Geometrie.
20: ausgehungerter, träge liegender Hund als Ausdruck der »acedia«, der Mattigkeit der Melancholie.
21: Kugel als Gegenstand der reinen Geometrie.
22, 23, 24, 25: Profilholz, Zange, Hobel und Säge als Werkzeuge der angewandten Geometrie.
26: Beutel als Symbol für Reichtum (Abb.).
27, 28, 29: Richtscheid, Nägel und Blasebalg als Handwerkszeuge und Symbole der angewandten Geometrie.

Vergleichsbilder für die Deutung
Beutel und Schlüssel: Detail des Werks »Maria in Nürnberger Tracht mit Kind«, 1502. Es zeigt Schlüssel und Beutel als Symbol für Macht und Reichtum.
Der Zeichner der Laute: Im gleichen Jahr (1525) in dem Dürer die Proportionen beim Lautezeichnen veröffentlichte, schrieb er die »Unterweisung der Messung«, ein Beispiel für die bedeutende Rolle, die Dürer der Geometrie beimaß.
Verjüngungsmaßstab: Dass sich Dürer auch mit der Architektur befasste, zeigt seine Befestigungslehre von 1527 (Detail).
Wappen/Schädel: Zeichen seiner Dialektik.

Temperament	Gemüt (Saft)
sanguinisch	leicht erregbar (Blut)
cholerisch	jähzornig (Galle)
melancholisch	schwermütig (Schwarzgalle)
phlegmatisch	gleichgültig (zäher Schleim)

212 Wissenschaft & Kunst

Jan van Eyck, Bildnis des Ehepaares Arnolfini, 1434, London.

Interpretationsebene	Botschaft der Interpretationsebene
Reales Porträt	Erinnerung an die Hochzeit
Religionssymbolik	Heiratsurkunde mit vielen guten Wünschen für die Ehe
Alchemistische Symbolik	Vermählung von Feuer und Wasser und Zeugung der Elemente

Interpretationsebenen und ihre Botschaften

Kunst IV (Eyck) 213

Jan van Eycks Bildnis des Ehepaares Arnolfini gehört zu den bedeutendsten Kunstwerken der Renaissance. Kaum ein Werk wurde häufiger interpretiert. Es ragt deshalb aus den vielen Renaissanceporträts heraus, weil es sich mehrerer Bildsprachen bedient. Van Eyck arbeitete überwiegend im Auftrag der Kirche, z. B. beim Genter Altar. Er kannte die Symbolsprache sakraler Kunst sehr genau, und versuchte, mit dem Arnolfinibildnis ein Wunschbild des Kaufmanns zu entwerfen. Die Arnolfinis sind zu Lebzeiten kinderlos geblieben. Die Darstellung als Schwangere belegt also die Art des Wunschbildes. Da Hochzeiten zur damaligen Zeit auch privat geschlossen werden konnten und es später oft zu Verleugnungen kam, war ein Trauzeuge wichtig. Eyck selbst schrieb deshalb auf das Bild:

»Johannes de eyck fuit hic. 1434«
'Jan van Eyck war hier. 1434'

Van Eyck beschäftigte sich außerdem intensiv mit der Alchemie und versteckt die alchemistische »Hochzeit der Elemente« hinter dem Ereignis. Gleich einer Farberzählung kann man schließlich die damaligen Vorstellungen vom Verlauf einer Beziehung ablesen (Tabelle).

Bilder aus der Passion Christi

Trauzeugen, darunter Jan van Eyck
Mundgeblasener Konvexspiegel als Beleg für die Anwesenheit der Trauzeugen

4: Aus dem Fenster sieht man in einen Garten, Symbol für den Paradiesgarten.
5: Der Italiener Arnolfini und die in Paris groß gewordene Jeanne Cenami hatten in Brügge keine Verwandten. Deshalb war der Maler wohl gleichzeitig Trauzeuge, wie die Inschrift und das Spiegelbild belegen.
6: Eine Perlenkette symbolisiert die Frömmigkeit (Vorläufer des Rosenkranzes) und außerdem wertvollstes Bernstein, das nur nach Brügge und Lübeck geliefert wurde. Gemahlener Bernstein galt als Medizin. Alchemistisch ist es ein Symbol des Feuers.
7: Spiegel (Abb. links), Alchemistisch galt Christus als »Stein der Weisen«. Der Spiegel könnte also der »speculum sine macula« ('makellose Spiegel') sein.
8: Der Besen symbolisiert Reinheit.
9: Stuhllehne mit Plastik der Heiligen Margarete. Sie ist die Schutzheilige aller Gebärenden. Die Lehne zeigt einen Drachen.
10: zweireihige Perlenkette als Zeichen.
11: weißes Kopftuch
12: Apfel als Symbol der Unschuld vor dem Sündenfall
13, 14: Die Hände sind Symbol des Schwurgestus' (Tabelle).

Name	Bedeutung
fides manualis	Hände zusammenhalten
fides levata	Heben des Unterarms

15: blassrosa Gürtel: Scham
16: blaues Kleid: Treue, Freundschaft, Ernährung, Kindheit
17: Orangen: Fruchtbarkeit.
18: Tunika aus purpurfarbenem Samt: »Chlamys« ('Mantel') und »Crosina« ('Pelz'): vorgeschriebener Trauungsornat sowie Assoziation zum Purpurgewand Christi.
19: mit Hermelin gefüttertes, grünes Oberkleid + Schwangerschaft: Hoffnung sowie Sakrament der Ehe.
20: Holzpantoffeln: Symbol der Sandalen des Moses; Schwangerschaftssymbol.
21: Schwarze Schuhe: Würde und Redlichkeit des Kaufmanns sowie Trauer und Hoffnungslosigkeit in der Farberzählung.
22: Hund: Treue und alchemistisches Symbol der Körperlichkeit im Gegensatz zur Geistigkeit des Leuchters.

Farbe	Bedeutung
Rosa	Scham (Keuschheitsgürtel)
Rot	Liebesglut (Sofa, Bett)
Grün	Hoffnung (Schwangerenkleid)
Blau	Ruhe/Fruchtbarkeit (Ärmel)
Purpur	Erlöschen des Liebesfeuers
Schwarz	Trauer (Hut)

Abbildung

1: Der schwarze Biberhut steht für den Kaufmann und dessen Redlichkeit.
2: Der Leuchter hat zwei symbolische Bedeutungen. Einerseits fasst er die sogenannte »Brautkerze« (Ersatz für die antike »taeda«) als Symbol für den alles erblickenden Heiland. Sie wird vom Gatten der Braut überreicht und im Haus der Neuvermählten angezündet. Der Leuchter ist aber auch Teil des Symbolpaares Körper-Geist (Hund-Leuchter).
3: Das Hochzeitsbett symbolisiert die Heiligkeit der Handlung und die Liebe.

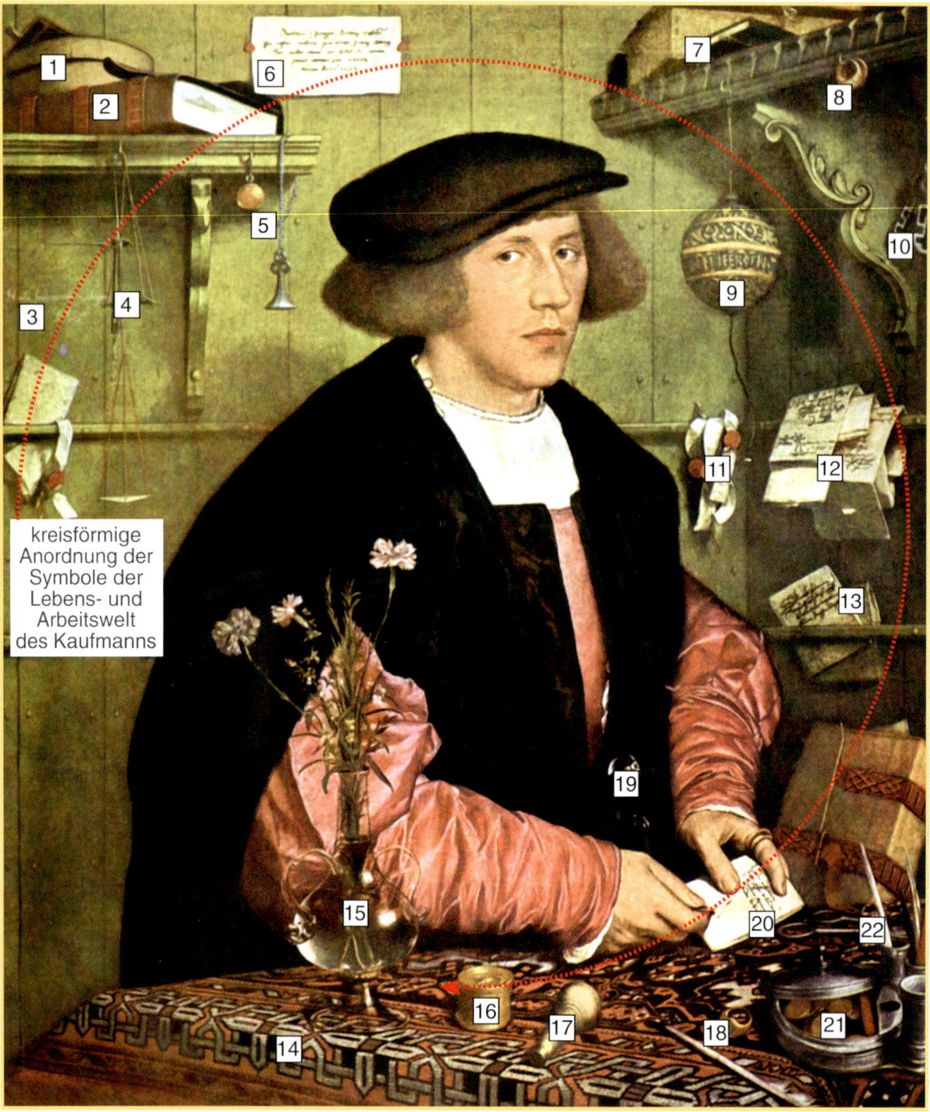

1
2
6
7
8
5
3
4
10
9
11
12
kreisförmige Anordnung der Symbole der Lebens- und Arbeitswelt des Kaufmanns
13
19
15
20
22
16
17
18
21
14

Hans Holbein der Jüngere (1497–1543), Der Kaufmann Georg Gisze, Berlin, 1532

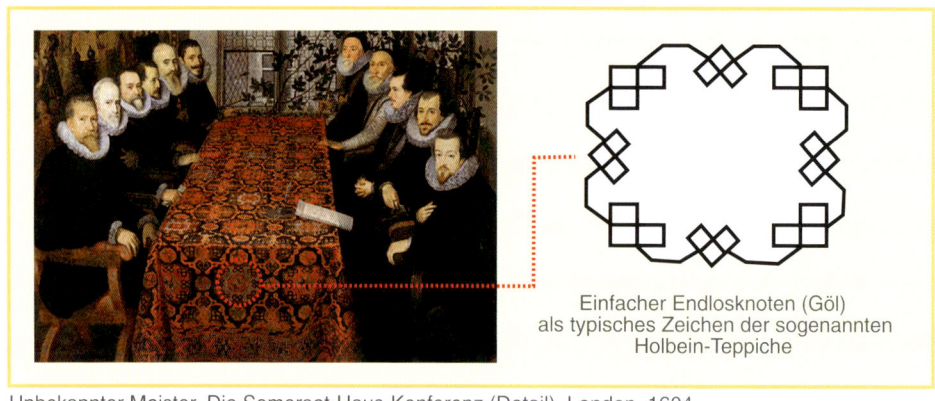

Einfacher Endlosknoten (Göl) als typisches Zeichen der sogenannten Holbein-Teppiche

Unbekannter Meister, Die Somerset-Haus-Konferenz (Detail), London, 1604

Hans Holbein d. J. - Bildnis des Kaufmanns Georg Gisze

Das Bildnis des Kaufmanns GEORG GISZE ist eines der symbolreichsten Gemälde des 16. Jh. Es zeigt einen Kaufmann, der wohl als Auftraggeber viele der Zeichen und Symbole dargestellt haben wollte. Der Brief in der Hand erklärt Person und Gegebenheiten des Bildes:

»*Dem erszamen Jorgen Gisze to lunden in engelant mynem broder, to handen.*«

'Dem ehrsamen GEORG GISZE in London in England, meinem Bruder zu Händen (persönlich).'

Vom Bruder TIEDEMANN GISZE ist ein Holzbildnis erhalten (Abb. rechts). Vieles in Holbeins Bild des Kaufmanns ist Rangzeichen oder Symbol: Die schwarze Jacke (Schaube) war nur dem vornehmen Stand vorbehalten (Rangzeichen). Auch der sogenannte »Kolbenschnitt« (Frisur) ist ein Zeichen hohen Ranges. Neben den Rangzeichen finden sich Berufsinsignien des Kaufmannsstandes: Siegelstempel (Petschaft), Handelsbücher und eine Waage. Die roten Nelken (in drei Phasen gemalt: frisch erblüht, reif und welk) sind Symbol für die bevorstehende Hochzeit des Kaufmanns mit der Danziger Bürgermeistertochter CHRISTINE KRÜGER. Der Bruder, TIEDEMANN GISZE, war der Bischof von Danzig und hielt die Hochzeit seines Bruders ab, den er in dem Brief, den der Kaufmann in den Händen hält, »*den ehrsamen Jorgen*« nennt.

Hans Schenck gen. Scheutzlich, Tiedemann Gisze, Berlin, um 1530

Abbildungen
1: Schachtel = für Wachsplättchen (?)
2: Handelsbuch (Kaufmannssymbol).
3: Devise an der Holztäfelung: »Nulla sine merore voluptas G. Gyze.« 'Keine Lust ohne Last G. Gyze' (= Vanitas-Symbol)
4: Goldwaage (Symbol der Maßfindung und Zeichen des Kaufmanns)
5: Kugel mit Kette (nicht identifiziert)
6: Etikett des Gemäldes: »Disychon i Imaine Georgii Gysenii Ista, refert vultus, qua cernis, Imago Georgi Sic oculos viuos, sic habet ille genas Anno aetatis suae xxxiiij Anno dom 1532« 'Distychon auf das Bild des Georg Gisze: Das du hier siehst, dies Bild zeigt Georgs Züge und Aussehen, so ist lebendig sein Aug', so sind die Wangen geformt in seinem 34. Lebensjahr Im Jahre des Herrn 1532'.
7: Bücher und Schatullen: Zeichen des Kaufmanns.
8: zwei goldene Siegelringe: Zeichen des Kaufmanns.
9: Zwirnrolle: Binder für Briefe.
10: Schlüssel (Zeichen der Verfügungsgewalt über ein Warenlager (?).
11: Pergamentstreifen mit Siegeln (Zeichen der Korrespondenz).
12: Wechselbriefe = Handelssymbol.
13: Briefe, die Gisze als 'ehrsam' und 'vorsichtig' kennzeichnen, was ihm wegen der wohl vielen »schwarzen Schafe« wichtig schien.
14: Sogenannter »Holbein-Teppich«. Im 16. Jh. waren turkmenische Teppiche so wertvoll, dass man sie mit anderen Stoffen überdeckte, um sie zu schützen. Sie wurden auch als Tischdecke genutzt. Holbein malte reiche Leute, die solche Teppiche als Statussymbole besaßen. Ein Göl ist ein Endlosknoten und in seiner Form ein Stammeszeichen (Göl = alttürkisch für Sippe, Familie).
15: Blumenvase (Rosmarin = Erinnerung/Freundschaft; Nelken = Liebe; Rosmarin + Nelken = Pestabwehr).
16: Dosenuhr = Statussymbol, Symbol der Vergänglichkeit (Vanitas) für 'Zeit ist Geld'.
17: Petschaft (Siegelstempel = Zeichen für Eigentumskennzeichnung durch den Kaufmann).
18: Siegelring = Zeichen für Eigentumsverfügung bzw. -kennzeichnung.
19: Dolch mit Glasknauf = Symbol für die Ebenbürtigkeit gegenüber dem ersten Stand (Adel), dem allein das Waffentragen erlaubt war.
20: Brief in der Hand des Kaufmanns: Beleg der Ehrsamkeit durch den Bruder (siehe Transkription und Übersetzung links).
21: Dose mit Wachsplättchen zum Siegeln von Schriften (z. B. Briefe und Wechsel).
22: Schreibzeug = Statussymbol und Zeichen der Schreibtätigkeit des Kaufmanns.
23: Handelsbuch als Zeichen der Kaufleute.

216 Wissenschaft & Kunst

Farberzählung: vom Gelb über Rot zum Blau

Philipp Otto Runge (1777–1810), Der kleine Morgen, 1809, Hamburg

Strahlen bewirken das Werden
allmähliche Individualisierung

Philipp Otto Runge, Die Cherubsglorie, 1808, Hamburg

Philipp Otto Runge: Der Morgen

RUNGES Morgen gehört zum Zyklus »Vier Zeiten«. Die vier Zeiten sind Symbole von Existenz-Zuständen, die durch drei Farben gekennzeichnet wurden (Tabelle).

Zeit	Symbol für	Farben
Morgen	Werden	Rot (Morgensonne)
Abend	Vergehen	Rot (Abendsonne)
Tag	Existenz	Blau
Nacht	Präexistenz	Gelb

RUNGE hat den Morgen so beschrieben:

»*Der Morgen ist die gränzenlose Erleuchtung des Universums*«

Das Bild ist zweigeteilt: ein sichtbares Mittelbild verhüllt (einen Rahmen überstehend lassend) ein unsichtbares Bild, das das Licht Gottes symbolisiert. Der Rahmen zeigt den Aufstieg der Seelen vom irdischen zum himmlischen Licht.

Kunstwerk als Symbol

Die Grundlage der Kunst RUNGES bildete ein universaler Symbolismus. Seine feste Überzeugung war, dass das Unendliche vor allem in der Malerei liege. Seine Farbtheorie und das Morgenbild sind die Quintessenz seiner Anschauungen. Er nutzt die Geometrie als symbolische Form (Tabelle).

Form	im Bild zu finden
Viereck	beide Bildrahmen
Dreieck	Aurora + 2 Engel neben Baby
Kreis	verdeckte Sonne unten

Die Komposition verrät die Scherenschnitttradition, aus der RUNGE kommt. Die Vorliebe für Symmetrie zeigte er bereits bei den Kartenspielen, die er entworfen hatte. Das gemalte Bild ist ein Staffeleibild, versucht jedoch, diese Kategorie zu überwinden und zur symbolischen Sakrallandschaft zu werden. RUNGE selbst schwebte dafür ein Zentralbau als Kapelle bei den Friedhöfen vor dem Hamburger Dammtor vor, wie HANNA HOHL nachweisen konnte. Die Rahmenkomposition und die Zwickelbilder erinnern an gotische Architektur und ihre farbigen Fenster.

zerschnittene Teile

neutraler Hintergrund

»Der große Morgen« blieb zu Lebzeiten Runges unvollenet. 1890 wurde das Bild von einem Nachfahren zerschnitten und 1927 wieder zusammengesetzt. Die Fehlstellen wurden neutral hinterlegt.

Abbildungen

1, 3: Geflügelte Genien entspringen einer weißen Lilie als Symbol der Lichtwerdung.
2: Die Cherubsglorie ist in das Licht Gottes getaucht, das sich unsichtbar im Zentrum des Rahmenbildes befindet.
4: Der Morgenstern ist zugleich Venusstern und Stern von Bethlehem.
5: Die das Licht symbolisierende weiße Lilie steigt vom dunklen Erdenball zum Morgenstern hinauf und sendet Rosen zurück.
6: Die musizierenden Engel symbolisieren die Sphärenmusik, die die Lichtwerdung begleitet.
7: Das Kind in der Wurzel (Symbol für die Erdentiefe) steht für das Erschaffen der Menschen aus der Erde. Die Blume ist eine Amaryllis formosissima, Symbol für Rot.
8: Aurora bzw. Venus verkörpert die Frau, die Licht und Leben gibt.
9: Rosenstreuende Kinder.
10: Die Blumen belegen Runges natursymbolische Auffassung, nach der »allen Blumen und Bäumen … Geist und Begriff oder Empfindung« innewohne.
11: Zwei rosenstreuende Kinder begrüßen das neue Leben.
12: Epiphanie als ein in einer imaginativen Landschaft liegendes Baby.
13: Geburt der Seele aus dem Urfeuer der Ewigkeit (verdeckt durch die symbolische Erdscheibe).
14: Eine Erdscheibe verdeckt Urfeuer.
15: Geburt der Seele aus dem Urfeuer der Ewigkeit (verdeckt durch die symbolische Erdscheibe)

Farberzählung

RUNGE selbst berichtet über Farben im Bild:

»*Es liegt ihnen das ganze Symbol der Dreieinigkeit zum Grunde: Licht [weiß] und Finsternis [schwarz] sind keine Farben, das Licht ist das Gute, und die Finsternis ist das Böse…; das Licht können wir nicht begreifen, und die Finsternis sollen wir nicht begreifen, da ist den Menschen die Offenbarung gegeben und die Farben sind in die Welt gekommen…: blau und roth und gelb.*«

218 Wissenschaft & Kunst

Wolkenbilder und ihre Symbole der World Meteorogical Organization (WMO)

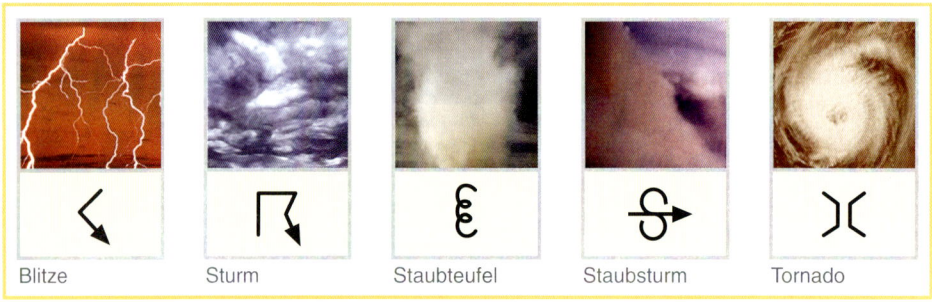

Gewitter- und Sturmbilder und ihre WMO-Symbole

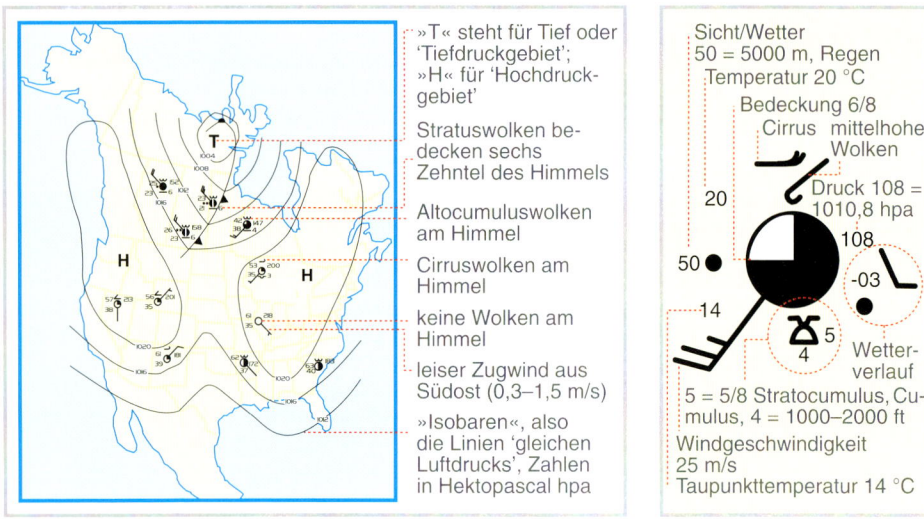

Vereinfachtes Beispiel einer Wetterkarte der USA

Stationskreis

Meteorologie

Einführung und Geschichte

Das Wetter gehört zu jenen Faktoren, die das menschliche Leben am meisten beeinflussen. Selbst in modernen, technologiegetriebenen Gesellschaften spielt die Wettervorhersage mittels Zeichen und Symbolen eine bedeutende Rolle, z. B. für die Landwirtschaft oder in der Luftfahrt. In fast allen alten Kulturen gab es Wettergötter, z. B. Thor in Nordeuropa (Tabelle).

Wettergott	Region
Indra	Indien
Marduk	Babylonien
Re	Ägypten
Thor	Europa

Generell sah man in den Himmelsphänomenen Zeichen der Götter, die es mit Hilfe von Priestern zu deuten und zu beschwichtigen galt. Man versuchte, die Zusammenhänge in der Natur für Vorhersagen zu nutzen. Zu den berühmtesten Wettervorhersagern gehören JOSEPH und NOAH aus der Bibel. ASSURBANIPAL (668–626 v. Chr.) prägte eine der frühesten Wetterregeln:

»*Umkreist ein dunkler
Schatten den Mond,
bringt der Monat Regen
oder Wolkenhaufen.*«

Bekannt sind auch die Regenvögel bei den Hopi, deren Erscheinen Regen ankündigte (Abb. unten).

Regenvogel als Zeichen

kommenden Regens

Windmuster nach Ptolemaios

In der Antike war es PTOLEMAIOS (um 100–160), der sich mit dem Wetter auseinander setzte (Abb. Mitte). Das Zeichensystem wurde von H. BRANDES (1777–1834) zwischen 1816 und 1820 entwickelt. Er wertete dafür Beobachtungen der Mannheimer Meteorologischen Gesellschaft aus. M. F. MAURY (1806–73) entwarf Wetterkarten für die Schifffahrt. 1853 wurde die International Meteorological Organization gegründet, die seit 1950 World Meteorological Organization heißt (WMO, Abb.).

Signet der WMO

Abbildungen

Altocumulus besteht oft aus Tausenden kleiner Wolken und ist ein Zeichen eines sich nähernden Frontalsystems unterschiedlicher Luftmassen.
Altocumulus castellanus deutet auf ein Gewitter später am Tag.
Altostratus ist ein Zeichen großer Feuchtigkeit in mittleren Atmosphäre-Schichten und kann weitflächigen Regen verursachen.
Cirrocumulus finden sich in großen Höhen und haben kaum Wettereinfluss.
Cirrostratus zeigt mglw. eine anrückende Kaltfront an.
Cirrus besteht aus Millionen von Eiskristallen und ist oft ein Zeichen eines vergangenen Gewitters.
Cumulonimbus Calvus zeigen heftige Schauer und starke Winde an.
Cumulunimbus Incus sind Boten von Regen oder Hagel sowie Zeichen für starke Winde.
Cumulus Congestus zeigt heftige Schauer oder langen Regen- bzw. Schneefall an.
Stratocumulus ist normalerweise kein Zeichen für Wetterwechsel.
Blitze stehen für ein Gewitter. Ihr Nahen kann im Alltag aus der Differenz von Licht- und Schallgeschwindigkeit bestimmt werden (langsames Zählen ab Blitz 1, 2 … bis der Donner kommt = grobe km-Zahl).
Sturm ist Zeichen von nahendem Gewitter.
Staubteufel sind bis 300 m hohe Windsäulen, die wie kleine Tornados wirken.
Staubsturm erscheint oft nach Trockenheit und dem Auftreten einer Kaltfront.
Tornado ist ein gewaltiger Wirbelsturm mit bis zu 483 km/h Geschwindigkeit.
Wetterkarten vereinfachen mit ihren Zeichen und Symbolen Sachverhalte, die sich von den Betroffenen leichter entziffern lassen als fotorealistische Bilder. Ihre Bedeutungen finden sich auf Internetseiten.
Stationskreis: Ein Stationskreis fasst die Werte einer Wetterstation graphisch zusammen. Während die Zeichen und ihr Ort ein Kürzel für den physikalischen Inhalt darstellen, zeigen die Zahlen den konkret gemessenen Zustand an.

220 Wissenschaft & Kunst

Regenwolke und Regen als Zeichen göttlicher Tränen-Kommunikation und Ursache für den Regenbogen.

Dreifarbiger Regenbogen als Symbol der Dreifaltigkeit.

Lilienkrone mit drei Blättern, die Glaube, Weisheit und Tapferkeit symbolisieren.

Der Bekrönte wird von Iris nach göttlichem Rat in die Unterwelt geführt.

Iris trägt entweder einen langen (wie im Bild) oder einen kurzen Umhang.

Iris trägt in ihrer linken Hand das größte der drei Lilienzepter als Symbol ihrer Macht.

Die drei Lilienzepter sind in den drei Farben des Regenbogens gestaltet.

Iris ist der Gegenpart zu Hermes. Sie ist ein Führer zur Unterwelt, wohin sie hier zwei Könige führt. Dort füllt sie goldene Becher mit dem Wasser des Flusses Styx. Bei diesen Bechern schwören die Götter ihre unantastbaren Eide.

Der Pfauenschwanz wird wegen seiner Farbigkeit mit dem Regenbogen assoziiert.

Iris, unbekannter Meister, spätes 15. Jh.

Rose (Rosaceae) Iris (Iridiceae) Lotus (Nymphaeaceae)

Lilie (Liliaceae) Sonnenblume (Helianthus annuns) Akelei (Aquilegia spec.)

Blumenblüten symbolischer Pflanzen

Pflanzen I (Einführung)

Einführung

Pflanzen und v. a. deren Blüten spielen eine große Rolle in der Biosemiotik. Nicht nur für Insekten werden durch die Blütenzeichen Signale ausgesendet. Sie gelten auch den Menschen seit Jahrtausenden als Zeichen und Symbole. So versinnbildlichte der Lotos vor über 3000 Jahren im alten Ägypten

>»die Blüte, die am Anfang entstand«.

Sie steht für die Ausgewogenheit zwischen dem Wasser (in das sie sich abends zurückzieht) und dem Feuer (als das sie morgens wie eine strahlende Sonne aufsteigt). In China nutzt man die Homonymie (Tabelle).

Homonym	Bedeutung
lien	Lotos
lien	verbinden
lien	lieben
lien	Bescheidenheit

Gleichnisse aus der Pflanzenwelt sind weit verbreitet. Bekannt ist z. B. die Sonnenblume als Parteisymbol (Abb. Mitte) sowie die Lilie als Rechtssymbol (Abb. unten).

Sonnenblumenblüte

Logo der Grünen

Von der Blüte zum Parteisymbol

Gebrochene Lilie = gebrochener Frieden, Sachsenspiegel, 13. Jh.

Abbildungen

Iris: Die Iris wird oft mit der Lilie verwechselt und trägt häufig ein Lilienzepter. Das Bild zeigt die mittelalterliche Sicht des Irissymbols unter dem Regenbogen. Entsprechend der Kultur, schwankt die Farbzahl (Tabelle).

Kultur	Regenbogenfarben
China	fünf
Islam	vier
Christentum	drei

Die drei christlichen Farben stehen für die Dreifaltigkeit (Trinität) von Vater, Sohn und heiligem Geist sowie für die Dreiheit von Glaube, Weisheit und Heldenmut. Auf dem Bild ist die griechische Mythologie vom Schöpfen des Styxwassers mit Bechern verbunden mit dem mittelalterlichen Irissymbol als Botschafterin des Himmels. Der Pfau galt als Symboltier für das Paradies und sein Federfächer steht für den Sternenhimmel.

Rose: Die Rose besitzt unter allen Blumen die vielfältigste Symbolik, die oft mit Liebe und Anmut zu tun hat. Ein Sprichwort lautet:

>»Was wir kosen,
>bleibt unter Rosen.«

Die Rose ist Attribut vieler Liebesgöttinnen. C. G. JUNG sieht in ihr ein Symbol für die Ganzheit, ein Mandala der Weltordnung. Im Mittelalter ist sie Rechtssymbol für das Gerichtsurteil.

Iris: bedeutet Regenbogen. Griechische Männer pflanzten sie oft auf den Gräbern ihrer Geliebten, um die Göttin zu bitten, die Seele der Verstorbenen zu den Elysischen Feldern zu bringen.

Lotos: C. TUN-J (1017–73) schrieb im alten China darüber:

>»Sie taucht empor aus dem trüben,
>schmutzigen Grund, aber sie ist nicht
>befleckt, sie entfaltet sich nobel über dem
>Wasser. Der zarte Duft durchzieht die
>Luft nah und fern. Es ruht in der Pflanze
>eine absolute Klarheit, die eine gewisse
>Distanz erfordert.«

Lilie: Unschuld, Keuschheit, Hoffnung und Reinheit sowie Attribut vieler Muttergöttinnen seit prähistorischer Zeit. Oft verwechselt mit der Iris wurde sie Königs-, Rechts- und französisches Nationalsymbol (Tabelle).

Bezeichnung	Deutung
fleur-de-Louis	Blume von Louis (1147)
fleur-de-luce	Blume des Lichts
fleur-de-lys	Blume von Lily (bis heute)

Sonnenblume: Im 20. Jh. eines der Symbole der Friedensbewegung, später Parteisymbol der Grünen (Abb. Mitte).

Akelei: Abgeleitet von MelAnCHOLIE symbolisiert sie Demut, Anbetung und Sexualkraft.

Pflanzen II (Bäume & Sträucher)

Geschichte

Vertikale Symmetrieachsen spielen die wichtigste Rolle im Wahrnehmungs- und Unterscheidungsverhalten des Menschen gegenüber der Umwelt. Noch heute sind es vor allem hohe Gebäude, die in der Landschaft auffallende Zeichen bilden. So ist eine Kirche eher durch ihre Höhe als durch ihre Fläche erkennbar. Ursache für dieses Verhalten ist das evolutionäre Umfeld der Baumlandschaft während der Menschwerdung. Bäume besitzen eine Verwurzelung in der Erde und ragen sozusagen bis zum Himmel. Diese Wahrnehmung begünstigte eine Symbol-Bildung als »axis mundi« für 'Weltachse' oder als »arbor vitae« für 'Lebensbaum. Die Lebensbaumsymbolik gibt es in fast allen Kulturen (Tabelle).

Kultur	Baum/Bäume
Ägypter	Platane
Babylonier	Palme/Olive
Buddhisten	Pfirsichbaum
Chinesen	Pfirsich/Pflaume
	Maulbeerbaum
Germanen	Fichte/Linde
Nordeuropäer	Esche
Perser	Mandelbaum
Schamanen	Birke

Die Weltesche Yggdrasil

Yggdrasil ist ein Beispiel für die Weltdeutung mittels eines Baumes (Abb. Mitte). Die Wurzeln reichen bis in die Unterwelt, wo die Quelle verborgener Weisheit sprudelt. An den Wurzeln nagt eine Schlange als Verschlingerin der Weisheit. In der Krone sitzt ein Adler. Ein Eichhörnchen vermittelt die Botschaften zwischen den beiden Welten. »Ygg« bedeutet 'Odin' und »-drasil« wahrscheinlich 'Pferd des ...'. Das Reiten Odins auf dem Baum ist Symbol für sein kultisches Selbstopfer, das ihm das Verständnis der Runen und die Fähigkeit zu dichten einbrachte. Yggdrasil ist so ein Symbol der Mühen der Erkenntnisgewinnung der Weltzusammenhänge und für »Wissen ist Macht«.

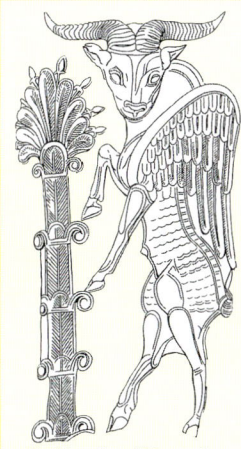

Geflügeltes Hörnertier am Lebensbaum, Iran

Yggdrasil-Baum, Interpretation von 1847

Weihnachtsbaum als Licht-Symbol, Stuttgart, 19. Jh.

Baum-Symbole in verschiedenen Kulturen

Abbildungen

Bambus: Bambus ist eine der bedeutendsten Symbolpflanzen Chinas. Er symbolisiert Bescheidenheit und Alter. Mit anderen Symbolträgern ergeben sich weitere Bedeutungen (Tabelle).

Kombination	Bedeutung
Bambus + Pflaume	Mann + Frau
Bambus + Kiefer + Pflaume	'Drei Freunde im Winter'
Bambus + Sperling	Freundschaft
Bambus + Kranich	langes Leben

Bärenklau (Akanthus): Der Legende nach hatte eine Amme ihrem toten Schützling einen Korb mit seinen Lieblingsdingen beigegeben und, um sie vor Diebstahl zu schützen, einen Ziegelstein darauf gelegt. Monate später kam der Architekt Kallimachos vorbei und sah, dass eine Akanthusstaude den Stein emporgehoben hatte. Die Idee des tragenden Akanthus setzte er in das korinthische Kapitell um.

Efeu: Symbol von Treue und Unsterblichkeit. Auf Efeu legten die ersten Christen ihre Toten.

Eiche: Symbol für Sieg, Kraft, Heldentum. Die Nazis gebrauchten es als Staatsflora.

Geißblatt: ab dem Mittelalter bekanntes Symbol der sich verstärkenden Liebe. Wird auch »Je-länger-je-lieber« genannt.

Gingko symbolisiert Hoffnung und langes Leben.

Lorbeer: Als Siegeskranz symbolisiert er eine vollbrachte Leistung. Außerdem steht er häufig für den Frieden.

Myrthe steht für Ehe, Fruchtbarkeit und Jungfräulichkeit.

Olive: Symbol für Sesshaftigkeit, Versöhnung, Frieden und Rechtschaffenheit

Palme: Gottesbaum, Lebensbaum und Symbol der Auferstehung (Palmsonntag)

Weizen: Symbol für Geburt und Tod

Abb. Mitte: Lebensbaumsymbolik in verschiedenen Kulturen.

Pflanzen III (Früchte)

Geschichte

Früchte entwickelten sich im Laufe der Evolution. Im Wettbewerb um den Fortpflanzungserfolg bildeten Pflanzen Signalfarben und -formen sowie Fruchtfleisch heraus. In der Beobachtung dieser Naturphänomene wurden Früchte zu Symbolen für menschliche Gleichnisse, z. B. der Apfel als Symbol des Sündenfalls oder als Symbol für die Welt in Form des Reichsapfels. Entsprechend dem kulturellen Hintergrund unterscheiden sich diese symbolischen Zuweisungen z. B. für den Apfel (Tabelle).

Kultur	Apfel steht für
China	Frieden
Christentum	Versuchung
Griechenland	Liebe
Kelten	Fruchtbarkeit

Abbildungen

Apfel: Der Apfel besitzt zahlreiche symbolische Bedeutungen, die sogar gegensätzlich sein können (Tabelle).

Apfel	Bedeutung
Granatapfel	Vielfalt
Reichsapfel	Einheit

Die lateinische Wortgleichheit von »malum« für 'das Übel' und »malum« für 'der Apfel' findet sich in einem Sprichwort:
> »Malum ex malo«
> 'Alles Unheil kommt vom Apfel'

Dies führte wohl zur Todes- und Versuchungssymbolik im Christentum und den Volksmärchen. So wurde seit dem späten Mittelalter der Baum der Erkenntnis als Apfelbaum dargestellt und Schneewittchen starb an einem vergifteten Apfelstück. Der Adamsapfel symbolisiert den Apfel, den die Schlange Adam »im Schlangenmaul tragend« angeboten haben soll.

Walderdbeere: Mit ihrem hängenden Kopf ist sie Symbol für Demut und Bescheidenheit. Englische Kronen verwenden die Anzahl der Erdbeerblätter als Rangzeichen (Tabelle).

4 Blätter = Marquis	8 Blätter = Herzog

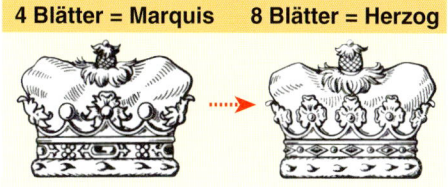

Zitrone am Strauch

Zitronenkanne als Buddhas Hand, 18. Jh., London

Von der Zitrone zum Symbol

Echte Feige: Die Feige steht für Lebenskraft, Fruchtbarkeit, Sexualität. Plutarch schreibt:
> »Das Feigenblatt wird als Zeichen für Trinken und Bewegung gedeutet und soll dem männlichen Geschlechtsorgan ähneln.«

Im buddhistischen Kulturkreis ist die Pipalfeige Symbol der Erleuchtung und heißt deshalb lateinisch »pipal religiosa«.

Granatapfel: Das Wort leitet sich von »granatum« für 'mit Kernen versehen' ab. Der Granatapfel ist eine der ältesten Symbolfrüchte. Er symbolisiert Fruchtbarkeit, Liebe und Leidenschaft. In China wurden Granatäpfel auf Porzellantellern als Symbole für Ehre und Familienglück aufgetragen. Die Europäer verstanden die Symbolsprache nicht und machten daraus eine Zwiebel (Tabelle).

Granatapfel	Zwiebel

Kirsche: Der Name der Kirsche stammt vom kleinasiatischen Ort Kerasos ab, wo der römische Feldherr Lucullus 74. v. Chr. unter anderem Kirschbäume als Tribute mitnahm. Sie symbolisiert heitere Erotik. Aber auch Betrug wurde mit Kirschen assoziiert:
> »Mit dem ist nicht gut Kirschen essen!«

Japan verehrt die Kirsche als heiligen Baum.

Weintraube: Im griechisch-römischen Kulturkreis vereinigt der Wein die Menschen mit dem Gott der Ekstase (Abb. unten). Im Christentum ist der Weinstock mit Christus verbunden: Seine Jünger sind die Reben.

V. Cartari, Trunkener Silen auf einem Esel, 1675

Zitrone: Symbol für Buddhas Hand; im Westen: Trauer und Lebensherbheit.

Wissenschaft & Kunst

Ausgeschriebene Form	Russel	Hilbert/Bernays	Kleene	Hermes	Łukasiewicz
Negation von α	$\sim \alpha$	$\overline{\alpha}$	$\neg \alpha$	$\neg \alpha$	$N\alpha$
Konjunktion von α und β	$\alpha . \beta$	$\alpha \& \beta$	$\alpha \& \beta$	$\alpha \wedge \beta$	$K\alpha\beta$
Adjunktion von α und β	$\alpha \vee \beta$	$\alpha \vee \beta$	$\alpha \vee \beta$	$\alpha \vee \beta$	$A\alpha\beta$
Subjunktion von α und β	$\alpha \supset \beta$	$\alpha \rightarrow \beta$	$\alpha \supset \beta$	$\alpha \rightarrow \beta$	$C\alpha\beta$
Bi-Subjunktion von α und β	$\alpha \equiv \beta$	$\alpha \sim \beta$	$\alpha \sim \beta$	$\alpha \leftrightarrow \beta$	$E\alpha\beta$
All-Quantifikation von β in Bezug auf α	$(\alpha)\beta$	$(\alpha)\beta$	$\forall\alpha\beta$	$\wedge\alpha\beta$	$\Pi\alpha\beta$
Es-gibt-Quantifikation von β in Bezug auf α	$(\exists\alpha)\beta$	$(E\alpha)\beta$	$\exists\alpha\beta$	$\vee\alpha\beta$	$\Sigma\alpha\beta$

Die wichtigsten philosophischen Symbolsysteme und ihre Autoren

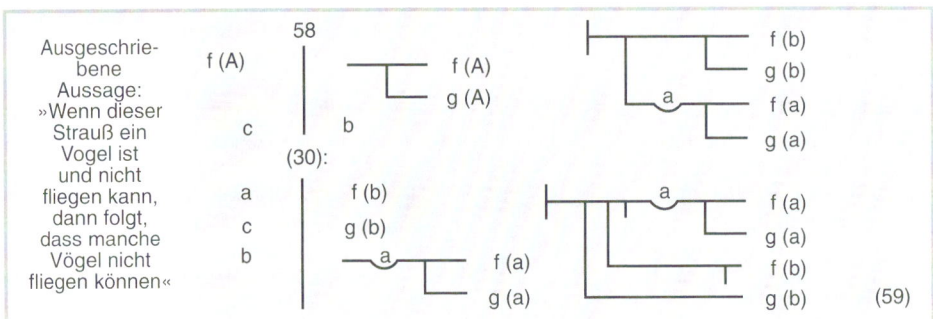

Ausgeschriebene Aussage: »Wenn dieser Strauß ein Vogel ist und nicht fliegen kann, dann folgt, dass manche Vögel nicht fliegen können«

Gottlob Frege (1848 – 1925), Auszug aus dem Buch »Begriffsschrift«, 1879

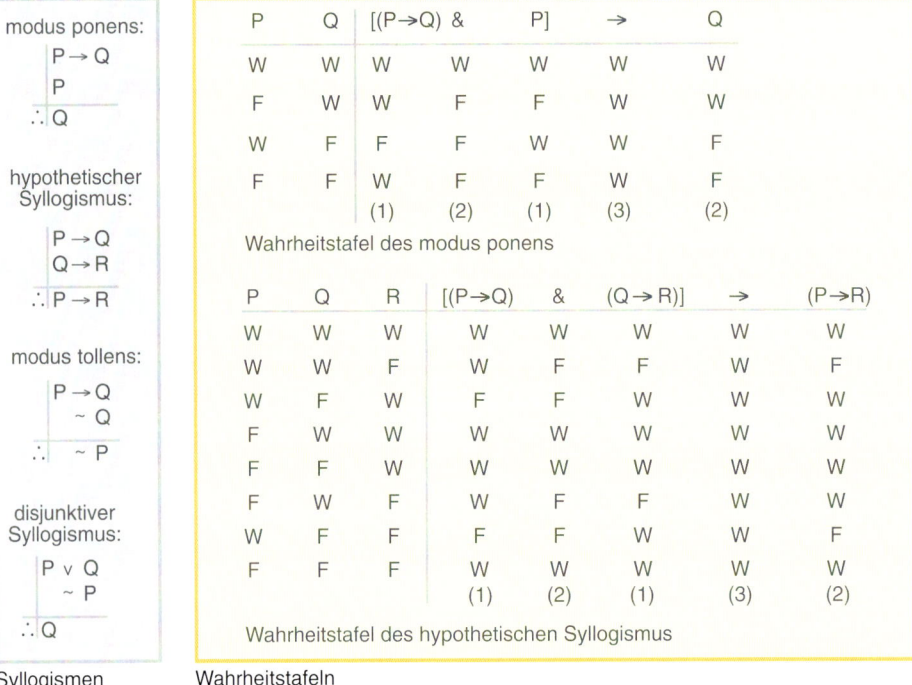

Syllogismen   Wahrheitstafeln

Philosophische Symbole

Symbole werden in der Philosophie vor allem in der formalen Logik verwendet und als Kürzel genutzt. Die logischen Bedingungen hängen bei diesen Sätzen nicht vom Inhalt des Denkens ab, sondern lediglich von der Form, z. B. »wenn es regnet, regnet es« ist richtig, aber nicht wegen des Inhalts, sondern wegen der Form: »wenn A, dann A«. Mit seiner »Syllogistik« ('Schlusslehre') war ARISTOTELES (384 – 322 v. Chr.) der erste, der die allgemeinen Formen des Denkens systematisierte, z. B. mit dem Dreisatz:

»Wenn gilt: Alle Lebewesen sind sterblich und alle Menschen sind Lebewesen, dann folgt: alle Menschen sind sterblich.«

ARISTOTELES reduzierte Inhalte auf Buchstaben, womit die Formalisierung der Logik begann. Andersförmige Symbole wurden erst im 19. Jh. entwickelt. Maßgebliche Vertreter: G. BOOLE, G. FREGE, D. HILBERT und B. RUSSEL.

Formale Logik

Formale Logik hat eine mathematische und eine philosophische Seite (Abb.). Philosophisch ist sie, da sie die Möglichkeit von wahrer Erkenntnis beleuchtet; mathematisch, da sie Regeln für das korrekt schließende Denken liefert. Die Grundidee geht auf G. W. LEIBNIZ (1646–1716) zurück. Er forderte eine Universalmathematik (»mathesis universalis«), die alle Wissenschaften zu einer Einheit verbinden müsse. Diese sollte auf einer Symbolsprache (»lingua characteristica«) aufgebaut sein. Er meinte, dass man mittels eines Rechensystems (»calculus ratiocinator«) alle logischen Denkfehler einer Argumentation als Rechenfehler entlarven könne. Diese Mathematisierung des Denkens stellt eine Utopie dar, da sie eine Abstraktion des menschlichen Denkens darstellt und das lebendige Denken nur partiell, also nicht wirklich ersetzen kann, wie der Gegensatz berechnend/gefühlsbetont zeigt.

Symbolsysteme der Gegenwartsphilosophie

Die meisten Symbolsysteme gehen von Verbindungen aus (Tabelle).

Begriff	Bedeutung
Adjunktion	oder-Verbindung
Konjunktion	und-Verbindung
Negation	Verneinung
Quantifikation	unbegrenzt viele Aussagen
Subjunktion	wenn-dann-Verbindung

Es gibt jedoch kein allgemein anerkanntes Symbolsystem, sondern nur Vorschläge unterschiedlicher Autoren (Abb.).

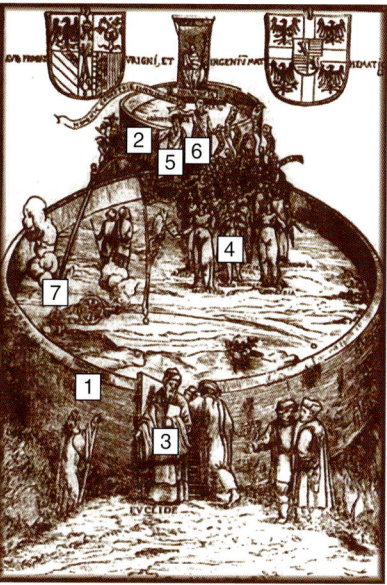

Mathematik und Philosophie, Venedig, 1547

Abbildungen

Symbolsysteme: Von diesen populären Systemen hat sich keines allgemein durchgesetzt.

Begriffsschrift: 1879 publizierte Frege eine Symbolschrift, die es ermöglichte, eine Argumentation zu überprüfen und jede Vermutung zu erkennen. Die Theorie wurde zunächst begeistert aufgenommen, 1902 jedoch von B. Russel widerlegt. Außerdem ließ sie sich drucktechnisch nur schlecht darstellen.

Syllogismen sind Schlüsse, die sich mittels zwei Vordersätzen und einem Schlusssatz mittels Symbolen zu einer Logik verdichten lassen (Tabelle, S. = Syllogismus).

Begriff	Bedeutung
modus ponens	bejahender Modus
hypothetischer S.	eine Hypothese möglich
modus tollens	verneinender Modus
disjunktiver S.	alle sind P oder Q

Wahrheitstafeln sind logische Matrizen, bei denen einzelne Wahrheitszeichen oder -symbole zu n-stelligen, klassischen Wahrheitsfunktionen zusammengestellt werden können, die die Entscheidung erlauben, ob es sich um eine Tautologie handelt oder nicht.

Mathematik und Philosophie (Abb. Mitte): 1: Mathematik-Kreis; 2: Philosophiekreis; 3: Euklid; 4: Tartaglia; 5: Aristoteles; 6: Platon; 7: geometrische Berechnung der Schussbahn einer Kanonenkugel als Praxisbezug illustriert.

228 Wissenschaft & Kunst

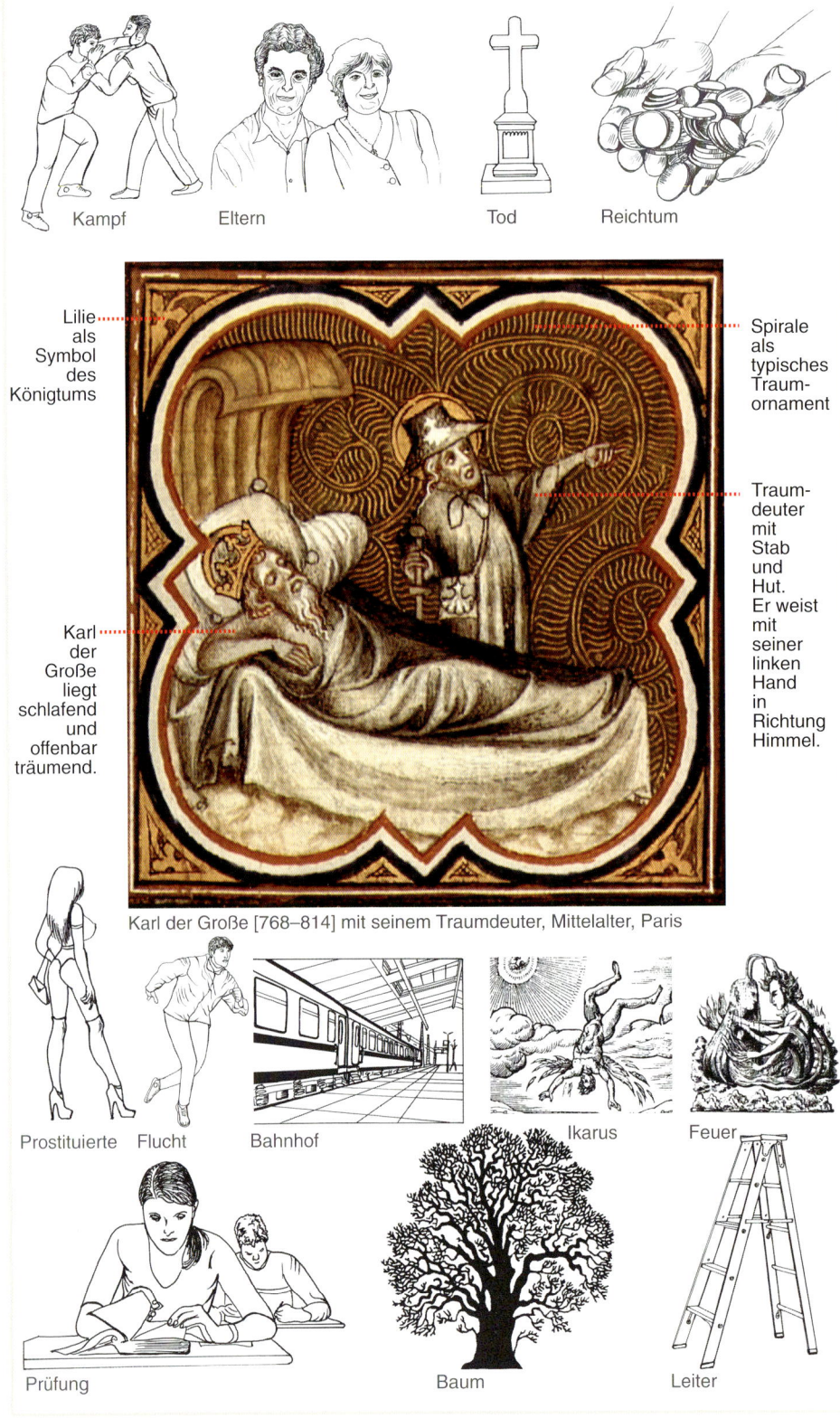

Kampf — Eltern — Tod — Reichtum

Lilie als Symbol des Königtums

Spirale als typisches Traumornament

Karl der Große liegt schlafend und offenbar träumend.

Traumdeuter mit Stab und Hut. Er weist mit seiner linken Hand in Richtung Himmel.

Karl der Große [768–814] mit seinem Traumdeuter, Mittelalter, Paris

Prostituierte — Flucht — Bahnhof — Ikarus — Feuer

Prüfung — Baum — Leiter

Psychologie I (S. Freud)

Herkunft des Wortes
Das Wort Traum leitet sich vom germanischen Wort »draugma« für 'Trugbild' ab und ist bereits um 1000 n. Chr. als »troumen« nachweisbar. Weitere Ableitungen entwickelten sich später (Tabelle).

Ableitung	Zeit
träumend	17. Jh.
träumerisch	18. Jh.

Biologische Traumerklärung
Während des Schlafens gibt es kaum Sinnesreize aus der Umgebung. Dafür wird das bewusstseinssteuernde Gehirn durch Impulse aus dem Hirnstamm gereizt. Es übt weiter seine Funktion in Form der Sinnbilderstellung und Geschichtenerfindung aus. Beide sind Evolutionsvorteile: Wer die Zeichen der Umgebung richtig deutete, überlebte, wer nicht, starb.

Geschichte der Traumdeutung
Die Deutung der Träume als Symbole besitzt eine lange Geschichte. So sind die Höhlenmalereien, z. B. in Lascaux (um 15 000 v. Chr.) wohl künstlerische Darstellungen von Trance- und Traumbildern. Im alten Orient glaubte man, dass erst durch das Träumen Zusammenhänge erkennbar werden, die am Tage nicht sichtbar sind. In Ägypten bediente man sich bereits allgemeiner Traumbedeutungen (Tabelle).

Der Alptraum des Königs Sohak, Iran, 11. Jh. Das Motiv stammt aus dem Buch »Schah-Name« von Fridausi (940–1020). 1: Sohak; 2, 3: Schlangen; 4: ungeborener Faridun. Sohak träumte, dass Faridun ihm mit einer Keule auf den Kopf schlage. Die Schlangen waren die Folge von Schulterküssen des bösen Ahriman.

Traum	Bedeutung
Holz sägen	Tod von Feinden
Zähne fallen aus	Tod eines Verwandten
Traum vom Gesäß	Tod eines Elternteils

Seit dem 19. Jh. ist die Traumdeutung eng mit dem Psychoanalytiker SIGMUND FREUD (1895–1939) verbunden. Freud selbst schrieb darüber 1916, dass
> »das Gebiet der Symbolik ein ungemein großes« und »Traumsymbolik nur ein kleiner Teil davon« sei.

FREUD sieht im Traum Impulse des »Es« und verdrängter Gedächtnisinhalte. Damit der Schlaf nicht gestört wird, wandelt der Traumzensor alles in Symbole um. Diese müssten mit der freien Assoziationsmethode erst wieder entschlüsselt werden.

Abbildungen (allgemeine Deutungen)
Kampf: Angst vor dem Unterliegen; Verlustangst gegenüber Personen oder Sachen; Nachbereiten von Kämpfen oder Konflikten.
Eltern: nicht vollständig aufgearbeitete Probleme mit den Eltern; Unbehagen gegenüber starkem Elterneinfluss; von toten Eltern träumen = Glückssymbol.
Tod: Ende eines Abschnitts, eines Gefühls oder eines Glaubens; Ankündigung eines Wandels.
Reichtum: Anzeichen für das Erreichen eines Ziels.
Karl der Große: mittelalterliche Miniatur einer Traumdeutung für einen König. Sie verdeutlicht den hohen Status der Traumdeutung.
Prostituierte: Männertraum als Sehnsucht nach Sex ohne Folgen und Bindungen; Frauentraum = geringe Selbstachtung; Angst vor Verachtung.
Flucht: mangelnde Konfliktfähigkeit; aus dem Wege gehen vor Problemen; sich einer neuen Situation nicht gewachsen fühlen in Leben oder Beruf.
Bahnhof: Aufbruch zu einem neuen Ziel; auch: verpasste Chancen.
Ikarus: Ergänzung zum Vogelsymbol, das den Drang nach Überblick darstellt; Warnung vor Abgehobenheit und Arroganz. Ikarus flog zu nahe an die Sonne heran, weshalb seine Flügel schmolzen und er abstürzte.
Feuer: Feuer und Wasser als Symbole seelischer Energie. In der abgebildeten historischen Darstellung sitzen sich Feuer und Wasser als Personifizierungen gegenüber.
Prüfung: Symbol für den Lebenskampf oder die Zukunftsangst; Bestehen der Prüfung im Traum = Ehrgeiz und Strebsamkeit; Durchfallen = Mangel an Selbstbewusstsein.
Baum: blühend = Stärke und Glück, dürr = Schwäche und Pech; Früchte tragender Baum = Glück und Wohlstand.
Leiter: Übergang im Berufsleben im Sinne einer »Karriereleiter«; zerbrochene Sprossen = Schwierigkeiten im Beruf; fallende Leiter = Vorsicht bei der nächsten Aktivität; Leiter an ein Fenster gelehnt = Vorsicht vor Diebstahl; Aufstellen einer Leiter durch den Träumer = Durchhaltevermögen und Nervenstärke; Anlehnen einer Leiter an ein Haus = Stelldichein mit einer Geliebten steht bevor.

230 Wissenschaft & Kunst

Göttin, Irak
Göttin, Irak
Frau, Iran
Gebärende, Türkei
Frau, Indien
Mutter, Amerika
Schwangere, Israel

Magna Mater: der Große-Mutter-Archetyp in verschiedenen Kulturen

Selbst (Spiegel)
Gauner (Bart Simpson) Schatten
Weiser Alter (Albus Dumbledore)
Übermensch (Superman)

Archetyp-Beispiele

Psychologie II (C. G. Jung)

Einführung
Der Schweizer Psychologe C. G. JUNG (1875–1961) entwickelte die Theorie vom kollektiven Unterbewusstsein und den Archetypen. Diese sind in ihrer Wirkung als symbolische Bilder erfahrbar.

Archetypen
Das Wort Archetyp leitet sich vom griechischen Wort »αρχη« für 'der Erste sein, anführen' ab. Im Zusammenhang mit der Psychologie sind dies prähistorisch geprägte Verhaltensbilder der Menschen wie z. B. das Bild von der großen Mutter (Abb. Magna Mater). Die Archetypen-Symbole sind wie kollektive Orientierungsbilder. So haben heute noch viele Menschen Angst vor Schlangen, obwohl sie nur selten mit diesen Tieren in Kontakt kommen. In der prähistorischen Zeit wurden jedoch etwa 10 % der Jäger durch Schlangenbisse getötet. Sie verkörperten also eine den in der Höhle auf die mutigen Jäger Wartenden eine unheimliche, bedrohliche Macht. Man nimmt an, dass das Ur-Symbol der Spirale sich davon ableitet. Es kommt in nahezu allen Kulturen vor, ohne dass ein kausaler Zusammenhang erkennbar wäre (Abb. Die weltweite Verbreitung des Spiralmotivs).
C. G. JUNG unterschied vier Hauptformen der Archetypen (Tabelle).

Archetyp	Erklärung
Selbst	eigene positive Seite
Schatten	eigene dunkle Seite
Anima	männlicher Frauentraum
Animus	weiblicher Männertraum

Daneben gibt es eine Reihe von Typen, die sich in nahezu jeder Gesellschaft finden lassen. Sie bilden ein soziologisches Rollenorchester, in dem sich die Menschen als staatenbildende Wesen orientieren und integrieren können. Die Archetypen sind Urbild-Symbole, die im Unterbewusstsein wirken. Ihre Anzahl und Differenzierung sind umstritten (Tabelle).

Symbol	Beispiele
Gauner/Rüpel	Bart Simpson
Große Mutter	Mutter Teresa
Held	Harry Potter, Siegfried
Kind	Peter Pan
Syzygy	Jesus und Sophia
Übermensch	Superman
Weiser Alter	Konfuzius

Die Archetypen gehören zu den am meisten in der Mythologie und der Kunst dargestellten Motiven. E. O. WILSON (*1929) fasst dies in einer unfertigen Typenerzählung zusammen:
»*Am Anfang wurde der Mensch von Göttern erschaffen ... der Stamm wandert in ein verheißenes Land ... Der Stamm trifft auf die Mächte des Bösen ... er siegt trotz Unterlegenheit ... Der Held fährt in die Hölle ... er kehrt trotz aller Widrigkeiten ... zurück ... Die Welt endet in einer Apokalypse ... sie wird von einer heldenhaften Gruppe Überlebender gerettet ... Ein Quell großer Kraft wird im Lebensbaum ... dem Stein der Weisen ... oder in einem Geheimrezept entdeckt ...
Die stillende Frau wird zur Apotheose der Übergöttin ... der Mutter Erde ... Der Schwindler (Gauner, d. A.) stört die Ordnung ... Ein Ungeheuer bedroht die Menschheit ...*«.

Archetypen-Symbole fassen evolutionäre Menschheitserfahrungen in unterbewusste Wirkmechanismen individueller Menschen zusammen. So möchte man gern ein Held sein, fühlt sich als fürsorgliche Mutter selbst nach dem Verlassen der erwachsenen Kinder oder erfindet Ausreden, um einer Strafe zu entgehen.

Das weltweit verbreitete Spiralmotiv stammt wohl von der prähistorischen Erfahrung mit Schlangen ab.

Einführung

Der Himmel und die Sterne waren für den Menschen lange Zeit in wörtlichem Sinne unbegreifbar. Dagegen lieferte die Tierwelt einen guten Anschauungsunterricht. Tiere gehörten zur bekannten und begreifbaren Umwelt des Menschen. Aus diesem Grunde sah man in bestimmten Sternkonstellationen auch zuerst Tiere und nicht Pflanzen (Tierkreiszeichen).

Der Mensch als bio-psycho-soziales Wesen

Das Genomprojekt hat es letztgültig bewiesen: Der Mensch hat biologische Wurzeln und stammt aus dem Tierreich. Er ist ebenso ein staatenbildendes Wesen und schließlich aufgrund der Notwendigkeit einer eigenen Identität ein psychologisches Wesen, das nach einer Ich-Geschichte verlangt. Diese Grundlagen machen Tierbeobachtungen für den Menschen in vielfacher Weise interessant.

Tierbeobachtung als Schlüsselerkenntnis

Die einflussreichste Tierbeobachtung der Weltgeschichte war die der Fortpflanzung der ursprünglich gejagten Tiere. Diese Beobachtung führte über viele tausend Jahre hinweg zur »Domestikation« für 'Haustierwerdung' und damit zur Sesshaftigkeit des zuvor nomadischen Menschen durch Ackerbau und Viehzucht. Aller Wohlstand der Gegenwart, alle Industrialisierung und alle immobilen Großprojekte des Menschen sind ohne Sesshaftigkeit nicht denkbar. Sesshaftigkeitswohlstand führte zu Bevölkerungswachstum und dieser schließlich aufgrund des daraus resultierenden Verwaltungsaufwandes innerhalb der Menschengruppe zur Schriftentstehung. So gesehen sind Zeichen und Symbole wichtige Unterscheidungsmerkmale von Tier und Mensch.

Tiere als Gleichnissymbole

Tiere spielten eine so gewohnheitsmäßige Rolle in der Lebensumwelt der Menschen, dass die Menschen sie ausgiebig als Stellvertreter oder Vergleichsbilder für ihre eigene Situation benutzten. So schrieb der Politiker A. BEBEL (1840–1913):

> »Den Sozialismus in seinem Lauf hält weder Ochs noch Esel auf.«

für

'Nur Leute, die symbolisch so dumm wie Ochs und Esel sind, begreifen nicht, dass dem Sozialismus die Zukunft gehört.'

Das Tier in Zitaten

Die Gleichnis- und Menschen-Vertretungsfunktion von Tieren findet sich in zahlreichen Zitaten:

> »Eine Frau braucht vier Tiere: einen Nerz im Schrank, einen Jaguar in der Garage, einen Hengst im Bett und einen Esel, der alles bezahlt.«
> (unbekannter, männlicher Autor)

Ein zweites Zitat gilt den Männern:

> »Wir sollten Hunde lieben und nur Hunde! Männer und Katzen sind unwürdige Kreaturen!«
> MARIE BASHKIRTSEFF (1858–84)

Das Tier in Sprichwörtern

Sprichwörter zeigen die weite Verbreitung der Tierverwendung im Bereich der Volkssymbolik. Dabei verwenden die Völker verschiedene Symbolsemiosen:

> »Take not a musket to kill a butterfly!«

für

'Erschieße keinen Schmetterling mit einem Gewehr!'

heißt es in England. In Deutschland sagt man dagegen:

> »mit Kanonen auf Spatzen schießen«,

wenn es um unverhältnismäßige Mittel geht.

Tiere in Wappen

Starke und große Tiere wie der Bär, der Adler, der Löwe oder der Stier bilden oft Wappentiere. So finden sich in 12 der 16 Wappen der Bundesländer Tiere (Tabelle).

Land	Tier
Baden-Württemberg	Löwe
Berlin	Bär
Brandenburg	Adler
Hessen	Löwe
Mecklenburg-Vorpommern	Stier, Greif
Niedersachsen	Pferd
Nordrhein-Westfalen	Pferd
Rheinland-Pfalz	Löwe
Saarland	Adler
Sachsen-Anhalt	Bär
Schleswig-Holstein	Löwe
Thüringen	Löwe

Nationaltiere

Der Stolz auf die im eigenen Land beheimateten Tiere sowie das Bedürfnis nach Kennzeichnung der eigenen Landesidentität mit natürlichen Insignien führten zur Bestimmung von Nationaltieren. Dies können sowohl reale Tiere sein, z. B. das Känguru in Australien. Es gibt aber auch Phantasietiere, z. B. das Einhorn für Schottland.

Tier	Symbolbedeutung	Nationaltier in
Aal	weißer Aal = Weissagung, gelber Aal = Homo	
Adler	Herrschaftssymbol, hoch fliegen = gute Übersicht	Philippinen, USA
Affe	Kultur- und Schamlosigkeit; niederes Menschentum	
Ameise	Fleiß, Aufopferung, Hingabe, Gemeinschaftssinn	
Amsel	Verlockung des Fleisches (überschwängliche Balz)	
Antilope	Stärke, Wildheit	
Bär	Stärke, starke mütterliche Qualitäten, Natur	Russland, Finnland
Biber	Schöpfertum, Reichtum, Ordnung	Kanada
Biene	Fleiß, Gemeinschaftssinn, Aufopferung	
Blutegel	Unersättlichkeit, Aussaugen von Wirten	
Büffel	Durchsetzungskraft, starker Wille	
Chamäleon	starke Anpassungsfähigkeit bis hin zur Anbiederung	
Chimäre	Illusion einer Meinung, die verbreitet, aber unwahr ist	
Dachs	Hartnäckigkeit, natürliche Weisheit	
Delphin	Menschenfreundlichkeit, Kommunikationsvermögen	
Drache	Macht, Kraft, Gegensätze	
Eber	Aggressivität, Lebenskraft	
Eichelhäher	Unruhe, Umtriebigkeit	
Eichhörnchen	Hast, Geiz, Gier	Dänemark
Eidechse	Vemittler göttlichen Glücks, Weisheit	
Einhorn	unbefleckte Empfängnis, Keuschheit, Reinheit	
Eisvogel	Ruhe, Schönheit, Würde	
Elefant	Stärke, Treue, gutes Gedächtnis	Thailand
Elster	Zwiefalt, Eitelkeit, Teufel	
Ente	Oberflächlichkeit, Geschwätzigkeit, List	
Esel	Geduld, Demut, Frieden	
Eule	Weisheit, Finsternis, Einsamkeit	Alberta (USA)
Falke	Streben, Sieg, Macht (mit Adler austauschbar)	Island
Fasan	Harmonie, zyklische Ordnung	
Finken	Einfalt, Seelenstärke, Unbekümmertheit	
Fische	Erlösung von allen Abhängigkeiten	
Fledermaus	»Vogel des Teufels«	
Frosch	Fruchtbarkeit, Regenbringer, Erotik	
Fuchs	List, Heuchelei, Verschlagenheit	
Gans	abnehmende und zunehmende Kraft der Sonne	
Geier	Ambivalenz (Mütterlichkeit und Gefräßigkeit)	
Greif	Sonne, Himmel	
Grille	heimischer Herd, sorglose Unbeständigkeit	
Habicht	Lebenskraft	
Hahn	Sonne, Herrschaft, Mut, Wachsamkeit	Frankreich
Hase	Mond, Auferstehung, Intuition	
Hirsch	Schöpfung, Erneuerung, Feuer	
Hund	Treue, Anhänglichkeit	
Hyäne	Laster, Unreinheit, Instabilität	
Igel	böse Tat	
Iltis	Stinken, Behäbigkeit, Müßiggang	
Jaguar	»der mit einem Sprung tötet«, feuriger Instinkt	
Kamel	»Schiff der Wüste«, Ausdauer, Feinnervigkeit	
Kaninchen	Fügsamkeit, Demut, Mond	
Katze	Veränderung, auf leisen Pfoten sich bewegend	
Kranich	Götterbote, Wachsamkeit, Rechtschaffenheit, Güte	
Krokodil	verschlingender Zerstörer, Brutalität	
Kuckuck	Frühling und Sommer	
Kuh	große Mutter, Kraft der Erde	Nepal
Lamm	junge Unschuld, Güte	
Leopard	Grausamkeit, Wildheit, Angriffslust	
Löwe	gut und böse, Sonne und Mond, Stärke, Majestät	Niederlande, England
Luchs	Schärfe des Blicks, Wahrheit Christi	
Maulwurf	Finsternis, Menschenfeind	

Tiersymbolik II

Tier	Symbolbedeutung	Nationaltier in
Maus	sinnlose Geschäftigkeit, unaufhörliche Bewegung	
Meise	rastlose schöpferische Fantasie	
Milan	Todbeschwörer, Aasräuber, Unglücksbringer	
Milbe	Unsauberkeit, Schmarotzertum, Blutsaugerei	
Mistkäfer	Selbsterhaltung, Kreislauf, Wiederauferstehung, Sonnenbeweger (Ägypten)	
Motte	Vergänglichkeit irdischen Lebens	
Muschel	Weisheit und Intuition, Ausdauer	
Nachtigall	Sehnsucht nach Schönheit in Aussehen und Klang	
Nashorn	Urkraft des Lebens	
Nilpferd	Fruchtbarkeit, Urkraft aus dem Wasser	
Papagei	Nachahmung, dumme Wiederholung	
Pegasus	Kraft der Fantasie	
Pelikan	Aufopferung, Nächstenliebe, Frömmigkeit	
Pfau	Liebe, Unsterblichkeit, Langlebigkeit	
Pferd	Unzerstörbares, sexuelle Energie, Gedankenfreiheit	
Phönix	Auferstehung, Unsterblichkeit, Tod und Wiedergeburt	
Ratte	Tod, Verwesung, Unterwelt, Problemlösungsfähigkeit	
Rebhun	Fruchtbarkeit, Schöpfungskraft	
Reh	Intuition, Unterbewusstsein, Scheu	
Reiher	Wachsamkeit, Sonnenvogel, Besonnenheit	
Robbe	Fruchtbarkeit	
Rotkehlchen	Tod und Auferstehung	
Salamander	Feuer	
Schaf	Blindheit, törichte Folgsamkeit	
Schakal	Pfadfinder, Wegbereiter, Seelenbegleiter	
Schildkröte	Langlebigkeit, Unsterblichkeit, Stabilität	
Schlange	Tod, häufige Häutung = Erneuerung, Zyklik, Vorbild für die Spirale als Universalsymbol	
Schmetterling	Wandlung zum Höheren	
Schnecke	Gemächlichkeit	
Schnepfe	sexueller Fortpflanzungsdrang	
Schwalbe	Frühlingsbote, Hoffnung auf neues Glück	Estland
Schwan	Makellosigkeit (weißer Schwan), Vollkommenheit	
Schwein	Fruchtbarkeit, Gefräßigkeit, Habgier, Wollust	
Sirene	materielle Verlockung	
Skorpion	Tod, Zerstörung, Kompromisslosigkeit	
Specht	Prophetie, Magie	
Sperling	Bedeutungslosigkeit, Niedrigkeit	
Sphinx	geheime Weisheit, Rätselhaftigkeit	
Spinne	Weberin am Schicksalsnetz	
Steinbock	Reifen und Wachstum	
Stier	Männlichkeit, Zeugungskraft	Spanien
Storch	Kreislauf von Geburt, Leben und Tod, Schöpfung	
Strauß	Wahrheit, Gerechtigkeit und Wachsamkeit	
Taube	Heiliger Geist, Bote, Frieden	
Tiger	Schöpfer und Zerstörer, Lebenskraft	Indien, Bangladesch
Uhu	Tod, Weisheit	
Wachtel	Nacht, Glück, Erneuerung	
Wal	Wiedergeburt, Verschlingen und Wiederausspucken, Urgewalt des Wassers	
Wendehals	Weisheit, Rad des Schicksals, Zyklik	
Wespe	Aggressivität, unruhiges Begehren	
Wiedehopf	Antipathie, Hässlichkeit	
Wolf	Wildheit, Verschlingen, das Böse	Türkei
Wurm	Zersetzung, Vegetationszyklus	
Zaunkönig	Feuer, Geist des Neubeginns, Unglück	
Ziege	sexuelles Begehren	
Zikade	natürliche Ordnung, Balance	

Anhang

Allegorie: Im 16. Jh. von dem griechischen Wort »αλλοσ« für 'ein anderer' abgeleitete Bezeichnung für die Gleichsetzung eines Bildes mit dem Inhalt einer Sache (Tabelle).

Bild	Inhalt
Adler	Herrschaft
Hase	Furcht
Lamm	Sanftmut
Reh	Scheu
Schlange	Falschheit

Anthropologie: Anfang des 18. Jh. in den deutschen Wortschatz aufgenommenes, aus griechisch »αντροποσ« für 'Mensch' und »λογοσ« für 'Wort' oder 'Lehre' zusammengesetztes Wort für die Wissenschaft von der Entwicklung der Menschen. Ohne die Anthropologie ist die Dechiffrierung von Zeichen und Symbolen nicht möglich, da der Mensch sowohl Sender als auch Empfänger beider ist.

Anzeichen: Eine Verbindung von »An« für 'beginnend, aber nicht vollzogen' und Zeichen. Anzeichen sind natürliche Zeichen, bei denen eine natürliche Verbindung zwischen Zeichenträger und Objekt besteht. Ein Beispiel sind zunehmende Wolken, die ein Anzeichen für Regen sind.

Arbitrarität: Von lateinisch »arbitrarius« für 'willkürlich' abgeleitete Beziehung zwischen dem Bezeichnenden und dem Bezeichneten, z. B. wird Lehrer in England »teacher« genannt, obwohl es sich um allgemein vergleichbare Berufsbilder handelt. Die Bezeichnungen Lehrer oder teacher sind also willkürlich gewählt und nicht auf natürliche Weise zwingend.

Astrologie: Aus dem Orient kommende und mit dem griechischen Begriff »αστρολογια« für 'Sternenkunde' bezeichnete anthropologisch-mythologische Deutung von Stellung und Bewegung der Sterne. Sie wird der Esoterik als Para- oder Pseudowissenschaft zugerechnet. Dagegen ist die Astronomie die Wissenschaft von den Gesetzmäßigkeiten des Sternenhimmels.

Attribut: Vom lateinischen Wort »tribut« für 'Zuteilung' abgeleitete Bezeichnung für eine charakteristische Beifügung, z. B. wird eine Frau zur Allegorie der »Justitia« ('Gerechtigkeit), wenn sie das Attribut der Waage in der Hand hält.

Chronemik: Von griechisch »χρονικα βιβλια« für 'Geschichtsbücher' abgeleitete Bezeichnung für die zeitliche Dimension von nonverbaler Kommunikation, z. B. Tempo und Pünktlichkeit als Kulturmerkmale.

Dyadie: Zweihaftigkeit, die sich vom griechischen Präfix »δι« für 'zwei' ableitet. Ähnlich wie dialektisch oder binär weist der Begriff auf die große Bedeutung der Zweihaftigkeit der menschlichen Betrachtungsweisen hin, die sich offenbar aus seiner zweigeschlechtlichen Daseinsweise ableiten.

Emblem: Im 16. Jh. aus dem griechischen Wort »emblema« für 'eingelegte Schmuckarbeit' entlehnte Bezeichnung für ein auf einen einzigen Sinn festgelegtes Zeichen oder Symbol, z. B. die olympischen Ringe.

Emoticon: Aus »Emotion« für 'Gefühl' und »Ikon« für 'Zeichen' zusammengesetzte Bezeichnung für ein Gefühlskürzel, z. B. ein »;-)« für ein 'Augenzwinkern'.

Esoterik: Im 18. Jh. aus der Philosophie entlehnte Bezeichnung für Strömungen, die nur Eingeweihten zugänglich sind.

EVA-Prinzip: Aus den Anfangsbuchstaben »E« für 'Eingabe', »V« für 'Verarbeitung' und »A« für 'Ausgabe' abgeleiteter Verarbeitungsprozess der Wahrnehmung.

Exegese: Enthüllung des Kerns der Bedeutung der Bibeltexte durch Exegeten. Man unterscheidet den Cortex (Oberflächenstruktur der Texte) und den Nucleus (Tiefenstruktur der Texte).

Fahne: Vom griechischen Wort »πενοσ« für 'Tuch, Lappen' abgeleitete Bezeichnung für ein an einer Stange befestigtes Tuch als Kennzeichen. Dagegen sind Flaggen vervielfältigbare Zeichen.

Fixstern: Von »fix« für 'feststehend' abgeleitete Bezeichnung für nur allmählich veränderliche Sterne im Gegensatz zum Wandelstern oder Planeten, der in ständiger schneller Bewegung ist.

Flagge: Vervielfältigbares Zeichen aus Stoff.

Freimaurer: Geheimer Männerbund übernationaler Gemeinschaften, die sich aus mittelalterlichen Bauhütten entwickelt haben. Sie haben humanistische Ziele.

Funktion: In verschiedenen Wissenschaften unterschiedlich definierte Bezeichnung für eine Zuordnungsrelation, die sich aus einem Zeichen oder einem Symbol in Bezug auf ein größeres Ganzes ergibt, z. B. besitzt Sex eine Fortpflanzungs- und Arterhaltungsfunktion gegenüber der Art.

Gebärdensprache: In der deutschen Sprache durchgesetzte Bezeichnung für die Zeichensprache der Gehörlosen »Deutsche Gebärdensprache«. Dagegen verwenden die angelsächsischen Länder das Wort »sign« für 'Zeichen', z. B. »ASL« für 'American Sign Language'.

Gestik: Aus dem lateinischen Wort »gestus« für 'Bewegung der Hände' im 15. Jh. entlehnte Bezeichnung der menschlichen Kommunikation mittels Händen, Armen und dem Kopf, z. B. dem Kopfnicken als Zeichen des Bejahens.

Gnostizismus: Vom griechischen Wort »γνοσισ« für 'Erkenntnis' abgeleitete Bezeichnung von Bewegungen, die mit Geheimwissen operieren.

Heraldik: Von der Bezeichnung für den obersten Prüfer der Wappen, den sogenannten »Herold« für 'Heer' und 'Walter (eigentlich Verwalter)', abgeleiteter Begriff für die Wappenkunde.

Hermeneutik: Kunst oder Wissenschaft von der Auslegung der Texte.

Horoskop: Aus dem griechischen »ηορο–σκοπειον« für 'Stundenanzeiger' entlehnte Bezeichnung für die Zukunftsdeutung aus der Planetenkonstellation der Geburtsstunde eines Menschen.

Ideologie: 1796 von dem Franzosen Destutt de Tracy eingeführter Begriff aus der »Analyse der physiologischen und psychologischen Organisation des Menschen«, der praktische Regeln für Erziehung, Recht und Staat gewinnen will.

Ikon: Aus dem griechischen Wort »εικον« für 'Bild' abgeleitete Bezeichnung für ein Zeichen, das dem Objekt, das es vertritt, ähnlich ist oder eine Beziehung zu ihm aufweist, die durch eine Konvention kulturell vereinbart ist.

Ikonizität: Graduelle Ähnlichkeit von Zeichen und Objekt.

Index: In der Semiotik im Sinne von Hinweis gebrauchter Begriff (Tabelle).

Index	Bezugsobjekt
Dichter Rauch steigt auf	Feuer
Hohes Fieber	Krankheit

Interpretation: Um 1800 aus dem lateinischen Wort »interpres« für 'Vermittler, Erklärer' abgeleitete Bezeichnung für die Auslegung eines Textes und die reproduzierende Wiedergabe von Musikstücken.

Kabbalismus: Aus dem hebräischen Wort »kabalá« für 'Überlieferung, Empfängnis von Erkenntnis' abgeleitete jüdische Mystik des Mittelalters. Hauptmethoden sind Buchstabendeutung und Zahlenmystik.

Kartendeck: Spielkartenauswahl, z. B. für Tarot.

Kathakali: Pantomimischer Tanz in Südindien.

Kinesik: Vom griechischen Wort »κινεσισ« für 'Bewegung' abgeleitete Bezeichnung der Wissenschaft von den Körperbewegungen und Gesten.

Kode (auch Code): Von dem lateinischen Wort »codex« für 'Gesetzessammlung' abgeleitete Bezeichnung eines kulturellen Zeichensystems, z. B. Morsecode.

Kognition: Vom lateinischen Wort »cognoscere« für 'erkennen' abgeleitete Bezeichnung für Erkenntnis und Wahrnehmung.

Kommunikation: Von dem lateinischen Wort »communicare« für 'teilen, mitteilen' abgeleitete Bezeichnung für einen wechselseitigen Austausch von Informationen. Zu diesem Prozess gehören drei Komponenten (Tabelle).

Komponente	Beispiel
Kommunikator	Anrufer
Zeichen/Botschaft	Anrufinhalt
Rezipient	Angerufener

Konnotation: Aus den lateinischen Wörtern »con« für 'mit' und »notatio« für 'schreiben, bezeichnen' über das englische »connotative« bei S. Mill für 'mitbezeichnend' entlehnte Zusammensetzung. Sie bezeichnet die Nebenbedeutung eines Textes im Gegensatz zur »Denotation« als 'Hauptbedeutung'. So sieht man in den Bibeltexten eine wortwörtliche Bedeutung und eine tiefere symbolische Bedeutung. Letztere wird von der Hermeneutik (siehe dort) erläutert.

Konvention: Von dem lateinischen Wort »conventio« für 'Übereinkunft, Vertrag' abgeleitete Bezeichnung für Regeln von Verhaltensmustern in wiederkehrenden Situationen. Sie entsprechen den allgemeinen Erwartungen.

Lexik: Vom griechischen Wort »lexis« für 'Wort' abgeleitete Bezeichnung der Gesamtheit der Wörter einer Sprache, eines Volkes, eines Gebietes, eines Zeitraums oder Ähnliches. Gleichbedeutend sind die Begriffe Wortschatz und Vokabular. Die Lexik ist abhängig vom Betrachtungsgebiet (Tabelle).

Gebiet	Ungefähre Wortzahl
Chat & SMS	100–200
Bild-Zeitung	400
Alltagssprache	400–800
FAZ	5000
In einem Kaufhaus	60 000 Markennamen
J. W. Goethe	80 000
J. Joyce	100 000
Duden	120 000
Gesamtwortschatz	500 000

Linguistik: Vom lateinischen Wort »lingua« für 'Sprache' abgeleitete Bezeichnung für Sprachwissenschaft.

Logo: Von dem griechischen Wort »λογοσ« für 'Wort' abgeleitete Bezeichnung für eine Wortmarke. Besonders bekannt sind Firmenlogos (Tabelle). Selbst in anderen Sprachen

Firma	Logo
Dell	
Disney	
Microsoft	
Siemens	

soll durch Farbe und Form ein Wiedererkennungseffekt erreicht werden, wie z. B. bei Coca-Cola (Tabelle).

Amerikanisch	Arabisch	Russisch

Magie: Anfang des 16. Jh. in den deutschen Wortschatz aufgenommenes, aus griechisch »μαγοσ« für 'medischer Priester' entlehntes Wort für die Beschwörung geheimnisvoller Kräfte und die Zauberkunst.

Metapher: Im 17. Jh. von Gelehrten aus griechisch »μεταφορα« für 'das Wegtragen' im Sinne von 'Übertragung eines Wortes in eine uneigentliche Bedeutung, einen bildlichen Ausdruck'. Beispiele:
»Die Welt ist eine Bühne«
»Der Vorwurf ließ ihn kalt«

Mimik: Von lateinisch »mimus« für 'Schauspieler' abgeleitete Bezeichnung für eine vorwiegend durch Gesichtsausdruck ausgedrückte Kommunikation wie z. B. das Zungeherausstrecken als Zeichen einer Provokation.

Mythos: Dem griechischen Begriff »μυδοξ« für 'Sage, Erzählung, Märchen' um 1800 entlehnte Bezeichnung für die Überlieferung der Helden-, Dämonen- und Göttersagen, die oft eine Schöpfungs- und Nationwerdungserklärung mit Zeichen und Symbolen beinhalten.

Neopaganismus: Vom lateinischen Wort »paganus« für 'unbebautes Land' abgeleitete Bezeichnung für einen Menschen, der weder Jude, Christ, Muslim noch Glaubensmitglied einer der anderen großen Religionen ist. Das deutsche Synonym lautet: Neuheidentum.

Neoschamanismus: Von evenkisch (sibirische Sprache) »saman« für 'er/sie, der/die es weiß' abgeleitete Bezeichnung für alle Formen von Natur-Geist-Übergangskulte. Neo- steht für die Wiederbelebung des Schamanismus im 20. Jh.

New Age: Im 20. Jh. aus dem englischen Wort »New Age« für 'Neues Zeitalter' abgeleitete Bezeichnung für die Überwindung der Spaltung: Subjekt Mensch ⇔ Objekt Natur hin zu einer ganzheitlichen Weltanschauung.

Okkultismus: Im 18. Jh. aus dem lateinischen Wort »occultus« für 'verborgen, geheim, versteckt' entlehnte Bezeichnung für die Ende des 19. Jh. in Mode gekommene Praktizierung von geheimen Kulten.

Parasprache: Aus dem griechischen Wort »παρα« für 'daneben, außerhalb liegend' und dem deutschen Wort Sprache zusammengesetzte Bezeichnung für Phänomene, die außerhalb der phonemischen und morphemischen Sprachen liegen, z. B. lachen, lallen, hauchen, räuspern, schluchzen.

Piktogramm: Aus dem lateinischen Wort »pictam« für 'gemalt' und dem griechischen Wort »γραφειν« für 'schreiben' zusammengesetzte Bezeichnung für ein Bildzeichen oder englisch ein Icon. Piktogramme gab es bereits in prähistorischer Zeit (Tabelle).

Piktogramme		
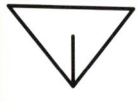		
Frau 5000 v. Chr.	Fabrik 20. Jh.	Rauchen verboten 20. Jh.

Einen besonderen Schub erhielt die Piktogrammentwicklung durch die Olympiaden von 1964 in Tokio und 1972 in München, wo international verständliche Systeme entwickelt wurden. Mit der Entwicklung des Heimcomputers wurden Piktogramme oder Icons weltweit zu einem Standardkommunikationsmittel.

Poststrukturalismus: Von lateinisch »post« für 'nach, dahinterliegend, hinter' abgeleitete Geisteshaltung, die sich als Gegenidee zum Strukturalismus begreift. Es handelt sich vor allem um das Überwinden des Geschichts- und Gesellschaftsstrukturbild von Karl Marx (1818–83) ab etwa 1965.

Proxemik: Vom altlateinischen Wort »proxume« für 'räumlich nahe' abgeleitete Bezeichnung für die Wissenschaft vom menschlichen Territorialverhalten im Kleinraum, z. B. die Begrüßungsnähe oder die Entfernungskonstellation in der Kommunikation.

Psychoanalyse: Vom griechischen Wort »ψυχειν« für 'Seele' abgeleitete Bezeichnung der Untersuchung seelischer Zustände. Der besondere Bezug zu Symbolen und Traumzeichen wurde von Siegmund Freud (1856–1939) entwickelt.

Reiki: Von dem japanischen Wort »rei« für 'Kosmos' und »ki« für 'Lebensenergie' abgeleitete Bezeichnung für die esoterische Richtung der Stärkung der Geisteskraft durch Handauflegen.

Resonanz: Vom lateinischen Wort »resonantia« für 'Widerhall, Echo' abgeleitete semiotische Bezeichnung für die Wahrnehmung von Informationen aus der Umwelt, die im Falle von Nichterkennen der Ignoranz zum Opfer fallen, wie z. B. das Gehen über die Straße bei Rot. Dagegen bleibt man im Falle der Resonanz des gespeicherten Wissens um das »Bei Rot bleibe stehn ...« stehen.

Rhetorik: Vom griechischen Wort »ρητωρ« für 'Redner, Redekunst' abgeleitete Bezeichnung für Redekunst. Der Bezug zu Zeichen und Symbolen findet sich in der Wirksamkeit der Sprache durch die Anordnung der Wortzeichen (z. B. beim Aufforderungssatz) und die stilistischen Figuren (z. B. Anapher). Nachfolger der Rhetorik ist heute der Begriff der Stilistik.

Rhythmus: Von dem griechischen Wort »ρνδμοζ« für 'gleichmäßiges Strömen' wohl der Meereswellen abgeleitete Bezeichnung für Zeitmaß oder Taktmaß. In der Musik gibt ein Metronom oder der Dirigent den Takt vor.

Schrift: Unter dem Einfluss des lateinischen Wortes »scriptum« für 'Schrift, Auftrag' entstandene Bezeichnung für ein System grafischer Zeichen zur lesbaren Darstellung von anderweitig ausgedrückter Kommunikation.

Semantik: Von dem griechischen Wort »σημαντιχοσ« für 'zu einem Zeichen gehörend, deutlich machend' abgeleitete Bezeichnung der Lehre von der Bedeutung der Sprachzeichen.

Semiotik: Vom griechischen Wort »σημα« für 'Zeichen' abgeleitete Bezeichnung der Wissenschaft von den Zeichen.

Siderisch: Von dem lateinischen Wort »sidus« für 'Stern' abgeleitete Bezeichnung einer Zeit, die ein Himmelskörper für die vollständige Umdrehung benötigt.

Signal: Von dem lateinischen Wort »signum« für 'Zeichen' abgeleitetes Wort für ein verabredetes Zeichen mit festgelegter Bedeutung.

Smiley: Vom englischen Wort »smile« für 'Lächeln' abgeleitete Bezeichnung für ein vereinfachtes Lächel-Zeichen.

Standarte: Ursprünglich aus der Zusammensetzung »stand-hart« in die Erde gerammter Fahnen abgeleitete Bezeichnung für ein Hoheitszeichen. In Antike und Mittelalter war es ein Feld- bzw. Militärzeichen einer Einheit.

Stilistik: Aus dem lateinischen Wort »stilus« für 'Schreibgriffel' abgeleiteter Begriff für die Art und Weise eines Ausdrucks.

Strukturalismus: Von dem lateinischen Wort »structura« für 'Ordnung, Bauwerk' abgeleitete Bezeichnung für eine 1916 posthum von Ferdinand de Saussure veröffentlichte Wissenschaftsmethode. Der Strukturalismus erhebt den Anspruch, alle Kulturäußerungen mit naturwissenschaftlicher Exaktheit beschreiben zu können. Ein Beispiel ist die Beschreibung aller lautsprachlichen Äußerungen mit einem einzigen Lautsprachesystem (International Phonetic Association) nach Art, Ort, Organstellung und Atemausstoß.

Symbol: Von dem griechischen Wort »συμβολον« für 'Merkmal, Kennzeichen, Wahrzeichen' abgeleitete Bezeichnung eines zusammengefassten, verdichteten Bildes.

Symptom: Aus dem griechischen Wort »συμπτωμα« für 'Zufall' und eigentlich gemeint 'widernatürlicher, krankhafter Zufall' entlehnte Bezeichnung für Krankheitszeichen.

Synodisch: Von dem griechischen Wort »συνοδοζ« für 'Versammlung' abgeleitete Bezeichnung für die Zeit, die ein Himmelskörper für den Umlauf von Elongation zu Elongation benötigt, z. B. eine Mondphase (Monat).

Synonym: Vom griechischen Wort »συνωνυμον« für 'von gleicher Bedeutung' abstammende Bezeichnung für gleichbedeutendes Wort, z. B. dicklich/füllig/rundlich.

Taktilik: Vom mittelfranzösischen Wort »tact« für 'Gefühlssinn' abgeleitete Bezeichnung für die Wissenschaft von der Oberflächensensibilität.

Tarot: Zuerst in Bern 1367 erwähntes Kartenspiel mit unbekannter Wortherkunft. In Italien wurde es Tarocchi und in Österreich Tarock genannt.

Wappen: Vom mittelhochdeutschen Wort »wapen« für 'Waffe' abstammende Bezeichnung für ein schildförmiges Zeichen einer Person oder Gruppe.

Yggdrasil: Umstrittene Ableitung aus nordisch »ygg« für 'schrecklich' und »drasil« für 'Ross, Pferd'. Gemeint ist das Pferd Odins, der hängend an der Weltesche mit Schmerzen das Wissen um die Runen erlangt haben soll. Yggdrasil bedeutet heute selbst 'Weltesche' oder 'Weltenbaum'.

Yoga: Aus dem Sanskrit stammendes Wort für 'Joch', das für 'Selbstunterwerfung, Selbstbeherrschung' in der indischen philosophischen Yoga-Lehre steht.

Literatur

Aawu, V. K.: Playing with Signs: A Semiotic Interpretation of Classic Music, Princeton 1991.
Acree, T. E. u. D. M. Soderlund: Semiochemistry, Berlin 1985.
Adler, M.: Non-Vocal Language and Language Substitutes, Hamburg 1979.
Aicher, O. u. M. Krampen: Zeichensysteme der visuellen Kommunikation, Stuttgart 1977.
Aicher, O.: Die Welt als Entwurf, Berlin 1991.
Aitchison, J.: The seeds of speech: Language Origin and Evolution, Cambridge 1996.
Anderson, E. R.: A Grammar of Iconism, London 1998.
Arlt, P.: Der Hirt und die drei schönen Göttinnen, Berlin 1982.
Armstrong, D. F. u. a.: Gesture and the Nature of Language, Cambridge 1995.
Asher, R. E. (Hrsg.): Encyclopedia of Language and Linguistics, Oxford 1994.
Assmann, A. u. a.: Schrift und Gedächtnis, München 1983.
Autorenkollektiv: Vergessene Städte am Indus, Mainz 1987.
Auzias, J.-M.: Clefs pour le structuralisme, Paris 1971.
Axtell, R. E.: Gestures, New York 1997.
Bal, M.: Narratologie, Paris 1977.
Ballmer, T. T.: Linguistic Dynamics, Berlin 1985.
Banzhaf, H.: Tarot und die Reise des Helden, München 1997.
Barnes, T. J. u. J. S. Duncan: Writing Worlds, London 1992.
Baron, N.: Speech, Writing and Sign, Indiana 1981.
Barthes, R.: Das semiologische Abenteuer, Frankfurt a. M. 1988.
Barthes, R.: Die Sprache der Mode, Frankfurt 1984.
Battistini, M.: Symbole und Allegorien, Berlin 2003.
Bauer, W. u. a.: Lexikon der Symbole, München 2003.
Bauml, B. S. u. F. H. Bauml: A Dictionary of Gestures, Metuchen 1975.
Bausani, A.: Geheim- und Universalsprachen, Stuttgart 1970.
Bayer, K.: Evolution – Kultur – Sprache, Bochum 1994.
Becker, C.: Zur Struktur der deutschen Gebärdensprache, Trier 1997.
Becker, U.: Lexikon der Symbole, Köln 1992.
Beigbeder, O.: Lexikon der Symbole, Würzburg 1998.
Bense, M. und E. Walther: Wörterbuch der Semiotik, Köln 1973.
Bense, M.: Semiotik, Baden-Baden 1976.
Bense, M.: Das Universum der Zeichen, Baden-Baden 1983.
Bentele, G.: Zeichen und Entwicklung, Tübingen 1984.
Bentele, G. u. E. W. B. Hes-Lüttich (Hrsg.): Zeichengebrauch in den Massenmedien, Tübingen 1985.
Berlin, B. u. P. Kay: Basic Color Terms, Berkeley 1969.
Bernard, J.: Symbolicity, Lanham 1993.
Beuchert, M.: Symbolik der Pflanzen, Leipzig 1995.
Biedermann, H.: Knaurs Lexikon der Symbole, München 1998.
Binder, G. u. K. Ehlich (Hrsg.): Kommunikation durch Zeichen und Wort, Trier 1995.
Block, N. (Hrsg.): Imagary, Cambridge 1983.
Blonsky, M.: On Signs, Baltimore 1985.
Bogue, R. (Hrsg.): Mimesis in Contemporary Theory, Amsterdam 1991.
Bourdieu, P.: Zur Soziologie der symbolischen Formen, Frankfurt a. M. 1974.
Bowker, J.: World Religions, London 2003.
Brentjes, B. und R. S. Vasilievsky: Schamanenkrone und Weltenbaum, Leipzig 1989.
Brentjes, B.: Alte Siegelkunst Vorderasiens, Leipzig 1983.
Brentjes, B.: Die Stadt des Yima, Leipzig 1981.
Breuer, R. (Hrsg.): Farben, Spektrum der Wissenschaften Spezial, Heidelberg 2004.
Brookfield, K.: Schrift, Hildesheim 2002.
Bruce-Mitford, M.: Zeichen und Symbole, Stuttgart 2001.
Buckland, W. (Hrsg.): The Film Spectator: From Sign to Mind, Amsterdam 1995.
Bühler-Oppenheim, K.: Zeichen, Marken, Zinken, Stuttgart 1971.
Capozzi, R. (Hrsg.): Reading Eco, Bloomington 1997.
Cobley, P. u. L. Jansz: Semiotics for Beginners, Cambridge 1997.

Conrad, D.: Kirchenbau im Mittelalter, Leipzig 1998.
Cooper, J. C.: Lexikon alter Symbole, Leipzig 1986.
Coquet, J.-C.: La quête du sens: Le langage en question, Paris 1997.
Cotte, R.: Die Symbolik der Musik, München 1992.
Coulmas, F.: The Writing Systems of the World, Oxford 1989.
Croissant, D. u. a. (Hrsg.): Japan und Europa 1543–1929, Berlin 1993.
Crystal, D.: The Cambridge Encyclopedia of Language, Cambridge 1987.
Dennis, M. D.: Scottish Heraldry, Edinburgh 1999.
Derrida, J.: Die Schrift und die Differenz, Frankfurt a. M. 1972.
Dietrich, U. W.: Das Runen-Wörterbuch, Wiesbaden 2004.
Douglas, M.: Ritual, Tabu und Körpersymbolik, Frankfurt 1998.
Dreyfuss, H.: Symbol Sourcebook, New York 1972.
Dumortier, B.: Atlas der Religionen, Leipzig 2004.
Durdík, J. u. a.: Alte Handfeuerwaffen, Prag 1977.
Eberhard, W.: Lexikon chinesischer Symbole, München 2004.
Eco, U.: A Theory of Semiotics, Bloomington 1976.
Eco, U.: Zeichen: Einführung in einen Begriff und seine Geschichte, Frankfurt a. M. 1977.
Eco, U.: Semiotik und Philosophie der Sprache, München 1984.
Eco, U.: Im Labyrinth der Vernunft, Leipzig 1989.
Eco, U.: Die Suche nach der vollkommenen Sprache, München 1994.
Einheiten, Formeln und Symbole für Elektrotechniker, München/Heidelberg 2002.
Elser, M. u. a. (Red.): Enzyklopädie der Religionen, Augsburg 1990.
Eibl-Eibesfeldt, I.: Die Biologie des menschlichen Verhaltens, München 1986.
Ekman, P. (Hrsg.): Darwin and Facial Expression, New York 1973.
Endres, F. C. u. A. Schimmel: Das Mysterium der Zahl, München 1990.
Engelhardt, D. v.: Das Bild auf der menschlichen Haut, München 1972.
Faïk-Nzuji, C.: Die Macht des Sakralen, Solothurn/Düsseldorf 1993.

Fansa, M.: Aus dem Leben gegriffen – Ein Rechtsbuch spiegelt seine Zeit, Oldenburg 1995.
Faulmann, C.: Schriftzeichen und Alphabete aller Zeiten und Völker des Erdkreises, Wien 1880.
Fazzioli, E.: Gemalte Wörter, Wiesbaden 2003.
Fietz, L.: Strukturalismus, Tübingen 1982.
Finke, F.-P.: Tätowierungen in modernen Gesellschaften, Osnabrück 1995.
Fischer, S. R.: Eine kleine Geschichte der Sprache, Frankfurt/New York 1999.
Fleischer, M.: Die Wirklichkeit der Zeichen: Empirische Kultur- und Literaturwissenschaft (Systemtheoretische Grundlagen), Bochum 1994.
Floch, J.-M.: Sémiotique, marketing et communication, Paris 1990.
Formigari, L.: Signs, Science and Politics: Philosophies of Language in Europe 1700–1830, Amsterdam 1993.
Freud, S.: Die Traumdeutung, Frankfurt a. M. 1956.
Frings, H. u. M. Frings: Animal Communication, New York 1964.
Frutiger, A.: Der Mensch und seine Zeichen, Paris 1978.
Garciá, S. B.: Zum Arbitraritätsbegriff bei Ferdinand de Saussure, Münster 1997.
Garza-Cuarón, B.: Connotation and Meaning, Berlin 1991.
Gaschler, K. (Red.): Rätsel der Wahrnehmung, in: Gehirn & Geist Dossier 2/2004, Heidelberg 2004.
Genosko, G.: Baudrillard and Signs, London 1994.
Gibson, C.: Zeichen und Symbole, Köln 2000.
Glück, H.: Schrift und Schriftlichkeit, Stuttgart 1987.
Glunk, F.: Das große Lexikon der Symbole, Bindlach 1997.
Goldinger, H.: Rituale und Symbole der Börse, Berlin 2000.
Gombrich, E. H.: Bild und Auge, Stuttgart 1986.
Gooody, J.: The Logic of Writing and the Organization of Societies, Cambridge 1986.
Gooody, J.: The Culture of Flowers, Cambridge 1993.
Gross, M.: Zur linguistischen Problematisierung des Onomatopoetischen, Hamburg 1989.
Gross, S.: Lesezeichen: Kognition, Medien und Materialität im Leseprozess, Darmstadt 1994.

Grzybek, P. (Hrsg.): Studien zum Zeichenbegriff in der sowjetischen Semiotik, Bochum 1989.
Günther, H. u. O. Ludwig (Hrsg.): Schrift und Schriftlichkeit, Berlin 1995.
Gwin, W. R. u. M. M. Gwin: Semiology, Symbolism and Architecture, Monticello 1985.
Haarman, Harald: Universalgeschichte der Schrift, Frankfurt a. M. 1990.
Hahn, W. und P. Weibel (Hrsg.): Evolutionäre Systemtheorie, Stuttgart 1996.
Hainzl, M.: Semiotisches Denken und kulturanthropologische Forschung bei Claude Lévi-Strauss, Frankfurt a. M. 1997.
Hall, E. T.: Handbook of Proxemic Research, Washington 1974.
Hansen-Löve, A. A.: Der Russische Formalismus: Methodologische Rekonstruktion seiner Entwicklung aus dem Prinzip der Verfremdung, Wien 1978.
Hanson, P. P.: Information, Language and Cognition, Vancouver 1990.
Hariri-Wendel, T. A.: Symbole des Islam, Darmstadt 1999.
Harris, R.: Signs, Language and Communication: International and Segregational Approaches, London 1996.
Haupenthal, R.: Plansprachen, Darmstadt 1976.
Heering, W. und A. Hülsken: Katalog der Abzeichen deutscher Organisationen 1871–1945, Hamburg 1997.
Heinz, S.: Symbole der Kelten, Darmstadt 1997.
Hellwig, G.: Lexikon der Maße, Währungen und Gewichte, München 1990.
Herzog, H.-U. und G. Hannes: Lexikon Flaggen und Wappen, Leipzig 1990.
Hintikka, J. (Hrsg): Aspects of Metaphor, Dordrecht 1994.
Holmqvist, B. u. a. (Hrsg.): Signs at work, Berlin 1996.
Hudson, C. (Hrsg.): Meisterwerke im J. P. Getty-Museum, Los Angeles 1997.
Husserl, E.: Gesammelte Werke, Den Haag 1970.
Hussmann, H.: Über die Schrift, Wiesbaden 1977.
Hütt, W.: Der Drachentöter im Paradiesgärtlein, Berlin 1988.
Ions, V.: Die Welt der Mythologien, Wien 2001.
Jakobi, C.: Buchmlerei, Berlin 1991.
Jakob-Rost, L. u. a.: Das vorderasiatische Museum, Mainz 1992.
Jamieson, A. S.: Coats of arms, Norwich 2002.
Janz, B.: Rechtssprichwörter im Sachsenspiegel, Münster 1989.
Jean, G.: Die Geschichte der Schrift, Ravensburg 1989.
Jean, G.: Langage de signes – l'ecriture et son double, Paris 1989.
Jensen, H.: Die Schrift, Berlin 1969.
Jung, C. G.: Der Mensch und seine Symbole, Düsseldorf/Zürich 2003.
Kaiser, H. und W. Nöbauer: Geschichte der Mathematik, Wien 1998.
Karmasin, H.: Die geheime Botschaft unserer Speisen, München 1999.
Kast, V.: Die Dynamik der Symbole, München 1996.
Klebe, I. und J.: Die 7 Farben des Regenbogens, Berlin 1991.
Kocher, G.: Zeichen und Symbole des Rechts, München 1992.
Koch-Harnack, G.: Erotische Symbole, Berlin 1989.
Koschorrek, W.: Der Sachsenspiegel in Bildern, Frankfurt 1976.
Koschorrek, W.: Minnesinger, Frankfurt 1975.
Krampen, M. u. a. (Hrsg.): Die Welt als Zeichen, Berlin 1981.
Kristeva, J.: Desire in Language: A Semiotic Approach to Literature and Art, New York 1980.
Krüger, J.: Digitale Schaltzeichen und Schaltungen richtig lesen, Poing 1999.
Kugler-Kruse, M.: Die Entwicklung visueller Zeichensysteme, Bochum 1988.
Kunze, R.: Kalligraphie, Köln 1992.
Land, S. K.: From Signs to Propositions, London 1974.
Lennhoff, E. u. a.: Internationales Freimaurerlexikon, München 2003.
Longhena, M.: Sprechende Steine, Wiesbaden 2003.
Lurker, M.: Die Botschaft der Symbole, München 1990.
Lurker, M.: Lexikon der Götter und Symbole der alten Ägypter, München 1987.
Lurker, M.: Wörterbuch biblischer Bilder und Symbole, München 1990.
Lyons, A. S.: Der Blick in die Zukunft, Köln 1991.
Mandel, G.: Gemalte Gottesworte, Wiesbaden 2004.
Mankiewicz, R.: Zeitreise Mathematik, Köln 2000.

Mazal, O.: Die Sternenwelt des Mittelalters, Graz 2001.
Mericka, V.: Faleristik, Prag 1976.
Merrell, F.: Semiosis in the Postmodern Age, 1995.
Mersch, D. (Hrsg.): Zeichen über Zeichen, Texte zur Semiotik von Peirce bis Eco und Derrida, München 1998.
Mick, D. G.: A global review of semiotic consumer research (= Working Paper, University of Wisconsin-Madison, School of Business), Wisconsin-Madison 1999.
Miklós, P.: Das Drachenauge, Leipzig 1981.
Möbius, F. und H. Sciurie: Symbolwerte mittelalterlicher Kunst, Leipzig 1984.
Moore, R. W.: Cognition, Semiotics and the Cartographic Statement, University of Kansas (PhD-Thesis) 1989.
Morris, C. W.: Grundlagen der Zeichentheorie; Ästhetik und Zeichentheorie, München 1972.
Morris, C. W.: Symbolism and Reality: A study in the Nature of Mind, Amsterdam 1993.
Moser, B.: Bilder, Zeichen und Gebärden, München 1986.
Mrosek, J. (Red.): Chinesische Malerei, Berlin 1995.
Münch, D.: Intention und Zeichen, Frankfurt a. M. 1993.
Mund, H. A.: Verständnis chemischer Symbole, Köln 1989.
Mustienes, C. und T. Hilland: 1000 signs, Köln 2004.
Nake, F. (Hrsg.): Die erträgliche Leichtigkeit der Zeichen: Ästhetik, Semiotik, Informatik, Baden-Baden 1993.
Nelson, F. H.: Symbolsprache der Talismane, Darmstadt 1997.
Nespoulous, J.-L. u. a. (Hrsg.): The Biological Foundations of Gestures, Hillsdale 1986.
Nöth, W.: Origins of Semiosis: Sign Evolution in Nature and Culture, Berlin 1994.
Nöth, W.: Handbuch der Semiotik, Stuttgart/Weimar 2000.
Oelkers, J. u. K. Wegenast (Hrsg.): Das Symbol - Brücke des Verstehens, Stuttgart 1991.
Ogrissek, R. (Hrsg.): Kartenkunde, Leipzig 1983.
Oswald, G.: Lexikon der Heraldik, Leipzig 1984.
Owusu, H.: Symbole Afrikas, Darmstadt 1998.
Owusu, H.: Symbole Ägyptens, Darmstadt 1998.
Owusu, H.: Symbole der Inka, Maya & Azteken, Darmstadt 2000.
Pennick, N.: Runen, Köln 2001.
Rabbow, A.: dtv-Lexikon politischer Symbole, München 1970.
Reichel, P.: Schwarz-Rot-Gold, München 2005.
Robinson, A.: Die Geschichte der Schrift, Bern/Stuttgart/Wien 1996.
Saleh, M. und H. Sourouzian: Das ägyptische Museum Kairo, Mainz 1986.
Schumann, H.-W.: Buddhistische Bilderwelt, München 1986.
Schwarz-Winklhofer, I. u. Biedermann, H.: Das Buch der Zeichen und Symbole, Graz 1972.
Sebeok, T.: Advances in Visual Semiotics: The Semiotic Web, Berlin 1992–93.
Seipel W. (Hrsg.): Der Turmbau zu Babel, Mailand 2003.
Seipel. W. (Hrsg.): 7000 Jahre persische Kunst, Mailand 2001.
Singh, S.: Geheime Botschaften, München 1999.
Smart, N.: Atlas der Weltreligionen, Köln 2000.
Sonesson, G.: Pictorial Concepts, Lund 1989.
Steiner, W.: Image and Code, Ann Arbor 1981.
Stewart, I.: Das Rätsel der Schneeflocke, Heidelberg/Berlin 2002.
Tresidder, J.: Symbole und ihre Bedeutung, München 2000.
Treu, U. (Übersetzung): Physiologus, Berlin 1981.
Übelacker, E.: Sternbilder und Sternzeichen, Nürnberg 1995.
Urech, E.: Lexikon christlicher Symbole, Konstanz 1976.
Walker, B. G.: Die geheimen Symbole der Frauen, München 2000.
Wieczoreck, A. und M. Tellenbach: An die Mächte der Natur, Mainz 2002.
Wildung, D. und G. Grimm: Götter Pharaonen, Mainz 1978.
Willis, R. und R. Walter: Mythologie, Gütersloh/München 1994.
Wilson, E. O.: Die Einheit des Wissens, Berlin 1998.
Zerbst, M. und W. Waldmann: Zeichen und Symbole, Köln 2003.
Zimmer, H.: Indische Mythen und Symbole, München 1991.
Zunzunegui, S.: Pensar la imagen, Madrid 1992.

Internetadressen

http://ling.kgw.tu-berlin.de/semiotik ist die website der Gestenforschung an der Arbeitsstelle für Semiotik. Diese Institution gibt das Berliner Lexikon der Alltagsgesten heraus.
www.bbsinc.com/symbol.html: Listen mit allen HTML-codes und ehemaligen ASCII-codes und deren Entsprechungen in den ISO-Tafeln.
www.chemie.de: Informative Website mit der Rubrik »Schilder & Symbole«, die zahlreiche wichtige Zeichen und Symbole erläutert.
www.code-knacker.de: Umfangreiche Sammlung von Codes, Zeichen und Symbolen, die als Liste ins Netz gestellt wurden und mit kurzen Erklärungen versehen sind.
www.credobox.de: Händlerwebsite mit nützlichen Informationen über Zeichen und Symbole bei der Hochzeit.
www.diss.sense.uni-konstanz.de: Interessante website über die semiotische Deutung der Gesten der Interpretation.
www.elektronik-kompendium.de: Website mit der Darstellung und Erklärung von elektronischen Schaltzeichen und anderen elektronikbezogenen Symbolen.
www.hilchenbacherbuendnis.de: Website gegen Neonazis mit Darstellung und Erläuterung von Zeichen und Symbolen neonazistischer Organisationen.
www.horoskopeparadies.de: Horoskop-Website mit Erläuterung der Zeichen und Symbole der Alchimie und der Astrologie.
www.hp-gramatke.de: Website über Schriften und Alphabete, ihre Geschichte, aber auch Drucksatz und verschiedene Themen rund um Schriften und Sprachen.
www.hs-merseburg.de: Website mit Darstellungen und Erläuterungen zur Geschichte der Verkehrsschilder.
www.idendity-foundation.de: Website einer gemeinnützigen Stiftung, die sich um die Erforschung von Zeichen und Symbolen bemüht.
www.isl.uni-karlsruhe.de: Auf der website findet sich ein module/statistik/zeichenframe mit vielen Informationen über Zeichen und Symbole in der Statistik, z. B. »Alpha« für 'Signifikanzniveau'.
www.kunstdirekt.net: Kunstgeschichtliches Portal mit kurzen, informativen Texten sowie Bildern zum Thema Symbole in der Kunst.
www.nationalflaggen.de: Website mit umfangreicher Nationalflaggenenzyklopädie und Erklärungen zu jeder Flagge.
www.periodensystem.info: Informatives Portal zu Zeichen und Symbolen in der Chemie.
www.peter-diehm.at: Institut für Symbolforschung. Website über dieses Institut mit Beispielen aus den Büchern des Autors. Die Zeichen und Symbole beziehen sich vorweigend auf Österreich.
www.sicherestrassen.de: Vollständiger Katalog mit allen deutschen Verkehrszeichen sowie Erläuterungen dazu.
www.sign-lang.uni-hamburg.de: Sehr informative website des Instituts für Deutsche Gebärdensprache und Kommunikation Gehörloser.
www.sven-gronemeyer.de: Ausführliche Erläuterung der Mayaschriftsysteme mit Bildern und sprachwissenschaftlichen Hintergründen.
www.symbol.com: Produktanbieter für den Handel mit Scannerkassen, RFID-Lesern und vielen anderen Produkten.
www.symbol.de ist eine no-name website, die umgeleitet wird zu einer Werbeagentur mit Namen Fullservice GmbH.
www.symbols.com: Nach eigenen Angaben weltgrößte Softwaresammlung mit westlichen Zeichen, Symbolen und Ideogrammen.
www.symbolworld.org: Symbolorientierte Lernwebsite für Kinder. Sie enthält News, einen e-Learningbereich und viele nützliche Informationen.
www.uni-konstanz.de: An der Universität Konstanz beschäftigt sich der Sonderforschungsbereich SFB-485 mit Normen und Symbolen.

Bildnachweis

Alle Abbildungen mit Ausnahme der Abbildungen auf den Seiten 206–217 (Archiv für Kunst und Archäologie) wurden für das Buch »5000 Zeichen und Symbole der Welt« erstmals oder neu gezeichnet oder befinden sich im Frotscher-Archiv. Im Folgenden werden die Vorlagen, Teilvorlagen und Datenquellen nachgewiesen, die außer den im Literaturverzeichnis genannten Quellen genutzt wurden. Interessenten an Zweitnutzungen sowie Anfragen zu Bildern und Vorlagen können an folgende Adresse wenden: Haupt Verlag AG, Falkenplatz 14, CH-3001 Bern, Schweiz, z. Hd. Frau Regine Balmer oder an den Autor: Sven Frotscher, A. Bebelstraße 35, D-06108 Halle, Deutschland.

Günther-Arndt, H. u. a.: Geschichtsbuch 1, Berlin 1986. Miller, J. und M.: Porcelain, London 1991. Mämpel, U.: Keramik, Reinbek 1985. Löbbe, K.: Entwicklung und Aussichten der feinkeramischen Industrie in Deutschland, Essen 2000. Cardew, M.: Der Pioniertöpfer, Bonn 1980. Garms, H.: Pflanzen und Tiere Europas, München 1969. Caprio, N. C.: La ceramica in archeologia, Rom 1985. Jack, A.: Encyclopedia, London 1983. Enzyklopädie der Tierwelt, o. O. 1996. Weiss, G.: Keramik Lexikon, Berlin 1984. Scarre, C. (Hrsg.): Past worlds, London 1988. Noll, W.: Alte Keramiken und ihre Pigmente, Stuttgart 1991. Hamer, F. und J.: Lexikon der Keramik und Töpferei, Augsburg 1990. Fitz, S. und H. Kühn: Keramik, München 1982. Litzow, K.: Keramische Technik, München 1984. Noll, W.: Alte Keramiken und ihre Pigmente, Stuttgart 1991. Barley, N.: Smashing Pots, London 1994. Nixdorf, H.: Tönender Ton, Berlin 1974. Sehen, Staunen, Wissen: Amerika, Hildesheim 1992. Ebers, G.: Aegypten in Bild und Wort, Leipzig 1879. Champdor, A.: Kunst Mesopotamiens, Leipzig 1964. Beeh, W. (Hrsg.): Europäische Keramik, Darmstadt 1986. Meyer, G. R.: Altorientalische Denkmäler, Leipzig 1970. Härtel, H. und J. Auboyer (Hrsg.): Indien und Südostasien, Berlin 1985. Vainker, S. J.: Chinese Pottery and Porcelain, London 1991. Münsterberg, H.: Der Ferne Osten, München o. J. Cohen, D. H. und C. Hess: Looking at European Ceramics, Malibu 1993. Jaguarmensch und Adlerkrieger (Ausstellungskatalog), Berlin 1991. Mandel, G.: Wie erkenne ich islamische Kunst?, Stuttgart und Zürich 1979. Soustiel, J.: La Céramique islamique, Paris 1985. McKillop, B.: Korean Art and Design, London 1992. Morley-Fletcher, H.: Dekortechniken in der Keramik, München 1984. Litzow, K.: Keramische Technik, München 1984. Taylor, K.: Flying Start Science - Structure, London 1992. Wirtschaftswoche 14, Düsseldorf 2001. Wirtschaftswoche 29, Düsseldorf 1998. Wirtschaftswoche 10, Düsseldorf 1997. Mitteldeutsche Zeitung, Halle 30.11.2000. Grundzüge der Chemie, Frankfurt am Main 1996. Pressematerial Kyocera, Kyoto 1998. Hrouda, B.: Vorderasien, München 1971. Raffaeli, M. und J. M. Thomas-Domenech: Botanik, Klagenfurt 1997. Dormer, P.: The new ceramics, London 1986. Bormann, G.: Keramik der Welt, Düsseldorf 1984. Nihon Keizai Shimbun, Tokyo 1976. Hetherington, P.: Byzanz, Leipzig 1982. Donaldson, C.: Collecting China, Glasgow 1997. Poche, E.: Porzellanmarken, Hanau 1992. Lang, G.: Pottery and Porcelain Marks, London 1995. Battie, D. (Hrsg.): Sotheby's concise encyclopedia of porcelain, London 1996. Art at auction, London 1987. Czysz, W. und W. Endres: Archäologie und Geschichte der Keramik in Schwaben, Neusäss 1988. Art at auction, London 1986. Wirtschaftswoche 9, Düsseldorf 1998. Condurachi, E. und C. Daicoviciu: Rumänien, Genf 1972. Meyer, K. O. (Hrsg.): Bodenfunde aus der Stadt Oldenburg, Oldenburg 1988. Kruta, V.: Die Anfänge Europas, München 1993. Freestone I. und D. Gaimster (Hrsg.): Pottery in the making, London 1997. Higgins, R.: Minoan and Mycenaen art, London 1967. Yon, M.: Dictionnaire illustré multilingue de la céramique du proche orient ancien, Lyon 1981. Geiss, H.: Reise in das alte Knossos, Leipzig 1981. Tatton-Brown, V.: Ancient Cyprus, London 1987. Schätze der Weltkultur, Berlin 1986. Hug, W.: Von der Steinzeit bis zum Kaiserreich des Mittelalters, Frankfurt am Main 1987. Seipel W. (Hrsg.): Der Turmbau zu Babel, Mailand 2003. Zinserling, G.: Abriß der griechischen und römischen Kunst, Leipzig 1970. Riwkin, B. I.: Kunst der antiken Welt, Dresden 1972.

Register

A

AB Electrolux 102, 103
Abscheu 42
Abschlag 66, 67, 97
Abstiegsformation 96
Abstraktheit 19
Abstufung 21
Accenture Propertis B.V. 102
Achellini, A. 137
Achslast 35
Ackerbau 79, 145, 233
Adelige 25
Adler 71, 77, 79, 91, 93, 95, 120, 121, 123, 145, 148, 149, 223, 233, 234, 238, 242
Adventisten 121
Aesculapius 144, 145
Afaik 26
Afghanistan 70, 71, 82, 203
Akanthuskapitell 122, 123
Akkadisch 157, 181
Akronym 26, 27, 97, 108, 120, 121
Akrostichon 204, 205
Aktionspotenzial 14
Alabama 78, 79
Alaska 78
Alauo 130
Albanien 70
Alchemie 195
Aleff P. 167
Alfa 80, 199, 225
Algerien 70, 71, 82
Alif 159
Allegorie 121, 124, 125, 186, 187, 211, 238, 242
Allomorph 19
Allsehend 135
Alpaka 41
Altes Testament 151
Amentü Gemisi 158
American Sign Language 41, 63, 64, 65
Ampel 19, 33, 199
Anabaptisten 121
Analog-Digital-Codierung 14
Anandatempel 202, 203

Anbetungsgötter 129
Andorra 70, 71, 82
Andreaskreuz 35, 204, 205
Androgen 137
Anglikaner 121
Angola 70, 71, 82
Angora 41
Anker 79, 81, 91, 98, 99, 104, 106, 124, 135, 149, 204, 205
Ankerkreuz 106, 204, 205
Ankh 112, 113, 172, 205
Anteilsschein 97
Anthropologie 16, 18, 238
Antigua und Barbuda 70, 71
Antike 17, 31, 121, 123, 130, 131, 143, 161, 195, 219, 241
Anweisungstechnik 201
Anzeichen 19, 229, 238
Anzug 23
Anzugsart 23
Aphrodite 144, 145
Apoll 102, 136, 144, 145
Aposème 21
Apple 67
Aquin Thomas von 16, 17
Arabisch 29, 73, 157, 158, 159, 171, 195, 240
Aramäisch 157, 181
Arbeitsschutz 39
Arbitrarität 19, 21, 238, 243
Architektur 97, 115, 120, 211, 217
Ares 144, 145
Argentinien 46, 47, 70, 71, 82, 137
Arier 147
Aristoteles 16, 17, 129, 130, 131, 137, 195, 227
Arizona 78, 79
Arkalochori 167
Arkansas 78, 79
Armee 25, 139
Armenbibel 123
Armenien 82, 121
Arnulf 125
Arrivé Michel 18
Artemis 144, 145
Artha 147

Asap 26, 27
Asbuka 169
Aschoka 175
Ashmole E. 133
Askese 117, 147
Asket 149, 154
Asl 42, 63, 65, 238
Asokas 174
Assoziationsfolge 19
Assyrisch 202, 203
Astrologie 129, 131, 132, 133, 137, 145, 238
Asuras 119
Athene 144, 145
Atomkraft-Gegner 85
Attribut 24, 77, 95, 99, 121, 124, 125, 135, 140, 145, 147, 149, 221, 238
Auffahrgefahr 39
Aufgenommener 135, 161, 227, 238, 240
Aufseher 107, 135
Augendusche 39
Augenkontakt 47, 51, 53, 55, 59, 61
Augenzwinkern 26, 27, 51, 238
Augustinus 16, 17, 123
Ausdauer 79, 99, 139, 203, 234, 235
Ausfahrt 37
Ausgeglichenheit 136, 141
Auskunftsstelle 37
Auslan 63
Aussaat 145
Ausscheidungsorgan 147
Australien 39, 45, 46, 47, 70, 71, 82, 202, 233
Auswahl 19, 23, 40, 63, 115, 129, 139, 145, 180, 197, 239
Auszeichnungen 25
Autobahn 15, 37
Autorität 23, 75
Avalokitesvara 119
Axe Cybele 167
Axis Mundi 131, 223
Axon 14, 15
Ayubowan 59
Azoth 195
Aztek 202, 203

B

Büffeldämon 149
Bügeleisen 41, 103
Bügeln 40, 41
Bühler 18, 19, 242
Büroalltag 23
Babylonier 21, 121, 131, 181, 95, 223
Bacchus 144, 145
Bacon Francis 16, 17
Baden-Württemberg 93, 94, 95, 233
Bahamas 70, 71, 82
Bahnübergang 33
Bahrein 70, 71
Baht 108
Baishi Qi 165
Bake 33
Balboa 108
Baldachin 114, 154
Balkan 46, 47, 106
Ball Harvey 27
Bambus-Blatt 165
Bamiyan 202
Bangladesh 70
Banner 68, 69, 71, 77, 112, 113
Baptist 121
Barbados 70, 71
Barclay 88, 89
Barde 175
Barthes Roland 20, 242
Baseballschiedsrichter-Sprache 42
Basel 111
Bast 179
Bastfaser 41
Baumkapitell 122, 123
Baumwolle 41
Bauriss 135
Bausparkasse Schwäbisch Hall Ag 102
Baustelle 33
Bayern 82, 94, 95
Bedarfsumleitung 37
Bedeutungsüberschuss 19
Bedeutungs-Kombination 165
Bedeutungswandel 129
Beflaggung 69, 81
Begrüßungsgeste 51
Behandlung 41

250 Register

Beißen 139
Bejahung 42, 43, 67
Bejahungsgeste 43
Beleidigung 47, 55
Belgien 46, 47, 69, 70, 71, 82
Belize 70, 71, 189
Benediktinerorden 25
Benzinkohlenwasserstoff 41
Beobachter 131, 136
Bergarbeiter 79, 136
Berlin 94, 95, 104, 105, 214, 215, 233
Berry Herzog Von 128, 129
Berufserfolg 137
Berufssymbol 105
Beschallung 103
Bescheidenheit 139, 221, 223, 225
Beten 44, 45, 59, 124, 127, 163
Beyer, J.W.C. 129
Bezugsrecht 97
Bhakti 147
Bhauma 133
Bhudha 133
Bhutan 70, 71, 82
Biancini 145
Bibel 25, 71, 85, 99, 121, 123, 131, 135, 153, 205, 209, 219, 238, 239
Biblia Pauperum 123
Bilder-Schrift 42
Bildmarke 101, 103
Bildprogramm 127
Bildsymbol 123
Bion 26
Bio-Produkte 29
Biosemiotik 21, 221
Bio-Siegel 29
Bismillahu 150, 151, 158, 159
Blattkreuz 204, 205
Blaugesichter 197
Blaupausen 201
Bleichen 40, 41
Bleichvorgang 41
Blickkontakt 47, 49
Blindenfachschrift 160
Blindenkurzschrift 161
Blindenschrift 160, 161
Blitz 145, 218, 219
Blumen 145, 150, 215, 217, 220, 221, 222, 223, 224, 225
Blut 71, 75, 121, 125, 211

Bockshaut 145
Boddhisatva 119
Börse 96, 97, 123, 243
Böse 93, 113, 118, 119, 123, 124, 125, 135, 147, 206, 207, 217, 229, 231, 234, 235
Bogen 79, 126, 145, 148, 149, 158, 159, 201
Bogengänge 14
Bolivien 46, 47, 70, 71, 82
Bolzano Bernard 16, 17
Bonet Juan Pablo 63, 64
Bordierung 24
Borse Van De 97
Bosch Hieronymus 123, 140, 141, 206, 207, 209
Botswana 70, 71, 82
Bourdieu Pierre 18, 111
Bowden E. 167
Brücke 33, 71, 73, 75, 95, 129
Brahma, 146, 147, 148, 149, 175
Brahman 175
Brahmanismus 149
Brahmi 157, 174, 175
Braille Louis 161
Brailleschrift 161
Brandenburg 94, 95, 233
Brasilien 44, 45, 46, 47, 70, 71, 82
Bravo 80, 81
Bremen 94, 95
Bremshandlung 15
Brhaspati 133
British Sign Language 63
Bronzeinschrift 163
Bruce 88, 89
Bruchschreibweise 160
Bruderschaft 25
Brunei 79, 71, 82
Bubastis 170
Buchdruck 99, 121, 133, 201
Buchstabenflaggen 81
Buchstabenschrift 157, 169
Buckelrind 148
Buddh Gaya 115
Buddhabildnis 55
Buddhapada 114
Buki 168
Bula 49
Bulgarien 46, 47, 70, 71, 82
Bulwer John 64, 65
Bundesflagge 69

Bundesländerwappen 94, 95
Bundesstraße 37
Burke 19
Burkina 70, 71
Burundi 70, 71
Butler S. 133
Butterfass 146
Butterlöffel 146
Byzantinisch-Orthodoxe 121

C

Cäcilia 125
Cairngorms 87, 88
Cakra 146, 157
Calciumkanal 14
Calvinisten 121
Cameron 90, 91
Campingplatz 37
Candra 133
Cannavaria 146
Carus, Carl Gustav 129
Cashgora 41
Cassirer Ernst A. 18, 19
Castor 144, 145
Casual 144
Cedi 108, 211
Cent 76, 77, 102, 108
Ceres 79, 144, 145
Chalkos 108
Characteristica Universalis 16
Charaktereigenschaft 133, 137
Charlie 80, 81
Chart-Muster 96, 97
Chemiefaser 41
Cheper 112
Chester R. Von 195
Chevronkreuz 204, 205
Chile 46, 47, 70, 71, 82
Chirologia 64
Chirologie 137
Chiromantie 137
Chirurg 137
Chlorbleiche 41
Chlorkohlenwasserstoff 41
Chnum 112, 113
Chons 112, 113

Chouinard 19
Chris McHale 103
Chronemik 42, 238
Cincihnamudra 117
Clan 86, 87, 88, 89, 91
Clanranald 88, 89
Club-Mitglied 23
Codex Alcobacense 62
Codierung 14
Colorado 78, 79
Colón 108
Computer-Satz 200, 201
Connecticut 78, 79
Coseriu 17
Costa Rica 48, 49, 82, 108
Creuzer 19
Crux Ansata 205
Crux Decussata 205
Crux Gammata 205
Crux Monogrammatica 205
Crux Quadrata 205
Cupido 144, 145

D

Dänemark 48, 49, 69
Dachhörmarken 103
Daisy-Format 161
Dalton J. 194
Daltonismus 199
Damenkostüm 23
Damenorden 25
Daschli 203
Daschly 202
Daumen 47, 49, 51, 53, 55, 57, 61, 67, 117, 136
Davidstern 73, 85, 153
Dazhuan 163
Dbddhkp 26
De Magistro 16
Dechiffriercode 15
Definition 17, 18, 19, 21, 200
Degas E. 199
Delaware 78, 79
Delta 80, 81, 85, 135, 170
Demeter 144, 145
Denar 108

Dendrit 14, 15
Dentale 175
Desbarolles, A. 136
Descartes René 16, 17
Determinative 173, 181, 189
Deutsche Bank 101, 109
Deutscher Orden 25
Devise 24, 25, 215
Devisen 25
Dezimalklassifikation 161
Dgs 63, 65
Dharma 114, 117, 147
Diadem 145
Diagramm 139
Diakritisch 159
Dialektbildung 123
Diana 78, 144, 145
Dienst 71
Dies Civilis 131
Digitalcode 17, 157
Digraphie 163
Dimension 21
Dionysos 144, 145
Dirigenten-Sprache 66, 67
Diskos Von Phaistos 166, 167
Diskursiv 21
Distanz 42, 43, 221
Distanzdifferenz 43
Dividende 97
Divination 137
Djed 112, 113
Djibouti 70, 71
Dolch 86, 89, 148
Dollar 154, 155, 215
Domain 82
Dominica 70, 71
Dominikanische Republik 70, 71
Doppelkonsonant 175
Doppelkurve 33
Doppelstander 68
Doppelzüngig 26
Double Bottom Reversal 96
Douglas 90, 91
Douglas Mary 18
Drache 71, 122, 123, 124, 124, 132, 145, 163, 182, 213, 234
Drachme 108, 109
Dreiecks-Formation 96
Dreier 66, 67, 114

Dreiheit 17, 95, 149, 221
Dreizack 71, 145, 148, 149
Dresscode 22, 23, 97
Dressing Down 23
Drittelunze 108
Drohgeste 43, 61
Drugulin Offizin 168
Dsgs 63
Dualismus 129
Ductus 109
Duftstoff 31, 43
Duftstoffhormone 43
Durand Jacques 18
Durchfahrt 35
Durchsetzungskraft 136, 234
Durga 148, 149
Dyade 17
Dyadie 238
Dyadisch 16, 17, 20

E

Eblaisch 157
Echo 80, 81, 141, 241
Eco Umberto 18, 20, 21
Ecuador 48, 49, 70, 71
Edelsteinzwilling 203
Edward III. 25
Efeu 89, 145, 221, 223
Eg-Öko-Verordnung 29
Ehrenlegion 24, 25
Ehrenzeichen 25
Einbahnstraße 31, 35
Einführung Esoterik 128, 129
Eingabe-Verarbeitung-Ausgabe-Prinzip 14
Eingeweihte 129
Einhängevorrichtung 24
Einkonsonantzeichen 173
Einmündung 33
Einschenken 47, 53
Einzelsprache 21
El Salvador 48, 49, 70, 71, 82, 108
Elamisch 157
Elefant 122, 123, 148, 149, 234
Elfenbeinküste 70, 71
Eliade Mircea 18
Elite-Zugehörigkeit 29

Elliot 90, 91
Emblem 24, 79, 87
Emoticon 26, 27, 43
Empedokles 194, 195
Empfänger 21, 27, 193
Endklammer 27
Ensinger, M. 107
Entfernungstafel 37
Erasmus 125
Erde 69, 73, 99, 115, 117, 120, 123, 125, 127, 131, 143, 147, 188, 194, 195, 209, 217, 223, 231, 234
Erdinger-Weißbier-Walzer 103
Erkennungszeichen 25, 103, 135, 153
Erlösung 115, 137, 141, 147, 234
Ernte 145, 172, 177, 229
Eros 144, 145
Erste Hilfe 37–39
Erzengel 124, 125
Etikett 23, 170, 171
Etruskisch 156
Euböisch 169
Eule 173, 180, 207, 209, 229, 234
Euro-Braille 161
Evangelisten 120, 121, 123, 1240
Evans A. 167
EVA-Prinzip 15
Evolution 15, 21

F

Fabrik 23
Fahlman, Scott E. 27
Fahne 68, 69, 75
Fahnenlehen 68, 69
Fahrstreifen 39
Falkirk 87
Familien-Status 110
FAQ 26
Farb-Code 197
Farbdeutung 199
Farbkodex 121
Farbmarke 101
Farbsymbolik 197, 199
Farquharson 88, 89
Faucounau, J. 167
Faunus 145

Ferguson 18, 90, 91
Ferguson, George 18, 90, 91
Feuer 38, 39, 73, 77, 81, 127, 133, 139, 143, 149, 150, 153, 163, 186, 193, 194, 195, 199, 205, 212, 221, 228, 229, 234, 235, 238
Fidschi 48, 49, 70, 71, 82
Finger-Alphabet 42, 64
Finish Sign Language 63
Finnland 48, 49, 69, 70, 71
Finsl 63
Firmenbezeichnung 105
Firth, Raymond 18, 19
Fischer S. R. 167
Fixing 109
Flöte 145
Flügel 71, 95, 145, 211, 229
Flachs 41
Flaggen-Code 81
Flirten 42, 51
Florida 78, 79
Foaf 26
Fotografier-Verbot 39
Frankreich 29, 31, 43, 45, 48. 49
Freimaurer 129, 134, 135
Frenkel, M. 167
Freud, S. 18, 19, 229
Fußgänger 33, 35, 37
Fyi 26

G

Gabelkreuz 204, 205
Gada 149
Gambia 72, 73, 82
Gammakreuz 204, 205
Ganesha 148, 149
Gans 145, 148, 187, 234
Garuda 148, 149
Gaststätte 37
Gaukler 45
Gebärdensprache 42, 62
Gebetsgeste 45, 51, 55
Gebetskette 149, 155
Gebot 26, 35, 37, 51, 57, 59, 61, 63, 95, 97
Gedeon 130
Gefühlsausdrücke 27

254 Register

Gefühls-Gebärde 64
Gefäß 105, 117, 125, 146, 147, 148
Gefälle 33
Gefahrenstelle 33
Gefahrenzeichen 33
Gegenanzeige 35
Gegenverkehr 33
Gehörlosenschule 65
Geheimbund 135
Geheim-Code 42
Geheimlehre 153
Geheimnis 135, 141, 240
Gehweg 37
Geiger 137
Gemeinschaft 25, 121, 129, 135, 150, 234, 238
Genesis 131
Genotext 21
Georgia 78
Georgisch 168
Geozentrisch 131
Gerechtigkeit 19, 73, 75, 77, 79, 99, 124, 125, 135, 149, 141, 155, 172, 235
Geruchsmarke 101
Geschlechtsorgan 225
Gesichtsausdruck 240
Gestik 42, 43, 45, 51, 55, 63, 67, 154, 239
Gestirn 133, 195
Getreidehandel-Sprache 42, 63
Getrommelte Sprachen 42
Ghana 48, 49, 72, 73, 82, 108
Gift 139, 225
Gigo 26
Gillan Garth 18
Glagolica 169
Glagolithisch 233
Gleichnissymbol 233
Gleye, A. 167
Glossematik 21
Gnostizismus 129, 239
Götterbote 145, 234
Gold-Fixing 109
Golf 71, 75, 80, 81, 87, 101
Gombrich, E. H. 18
Grönland 72, 73
Graham Of Montrose 91
Graphus 109
Gravettien Monde 137
Greimas, A. J. 20, 21

Griechenland 29, 50, 51, 69, 72, 73, 82, 107, 144, 145, 168, 169, 195, 203, 205, 225
Griechisch-Orthodoxe 121, 225
Griechisches Kreuz 205
Grimm, H.-U. 29
Großbritannien 23, 31, 44, 50, 51, 72, 73, 83, 92, 93, 108
Großkreuz 25
Grubenorgan 14
Guarani 108
Guatemala 50, 51, 72, 73, 83, 189
Guinea 72, 73
Gunn Of Kilernan 88, 89
Gutenberg, J. 99
Guyana 72, 73

H

Hades 144, 145
Händedruck 47, 49
Händeschütteln 47, 49, 51, 53, 55
Hagen, O. 167
Hahn 89, 119, 120, 124, 143, 149, 234
Haiti 72, 73, 83
Hakenkreuz 203, 204, 205
Halteverbot 35
Hamburg 94, 95
Hamilton 90, 91
Hammerkreuz 204
Handalphabet 63, 65
Handberg 136
Handlesekunst 137
Handleser 129
Hanf 41
Haribo 102, 103
Harsdörffer, G. P. 161
Hartlieb, J. 136, 137
Hathor 112, 113
Haüy V. 161
Hawaii 78, 79
Hegel, G. F. W. 18, 19
Hepaistos 144, 145
Hera 144, 145
Hermes 144, 145, 220, 226
Hieroglyphe 69, 171

Himmel 71, 73, 75, 77, 78, 79, 99, 120, 123, 131, 142, 143, 150, 186, 199, 203, 218, 223, 228, 233, 234
Hitler, A. 85, 100
Hjemslev, L. 18, 19, 20, 21
Hohenheim, T. B. von 195
Honduras 50, 51, 72, 73, 83, 189
Hong Kong 51, 83
Horoskop 129, 133
Horror Vacui 169, 173
Horus 112, 113
Hunza 197
Hurrisch 157

I

I Ching 138, 139
Ich-Geschichte 233
Idaho 78
Ideogramm 173
Ideologie 21, 239
Ikonizität 239
Illinois 78, 79
Imago Mundi 127
Impuls 14, 15, 193, 229
Indiana 78
Individualität 29
Indonesien 50, 51, 72, 73, 83
Indusschrift 175
Informationsübertragung 15
Informationstafel 37
Informationsverarbeitung 14
Initiierung 65
Instinktverhalten 43
Intellekt 136, 170
Internet-Kennung 82
Inuit 21, 43, 197, 198, 199
Ionisch 135, 169
Iowa 78, 79
Ipsen, G. 167
Irak 30, 72, 73, 78, 83, 150, 230
Iran 50, 51, 72, 73, 78, 83, 157, 158, 160, 223, 229, 230, 232, 236
Irland 50, 51, 62, 72, 73, 83, 93, 123
Isabellenorden 24
Isis 112, 113
Island 69, 72, 73, 78, 79, 83, 234, 238, 248

Israel 50, 51, 72, 73, 83, 153, 230
Italien 22, 23, 31, 37, 42, 45, 52, 53, 72, 73, 78, 83, 109, 145, 156, 187

J

Jagd 145
Jakobson, R. 20, 21
Jamaika 72, 73, 78, 83
Jeans 22
Jemen 72, 73, 78, 83
Jerusalem 25, 153, 204, 205
Jesus 120, 121, 124, 147, 154, 205, 231
Johannes Der Täufer 125
Johnston 90, 91
Jolly Roger 81
Jordanien 52, 53, 72, 73, 83
Jung, C. C. 18, 19, 221, 231, 247
Juno 144, 145
Jupiter 130, 131, 133, 136, 145, 194, 211
Jupiterberg 143

K

Khan Dschingis 68, 69
Kalifornien 78, 79
Kalligraphie 159, 160, 164, 165, 177
Kambodscha 30, 72, 73, 78, 83, 175
Kamerun 72, 73, 78, 83
Kanada 52, 53, 72, 73, 83, 234
Kansas 78, 79
Kant, Immanuel 16, 17, 18, 19
Kapital-Ausstattung 111
Kapok 41
Kaptial 111
Karmasin, H.
Kaste 171
Katsiadramis, B. 167
Kaulins, A. 167
Keilschrift 156, 157, 171, 178, 179, 180, 181
Keltisches Kreuz 104
Kenia 52, 53, 72, 73, 77, 78, 83
Kentucky 78, 79
Kepler, J. 133
Keramiklettern-Drucktechnik 165

Keramikmarken 105
Kerr 90
Kfz 82, 83
Kilt 86, 87
Kimono-Dame 23
Kinesik 42
Kippa 23, 153
Kirchenornat 23
Kleiderordnung 23
Kloster-Gebärdensprache 63
Knüpfschrift 161
Knatterfahne 68
Knidos, E. v. 131
Knobloch, J. 99
Knossos 167
Köcher 113, 145
Kohau Rongo 156
Kolumbien 30, 52, 53, 72, 73, 83
Kongo 52, 53, 83
Konnotation 15, 21
Konsonantenschrift 159
Konstantin 121
Kopernikus, N. 133
Koptisch 121, 168, 171
Koptisches Kreuz 104
Korb 86, 125, 145, 173, 223
Korea 52, 53, 72, 83, 182, 183
Korrektor-Rot 179
Korrekturzeichen 200, 201
Kosmos 119, 137
Kostüm 23
Krückenkreuz 104
Kranz 114, 125, 145, 211
Kredit-Geschichte 110, 111
Kreditwürdigkeit 110, 111
Kreditwesen 110, 111
Kreuz 24, 25, 41, 44, 71, 73, 77, 79, 84, 92, 95, 106, 121, 122, 123, 125, 187, 202, 203, 204, 205
Kriegerzeichen 93
Kriegssymbolik 87
Kristeva, J. 18, 20, 21
Krone 75, 77, 89, 91, 93, 95, 104, 113, 124, 125, 146, 148, 152, 173, 223
Kronos 144
Kroton, Philolaos von 131
Kruzifix 120, 121, 124
Kuba 72, 73, 78, 83
Künstliche Bilderschriften 42

Kürzel 26
Küssen 47, 51, 57
Kulturcode 29
Kurzsprache 97
Kuss 26, 47
Kuwait 72, 73, 83,
Kyrill, Saloniki von 169
Kyrillisch 168, 169

L

Lacan, J. 18, 19
Lächeln 26, 27, 42, 49, 51, 53, 55
Lächler 27
Lärmschutz 38, 39
Lama 41
Lana-Terzi, F. 161
Landesnamen 47
Laos 30, 43, 72, 73, 83, 131, 175
Lateinamerika 22, 23
Laterne 135
Laut 16, 17, 19, 21, 65, 67
Lautgespräch 67
Lebenslinie 136
Lebensmittelindustrie 29
Leber 147
Leibniz, G. W. 16, 17
Lennox 90, 91
Lesotho 72, 73, 83
Letter 165
Lexik 179
Libanon 52, 53, 74, 75, 83
Liberia 74, 75, 83
Liebe 14, 26, 65, 72, 75, 77, 79, 85, 87, 91, 99, 100, 119, 123, 124, 125, 135, 136, 140, 141, 145, 146, 197, 213, 215, 217, 221, 223, 225, 233, 235
Liebespaar 136
Liechtenstein 74, 75, 83
Lilie 93, 104, 120, 125, 217, 220, 221, 228
Lima 80, 81
Lingam 146, 147
Löffel 47, 207
Löwe 19, 84, 89, 93, 95, 103, 104, 120, 123, 125, 127, 143, 148, 155, 158, 159, 233, 234, 237, 238
Loge 135

Logo 221, 243
Logogramm 188
Lohnzeichen 107
Longmen 117
Loth 109
Lotos 114, 115, 148, 221,
Lotwaage 135
Louisiana 78, 79
Ludwig XIV. 25
Lullus, R. 195
Luxemburg 74, 75, 83
Lyra 136

M

Maat 112, 113, 172
Mackenzie 27, 88, 89, 248
Maclean Of Duart 89
Macleod 89
Macmillan 89
Macneil 89
Madagaskar 74, 75, 83
Märtyrer 125
Magie 129, 235, 239, 243
Magliana-Scheibe 167
Magnus, Hl. 125
Mahabharata 149
Mahisha 149
Maillol, A. 199
Maine 78, 79
Malawi 74, 75
Malaysia 52, 53, 74, 75, 83
Malediven 74, 75
Mali 54, 55, 74, 75, 83
Malta 54, 55, 74, 75, 83
Malteserkreuz 104
Managua 65
Mandala 131, 202, 203, 221
Manila 41
Mara 119
Marke 89, 91, 100, 101, 103, 104, 105
Marokko 30, 54, 55, 74, 75, 83
Mars 130, 131, 132, 133, 136, 145, 194
Martin A. 167
Marx, K. 147, 243
Maryland 78, 79
Massachusetts 78, 79

Matthäus 25, 120, 123, 124, 207, 209
Mauretanien 74, 75, 83
Mauritius 74, 75, 125
Maurus, H. 62
Mazedonien 83
Mead, G. H. 18
Mecklenburg-Vorpommern 94, 95
Medaillon 24, 25
Meditation 114, 115, 117, 147, 149, 154
Meer 71, 73, 75, 77, 87, 145, 155, 160, 175, 186, 189, 209, 244
Meißel 107, 135, 186, 187, 248
Meister 107, 135, 137, 141, 159, 160, 171, 187, 201, 207, 214, 215, 220, 247
Melodie 102, 103, 165
Menschenliebe 135
Merkur 99, 131, 132, 133, 136, 144, 145, 194
Mesopotamien 143, 157, 187, 248
Messer 47, 49, 55, 57, 71, 91, 99, 117, 166, 167, 173, 187
Messias 121
Metall-Planet-Verbindung 149
Metamorphose 145
Metro-Goldwyn-Mayer 103
Mexiko 29, 54, 55, 74, 75, 78, 79, 83, 156, 189
Michigan 78, 79, 248
Microsoft-Marke 103
Militär 25, 39, 81, 153, 244
Mimik 42, 43, 63, 243
Minerva 144, 145
Minimalsprachen 63
Minnesota 78, 79
Mississippi 78, 79, 202
Missouri 78, 79
Mittelstands-Zugehörigkeit 29
Mixteke 157, 189
Moksha 147
Momoyama 202
Monaco 74, 75, 83
Mond 18, 69, 71, 75, 77, 79, 84, 85, 104, 113, 119, 122, 127, 130, 131, 132, 133, 135, 136, 137, 140, 141, 145, 151, 191, 194, 200, 209, 219, 234, 238, 244
Monet, C. 199
Mongolei 74, 75, 83, 115
Monogramm 121, 204, 205
Montana 78, 79
Montgomerie 90

Morphem 243
Morris, Charles W. 18, 19, 20, 21, 248
Morse-Code 42, 192, 193
Mosambik 74, 75, 83
Moschee 47
Mudras 116, 117
Müller, C. L. 161
Münzen 121, 139
Munch E. 199
Mund 27, 47, 49, 53, 55, 59, 91, 101, 113, 122, 123, 127, 131, 139, 157, 173, 213, 223, 248
Muschel 114, 145, 149, 235, 239
Myanmar 54. 55, 83, 175
Mythen 21, 131
Mythologie 145, 221, 231, 247
Mythos 131, 243

N

Nadelschrift 161
Namaste 47, 51, 59, 61
Nandin 148
Naskhi 158, 159, 248
Nauru 74, 75
Nazi 45, 85, 204, 205, 223
Nebraska 78, 79
Nechbet 112, 113
Nefertem 112, 113
Neith 112, 113
Nepal 74, 75, 83, 174, 234, 238
Nephtys 112, 113
Neptun 144, 145
Neuseeland 54, 55, 74, 75, 83
Nevada 78, 79
New Age 129
New Hampshire 78
New Jersey 78
New Mexiko 78
New York 22, 78, 79, 96, 142
Niara 108
Niederlande 54, 55, 74, 75, 83, 102, 109, 234, 238
Niedersachsen 94, 95, 233, 237
Niger 74, 75, 83
Nigeria 54, 55, 74, 75, 83, 108
Nöth, W. 20, 21

Nonverbal 43
Nordrhein-Westfalen 94, 95, 233, 237
North Carolina 78, 79
North Dakota 78, 79
Norwegen 54, 55, 69, 74, 75, 83
Noub 112, 113

O

Obelisk 112, 113
Obolos 108
Österreich 25, 54, 55, 74, 75, 83, 192, 199
Offenbarung 121, 122, 123, 159, 217
Ohio 78, 79
Ohr 14, 15, 170, 209
Okay 44, 45, 47, 49, 53, 57
Okkultismus 129, 133, 243
Oklahoma 78, 79
Om 83, 146, 147
Oman 74, 75, 83
Omegakreuz 104
Opferbereitschaft 71, 75
Orakel 162, 163
Ordenstypen 24, 25
Oregon 78
Orthodoxes Kreuz 104
Oscar 80, 81
Osiris 112, 113
Ovid 145

P

Pöppel, E. 103
Pakistan 56, 57, 74, 75, 83
Palmblatt 147
Panama 56, 57, 74, 75, 83, 108
Panther 113
Papstkreuz 104
Papua-Neuguinea 74, 75, 83
Paracelsus 195
Paraguay 56, 57, 74, 75, 83
Parvati 148, 149
Payens, H. v. 25
Peirce, C. S. 18, 19, 20, 21
Pelikan 79, 91, 101, 120, 235

Pennsylvania 78, 79
Pentagramm 194, 195
Peru 56, 57, 74, 75, 83, 108
Petruskreuz 104
Pfau 99, 125, 145, 149, 221, 235
Pferd 95, 143, 149, 162, 233, 235
Phaistos 166, 167
Philipinen 56, 57, 74, 75, 83
Piktogramm 105, 162
Pissarro C. 199
Platon 16, 17
Pochat, G. 18
Pohl, J. 18
Polen 56, 57, 74, 75, 83
Poligiannaki E. 167
Pollux 144, 145
Polydeukes 144, 145
Pontos, H. v. 131
Portugal 25, 56, 57, 74, 75, 83
Poseidon 144, 145
Prosopagnosie 43
Proxemik 43
Ptolemaios, K. 131
Puerto Rico 56, 57
Pythagoras 129

Q

Quadrat-Kufi 158
Quebec 80, 81
Quetzalcoatl 202, 203
Quintilian 161

R

Radkreuz 203, 205
Ramayana 149
Rangordnung 23
Rangzeichen 92, 93, 225
Raszetten 136
Re 112, 123, 172, 173, 196, 219
Read F. 167
Referenzobjekt 17
Reh 145, 235, 239
Reichsapfel 204, 205, 225

Reiki 129, 244
Reiter 35
Reiz 14, 15
Rheinland-Pfalz 94, 95, 233, 237
Rhode Island 78, 79
Rind 41, 148, 163
Ring 24, 137, 155
Riqa 158, 159
Risiko-Zinszuschläge 110
Ritterorden 25
Rjabchikov, S. V. 167
Rohrfederpunkt 159
Roma 137
Roolvink, H. 167
Rose 21, 26, 90, 91, 95, 120, 121, 125, 220, 221
Rosenkranz 155
Ross 41, 88, 89
Rotgründefekt 199
Rothmann, J. 136, 137
Ruanda 76, 77, 83
Rumänien 56, 57, 83, 157, 185, 203
Russisches Kreuz 104
Russland 25, 43, 56, 57, 83, 232, 234, 236, 238

S

Südafrika 58, 59, 76, 77, 83
São Tomé und Príncipe 76, 77
Säule 125, 135, 174, 175
Saarland 94, 95
Sachsen 94, 95
Sachsen-Anhalt 94, 95
Saint Kitts und Navis 76, 77
Saint Lucia 76, 77
Saint Vincent 76, 77
Salignac, M. V. 161
Salomonen 76, 77
Sambia 76, 77
Samoa 76, 77
Sani 133
Santa Cruz 76, 77
Saturn 130, 131, 132, 133, 136, 145, 194
Saudi-Arabien 58, 59, 76, 77, 211
Saussure, F. d. 18, 19, 20, 21
Schönschreibkunst 159, 165

260 Register

Schachbrettflagge 81
Schamgeste 43
Schiedsrichter-Sprache 43
Schildform 92
Schildkröte 132, 133
Schlüssel 134, 135
Schlagfigur 66, 67
Schlange 119, 123, 125, 132, 143, 203, 223, 235
Schleier 69
Schleswig-Holstein 94, 95
Schomburg, B. 167
Schottland 86, 87, 89, 91, 93
Schwan 91, 98, 99, 125, 145, 146, 207, 213, 235
Schwarzschrift 160
Schwatzdrossel 26
Schweden 58, 59, 69, 76, 77, 83, 102
Schweigegebot 63
Schweiz 58, 59, 76, 77, 83, 92, 93, 192, 199
Schwenkel 69
Scoring 111
Scott 90, 91
Sechspunktschrift 161
Seeuntier 149
Segelschiffe 136
Seide 41
Selket 112, 113
Semantik 20, 21
Seneca 43, 130
Senegal 76, 77, 83
Senfkorngarten 165
Seschat 113
Sesterz 108, 109
Sex 14, 26, 229, 241
Sexualität 225
Shiva 146, 147, 148, 149
Shri-Yantra 146, 147
Sichel 145, 151
Siddharta Gautama 115
Siderisch 131, 244
Siegellack 105, 161
Siegelschrift 163
Siemens AG 103
Sierra Leone 76, 77, 78
Signalbuch 193
Signalflaggenalphabet 80, 81
Signatur 102
Signet 24, 109, 219

Signifikum-Phonetikum 163
Simbabwe 58, 59, 76, 77
Sinalco 103
Sinclair 88, 89
Singapur 58, 59, 76, 77, 83
Sinnbild 71, 113, 129, 135
Sinnesrezeptor 14
Sisal 41
Sistrum 113
Skanda 149
Skanda-Kartttikeya 149
Skatkreuz 104
Slawisch 169
Sobek 113
Somalia 76, 77, 78, 83, 160
Sonne 71, 73, 75, 77, 78, 84, 104, 113, 122, 127, 130, 131, 132, 133, 135, 140, 141, 143, 194, 217, 221, 229, 234, 238
Sothis 112, 113
South Carolina 78, 79
South Dakota 78, 79
Sozialkapital 111
Spanien 22, 23, 45, 58, 59, 64, 71, 73, 76, 77, 79, 83, 101, 106, 151, 235, 239
Sperber 143
Sperber, D. 18
Spiritualismus 129
Sri Lanka 58, 59, 76, 77, 83, 115, 174
St. Katharinenorden 25
Standarte 69
Stander 68, 69
Statussymbol 15, 93, 170, 184, 215
Steinmetz 107
Stenografie 193
Stern 15, 19, 24, 71, 73, 75, 77, 78, 79, 95, 104, 113, 129, 131, 141, 151, 152, 153, 217
Sternkreuzorden 25
Stier 97, 120, 23, 125, 127, 143, 232, 233, 235
Strehl, C. 161
Strukturalismus 21
Stylos N. 167
Südafrika 58, 59, 76, 77, 78, 83, 143
Sudan 60, 61, 76, 77, 83
Sufi 158, 159
Sukra 133
Sumer 156, 157
Suriname 76, 77

Surya 133, 148, 149
Sutherland 88
Swasiland 76, 77
Swastika 84, 202, 203, 204, 205
Syllabisch 157, 189
Symbolfarbe 113, 197
Symbolkapital 171
Symbolmarken 104
Symptom 19, 21, 241
Synästhizismus 103
Synapse 14
Synaptischer Spalt 14
Synodisch 131
Syrien 45, 73, 76, 77, 83, 156, 157

T

Türkei 30, 60, 61, 76, 77, 83
Tahiti 60, 61
Taiwan 60, 61, 83
Taktile Kommunikation 42
Taktilik 42
Talar 33
Tamariskenharz 175
Tang 117
Tansania 60, 61, 76, 77, 83
Tantra 129
Tanz-Sprache 63
Tast-Alphabet 161
Tastfinger 161
Tastpunktknotenschrift 161
Tastpunktschrift 161
Tatzenkreuz 204
Taube 99, 119, 120, 125, 145, 150, 235
Taucher-Sprache 63, 66
Taukreuz 204
Telekom 102, 103
Templer 25, 205
Tennessee 78, 79
Teppich 135
Territorialverhalten 240
Tetradisch 17, 20
Texas 78, 79
Textilkennzeichen 42
Thüringen 94, 95
Thailand 30, 60, 61, 76, 77, 83
Theodosius 130

Theologie 18
Thot 171
Thuluth 158, 159
Tierfaser 41
Todorov, T. 18
Togo 76, 83
Tolosaner Kreuz 204
Tonga 76
Tonsequenz 102
Tränen 148, 220
Trance 129, 229
Transmitter 14
Transzendenz 115
Trappisten 63
Traumgesicht 121
Triadisch 16, 17, 20
Trinidad und Tobago 76, 77
Trockner 41
Trommel 149
Tschad 76, 77, 83
Tschechien 60, 61, 83
Tudorflaggschiff 68
Tunesien 76, 77, 83
Turner, V. 18
Tuschestein 164
Tussahseide 41
Typologie 17

U

Uganda 76, 77, 83
U-J 171
Umschrift 24, 121, 163
Ungarn 31, 60, 61, 76, 77, 83
Unglück 49, 115, 235
Union Jack 69, 71
Unterwelt 145
Untreue 137
Unvollkommenheit 135
Unze 108, 109
Urbotschaft 27
Urchristentum 121
Urprinzipien 129
Uruk 157, 178, 202
USA 21, 22, 23, 42, 45, 60, 61, 69, 76, 77, 79, 82, 83, 85
Utah 78, 79

V

Vase 14, 15
Vatikanstadt 76, 77, 83
Veden 115, 137
Velare 175
Venezuela 60, 61, 83
Venus 130, 131, 132, 133, 136, 144, 145, 191, 194, 195, 204, 205, 217
Venusberg 136
Verdienstorden 25
Verkaufs-Klimax 96
Vermont 78, 79
Versatzzeichen 107
Vesta 144
Vexilloide 81
Victory 44, 49, 55
Vietnam 76, 77
Vikunja 41
Vipasyin 114
Virginia 78, 79
Vishnu 146, 148, 149
Visitenkarte 23, 49, 53, 61
Vorderasien 108, 121, 145, 157, 185
Vorhofsäckchen 14
Vox 16, 17
Vulkanus 144
Vulva 146
Vytautaskreuz 205

W

Würde 85, 115, 135, 155, 163, 213, 234
Würz-Zeichen 29
Währung 82, 108, 109
Wachsamkeit 75, 78, 124, 135, 234, 235
Wachstafel 161, 184, 185
Wadjet 112, 113
Waffendienst 25
Wagner, R. 18
Wahlsprüche 25
Wahrgebung 15
Wahrnehmung 15, 19, 238
Wald 26, 71, 199
Wallace 90
Wallis, M. 18
Waschmachine 41
Washington 78, 79
Wasservogel 147
Wasserwaage 135
Wedjetauge 112
Weißkopfseeadler 232
Wein 29, 47, 53, 121, 125, 145, 162, 225
Weinstock 125, 145, 225
Weisheit 73, 123, 124, 127, 128, 141, 145, 203, 207, 209, 220, 221, 223, 234, 235
Wellek, R. 18
Weltbild 126
Weltenbaum 202, 203
Weltgegenden 203
Wenzel H. 167
Werunga 109
West Virginia 78, 79
Westküste 22
Whitehead, A. N. 18, 19
Wiedergeburt 119
Wiedergeburtskreislauf 119
Wiederkreuz 204, 205
Willkürlichkeit 21
Wimpel 68, 69
Windrose 204
Winkelmaß 135
Wisconsin 78, 79
Wolke C. H. 161
Wolle 40
Wort-Bild-Marke 100
Wortmarke 101, 240
Wurfgeschoss 149
Wyoming 78, 79

Y

Yamuna 148, 149
Yankee 80, 81
Yen 108
Yggdrasil 123, 131, 223, 244
Ying-Yang 133, 139
Yoga 129, 147, 244
Yoni 146, 147

Z

Zapotekisch 156
Zatoris 130
Zeichenerkennung 15, 111
Zeichentheorie 17, 248
Zeigefinger 43, 47, 49, 51, 53, 57, 61
Zellkörper 14
Zepter 68, 69, 104, 112, 113, 117, 145
Zeus 143, 144, 145, 169
Zhou 117, 163
Zick-Zack 201
Ziege 41, 163, 235
Zirkel 135
Zisterzienser 63
Zoosemiotik 21
Zuckererstatzstoffe 29
Zulu 80, 81
Zunge 14, 26, 95, 135, 243
Zweiheit 17
Zweireiher 22, 23
Zwietracht 139
Zypern 76, 77, 83

Hauptthema: Design

Drusilla Cole

1000 Muster
Aus allen Epochen und Kulturen

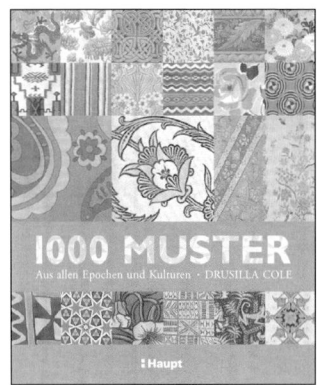

2005. 320 Seiten, 1000 farbige Abbildungen, Klappenbroschur
CHF 49.90 / € 29.90
ISBN 3-258-06837-2

Von den Verzierungen auf altertümlichen ägyptischen Sarkophagen bis hin zu denen auf modernen Textilien und Tapeten – Muster sind in so gut wie jeder Weltkultur verbreitet. Viele davon, wie die alte griechische Borte oder die verschlungenen Muster keltischer Schnitzereien, sind typisch für einen bestimmten Stil oder eine Epoche. Andere wiederum sind faszinierende Unikate, die den Horizont von Kunst und Design im jeweiligen Zeitalter erweitert haben. Als Schlüssel zu all diesen Designs öffnet 1000 Muster Kunstschaffenden, Designerinnen und Designern und allen weiteren Leserinnen und Lesern die Tür zu einer fesselnden Welt der Sprache der Muster. Das Buch zeigt jedes Muster in Farbe, beschreibt, wie und wo es verwendet wurde und was das Muster bedeutete.

«1000 Muster» ist nach Region, Zeitalter und Stilrichtung aufgeteilt, um auf einen Blick die typischen Muster einer Reihe von Epochen und Kulturen von der Antike bis in die heutige Zeit aufzuzeigen. Zusätzlich listet ein detailliertes Register, eine eigentliche Mustersuchhilfe, die verschiedenen Muster nach dargestelltem Inhalt auf, damit auch Muster unbekannter Herkunft leicht aufgespürt werden können. Wenn Sie also herausfinden möchten, wie Glückssymbole aussehen oder welche Kulturen das Wolkenmotiv verwendeten, so werden Sie in diesem Buch fündig.

:Haupt **Haupt Verlag** Bern • Stuttgart • Wien
verlag@haupt.ch • www.haupt.ch

Hauptthema: Design

Loan Oei / Cecile De Kegel

Elemente des Designs

Farben, Strukturen und Formen neu entdecken

2002. 208 Seiten, 177 farbige Abbildungen, kartoniert
CHF 42.– / € 24.–
ISBN 3-258-06411-3

«Ich sehe was, was Du nicht siehst ...»
Thematisch geordnet nach Punkten, Linien, Überkreuzungen, Flächen und Kreisen, zeigen die beiden Autorinnen anhand ausdrucksstarker Fotografien grundlegende Farbmuster und Formen. Fundstücke aus Natur und Alltag und die davon inspirierten Produkte, ausgeführt in verschiedenen Materialien und Techniken, werden nebeneinander gestellt. Die Rinde einer Platane in Paris, die bemalte Wand eines marokkanischen Hauses, Jalousien in Rio de Janeiro, Rostflecken auf einem Kanaldeckel ... Das Detail wird hier zur Augenweide!
Ein Inspirationsbuch und eine Sehschule für alle, die gestaltend tätig sind, aber auch für alle, die einfach Freude am Betrachten schöner Dinge haben. Natur und Artefakte, alles ist Farbe und Struktur – wenn wir zu sehen bereit sind!

«Das Buch ist nicht nur wunderschön zum Anschauen, sondern lässt einfache Fundstücke aus Natur und Alltag in einem ganz neuen und überraschenden Blickwinkel erscheinen.» *Jutta Briehn, Patchwork Gilde*

Haupt Verlag Bern · Stuttgart · Wien
verlag@haupt.ch · www.haupt.ch

Hauptthema: Design

Alison Milner

DesignBlicke

Eine Sammlung inspirierender Formen und Objekte

2005. 192 Seiten, 224 Abbildungen, gebunden
CHF 34.00 / € 19.90
ISBN 3-258-06897-6

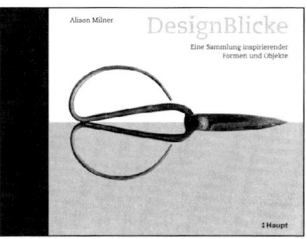

Schlichte Formen, überraschende Einblicke: «DesignBlicke» steckt voller visueller Gleichnisse und Metaphern.
224 stilvolle Fotografien führen zu einer neuen Sichtweise auf Objekte, denen wir im Alltag begegnen, die wir aber meistens kaum bemerken. Die geschickte Anordnung verleitet zu Fragen nach der Herkunft oder dem Nutzen dieser Gegenstände und nach dem Grund, warum sie uns gefallen. Die Objekte stammen aus der Natur, sind handgemacht oder wurden industriell gefertigt.

In kurzen Texten beschreibt die Designerin Alison Milner, welche Funktion oder Symbolik die Objekte ihrer Sammlung haben und was sie an den einzelnen Formen fasziniert und zu neuem Design inspiriert hat.

: Haupt   **Haupt Verlag** Bern • Stuttgart • Wien
verlag@haupt.ch • www.haupt.ch

Hauptthema: Design

Adrian Frutiger

Nachdenken über Zeichen und Schrift

2005. 248 Seiten, Über 200 Fotos und Zeichnungen, Fadenheftung/ Pappband
CHF 66.– / € 39.90
ISBN 3-258-06811-9

Wer sich in Paris in der Metro oder im Flughafen Charles-de-Gaulle orientieren will, folgt seinem Beschriftungssystem. Wer durch die Schweiz fährt, liest an allen Autobahnen seine Schrift. Wer nach einer klaren, eleganten und modernen Schrift sucht, wählt oft seine «Univers»: Adrian Frutiger, der große Schriftgestalter unserer Zeit, prägt unseren Alltag, ohne dass es uns bewusst ist.

In diesem Buch macht sich Adrian Frutiger auf die Suche nach den Ursprüngen von Zeichen und Schrift. Er geht der Entwicklung der Schrift nach, von den ersten Spuren in Höhlen und auf Tonplatten bis zur mittelalterlichen Kalligrafie, von der Erfindung des Buchdrucks mit beweglichen Lettern bis zum Entstehen der modernen serifenlosen Schriften wie der «Univers», der «Helvetica», der «Gill Sans» und der «Frutiger». Er zeigt auf, wie große Schriftgestalter des 20. Jahrhunderts diese Entwicklungen geprägt und ihn selbst und sein Schaffen beeinflusst und begleitet haben: Emil Ruder, Rudolf Hostettler, Herman Zapf und seine beiden Lehrer Walter Käch und Alfred Willimann. Und er gibt Einblick in seine Arbeit, in seine Gedanken zur Lesbarkeit einer Schrift und in den Prozess der grafischen Umsetzung eines Zeichens.

Durch das Buch führt wie ein roter Faden die Hand, jenes Instrument, dem die Menschen ihre Entwicklung verdanken. Ihnen, den Händen, widmet Adrian Frutiger den zweiten Teil seines Buches, es ist das Bekenntnis eines Kunsthandwerkers, der die vielen Jahre seines Berufslebens stets im Bewusstsein seiner beiden Hände gearbeitet hat.

: Haupt **Haupt Verlag** Bern · Stuttgart · Wien
verlag@haupt.ch · www.haupt.ch